L'Évangile du fou

DU MÊME AUTEUR

LES AVENTURES D'UNE JEUNE FILLE
Éditions du Seuil, 1963

LE GRAND ÉCRIVAIN
Éditions du Seuil, 1967

LA CAUSE DES PEUPLES
Éditions du Seuil, 1972

CHAGRIN D'AMOUR
Éditions Libres-Hallier, 1974

LE PREMIER QUI DORT RÉVEILLE L'AUTRE
Éditions Le Sagittaire, 1977

CHAQUE MATIN QUI SE LÈVE EST UNE LEÇON DE COURAGE.
Éditions Libres-Hallier, 1978

LETTRE OUVERTE AU COLIN FROID
Albin Michel, 1979

UN BARBARE EN ASIE DU SUD-EST
Éditions NEO, 1980

FIN DE SIÈCLE
Albin Michel, 1980

BRÉVIAIRE POUR UNE JEUNESSE DÉRACINÉE
Albin Michel, 1982

L'ENLÈVEMENT
Jean-Jacques Pauvert, 1983

LE MAUVAIS ESPRIT, avec Jean Dutourd
Olivier Orban, 1985

ROMANS (ŒUVRES COMPLÈTES)
Albin Michel, 1982

Jean-Edern Hallier

L'Évangile du fou

Charles de Foucauld
le manuscrit de ma mère morte

ROMAN

Albin Michel

IL A ÉTÉ TIRÉ DE CET OUVRAGE
TRENTE EXEMPLAIRES SUR VÉLIN BLANC BOUFFANT SUPÉRIEUR
DONT VINGT EXEMPLAIRES NUMÉROTÉS DE 1 À 20
ET DIX HORS COMMERCE NUMÉROTÉS DE I À X

22, rue Huyghens, 75014 Paris.

ISBN 2-226-02625-8

A mon père

A Francis Esménard, mon éditeur, pour m'avoir poussé au bout de moi-même

A René Caumer, mon critique privé

A Jean-Baptiste Doumeng, à François et Geneviève Dalle, à André Gadiou, mécènes de ma traversée du désert

A mes compagnons de L'Idiot international, *mon journal assassiné*

A Christine

A Edwige, mon mi bémol

A mes tendres compagnes qui se reconnaîtront, à Diane, étrangère sur cette terre

Première partie

Le manuscrit de ma mère morte

Ma mère est morte, c'est la fin du monde. Rien ne sera jamais plus comme avant. Pleure, Petit Prince.

Sa mort, peu avant Noël, a jeté un grand froid sur le monde qu'elle réchauffait de sa tendresse. Depuis longtemps on n'avait pas eu d'hiver plus rigoureux. On n'a pas su pourquoi, maintenant on sait. C'est à cause d'elle que les rues ont gelé, que les pauvres se sont installés dans les couloirs du métro, et, peut-être, qu'un court-circuit a mis le feu à ma bibliothèque, place des Vosges ; et aussi, sur la cheminée, à sa photo sous verre prise dans son jardin, ses cheveux blancs encerclés par un large parasol orange comme une auréole de sainte, une sainte de *nos familles*.

Je n'aimais pas ma mère.

Sa sainteté m'ennuyait à en mourir. Qu'elle m'eût enfanté, moi, me paraissait intolérable : un petit prince, c'est un orphelin professionnel qui joue sur un tas de sable en Tunisie, au bord de la mer, par un bel après-midi ensoleillé.

D'ailleurs tout vous tombe du ciel quand on a sept ans et qu'on est issu de *nos familles*. On a au départ tous les avantages, la fortune et la bonne éducation, et l'on prend la splendeur précaire de quelques étés pour ce qui durera toujours. Rien ne dure qu'à la fin on n'endure. On ne peut vieillir indéfiniment petit prince sans se faire salement cogner sur la tête.

Il peut vous tomber en plus un père de Foucauld de trop haut : dans le jardin de mes parents à La Marsa, en 1943.

C'est la faute à une cigogne alsacienne qui se dépêchait de finir sa migration vers le Sud. Car il faisait aussi froid cette année-là en France que l'année dernière. Il gelait à cœur fendre. C'était le fameux froid de l'occupation allemande. Heureusement que nous autres, enfants, avions d'autres occupations. Maman faisait comme si elle n'allait jamais mourir. Sur les rivages de la Méditerranée, ma grande douce, nous nous la coulions bleue...

— Vous tombez bien, dit le dernier des Mohicans, qui s'ennuyait, au père de Foucauld.

— Oui, lui répondit-il sans se laisser démonter, j'en aurai l'habitude. Comme officier de cavalerie, il faut toujours savoir tomber.

De toute façon, pour avoir un destin pareil — une jeunesse débauchée, l'argent jeté par les fenêtres, les conquêtes coloniales, l'errance, la conversion, la pénitence, l'exploration du Sahara, et le martyre, enfin presque... — il fallait d'abord qu'il tombât sur la tête. Question d'habitude ! Toujours est-il qu'il naquit trois fois. La dernière, c'est ce livre. Sa mère dut s'y reprendre à deux fois pour faire son Charles ; le premier Charles d'essai, né en 1856, fut emporté par les fièvres en quelques mois. On attendit deux ans pour que le 15 septembre 1858, Elisabeth Beaudet de Morlet, épouse d'un vicomte précocement gâteux, François Edouard de Foucauld de Pontbriant, réussît enfin son coup : faire jaillir d'entre ses cuisses gracieuses le Charles de Foucauld qui vécut jusqu'au 1er décembre 1916, date de son assassinat dans des circonstances bizarres par des pillards sénoussites à la solde de l'Allemagne, des orlalouas !

Ah, si au moins il avait été immortel, comme les héros de mon enfance, il aurait ressuscité tout de suite après le départ de ses meurtriers ! Ce qu'il fit cette fois-ci en Tunisie, quelques secondes après s'être abîmé sans parachute sur le tas de sable. Enfin, quelques minutes plus tard ! Le temps de mettre en branle toutes les cloches des églises d'Etival-Clairefontaine à Carthage, et même celles de la basilique Saint-Pierre de Rome, d'où le pape fit rédiger instantanément ce télégramme à l'adresse de ses parents :

— Deo gratias, soyez bénis pour la naissance du père de Foucauld.

Le père de Foucauld — c'est-à-dire le géniteur de la figure légendaire du père de Foucauld —, atteint de ramollissement cérébral, n'y comprit pas grand-chose. Pourtant, il était bien content d'avoir reçu un message du pape. Il n'avait plus le bourdon, les cloches lui sonnaient de partout dans la tête pour annoncer le baptême où il risquait d'arriver en retard. Quand sa femme et lui furent dans l'église, et le bébé au-dessus des fonts baptismaux, les gens se pressèrent pour le féliciter.

— Alléluia, vous avez bien de la chance d'être les parents du père de Foucauld, disait l'un.

— Ah, comme il est joli, le petit ermite ! surenchérissait l'autre.

Dehors, la fanfare du quatrième chasseurs d'Afrique, le régiment que commandait mon père, ne voulait pas être en reste. Déjà on entendait les premières mesures de l'hymne célèbre, *La Marseillaise,* qu'on appelle ainsi parce qu'il fut composé par Rouget — de Lille — dans la maison alsacienne de Strasbourg, où, cent vingt-cinq ans plus tôt, les historiographes s'accordent à le reconnaître, naquit mon héros.

— Allonzenfants de la patrie, le jour de gloire était arrivé.

« Arrête de te disperser, fais ton Foucauld », me disait ma mère. Commençons les choses par le commencement, c'est-à-dire par le commencement du livre. Depuis le temps que je traînais, remettant sans cesse au lendemain ce que j'aurais dû faire le jour même, il fallut que ma bibliothèque prenne feu pour que, dans la fumante lumière noire, avançant en tâtonnant, quasiment asphyxié, je découvre que je n'avais pas de bien plus précieux au monde que ces quelques centaines d'heures de travail d'un devoir inspiré : « Fais ton devoir », m'ordonnait jadis ma mère.

Venant d'elle, je n'écoutais pas. Je sauvai de justesse mes cahiers à demi calcinés, laissant le reste s'embraser. Certes, ce n'était que mes brouillons. J'aurai attendu que ma mère meure pour achever ce tardif devoir d'amour dans les décombres, sous les murs noircis de mon appartement, dans la poussière et l'odeur triste des cendres — comme pour me faire pardonner d'elle d'avoir été un si mauvais fils, tout juste respectueux, distrait, distant, le produit du malentendu d'un ventre et d'un état civil.

D'autant que je n'étais pas pressé. Ça ne fait que quarante-quatre ans que je fais mon Foucauld. Quarante-quatre plus cinq, tandis que des cendres refroidies renaissent les braises incandescentes, irréelles, des couchers de soleil sur la plage de La Marsa en Tunisie d'où mon père partait tous les matins à cheval, avec son beau képi bleu ciel.

En ce temps-là, j'étais très vieux. Je n'en revenais pas d'être si vieux, j'allais bientôt mourir : j'avais sept ans, j'avais même dépassé l'âge de ma mort, c'est-à-dire quatre ans. J'avais déjà une prédilection pour le chiffre quatre, sûrement à cause du quatrième chasseurs d'Afrique qui défilait à cheval, sabre au clair, avec ses chéchias rouges barrées de quatre lignes noires horizontales. Je n'étais pas mort à quatre ans, j'étais donc prédestiné moi aussi à vivre immortel : je mourrais à quarante-quatre ans. Quatre, c'était un chiffre magique. Trois plus un, comme les trois mousquetaires. De même que quarante-quatre, ce fut aussi le numéro de l'autobus qui faillit m'écraser pour mes quatre ans. Il dévalait une côte en trombe, je me jetai sur le trottoir. Sans doute aurait-il mieux valu que j'y reste, au lieu d'avoir un simple bobo au genou. Je n'aurais pas été ce vieil enfant terrible retardé de quarante-neuf ans, soit cinq ans après ma mort, en pleine force de l'âge mais au plus profond du désarroi, en pleine mort sociale. Je ne m'étais pas trompé lorsque, enfant, je pariais que je ne dépasserais pas ma quarante-quatrième année. Tous les jours un peu plus rongé par le doute et la perte de confiance en soi, je n'ai point d'autre chance de salut qu'un retour à l'écriture, cette guérison sévère, et à l'enfance.

Je plains ceux qui n'ont jamais eu d'enfance. La mienne a été superbe, aventureuse, luxueuse et raffinée. Elle a passé comme un conte de fées, sur un tapis volant au-dessus des nuages. Elle a été d'une richesse inouïe, mais en bonheur éclatant sur les cimes du rêve et baignée dans les vallées de larmes des chagrins d'enfants. Et j'éprouvai, à la mort de ma mère que je n'aimais pas, l'un de ces chagrins-là qui me prit complètement au dépourvu — comme si le trop-plein des choses non dites, des émotions réfrénées, de la tendresse sevrée et des secrets inavouables de l'enfance venait de rompre sa stupide digue bétonnée et de se déverser dans le vide de l'absence.

Peu de gens ont eu mon enfance. C'est la mienne, elle ne ressemble à aucune autre, aussi l'ai-je gardée en moi-même comme mon bien le plus précieux. J'ai eu la meilleure part. Je n'ai jamais réussi à vieillir et, si je suis toujours en vie, c'est qu'à douze ans d'âge mental, je n'ai pas encore, loin s'en faut, atteint mes quarante-quatre ans d'âge fatidique. L'enfance est seule contre tous. Je n'arrête pas de payer la mienne. Comme si j'avais fait bien pire que je n'ai fait réellement : on ne prête qu'aux riches, on m'a soupçonné, à juste titre, d'être immensément riche en enfance. L'enfance ne se pardonne pas. Je suis dans le collimateur de tous les pouvoirs, sous haute surveillance : on a découvert le mal dont je souffre, qui risque de contaminer la terre entière. Ce sida, cette malédiction, s'appelle l'âme enfantine.

Qu'y puis-je ?

L'enfance de l'art, ce que d'aucuns appellent le génie littéraire, c'est de savoir retomber en enfance quand il le faut. Aussi de tous mes livres, celui-ci est le plus ancien. Longtemps avant que je naisse à la littérature, c'était déjà mon premier livre. Pourtant, il vient longtemps après les autres, quarante-quatre ans, plus cinq ! De tous les mammifères existants, l'écrivain est celui qui conserve son enfant le plus longtemps dans les entrailles de son imaginaire. Comme au Sahara, chez les Touaregs, il n'y a pas de femmes stériles : elle a *l'endormi* dans le ventre, dit-on d'elles. Il lui arrive même de mettre près d'un demi-siècle avant d'accoucher. Ce fœtus ne meurt jamais puisqu'il n'est que le fruit d'une blessure inguérissable de la mémoire. Ce livre, je l'ai conçu bien avant ma mort, et mis en route cinq ans après, au fond de cette chambre brûlée face à ces murs, aux dix mille livres carbonisés où se poursuit ma vie morte. En Foucauld, j'ai réveillé mon endormi à la vie.

Abandonné de tous, je payais chèrement mes années d'enfant terrible, mes erreurs, dans une société où je me croyais tout permis. La plus impardonnable de mes erreurs : appliquer à la lettre les vertus que prône notre société, et où elle ne sait plus se reconnaître elle-même. Le rire de la vérité, le courage intellectuel, et la puissance d'entre les puissances, la puissance d'indignation — ce que j'avais en moi de catholique sans le savoir, sans être encore revenu, grelottant, m'agenouiller et me réchauffer dans l'Eglise des saints comme mon ami Charles.

Mon histoire est d'une simplicité enfantine, celle de la maladie d'enfance, elle est aussi d'une simplicité biblique, celle de David contre Goliath. Sauf que la vie ne ressemble pas aux légendes. Elle ne vous donne à rêver que pour mieux vous faire avaler l'amère pilule de ce qui en vous relève du lot commun. Pour peu que vous renonciez à la servitude volontaire, pour faire vôtres les illusions lyriques du courage, de l'honneur, de la transgression des tabous, de la véritable morale, du travail pour la postérité et autres fariboles, il vous arrivera ce que d'aucuns ont appelé « le naufrage de Jean-Edern Hallier »...

Cette histoire m'est difficile à raconter, c'est la mienne. Un écrivain ne peut raconter que soi. Ceci suffit à le rendre suspect. De plus, ce qui m'est arrivé risque de passer pour incompréhensible ou incroyable — un gros mensonge d'enfant. Comme chacun sait, la vérité sort toujours de la bouche des enfants. Qui d'autre ose dire que le roi est nu ? En un long combat douteux, le président de la République a fait fonctionner le rouleau compresseur de la raison d'État pour écraser l'enfant frondeur qui avait osé le défier. Ce misérable petit écrivain, ce moucheron, ce ver luisant dans la nuit des temps qui porte mon nom. Ceci est un autre roman. Le roman vrai de ma vie publique. Sa place n'est pas ici. Il viendra pourtant à son heure.

Mon histoire, c'est celle du naufrage d'un enfant qui n'arrivait pas à devenir adulte. Pourtant j'étais craint, car je disposais toujours de l'arme absolue de ma cruauté d'enfant, le style. Personne ne pouvait me l'arracher, ce jouet terriblement efficace, ce qui rendait encore plus redoutable la bête blessée que j'étais devenu. Au reste ces blessures étaient bienvenues, elles envahissaient le romancier, personnage principal de cette ténébreuse affaire : mon naufrage par infanticide préconisé.

Au bord de me noyer définitivement, je n'ai dû de surnager qu'à cette planche de salut de mon âme, cette planche du cercueil flottant dans les mémoires de l'aristocratie, cette sacrée planche, cette sainte planche, cette planche pour rebondir toujours plus haut, mon Foucauld.

Enfant terrible, je le suis resté. Eussé-je mis un peu d'eau dans mon vin, j'aurais eu tous les honneurs, moins l'honneur de l'intelligence, le seul qui en définitive m'ait toujours motivé. Cette sombre crétinerie qu'on appelle se contempler au miroir de la postérité ! J'aurais connu la célébrité respectée, et non celle, tout entachée de scandales, qui s'attache à mon image comme une raclure au fond d'une casserole. Mon image ? Celle des photos de mon enfance est la plus vraie. Avec mon frère assis sur le lit de nos parents, portant sur la tête la chéchia rouge du quatrième chasseurs d'Afrique, le régiment du père de Foucauld. Ce visage de petit fantôme transitoire qui fut le mien, je le contemplais étonné, boudeur et sombre, les yeux rivés sur mon avenir, horriblement décidé. Ce visage, je l'avais oublié, jusqu'à ce que je feuillette l'album de photographies jaunies dans l'appartement de mes parents après m'être fait une fois de plus tirer l'oreille pour venir.

— Tu devrais avoir honte d'aller si peu voir ta mère,

me rappelait à l'ordre mon père, pesant de toute sa voix sur le possessif, *ta* mère.

J'y allais en traînant les pieds. Je le répète, je n'aimais pas ma mère. En plus, je m'étais tellement habitué à l'idée qu'elle ne passerait pas l'année, qu'ayant programmé sa mort deux mois plus tôt dans mon emploi du temps, comme elle tardait, je redevins le mauvais fils que j'avais toujours été. J'espaçais ces corvées, les visites. J'allais saluer maman dans sa chambre, je repartais presque aussitôt, sous prétexte de ne pas la fatiguer.

Atteinte l'été d'avant, à Deauville, son visage avait pris la teinte d'une cire jaunie. Elle croyait que c'était une pancréatite. Nous lui dissimulâmes le langage clinique de son mal incurable : un cancer du pancréas. Elle ne sut jamais ce qu'elle avait. Quand elle vient, la maladie arrive sur la pointe des pieds, comme la pauvreté, dont on pense que ce n'est qu'une mauvaise période à passer. Tout d'abord on croit qu'il s'agit d'un malaise passager ou d'un manque d'argent provisoire, d'une infirmité sans conséquences, puis, sous le coup de souffrances de plus en plus précises, et bientôt intolérables, finissant par comprendre la gravité de son cas, on la découvre omniprésente trois semaines avant sa mort, à son ventre monstrueusement gonflé d'un immonde liquide amniotique qu'il faut ponctionner régulièrement pour la soulager ; et où la tumeur est devenue une énorme protubérance, une noire araignée du dedans, tissant dans tout son corps sa toile de métastases, ma mère, cette vieille jeune fille enceinte de quatre-vingts ans...

Je me souviens de ce jour où, en Tunisie, ma mère me découvrit en train de feuilleter, perplexe, l'album des photos de *nos familles* : je la voyais, mince et gracieuse, rouler sur sa bicyclette à guidon haut, puis en tenue de mariée, toujours aussi filiforme, enfin avec un gros ventre

— celui de son agonie. Sur toutes les photos j'étais présent, sauf sur celle-là, je ne comprenais pas.

— Maman, tu m'as avalé ? lui dis-je soudain, découvrant l'explication.

Des années plus tard, c'est comme si j'avais eu à nouveau peur d'être avalé par la société, institutionnalisé, phagocyté, ou domestiqué par elle. De cesser d'être libre de mes mouvements dans un immense ventre anonyme, où à mon tour j'entrerais en agonie. Bref, je renaîtrais en arrière, vers la mort.

Je ne sais pas ce qui m'a pris. Une fois de plus, mais avec un rare acharnement, comme si je ne la supportais plus, j'avais brisé mon image. L'image, cette chose si odieuse, même forte, celle d'un grand écrivain par exemple ! Elle me collait un masque de mon vivant, une sorte d'emplâtre gélatineux sur mon vrai visage. En séchant, elle m'emprisonnerait à jamais, elle m'empêcherait de vivre ; c'est-à-dire de me remettre sans cesse en question. Que les gens ne feraient-ils pas, en notre ère publicitaire, pour leur image ? L'image, cette photographie glacifiée, ressemble à la mort. Je ne voulais pas en changer, mais la brouiller pour rester vivant. Risquer de faire carrière m'épouvantait. Ainsi manquais-je mille occasions de fortune littéraire et politique ; j'étais mon propre obstacle et je me trouvais constamment sur mon chemin. A nouveau, mes qualités me jouaient le mauvais tour que n'auraient pu me jouer mes défauts.

« C'est un enfant terrible, disait de moi ma mère, qui parlait comme les journaux, ne vous inquiétez pas, ça lui passera. » Ça n'a pas passé.

Ce sont les années qui ont passé. Soudain, elles noircirent comme mon mur. Les années noires se poursuivirent. Je n'étais pas seulement atteint dans ma vie publique, mais dans la solitude du décor intime de ma pensée. O l'amer mercredi de mes cendres ! Désormais, j'étais nu, sans protection. Le mauvais sort attendant depuis longtemps à mes portes cadenassées avait réussi enfin, avec la fatalité électrique et sournoise de l'hiver, à s'engouffrer au-dedans de moi-même. Les Pléiades calcinées gisaient sur ma terrasse, et je pouvais lire de ma fenêtre, en haut de la pile détruite, ce titre jauni, sur une page recroquevillée bordée de noir, comme s'il se fût agi de l'ombre par un trop grand soleil, celui qui brûle, le soleil saharien, pour tout dire foucaldien, *L'Histoire universelle* de Bossuet.

Tandis que j'écrivais dans les décombres d'une partie de mon appartement, comme d'une partie de moi-même, c'était tout à la fois : l'incendie de la bibliothèque d'Alexandrie, les ruines de Berlin après la guerre, ou les livres interdits, brûlés par les nazis.

Ce livre, je l'ai achevé d'une seule inspiration. Phœnix renaissant de ses cendres, jamais je n'avais écrit si gracieusement appassionata, sous la dictée des générations défuntes. Une fois de plus, j'ai triché, comme lorsque je lisais par-dessus l'épaule de mes petits camarades au pupitre d'à côté. Ce livre n'est pas de moi : c'est un petit bout de l'histoire universelle qui m'a été soufflée, celle de nos familles. Le chapitre de la grandeur française que je me condamnais à rêver, n'y ayant point participé. On y retrouve les ingrédients du plus sublime de tous les songes, le sable du désert, la marche fantomatique des hommes bleus, le ciel de l'héroïsme, le vent de l'histoire et l'ascèse torride. La sainteté, la plus grande de toutes les aventures humaines, selon Bernanos. Les yeux grands ouverts, je la rêve.

Aux autres de s'en faire les historiographes, ou les archivistes. Ma propre contribution est à la fois infime et immense : faire passer la mémoire sensible d'un monde finissant, et qui n'en finit plus de finir, tant il a pesé pendant près de deux mille ans sur la tête du peuple français, du poids de ses idées reçues, de ses préjugés et de sa crétinerie sublime. Ceci est une œuvre collective de la fin du monde, ou plus précisément de la fin d'un monde. Il fallut que ma mère meure pour que je m'aperçoive qu'il finissait. « Fais ton Foucauld », me répète-t-elle. Enfin, je le fais, il me fait, nous nous faisons l'un l'autre...

« Vive la vie, puisqu'on en meurt », déclarai-je le jour de l'enterrement de ma mère, à la chapelle de l'Ecole militaire. Devant l'assistance assise qui écoutait mon oraison funèbre improvisée, cette exclamation résonnait comme une âpre injonction, je la faisais mienne. Ils étaient plus de cinq cents, des gens âgés, voûtés, ou plutôt brisés, qui essayaient toujours de se tenir droit, comme ils avaient mené une vie droite, parfois infirmes, les cheveux blanchis à l'épreuve du temps. La plupart avaient dépassé les quatre-vingts ans.

Je poursuivis : « Ma mère portait en elle toutes les valeurs d'une mère, d'une femme et d'une classe sociale en cours de disparition. Elle m'a élevé, ces valeurs nous ont élevés, ces valeurs m'ont élevé. Ce sont les mêmes valeurs, les vôtres et les miennes. Ce sont nos valeurs qui disparaissent un peu avec elle. »

Je sentais passer un frisson dans l'assistance. Ces hommes, ces femmes, je ne leur parlais pas de ma mère, mais d'eux-mêmes. Ils se reconnaissaient en elle. Ils reconnaissaient leurs valeurs, dans les siennes. Or elles ne s'effacent pas quand les hommes meurent, mais quand ces valeurs changent, dépérissent, pour tout dire, vieillissent. L'effort, le courage, la fierté, le devoir ! La vie n'était qu'une longue suite de devoirs, de devoirs religieux ou devoirs conjugaux. L'honneur! Tout n'était qu'honneur, jusqu'au baroud du même nom, pour sauver la face même quand on était vaincu. La piété, la charité chrétienne, le sacrifice, la droiture — ce qui allait viscéralement à cette droite comme un corset de fer. L'esprit civique, le service de la nation, la camaraderie, le non-dit grand-bourgeois et le panache, cette forme de conquête de l'inutile dont l'acception suprême est le style pour l'écrivain. Le monde est scindé en deux, irréconciliable, entre ceux qui ont du style et ceux qui n'en ont pas.

Qu'il s'agisse du style, ou du panache, ce qui revient au même, eux seuls peuvent extraire, dans les étapes, les gîtes passagers de la vie, l'impérissable du périssable. Ainsi nos morts les plus chers nous laissent-ils un dépôt d'hospitalité sacré : nous sommes à nouveau prêts à accueillir ces valeurs comme si elles pouvaient se perpétuer indéfiniment. À en juger par le grand âge des gens dans l'église, ces officiers en retraite, ces généraux, ces aristocrates, je compris qu'elles ne reviendraient plus. Elles étaient mortes, mais elles étaient aussi immortelles. Je les reconnaissais enfin, c'étaient les valeurs de la grande droite de nos familles, avec leur connerie monumentale aussi, la droite généreuse, la droite inspirée et conquérante, celle qui avait eu jadis les reins assez solides pour passer de Dunkerque à Tamanrasset, en un mot celle du père de Foucauld, dont quelques petits-neveux se trouvaient agenouillés sur les prie-Dieu.

Je revoyais ma mère telle que je l'avais connue, cette plante, cette fleur du bouquet de nos familles que l'on avait déracinée de la vie, cette fleur fanée à jamais, enlevée à l'amour des siens, ainsi qu'il est dit — comme si la terre était tout amour. Et, pour ma propre mère, ce fut un peu comme si l'on eût justement arraché une marguerite, son prénom à elle de fleur — Marguerite-Marie Hallier. Que je regrettais maintenant de ne pas l'avoir vénérée, choyée, sortie fièrement auprès de mes amis ! Comme je l'avais méjugée... Si j'avais su que je l'aimais tant, je l'aurais mieux aimée...

J'avais rêvé d'être orphelin comme le père de Foucauld — le petit Charles, ce pauvre petit garçon riche qui eut cette chance dès l'âge de sept ans. Orphelin oui, j'aurais pu m'offrir des illusions de parents — j'aurais eu l'embarras du choix, j'aurais pu être le fils du cocher de la reine d'Angleterre ! celui de l'amant de Lady Chatterley ! ou le petit Lord Fauntleroy ! j'aimais beaucoup les Anglais.

Si j'avais été le fils d'Hitler, je serais passé à la télévision pour accuser mon père ! La légitimité ne se conquiert qu'à l'aide du passé récusé. Ou fils de ma concierge, je n'aurais pas eu à monter l'escalier quand l'ascenseur était en panne ! Bref, j'aurais pu tout être. Le résultat en aurait toujours été le même : Jean-Edern Hallier. Quant au père du père de Foucauld, réduit à l'état végétatif, le cerveau à plat, zombie aristocratique, la bave aux lèvres, les yeux blancs, mais géniteur hors pair, il trouva encore le moyen — après une petite fille, appelée Marie — de faire un dernier enfant à sa mère. De quoi souffrait-il ? Syphilis, paralysie générale — autrement appelée la rougeole indienne. De toute façon, c'était une maladie honteuse : il avait dû coucher avec une Martiniquaise. La nature et la Providence ne récusèrent pas le bouleversement d'Elisabeth, devant cette nouvelle grossesse. La fièvre puerpérale emporta très vite la jeune femme, laissant Charles seul au monde avec tout le pèze familial. Quel bonheur ! Ouf, il était orphelin !

Pauvre petit garçon riche ! Sa fortune familiale était l'une des plus considérables de l'époque, en or, terres, bois et châteaux. N'ayant pas sa chance, je fis mon premier gros mensonge d'enfant aux Pères blancs de l'école de Carthage, la première fois que je séchai.

— Ma mère est morte hier.

Cette fois, elle était bien morte. Le chagrin que je ressentis soudain fut d'autant plus intense qu'il me prit par surprise. Je me retrouvai, tout à coup, le visage baigné de larmes, celles de mes chagrins d'enfant revenus. Il se peut que je ne l'aie point aimée par trop-plein d'amour déçu. Elle ne me comprenait pas ; ou elle faisait semblant. Je l'avais éreintée en douce dans deux de mes romans. Bien sûr, ce n'était pas elle, mais une autre. L'alibi parfait du non-dit de nos familles, c'est le roman : c'est de la fiction, dit-on toujours, et ce n'en est jamais.

Quand je me plaignais de la critique, elle ne me l'envoyait pas dire :

— Tu n'as pas été sage, tu ne la respectes pas.

En même temps, je traduisais ce que sa phrase signifiait en filigrane : tu n'as pas respecté ta mère dans tes livres. Qu'y pouvais-je ? Ce règlement de comptes sournois, c'est la loi du romancier. On lave toujours son linge sale en public. Déjà, à force de me vouloir orphelin, je sciais la branche familiale sur laquelle j'étais perché. A ma manière j'étais moderne, une fois de plus contre moi-même. Car l'homme moderne sera de plus en plus un « Sans famille », le petit héros des romans populaires d'Hector Malot, à la fin du XIXe siècle. Le roman lui-même, impossible sans les familles, disparaîtra à mesure qu'elles se seront éclatées, dispersées, tandis qu'à l'homme d'aujourd'hui, atteint par la maladie mortelle de l'avenir qu'on lui prépare, succédera le nouvel homme, l'homme cloné, conformisé et pour tout dire l'homme domestique comme l'animal du même nom. Le pire est hautement probable, je m'en félicite. Le nombre des illettrés croîtra et l'on aura de moins en moins de mots dans les dictionnaires pour exprimer le discours inconnu de la sensibilité, dans la nuance et la variété des émotions qui lient les familles entre elles. La grande marche de l'avenir se fera à reculons. On aura tout inventé, on n'a même pas la moindre idée des inconcevables progrès qui nous guettent. On arrivera même à vaincre la mort, j'en suis sûr — du moins à la faire oublier, grâce au nouveau surhomme, l'homme domestique surgelé. On aura pensé à tout, sauf à l'avenir de l'intelligence sensible.

Bien sûr, les hommes ne seront pas moins intelligents, ils le seront autrement. Ils auront l'intelligence sèche, abstraite. Elle sera computérisée — ce qui est le contraire de compatir. Plus de compassion des profondeurs, comme on en rencontre à la fois chez les plus grands personnages de nos romans familiaux et au sein des familles et de la religion. Dans les années à venir, la société procédera à une gigantesque ablation du cœur alors que le Sacré Cœur de Jésus, cousu sur la robe blanche du père de Foucauld, incarnait jadis la riposte du catholicisme au cogito cartésien. Quand nous ne serons plus que quelques-uns à parler la langue du cœur — le cœur, organe du poème —, nous les derniers hommes en liberté, nous n'aurons plus qu'à reprendre la marche incertaine, comme la bande à Jésus portant le feu de la charité à travers le pays des morts...

On verra arriver le règne de la descendance dégénérée de Descartes, le narcissisme moderne. Arrive toujours ce qui est là. L'homme minitélisé, fiché, sondé, lardé, truffé, étiqueté, hormonisé, ébouillanté, passé aux colorants, nettoyé, vidé, mis sous cellophane de la dernière mode, l'homo domesticus absolu, vendu à bas prix par des marchands du temple sans visage. L'avenir se tournera vers nous, béant comme le fond d'une bibliothèque incendiée. Moi, je serai bien content. Dernier alphabète, j'aurai tout loisir de peupler les murs de ma chambre brûlée des énigmatiques hiéroglyphes de nos temps de détresse. Le jour où l'on voudra découvrir cette chose extraordinaire que fut l'Occident, les singes de demain, les extraterrestres ou les robots seront obligés de me lire. Ce sera ma revanche.

Fille de l'Occident, j'aurais dû admirer ma mère, cette presque jolie femme (je dis bien, presque...). Cette sportive, cette musicienne — elle jouait de l'orgue avec le célèbre maître de chapelle de Saint-Germain-en-Laye, Jehan Alain —, cette garçonne des années vingt, qui lança toutes les modes, et même leur roi incontesté, Christian Dior, en lui donnant son premier argent pour lancer sa maison de couture. Quand je tourne les pages de mes albums de fantômes, je revois toujours cette autre photographie d'elle, de profil, longtemps avant ma naissance, avec ses longues jambes fines, ses cheveux plaqués et son nez légèrement cabossé depuis un accident de croquet, un coup de maillet malencontreux, adossée au banc de pierre du perron du vaste hôtel particulier de mes grands-parents à Saint-Germain-en-Laye. Elle était mieux que belle. Elle avait de la classe.

— Quand on a une mère de la classe de la tienne, on s'en montre digne, entendis-je souvent.

La classe, voilà le grand mot lâché ! On lui pardonnait tout à cause de sa classe. La classe effaçait ses défauts, ses qualités réelles, comme elle faisait oublier son conformisme, ses quelques idées à la mode qu'elle prenait pour de l'originalité mais qui ne l'étaient que dans son milieu, une certaine légèreté insoutenable de son être et la traditionnelle hypocrisie bourgeoise de nos familles. Pourtant sa classe, elle la manifesta jusqu'au bout. Pour elle, il eût été inconcevable de se plaindre ou de parler d'elle.

Quand arriva la fin, elle mourut à l'ancienne, entourée des siens, en famille. De mort véritable, d'agonie au grand jour, il n'y en a presque plus jamais. Pas plus qu'on ne rencontre de vraie vie dans nos sociétés domestiquées, anesthésiées, miradorisées par la communication qui plante ses aiguilles lobotomiques dans le cerveau, bizarres antennes de fourmis électriques sur les toits qui constituent aujourd'hui les fils de fer barbelé d'un immense camp d'autoconcentration hertzien. Tous des zombies sous contrôle ! Où sont les vivants ? Je ne vois autour de moi, à perte de vue, que le pullulement de moribonds atteints de longévité. Même pas malades ! On ne supporte pas plus la maladie que la mort : on envoie à l'hôpital, ou on évacue discrètement les cadavres. Nos sociétés avancées — avancées, oui, mais comme la viande pourrie — ont tellement honte de la mort qu'elles la cachent, ou la taisent, comme inconvenante : la mort est un démenti trop dur, péremptoire, désobligeant et définitif, infligé à toutes les théories sur le bonheur des hommes.

Ma mère eut une mort heureuse. Le grand art de nos familles restera toujours d'avoir su apprivoiser la mort, au lieu de la changer en fantasme terrifiant, et d'avoir fait de la maladie une période de transition naturelle vers le grand sommeil. « La faiblesse de ta mère », tel était l'euphémisme de mon père pour désigner son mal incurable. Pourtant elle n'avait jamais été forte, saine plutôt, quoique fragile, et souvent malade. Diane chasseresse d'une émancipation de la femme non endoctrinée, non militante, elle était entrée dans la vie avec une vision sportive et harmonieuse du monde. Je n'arrivais pas à me figurer que c'était ma mère, qu'inexplicablement je n'aimais pas : elle avait dû seulement m'avaler quelques jours, avant de me recracher. C'est comme si, bizarrement, j'eusse su d'avance que je ne pouvais naître que d'un cancer, celui de cette vieille dame jeune, enceinte de sa propre mort...

Si du côté de mon père nous appartenions à la grande tradition catholique, ma mère était à la fois alsacienne et protestante. Les siens étaient des juifs honteux, convertis sous les dragonnades, de parfaits israélites français, patriotes, antisémites — et comme de bien entendu extrêmement riches. D'une génération l'autre, nous étions d'insatiables coureurs de dots. C'est une manie familiale que d'épouser des filles riches — et toujours juives. Il n'y a jamais de mésalliance avec l'argent. Nous procédions seulement à l'alchimie banale de l'or et de la noblesse. En quelque sorte nous étions des peintres en bâtiment : nous redorions notre blason. Quand bien même s'enjuivait-on par la même occasion...

D'ailleurs, ça tombait bien, ce mariage d'un jeune capitaine, André Hallier, et de ma mère juive. Les siens ne songeaient qu'à renier leurs véritables racines, et à s'assimiler à la grande bourgeoisie française, nationaliste, barrésienne et revancharde — n'ayant toujours pas digéré la perte de l'Alsace-Lorraine.

Jamais ma mère n'aurait épousé un juif, de même qu'il était mal vu dans nos familles qu'on épouse une juive. Pourtant les uns ne songeaient qu'à s'ennoblir et les autres à « s'enjuiver ». Je prononce ce mot exprès, avec son entière connotation antisémite. Mon père vient d'entrer dans la pièce où j'écris, il n'arrête pas de me rendre visite — sous prétexte de m'aider à sauver et à ranger ce qui pourrait encore l'être de ma bibliothèque. C'est qu'il est de plus en plus seul désormais. Alors, préparant depuis si longtemps sa mort comme un grand voyage calme, n'en finissant plus de ne pas partir, rajoutant toujours au dernier instant un ultime codicille à ses valises de testaments, comme s'il se fût agi d'une couleur de cravate ou d'une ombrelle pour naviguer sur le Styx, il vient s'asseoir en avançant à tout petits pas, immensément lents, s'installe en face de ma table de travail et me fixe de ses yeux noirs et profonds de vieil oiseau de proie, enfoncés dans leur orbite.

— Fais comme si je n'étais pas là, continue à écrire. Je ne veux pas te déranger.

Quand je relève la tête, la sienne s'est légèrement inclinée. Ses paupières sont closes, formant deux grands trous d'ombre de chaque côté de son nez busqué. Il dort, pour se réveiller soudain une demi-heure plus tard, comme s'il ne s'était jamais absenté provisoirement de ce bas monde.

Ni lui ni moi ne bougeons. Il s'est à peine passé un instant — un clignement de paupières d'infini...

Puis il reprend, comme je l'interroge sur nos familles :

— Le drame de cette France, c'est de n'avoir pas su *s'enjuiver,* comme l'aristocratie anglaise du XIXe, celle de Gladstone et Disraeli. Il fallait *s'enjuiver,* tu m'entends ?...

— Je vous entends.

Je l'entendais, comme j'entendais aussi ma mère *enjuiveuse* me répéter sur un ton de secret reproche : « Tu ferais mieux de faire ton Foucauld. » Ma mère youtre, youpine — canadienne ou bretonne, comme on dit, quand on ne veut pas prononcer le mot juif. Ma mama, ashkénaze, dragonnisée, qui ne cesse de me sommer de sa tombe, tandis que mon père poursuit.

— Elle a tout juste injecté dans nos veines le peu de sang juif honteux qui nous permettait d'éviter la ruine, mais elle a raté la grande transfusion sémite et américaine de l'Occident. C'eût été facile, tous les juifs rêvaient alors de s'ennoblir.

L'antisémitisme m'a toujours fait horreur. Pas à cause du génocide, cette rente à vie de ses survivants, et son mythe fondateur, comme diraient les ethnologues. Je vois trop d'imposteurs se cacher derrière, ou s'en prévaloir, ou ne pas arrêter de toucher leurs dividendes de conseil d'administration de la chambre à gaz, pour ne pas avoir honte pour eux, ces marchands du temple de la mort, ces marchands du Temple que dénonçait Jésus et qui, de siècle en siècle, vendent en grossistes de l'absolu la grande, la sublime tradition juive, non sans l'avoir au préalable aseptisée, vidée de son contenu subversif et prophétique, pour mieux la commercialiser.

Si je hais l'antisémitisme, c'est à cause de sa connerie. Sa monumentale connerie, sa monstrueuse, sa dégoulinante et hideuse connerie. Quand j'entends parler les antisémites, j'assiste au brusque enlaidissement de leur visage. L'antisémitisme n'est pas du tout effrayant, il est seulement répugnant, pitoyable et con. Répugnant parce qu'il est dirigé contre le sang et non contre la personne, pitoyable parce qu'il est envieux alors qu'il voudrait être méprisant, con parce qu'il consolide ce qu'il veut détruire. L'antisémitisme est un piège où s'engouffre l'antisémite, la plus belle de toutes les inventions juives pour perpétuer la race. Il n'existerait pas qu'il n'y aurait plus de juifs non plus. Chaque fois qu'un antisémite se démasque, il est toujours le bienvenu. Le juif ne sent plus son bonheur : il va frapper son ancien bourreau par amour, parce qu'il lui rend sa légitimité de persécuté.

Pourtant il y a un antisémitisme latent, toujours pret à se réveiller. Il est aveugle, au sens défiguré comme au sens littéral. J'en fis une fois l'expérience, après avoir avoué mes origines à deux jeunes riches traînards des beaux quartiers.

— T'as vu son nez crochu, entendis-je derrière la porte aussitôt après que je les eus quittés.

N'ayant pas ce type de nez, je découvris soudain ce qu'aveugle veut dire. Cet aveuglement n'ira plus jamais jusqu'au génocide — sauf quand le roi yankee du monde, cessant d'être celte comme la tradition symbolique de l'Occident moderne le veut, sera lui-même devenu juif. Alors le tiers monde se réveillera pour marcher lentement, haineusement, de toute sa misère accumulée, débordante, sur le juif, victime expiatoire...

Qu'a-t-on à reprocher aux juifs? Il n'est point de meilleure compagnie que la leur. Avec leur rapidité vibrionnaire, ils comprennent plus vite que tous les autres. Ils font monter des choses; ils sont le levain de la pâte molle de la race blanche. Sans eux, le monde périrait d'ennui. Pour empêcher le monde de s'endormir, ils ont produit des emmerdeurs inouïs, littéralement insurpassables — Jésus, Marx, Freud. Et qui plus est, avec un malin plaisir, ils emmerdent de préférence les juifs! Des antisémites! Ou même les bourreaux de leurs congénères, comme Torquemada, le grand inquisiteur — les recherches les plus sérieuses révèlent aujourd'hui que c'était un marrane, un juif espagnol converti! Même le nazisme peut être soupçonné d'être un complot juif de l'inconscient : l'effrayante vengeance du bâtard Hitler, ce fils de bonniche autrichienne engrossée par un rejeton de famille juive. Et que dire de la rédaction du protocole de Wansee, en 1937, préconisant la solution finale de la chambre à gaz, rédigé par Heydrich, dont la mère était juive! Chapeau! L'important pour les juifs, c'est de toujours occuper le devant de la scène. En héros, ou en traîtres, qu'importe! L'essentiel, c'est qu'on parle d'eux! Oui, pourquoi en veut-on si fort à la race élue, cet adorable syndicat de tapineurs des médias?

Tout au long du Moyen Age, ils se firent massacrer parce qu'ils avaient crucifié l'un des leurs. Ah, les maladroits ! Pourquoi s'en être vantés ? Cette publicité leur a coûté cher. Nul peuple n'a payé si cher un geste inconsidéré, mais explicable et, tout compte fait, naturel en soi. De quoi s'est-on mêlé ? N'avaient-ils pas le droit de faire ce que bon leur semblait — et qu'en plus ils n'ont même pas fait, la crucifixion étant un châtiment romain ! Ingérence inadmissible ! S'ils ne l'avaient pas cloué à des planches de bois, il n'y aurait jamais eu de christianisme. Fallait bien qu'une race inférieure, ou jugée telle, se charge de ce sale boulot ! Désormais, elle a gagné. Elle a payé son tribut. Aïe lé luia !

Ce que le peuple juif a le plus à craindre, c'est l'assimilation. La France de *nos familles* aurait dû intégrer ses juifs, avant qu'ils ne reviennent, en grands professionnels du ressentiment et de l'aigreur, avec leurs esprits puissants et imprécis, nous faire payer de n'avoir pas compris à temps la substance inavouable du judaïsme. La colle qui a donné sa cohésion à la montée de la petite-bourgeoisie contre *nos familles*, c'est le snobisme hébraïque. Il fallait se dépêcher d'en faire des nobles, ne pas les laisser stagner dans cette condition pitoyable de nouveaux riches. Avec la soif d'honneurs et de plaisirs des parvenus bourgeois, ils ont aussi cette ambition typique chargée de rancœur du parvenu juif — pour reprendre la description par Malaparte de la nomenklatura de Moscou des années trente, en qui chacun reconnaîtra les grands airs, les tics ou les réflexes conditionnés, s'il le veut, de notre rive droite parisienne, son merveilleux, son étincelant m'as-tu-vu haineux.

Mon père avait raison. D'ailleurs un père a toujours raison. Il fallait que nos familles se laissent vampiriser comme la mienne, qu'elles offrent leur sang bleu à la merveilleuse avidité juive : « Nous, les juifs, n'aimons pas faire couler le sang humain. Nous préférons le sucer, que voulez-vous, il faut être européen », s'écrie le monsieur Stein de *Roman avec Cocaïne.* Cinquante ans plus tard, il fallait devenir américain... L'esprit grand-européen mourut aussi avec la fin de l'Empire français, comme si l'un renvoyait à l'autre, un cosmopolitisme du dedans, dont les axes étaient Vienne, Paris et Londres, et la conséquence, l'agrandissement en rose des manuels scolaires de la géographie française.

Ainsi par ma mère conciliai-je l'inconciliable : je naquis judéo-celte. Jean-Edern, l'antisémite de Jean-Edern. Il n'est point de véritable œuvre de chair — ou littéraire — qui ne soit l'exaspération insurmontable de ses propres contradictions. C'est parce que je n'aimais pas ma mère que je la pleurais...

« Fais ton Foucauld », me répète-t-elle. Guynemer, abattu en plein vol, en 14-18; mon oncle Jean aussi, le frère de mon père, descendu au-dessus de Reims par les chasseurs allemands; Mermoz, l'aéropostale, le premier passage de la cordillère des Andes, la terre des hommes — tout ça c'est l'histoire de nos familles, la même histoire...

Non une histoire, plutôt une mystique. Ils se sont tous envoyés en l'air! Aucun n'est redescendu. J'allais oublier Saint-Exupéry, que ma mère eut pour ami intime. Je n'ai jamais su jusqu'où alla cette intimité... Glissons délicatement sur ces choses. Toujours est-il qu'il venait sans cesse dîner dans notre villa de La Marsa — entre ciel, mer et terre, les trois champs de l'expansion de nos familles. La mer avec le premier tour du monde d'Alain Gerbault —

disparu lui aussi. La terre avec Psichari, conquérant catholique et saint-cyrien — tué. Les Allemands, eux, ricanaient : laissons le coq gaulois s'user les ergots sur le sable du désert.

Foucauld, c'est la synthèse des trois : l'immensité de la nuit étoilée, l'océan de sable et l'inconnu, la terra incognita. Son plus proche compagnon, le général Laperrine, commandant en chef de la région des Oasis, mourut de soif après un autre accident d'avion dans le désert, le 20 mars 1920. Saint-Exupéry, ce n'est que le ciel et le sable. Ce n'était pas mal, ça lui donnait du prestige. Quand il rendait visite à ma mère, son escadrille était basée à Tunis. Entre deux missions au-dessus de la Méditerranée. Il avait le nez en l'air, de gros yeux globuleux, il fumait sans arrêt et faisait des trous de cigarette dans la nappe, par distraction. Même au sol, il était dans les nuages.

Maman ne s'intéressait pas à l'intellectuel, ou plutôt au penseur de la terminale, mais à l'homme d'action, à l'aviateur et à l'amoureux du désert qu'elle aima peut-être... Saint-Ex, comme on l'appelait. Ex-quoi ? Ex-amant de ma mère ? Ce n'était donc pas un saint, ni ma mère une sainte... Il avait un côté Charles de Foucauld mondain, mâtiné de scout et de comtesse de Ségur des cumulonimbus : à deux mille mètres d'altitude, n'importe quelle platitude, du moment qu'elle est prononcée avec gravité, comme « Il fait beau », par exemple devient sublime. Mais nous ne lui trouvions rien de remarquable, il était à trop basse altitude, quand il arrivait avec son air un peu benêt, ne sachant pas trop quoi dire, après son sempiternel « Tiens, il fait beau. » Ce qui n'avait rien d'extraordinaire, vu qu'en Tunisie il fait toujours beau, sauf quand il pleut.

Un après-midi, il vint voir ma mère par la plage,

pendant que mon père était au quartier (chez les cavaliers, on ne dit jamais caserne) qu'il avait agrandi, innovant par quelques idées originales, comme celle de transformer les chasseurs d'Afrique, pour son grand plaisir, en fouilleurs archéologiques à Carthage. Papa nous ramenait sans cesse des vases et des lampes à huile en terre cuite du temps d'Hannibal et de Salammbô — la salope du village d'à côté, qui avait fait marcher Gustave Flaubert.

Cet après-midi-là je m'ennuyais, et le dernier des Mohicans était parti faire les courses. Je sautai sur le paletot de Saint-Ex qui venait d'entrer dans le jardin par la porte de derrière, donnant sur la plage.

— S'il vous plaît, dessine-moi un mouton, lui dis-je.

Il essaya, mais il n'était pas très doué : ça ressemblait plutôt à un chapeau ou, comme je lui dis, ce qui parut le stupéfier :

— Non, je ne veux pas d'éléphant dans un boa. Je veux un mouton.

Il s'y reprit, c'était toujours aussi mauvais.

— Celui-là est trop vieux. Fais-m'en un qui vive longtemps.

Il recommença à griffonner, puis nous parlâmes d'autre chose. Vu qu'il était aviateur, et que le père de Foucauld m'était déjà tombé d'en haut, je lui demandai :

— Alors, toi aussi tu viens du ciel ? De quelle planète es-tu ?

Je lui avais dit ça pour lui faire plaisir, mais il sembla énormément intrigué par ma petite personne. Il prit l'habitude de me rendre visite tous les après-midi quand le dernier des Mohicans partait en balade.

Pour gagner du temps, je l'épatais parce que je n'aimais pas tellement qu'il monte tout seul chez ma mère. J'y réussissais parfaitement. Très souvent elle refusait de le voir. Si bien qu'il repartait s'envoyer en l'air pour des missions de plus en plus dangereuses, comme s'il voulait noyer un mystérieux chagrin d'amour dans les nuages d'acier des combats aériens.

— Je viens de la planète B.612, lui dis-je un jour avant de lui expliquer, de mon tas de sable, que lui-même venait de tomber en panne dans le désert.

Comme il tombait souvent en panne sèche, d'essence, ou de whisky, qu'il était à la fois très distrait et très imprudent, et qu'il finit d'ailleurs par tomber une fois pour toutes dans les mois qui suivirent, et que personne ne le retrouva jamais, il se prêtait volontiers à mon jeu. Il écoutait avec avidité mes voyages sur la planète du roi, du vaniteux, du buveur, du businessman, de l'allumeur de réverbères, ou du vieux monsieur qui écrivait d'énormes livres. Il buvait littéralement mes paroles, jusqu'au jour où, convaincu que ma mère ne voulait plus du tout le recevoir, je décidai de retourner arroser mes fleurs sur B.612, c'est-à-dire de me débarrasser de lui, pour retrouver le dernier des Mohicans.

Entre deux récits, Saint-Exupéry n'arrêtait pas de me dire :

— Je t'aime bien, mon Petit Prince. Tu ne peux pas savoir à quel point tes histoires m'intéressent.

Ça me prendrait quatre-vingts pages exactement, de recopier tout ce que je lui racontais, de cette œuvre vieillotte et charmante dont les anciennes générations se sont jadis régalées. Autant vous reporter tout de suite à l'édition de la Pléiade, tout est dedans. Comme je suis princier, ça va sans dire, je n'ai pas fait de procès à Gallimard pour cette captation de mon imagination.

En plus, ce livre, je m'en tape. C'est fadasse, du rêve à la camomille, un truc pour épater les grandes personnes ! Beaucoup y voient un chef-d'œuvre : ce n'était que le brouillon improvisé, négligemment jeté, parmi tant et tant de contes d'enfants que j'inventais à mesure, comme j'écris aujourd'hui.

Il a besoin de souffrir, dit-on pour me protéger, enfermé dans ma chambre brûlée. Pleure, Petit Prince ! Ta mère te disait, souviens-t'en, t'offrant le livre pour ton anniversaire :

— C'est du monsieur qui est monté au ciel, avec qui tu parlais tout le temps.

Encore un qui s'était envoyé en l'air sans laisser de traces ! Quand même il resta de lui quelque chose, son horrible petit chien, un basset noir à poils longs dont nous héritâmes. J'héritai aussi de lui son principal tic, paraît-il, effiler sans cesse du doigt la cendre de ma cigarette, pour qu'elle soit toujours de braise. Comme lui, j'en ai attrapé une légère cloque durcie de peau brûlée, sur l'annulaire gauche.

Sous cette cendre morte, dispersée aux vents de sable et aux coups de balai, dans ma bibliothèque incendiée, les braises lointaines de ma mémoire ravivée éclairaient le passé de ses grandes flammes définitives — je terminai à la chapelle de l'Ecole militaire, les yeux embués de larmes, des larmes involontaires dont j'avais honte, parce que j'aime me dominer, cacher ce que je ressens, mon discours d'enterrement par ces paroles :

— Pour chacun de vous c'est arrivé, ça arrivera, vos enfants aussi vous perdront, il est toujours beaucoup plus dur qu'on ne le pense de perdre sa mère.

Cette fois, ce n'était plus pour eux, mais pour moi seul que je parlais, achevant par :

— A force de dire, petit garçon, qu'elle était morte, j'ai fini par croire que ma mère était immortelle. Aujourd'hui, elle est. Elle l'est...

Elle l'est, au ciel ; plaise à l'avenir qu'elle le soit aussi par mon livre. Il y a trois sortes d'immortalités possibles. L'immortalité supérieure : celle que vous confère la vie éternelle. L'immortalité moyenne : l'illusion que votre œuvre vous survivra éternellement. L'immortalité inférieure : celle des académiciens. On s'élève à la première ; et, faute d'accéder à la seconde, ou si rarement que je n'en vois guère plus de six ou sept exemples par siècle, on se rabat sur la troisième.

Sauf qu'il y a aussi mes immortels !

Les jours passaient sans que personne n'embarque les gravats. Le reste de l'appartement dans l'obscurité, le soir, j'écrivais à la table de ma salle à manger faiblement éclairée par une lampe du seul circuit de l'installation électrique qui ne fût point hors d'usage. En face de moi, je crus soudain que le feu allait renaître sur le mur de ma chambre brûlée. Les flammèches irréelles de ma profonde nuit intérieure s'illuminèrent, prirent la forme de la leçon des ténèbres, celle des créatures de mon imaginaire enfantin. Fantômes sans chair, sans os, ils flottaient entre les rayonnages écroulés, en pleine déconnaissance des cendres. Ni hallucination de ma fièvre et de mon angoisse, ni vision, cela se passe toujours maintenant : dès que ma main trace leurs noms, mes héros, ceux que j'appelle mes immortels, sortis tout à la fois de l'espace livresque, des dessins animés, et des récits que j'entendais jadis, reviennent peupler ma solitude. Dès que je les appelle — c'est-à-dire dès que je les écris sur la page blanche —, ils apparaissent. Eux au moins, ils ne m'ont pas abandonné...

Académie française de songes, à sièges éjectables, les voici qui débarquent, les miens, mes derniers compagnons ! Salut à vous ! Qu'on imagine un instant le nombre de solitudes qu'il m'a fallu accumuler pour liquider mes attaches quotidiennes et reprendre pied dans cet invisible, pour arriver à raconter nos familles face aux murs lézardés que noircissent du fond de ma désolation les gravures rupestres de suie du désordre et de la nuit.

Les voici qui se mettent au garde-à-vous, mes académiciens. Ils viennent de loin, mes premiers mensonges d'enfant devenus vrais.

C'était, sur la marqueterie, la grande parade de mes immortels. Ils me racontaient l'histoire de mon imaginaire, en une chanson de geste intime. D'abord il y a obligatoirement le père de Foucauld, qui a dit aux Pères blancs : « Ma mère est morte hier... »

J'avais fait l'école buissonnière avec lui, mon père m'en parlait sans cesse — c'était le héros du quatrième chasseurs d'Afrique. Ça faisait bien de sortir avec lui. D'autant qu'il n'était guère plus grand que moi. Trois jours après sa troisième naissance, en Tunisie, il mesurait déjà un mètre soixante, taille qu'il ne devait plus dépasser, sauf dans l'estime de ses contemporains. C'est que, après un gros chagrin, il avait déclaré :

— Maman, dis au bon Dieu que je ne veux pas devenir grand.

Dieu l'exauça, il resta petit. Ce jour-là, nous avions razzié — comme les Touaregs — tous les goûters d'enfants de la garnison. Le ciel étant à l'orage, nous nous étions empiffrés d'éclairs au chocolat. Faut vous dire que Foucauld était sacrément gourmand ! Il avait la vocation, déjà il se tapait des religieuses, des cœurs de palmiers et des cornes de gazelle. Sans doute avait-il aussi l'appel du désert en lui, il engrangeait dans sa bosse comme le chameau. Et, comme tous les tristes, il aimait les sucreries. Etrange alchimie intime de l'un de ces hommes, ces passants considérables dont on dit, pour les désigner métaphoriquement après leur départ de ce monde, qu'ils ont été un peu le sel de la terre.

Ah, je me souviens de ces montagnes blanches le long des digues de La Goulette, en marchant de La Marsa vers Tunis ! C'était des salières, nous nous roulions dedans avec le père de Foucauld, Alice au pays des merveilles, une autre immortelle, le Petit Prince, Marron d'Inde, baron de Jambes, sans oublier Don Quichotte. Nous nous enduisions de ce sel de la terre sans le savoir, pour devenir sel, nous aussi, en cette éblouissante blancheur, sous le ciel bleu. Nous étions, à la différence des autres enfants, des immortels, des élus, nous n'en étions pas intimement persuadés, cela allait de soi, l'invincibilité enfantine le veut. Quand bien même découvrons-nous au fil des années que les choses nous étaient plus faciles qu'à d'autres, elles nous étaient aussi infiniment plus difficiles : il faut toujours expier les dons qu'on a reçus. Aux plus gracieux, les plus durs chemins de croix. Nous sommes nos premiers ennemis, nos pires Allemands. La vie se venge de cette immortalité présumée. Soit nous nous autodétruisons ; soit nous démolissons comme des enfants ce que nous avons si patiemment, si savamment édifié — nos saisons, nos châteaux, nos carrières, nos amours.

Ça fait quarante-quatre ans plus cinq que je n'arrête pas de tout détruire. Foucauld aussi. Il a tout laissé détruire, de Nazareth à Beni Abbès, à l'Acekrem, de ce qu'il avait commencé d'entreprendre. Gosse, déjà il détruisait tout, entrant dans des rages indescriptibles, piétinant son propre château féodal avec son donjon, ses tours et ses douves de sable quand un autre venait y toucher, comme nous dévastions ces châteaux immaculés de sel, ces châteaux de cristal blanc de neige. A peine les avions-nous finis, contemplés, que moi, le dernier des Mohicans, Foucauld, bref, nous tous, sans oublier le fils de la concierge, Don Quichotte, nous leur donnions de grands coups de pied dedans.

Maintenant ils sont revenus, mes copains. Ils sont tous là, bivouaquant sur le plancher XVIIIe de marqueterie troué. Ils n'arrêtent pas de se bagarrer, de se donner des beignes, des tournois en armure, de se provoquer en duel, de se tirer dessus au revolver, pendant que le père de Foucauld les bénit, pour qu'ils aient les derniers sacrements avant de mourir. Je suis sûr que ce sont eux qui ont laissé sur mes murs dévastés des encoches noirâtres pareilles à des traces de balles. Ils s'entretuent, mais ça n'a strictement aucune importance, puisque, étant immortels, ils ressuscitent aussitôt...

Même le dernier des Mohicans se jetant du haut de son rocher ressuscitera, en se recollant des morceaux de crâne fracturé. C'est que j'ai besoin de m'en resservir, je n'ai pas encore fixé leur légende. Tant que je vivrai, ils revivront. Il faudrait que je meure à mon tour pour qu'eux meurent enfin ; et que d'autres hommes indéfiniment meurent et renaissent pendant des générations et des générations, pour que leur épopée collective n'ait plus qu'une seule trame dans la mémoire du monde. Des Evangiles qui mirent quatre siècles à se fixer, aux récits d'un petit garçon qui me reviennent après quarante-deux ans, deux ans avant qu'un autobus ne m'écrase pas, c'est toujours le même monstrueux retravaillage nocturne du temps. L'histoire revient toujours aux somnambules. « Encore une de tes histoires à dormir debout », me disait ma mère.

En son dernier sommeil, elle ne me dit plus rien. Pourtant elle sait que j'ai raison, c'est toujours aux dormeurs debout marchant éveillés, face à la chambre brûlée de leurs rêves, qu'il faut faire confiance. Se pourrait-il que je sois le dernier écrivain à pouvoir ressusciter la mémoire sensible de ces générations révolues ? Héritage invisible qui m'a pesé sur la nuque : celui de la race, de la tribu et de la caste, qui nous donne soudain l'illusion de pouvoir se perpétuer indéfiniment dans ses valeurs les plus profondes — ou se faire retraduire plus tard à la manière d'un Lévi-Strauss conservant dans le formol du Collège de France les derniers Indiens d'Amazonie — en l'ethnologie lyrique de *nos familles*. Ma mère est inséparable de mon Foucauld.

Je redécouvre mes continents perdus : derrière ma fenêtre s'étend le Sahara. J'ai beau ne pas avoir quitté ma place des Vosges, je voyage à dos de chameau. J'entreprends ma propre traversée du désert, avec ton Foucauld, maman. Avec tes amis aussi, maman, tes oncles, tes parents. Avec les vieux de la chapelle de l'Ecole militaire. Avec toute ta famille et tes proches, maman, cette longue caravane épuisée qui s'appelle une certaine France tandis que des cendres refroidies renaissent les braises incandescentes, irréelles des couchers de soleil tunisien, sur la plage de La Marsa.

Chers immortels, merci d'être venus à la rescousse de ma solitude ! Qui étiez-vous quand j'avais sept ans ? Je viens de vous appeler. Du moins les premiers d'entre vous. Les autres sont venus après, pendant que j'écrivais, sont venus je ne sais pas quand, ils remontent de ma nuit des temps...

Ce sont les immortels de tout le monde, de la graine de dieux : ils me reviennent de loin, ces rescapés de la mémoire, ces ressuscités des gouffres gracieux de l'enfance ! Chaque petit garçon a eu les siens, des enfants des cavernes à ceux des métropoles géantes qui font toc toc sur l'écran et font sortir de leurs télévisions leurs Goldorak, Superman, ou E.T. à eux, pour les enfermer et les retraiter dans des placards merveilleux où les parents n'ont jamais accès. En ce temps-là, mon père était un peu ma télévision : il me projetait son Foucauld, dont je faisais déjà le mien. Bref, je devenais le petit Père blanc de mon père blanc — papa, c'était un Visage pâle. Il me suffisait d'enlever mon drap, que je ceignais d'une cordelette arrachée à un rideau, pour resurgir en Peau-Rouge : le dernier des Mohicans en personne, avec la plume d'autruche dans les cheveux du vieux shako de saint-cyrien de mon père, plein de camphre, qu'il emmenait toujours avec lui, et que je lui avais volé sans qu'il s'en aperçoive. Je me plantais des plumes d'oie — instruments symboliques de l'écrivain aussi ! C'est en plumant l'oie qu'on plume le réel ! Et puis, la plume, ça chatouille le dedans des narines. Alors surgit Sam qui éternue à cause des cendres froides qui me picotent l'organe olfactif. Atchoum — parce qu'après...

— On se met la main devant la bouche, quand on éternue, me grondait maman, c'est dégoûtant, on dirait que tu le fais exprès.

C'était pas faux : je venais de battre le record du monde du postillon, presque jusqu'au sixième carreau noir de notre salle de séjour, face à la mer. Je souriais en coin, bien content ; elle ajoutait :

— Arrête de faire le zigomar...

Chic, j'adoptai aussitôt Zigomar, j'étais le champion des éternueurs et des zigomars. Zigomar II, son fils unijambiste, champion de cloche-pied. Zigomar III, le continuateur de la dynastie de ceux qui, comme moi, n'ont jamais réussi à devenir sages. Aujourd'hui quand je travaille, que je ne veux pas sortir, et que je reste vissé à ma table, Sitting-Clown, le pitre des cactus, jaillit des plantes grasses que ma compagne a installées dans l'appartement. Si j'ai faim, en regardant dans le frigidaire, et que j'aie les yeux plus gros que le ventre et que je veuille m'en faire cuire quand même, ce sont Yeux sur le plat, mes jumeaux asiatiques (de l'ethnie des Jaunes d'œufs). Ou si j'ai soif, ce sera Nuit Saint-Georges, parce que j'ai mon palais des Mille et Une Nuits très délicat. Je ne me cuite qu'à l'exquis. Après quand je mets mes lunettes, pour regarder l'heure sur le toit de la synagogue où se planque Rabbin des Bois, de l'autre côté de la place des Vosges, c'est Œil de lynx, le vigile de la pelouse râpée du square. Quand je me cogne par inadvertance à la porte entrouverte du buffet en allant chercher le pain, et que je me fais salement mal dans le corridor obscur pour m'être enivré de moi-même avec Nuit Saint-Georges, ça fait Œil au beurre noir. Quand je veux séduire mon piano, et que je fais une touche : voici le Petit Fa dièse tout près du sol, sur lequel je glisse, me ramassant un Marron d'Inde. Ou l'As de pique, quand j'ouvre le placard où il y a aussi Cent Culottes, voulant m'habiller pour sortir, en me souvenant comment maman me traitait, parce que je m'habillais n'importe comment...

Mes camarades de classe y passaient aussi, Don Quichotte bien sûr, le petit Pedro, fils de la concierge espagnole ; et comme je fréquentais déjà tous les milieux, Petit Marnier, fils du Grand Marnier, des liqueurs célèbres, qui avait des bagues plein les doigts, et zéro partout sauf au catéchisme, où il était pieux avec ostentation — ce qui faisait dire à mon père : « C'est un pharisien » (ainsi, longtemps je crus que les habitants de Paris s'appelaient les pharisiens) et à ma mère, quand je parlais de lui, avec une pointe d'agacement cultivé : « Les nouveaux riches scellent leur coffre-fort avec une hostie » (boutade de la comtesse de Noailles). Je n'en finirais pas de les citer tous, il y avait aussi des immortelles : la Grande Mademoiselle, car je voulais faire la nique à la petite, mademoiselle ma gouvernante. Les deux Sarah, de la classe d'au-dessus, Laurence d'Arabie, la transsexuelle,

Ravagea la Mouquère, qui dansait si bien que même l'officier qui était si bête que même ses camarades avaient fini par s'en apercevoir s'en aperçut, Aude Javel, la souillon idéologisée, plus l'étudiant en Etudes, la Petite Fille modèle, qui tordait sa jupe trempée au-dessus de mon café, l'impératrice du Japon Ju Ji Tsu, dont la spécialité était de faire des prises tordantes aux jeunes gens qu'elle mettait dans son lit...

Mes quarante immortels, j'en ai des millions : lorsque je vais déjeuner seul chez Lipp, je les mets en sandouiches entre les clients, pour me distraire. Plus d'une fois, on m'a pris pour un fou quand je leur parle à haute voix, ou pour un prétentieux, usant du pluriel de majesté.

— Maintenant, nous allons rentrer, déclarais-je en me levant.

Ce sont les protagonistes de ma double vie. Il faudra y ajouter ma troisième, ma quatrième ou ma septième vie, celle de chacun de mes romans (à chaque fois que j'en écris un, je m'ajoute une vie, comme Bouddhi-Salva). Les gens seraient bien étonnés de savoir à quoi je pense : les trois quarts de mon temps, je suis d'une gratuité ludique inépuisable, je suis avec mes immortels. C'est pas toujours facile, on vous suit, on vous épie, on veut vous faire tomber dans les embuscades de la vie quotidienne. Alors on fait la guérilla du temps retrouvé, on se change de nom. On s'appelle Bonjour, par exemple.

— Bonjour monsieur, dit-on.

— Bonjour, monsieur Bonjour, vous dit l'autre.

C'est bien la preuve qu'il vous a reconnu.

D'ailleurs, ça ne dure pas longtemps : Bonjour change de nom à mesure que le jour passe : à la nuit tombée, il s'appelle Bonsoir, bien le bonsoir à tous... C'est ainsi que je m'enfonce dans ma grande nuit enfantine.

Trois principes de résistance, camouflage et résurrection — quand ce n'est pas métempsycose, renaître sous une autre forme, espèce même...

Je ne sais pas combien j'en ai cité. Vous ai-je parlé de Grosso Modo, ou d'Attrape-nigaud ? J'allais oublier le Démon de midi moins le quart — à cause de ce qui va suivre. Sans compter le Démon de midi à quatorze heures, qui arrivait toujours en retard à ses rendez-vous. Les autres, je vous en reparlerai à l'occasion. Salut les mecs ! Ils arrivent toujours à la fin des longues phrases : ils s'appellent Hec Cetera. Ils comptent pour mille ; et quand on a faim, pour du beurre, si bien que je pourrais tartiner à longueur de pages sur mes immortels.

Ça fait du beau monde dans mon appartement. Les quarante-neuf bougies-farces de mon triste gâteau d'anniversaire de plâtre noir, de cendres et de détresse qui se rallument d'elles-mêmes à chaque fois qu'on souffle dessus — qui s'immortalisent... O sarabande de feux follets qui dansent en rond autour de mon bureau. Alors Foucauld s'approcha, me disant :

— Il faut obéir à ta mère. Fais-moi...

— Je veux bien, lui dis-je, donne-moi des idées. J'ai là mon cahier grand ouvert. Ce n'est pas facile. Regarde ce que je viens d'écrire : un portrait de Charles de Foucauld en français moderne est possible de trois manières. La troisième, celle que nous entreprenons ensemble, est la plus difficile, du moins elle le serait si les deux autres n'étaient impossibles. Les jeunes sont incapables de ressentir charnellement le rêve colonial défunt de *nos familles*, et j'ai toujours écrit pour eux, pas pour les vieilles barbes.

Foucauld lissa la sienne, protestant — quoiqu'il fût catholique :

— La mienne n'est pas mal.

— Deuxièmement, il faudrait donner dans les bondieuseries sulpiciennes, non merci ! Tu es un saint préfabriqué pour les besoins de *nos familles*. Bien sûr, je sais que tu es un être profond — et, comme tel, irrécupérable. L'enthousiasme théologique ! les paradoxes de l'athéisme ! le brumeux cerveau moderne n'y comprend plus rien. Pour notre monde purement matérialiste, techniciste, il n'y a qu'une difficulté à traiter la vie ainsi, c'est que cela est impossible : il faudrait un saint pour écrire la vie d'un saint...

(Qu'écrivis-je encore ? J'étais incapable de relire plus loin les pages carbonisées de ce carnet de notes préliminaires qui me servent à aborder mes romans sous tous les angles possibles — philosophique, historique, social, poétique, etc.)

Foucauld continuait de lire par-dessus mon épaule.

— Nous l'écrirons à deux. Avoir un saint pour nègre n'est pas à la portée du premier venu...

Je ne répondis pas. Il fit mine de disparaître, de devenir avec sa robe blanche le simple rideau de gaze blanche s'agitant dans la pièce d'à côté, le vent entrant par le carreau cassé.

— Ne me quitte pas, le suppliai-je. Ça fait quarante-quatre ans que je t'attends, tu ne peux pas partir si vite.

— Je viens récompenser la foi de ton enfance, dit Foucauld, mais tu dois encore me mériter.

Comment pouvait-il savoir ? Déjà, il était parti d'un clin d'œil dans le ciel d'hiver comme une étoile clignotante entre les nuages sales.

De toutes les histoires à dormir debout que les parents racontent à leurs enfants, la plus incroyable, c'est bien celle de ce Dieu à barbe blanche triangulaire et sa rondelle de soucoupe de bière derrière le crâne. A la bonne vôtre! Comment admettre la crèche avec son âne et sa vache? Une étoile, ça ne prévient pas des rois mages! Sans compter que ce Jésus avec sa barbe de métèque, son côté prestidigitateur du Moyen-Orient comme à l'Alhambra, ses miracles incroyables, ne me dit rien qui vaille. On peut faire passer n'importe quoi à l'enfant. Enfant, on croit à tout, même à ses propres mensonges. La foi, ce mensonge de Dieu, pour nous aider à supporter la vie. L'univers entier est d'essence religieuse, nous l'oublions trop souvent. Et plus particulièrement ce mensonge lui-même qui nous protège contre nos mornes et irrespirables certitudes, comme d'être certain que Dieu n'existe pas. Puisqu'on est soi-disant un esprit fort, soumis au seul instinct vital de la conservation de l'espèce animale dont on est issu.

Animal de l'âme, quand je m'arroge d'avance cette part indue d'éternité, ma foi, je surmonte la faiblesse de ma nature, je la piétine, je consacre ma nullité et je mens aux autres comme à moi-même. Ferais-je autrement que je m'écroulerais.

On reconnaît le ciel nouveau à ce qu'il est beau comme l'ancien. Ainsi n'est-il pas de foi puissante en ce bas monde, qui ne soit d'abord le souvenir d'avoir perdu la sienne dans sa prime enfance. C'est vers elle que l'on tâtonne longtemps en vain, en quête de son enfance perdue, et de cette pureté un peu écœurante des premiers jours de l'existence. Notre Dieu, c'est le Dieu de notre enfance, que nous tentons de retrouver après mille et un détours inféconds. Pascal n'était au fond qu'un grand avocat. Il plaide une cause. Il cherche à convaincre un jury d'incroyants, pas à le convertir. Il innocente Dieu aux yeux de la justice raisonnable des hommes. La foi de l'adulte, c'est toujours un peu le pari pascalien. Il rassure les athées en bourrant la religion de doutes au détriment de la foi elle-même qui passe au second plan, cette chose incroyable que de croire en un seul Dieu créateur du monde passe dès lors pour un calcul de la raison. Pour l'enfant, rien de tel. L'enfant est un petit croyant. On peut lui faire avaler n'importe quoi. Il croit à tout. Si son papa et sa maman le lui racontaient, il croirait qu'il y a des planètes qui ressemblent à des guêpes, des papillons à réaction, des limaces bleues qui font voler quand on les mange, des pâquerettes poussant sur les robes des vaches, des lacs de moutarde en haut de l'Himalaya, des voitures à cuire au bain-marie, et des fleurs de crème au chocolat, miam, miam...

Au plus profond de la foi, il y a d'abord l'obéissance aux parents. Croire, c'est obéir, croire, c'est retomber en enfance, croire, c'est baisser les yeux et la tête sur le prie-Dieu de son église retrouvée, pour les relever soudain en espérant voir des apparitions. Sainte Bernadette de Lourdes, Jeanne d'Arc, Marie Alacoque — qui vit apparaître pour la première fois au XVIIe le Sacré Cœur de Jésus — ou Fatima n'ont jamais fait autre chose. Elles se sont toutes concentrées à un point inouï, littéralement inimaginable, où leurs mensonges d'enfant pouvaient enfin dire la vérité. A chaque fois ça leur provoquait une apparition de la Sainte Vierge, on pourrait trouver une explication scientifique, ou psychosomatique : rupture dramatique de la période de latence, ou premières règles. Je risque de passer pour un hérétique, mais je n'en suis pas un : il faut aller outre la soi-disant objectivité scientifique et remonter loin dans le verbe pour comprendre la genèse du monde. Au commencement était le verbe...

Le verbe peut tout. Le verbe, c'est toujours l'explication. Le verbe sert à trouver la bonne excuse : une apparition, quand on fait l'école buissonnière. En plus on est pris au sérieux. Si dans nos collèges de France les gosses se mettaient à avoir des apparitions, ce serait le monde à l'envers : au lieu de se révolter contre l'ordre établi, l'invoquer à ce point incroyable, c'est accomplir le grand retournement de la subversion, au nom d'un ordre supérieur. Parfois ça marche, parfois non. Moi aussi, j'ai essayé d'avoir des apparitions. Bernadette, Fatima, pourquoi pas moi ? Avec moi, ça n'a pas marché. Ni la Sainte Vierge ni l'enfant Jésus n'ont daigné venir me dire bonjour, monsieur Bonjour ! Ils m'ont snobé toute ma vie. Je ne les ai jamais vus au fond d'une grotte, comme je vois mes immortels faire des feux de camp sur les étagères noircies de ma bibliothèque incendiée tandis que Rackham le Rouge — énervé par les chansons de Mystère Magoo sorti des cartounes amerloques — lui coupe la tête avec son sabre d'abordage...

Mes immortels, ce sont en quelque sorte des apparitions laïques. J'aurais pu supposer qu'elles seraient aussi religieuses. Les récits que me faisait mon père sur le père de Foucauld, le soir avant de m'endormir, me mettaient dans le climat, ils me conditionnaient. Je pensais confusément qu'ils pourraient servir de pont entre les héros de mon imaginaire, ces protagonistes de ma solitude, et ceux en qui les adultes m'apprenaient à croire, Foucauld, le maréchal Pétain, Hitler, le maréchal Rommel, et tous les autres noms des communiqués de la guerre de 39-45. Foucauld, lui, appartenait aux deux mondes à la fois, à l'histoire majuscule et aussi à ma minuscule rêverie...

Ainsi allais-je me recueillir pendant les récréations à la chapelle des Pères blancs de Carthage. Par précaution, comme le petit saint François de Sales, je voulais ne rien changer à mes habitudes, si la mort survenait dans les cinq minutes. Et surtout je voulais la recevoir en état de grâce, c'est-à-dire ne pas arrêter de m'abreuver à pleines bolées du lait de ma pureté écœurante. On ne savait pas ce qui pouvait arriver. Une cigogne pouvait me laisser tomber de trop haut un autre père de Foucauld sur la tête, et je mourrais sous le choc ! Ou bien, comme nous étions en pleine saison des pluies, la Méditerranée ferait un raz de marée pour me noyer exprès ! Ou bien, il y aurait un tremblement de terre qui ouvrirait un trou tout droit dans ma chambre, et je tomberais de l'autre côté du globe ! Bref, je m'imaginais mille morts.

Ah, ce trou, ça serait terrible ! Attention, il faut toujours regarder sous ses pieds ! En l'air, à côté ! Heureusement qu'il y avait Bouche-trou pour m'accompagner. La vie, ce n'est rien qu'un long danger de mort !

Il y avait une mort qui me paraissait plus chic que les autres — le martyre, comme Foucauld ! Je me ferais une belle robe blanche avec le drap de mon lit, pendant que Rackham le Rouge, déguisé en bourreau, m'attacherait à un arbre, et que le dernier des Mohicans criblerait mon cœur de flèches empoisonnées à la sauce tomate.

En attendant ce jour glorieux — tiens, c'est une bonne idée que je viens d'avoir, on pourrait la mettre en scène demain, sur le tronc piquant du palmier de notre jardin... — je me martyrisais à forcer coûte que coûte des apparitions. J'avais beau appuyer du doigt sur mes paupières, ça ne me donnait que trente-sept chandelles. Le silence des espaces infinis, la nuit étoilée. La grande nuit mystique, mais sans rien !

Quand je rouvrais les yeux, c'était pour lire mes mauvaises notes qu'il m'ennuyait énormément d'avoir à montrer à mes parents. Papa fronçait les sourcils, maman prenait un air glabre. Elle n'était pas morte hier, comme je l'avais dit aux Pères blancs, mais elle n'avait pas l'air d'aller bien du tout !

— Tu as zéro en orthographe !

— Ce n'est pas grave, lui répondis-je.

— Non seulement tu as de mauvaises notes, mais tu t'en fiches.

— Ce n'est pas grave, répétai-je en écarquillant les yeux exprès, afin qu'ils paraissent limpides, des yeux de parfait petit menteur qui fixaient mes parents tout droit. J'ai eu une apparition cet après-midi.

Elle me regarda drôlement.

— Et qui donc t'est apparu ? me demanda maman.

— Ça va faire plaisir à papa, j'ai vu le père de Foucauld.

Je ne l'avais pas vue venir, quand je la reçus sur la joue gauche. Sinon, j'aurais baissé la tête et mis les deux mains en avant pour amortir la taloche maternelle...

La première grosse anicroche avec ma mère, ce fut quand elle m'empêcha d'aller au bout du monde. De là date probablement ma secrète aversion pour elle. Vraiment morte, elle n'aurait pas pu me gifler. Les gifles d'une morte, ça fait toujours un peu moins mal. Et puis, il y avait un gros secret entre nous, un secret à trois avec papa, qui déjà m'éloignait de maman. Jamais, ni avec elle, ni avec papa, nous n'évoquâmes ce que j'appelais plus tard un tabou. Il aurait été inconvenant de lui apprendre qu'elle n'était pas ma seule mère, qu'il y en avait une autre, une sorte de sainte vierge de l'aristocratie avec qui je la trompais, par inceste adultérin des songes ! Je ne savais à peu près rien d'elle, sinon qu'elle avait été la première épouse de mon père, et qu'elle était morte à vingt ans, de l'épidémie qui avait ravagé Paris pendant la guerre de 14-18, la *grippe espagnole.*

J'avais appris son existence en demandant à mademoiselle, ma gouvernante, qui était cette jeune fille en photo sur la cheminée du bureau de mon père, si mince, si aérienne, avec son doux visage ovale, un peu flou, de beauté passée — au sens littéral, passée de l'autre côté du vent, dans la mort — et qui, je ne le savais pas encore, deviendrait le lien sentimental de mon esprit, sa métaphore extrême. Elle sut rendre éblouissante la face nocturne de mon enfance.

— C'est la femme d'autrefois de ton père, m'avait dit mademoiselle, on n'en parle pas.

— Pourquoi ? lui avais-je demandé, immédiatement sur les charbons ardents d'une trouble curiosité.

— Ton papa a refait sa vie. (Déjà ce verbe refaire, ça sonnait bizarre. Cela signifiait-il qu'on pouvait vivre deux fois ? Tout rayer, pour renaître ?)

J'essayai de l'interroger plus avant, mais mademoiselle se reprit, comme si elle craignait d'en avoir trop dit, me sortant cette phrase absurde :

— Tu ne dois pas faire de peine à ta mère, elle qui s'est déjà tellement sacrifiée pour toi...

Ce qui n'était qu'une discrétion normale devint du même coup, par maladresse, un chantage au sacrifice. De quel sacrifice pouvait-il bien s'agir ? J'ai tellement entendu dire depuis, par mon père, quand je réagissais mal à ses observations, que ma mère s'était sacrifiée pour moi, que cette autre litanie de *nos familles* prit insidieusement le tour d'un profond détournement d'affection. On avait sacrifié à la toute-puissance parentale de ma mère le droit d'évoquer cette jeune aristocrate, sur qui j'appris peu à peu des petites choses insignifiantes qui n'avaient pour effet que d'accroître le mystère. Je décidai alors que c'était elle ma vraie mère, c'était bien plus marrant, et probablement significatif de ce qui, croyais-je, me manquait. Car, de tous mes mensonges de gosse, celui auquel je m'accrochai avec le plus d'acharnement aura été que je n'étais pas le fils de ma mère — ma maigre matrone d'Ashkénazie alsacienne. Je n'en démordais pas, je racontais à mes petits camarades ma mère, cette fille de la grande aristocratie française, dont je chuchotais le grand nom à particule, pour les impressionner sur mon appartenance au gotha. Il s'était passé quinze ans entre le premier mariage de mon père, et le jour où, à Saint-Germain-en-Laye, il enjuiva avec maman un peu plus nos familles.

Comment pouvais-je exprimer mon refus d'une manière plus inflexible ? Je n'avais pas seulement brisé mon cordon ombilical, je m'en étais inventé un autre, sur lequel je faisais de l'équilibrisme mythomaniaque. La première femme de mon père, c'était la mère de mon désir d'aristocratie, ce vieux rêve de parvenu juif que je portais en moi sans le savoir. Ce désir était si intense, si constant même, malgré toutes les incohérences, les revirements qu'on m'a prêtés, pour disqualifier ma parole, qu'il n'a cessé d'être le fil conducteur secret de ma pensée — mon Foucauld, maman. La violence de ce désir était même si grande, si véritablement obscène que, découvrant quelques années plus tard, en pleine puberté, des clichés montrant la nudité de cette mère imaginaire, je me branlai sur ses seins, sur la blancheur gracieuse de ses hanches. Il y avait deux photos. L'une où elle était dévêtue ; l'autre où, en grand chapeau noir, elle donnait à manger à un cygne au bord d'un lac.

Ma véritable mère serait-elle morte, ma mythomanie auprès des Pères blancs, que j'aurais eu la récompense si souvent promise par mon père. C'était énervant à la fin. De semaine en semaine, j'attendais de partir.

Quand je n'étais pas sage, le voyage était une fois de plus retardé. Mon père me donnait deux ou trois coups de son nerf d'hippopotame, ainsi désignait-il sa cravache constituée d'une barre de plomb gainée d'un épais étui de cuir. Au lieu de pleurer, je me torturais d'un rire forcé pour mieux le défier, je m'entraînais au martyre du père de Foucauld. Tout semblait réglé quand, la veille, il y eut un dernier pépin.

— Puis-je emmener un copain ? demandai-je.

— Qui ?

— Don Quichotte, enfin Pedro, répondis-je, les yeux dans mon assiette.

— Ce traîne-savate, ce vilain petit Espagnol tout sale. En plus il sent mauvais, je ne comprends pas pourquoi tu le fréquentes, laissa tomber mon père.

Ma mère surenchérissait sèchement parce qu'en devinant tout, elle avait dû prendre aussi mon petit camarade en grippe espagnole.

— Tu n'emmèneras pas Don Quichotte, il n'est pas de ton milieu.

Elle venait de lâcher son grand mot, mon milieu, son milieu, le nôtre. L'empire du Milieu au mystérieux protocole d'une Chine grande-bourgeoise, l'ennemie héréditaire de l'empire des songes.

Heureusement que cette Chine est entourée de murailles pour cacher l'enfance triste de ses rejetons. L'incroyable stupidité de l'entourage, de cette caste dont les préjugés et les habitudes semblent sortir d'une ère géomarine révolue ! Tant qu'on reste dans son milieu avec son snobisme prophylactique, on est protégé — non contaminé par les vilains bacilles du dehors. Mieux, on continue à croire que le milieu est bien au milieu, le centre du monde pour tous les autres qui n'ont d'yeux que pour vous, bienheureux élus de votre milieu — comme on le dirait du milieu marin des crabes lémuriens de l'ère primaire au large des côtes bostoniennes, où une amnésie de la nature préserve certaines espèces partout ailleurs disparues. Ce milieu, c'était le dosage chimique propre au bocal d'eau de *nos familles*. Nul n'avait le droit, non plus, d'y faire entrer quiconque n'en était point.

Nos familles se condamnèrent elles-mêmes à cause de leur connerie insondable, faite de préjugés, d'entêtement stupide, de vanité des troisièmes générations de l'aristocratie et de sombre crapulerie : avec l'antisémitisme, il y eut l'affaire Dreyfus.

— ... le capitaine Dreyfus, c'était un bourgeois juif antisémite, on a eu toutes les peines du monde à lui faire comprendre le parti qu'il pouvait tirer de ses origines, me disait une autre fois mon père. Nos familles ont commis quatre grandes erreurs qui les ont conduites au désastre, ajoutait-il. Dreyfus, il fallait le marier avec la comtesse de Paris, au lieu de le laisser devenir l'otage du ressentiment bourgeois et des professeurs.

Puis il m'expliqua les trois autres grandes erreurs : la deuxième, le démantèlement de l'Autriche-Hongrie, qui permit trente ans plus tard aux troupes russes de s'engouffrer en Mitteleuropa — notre Europe de l'Est. A qui en incomba la faute ? Aux baronnets anglais de l'Intelligence Service, et aux vieilles culottes de cuir du Deuxième Bureau, pour plaire au Premier ministre tchèque Benesh — et pour régler leurs vieux comptes avec le Saint-Empire. La troisième erreur, le non-renversement des alliances avant 1940. Il fallait jouer à fond la carte allemande.

— L'Europe est morte à Stalingrad, laissa-t-il tomber, regret choquant et paradoxal qu'il corrigea tout de suite après : les aryens, la pure race blanche indo-européenne, c'était encore une affaire de crabes, comment dis-tu, oui, de crabes lémuriens. Le nazisme, c'est une hérésie raciste archaïque. Si Hitler avait été fasciste, il aurait gagné. S'il n'avait pas été juif, il aurait été le maître du monde. Ah ! cette autodestruction chez les juifs !

Un jour, au jour venu, ni avant ni après, je retranscrirai mes conversations avec mon père, ce possédé du regret, homme que la vie a toujours entraîné à combattre les idées qui aujourd'hui sont devenues les siennes, les seules idées qui n'auraient pas eu de conséquences désastreuses pour l'Occident. Il avait protégé des juifs, contribué à l'écroulement de l'Autriche-Hongrie, et fait deux guerres contre l'Allemagne...

— Expliquez-vous, lui demandai-je, un peu interloqué.

— Eh bien le fascisme, c'est le gouvernement naturel des juifs. Regarde Israël, c'est du fascisme bien compris. Il n'y a pas un régime fasciste auquel il n'ait apporté son soutien depuis 1948, la dictature sanguinaire de Somoza, au Nicaragua, l'apartheid sud-africain, les mollahs de Khomeiny. Mussolini, c'était l'ami des juifs...

Il venait de ramasser sur le plancher une vieille édition Denoël de Malaparte : *Il y a quelque chose de pourri,* encore toute gonflée de l'humidité de l'eau des pompiers. Lentement il en décolla les pages tout en soufflant dessus, et se mit à me lire :

— « Pourtant, non. J'ai entendu la voix des juifs dans les horribles fosses de Kiev, de Varsovie, de Jassy, j'ai entendu chanter la voix des juifs et c'était une voix pleine d'amour. Ils chantaient comme des oiseaux en cage. Et pourtant non, ils ne chantaient pas comme des oiseaux en cage. La voix de l'esclavage est une autre voix. Ils chantaient comme des hommes libres, libres d'une liberté merveilleuse, ils étaient certainement les seuls hommes libres en Europe. »

Il s'interrompit.

— C'est beau n'est-ce pas ? En plus, ça rejoint mes idées. Tu aimes Malaparte ?

— C'est vous qui me l'avez fait découvrir. C'était un immense journaliste prophétique.

Je lui pris le livre, et lui lus à mon tour cette phrase :

— « Maintenant, en Europe la voix de la liberté est une voix rauque, désespérée, une voix de haine. Certaines fois c'est même une voix qui fait rire, une voix ridicule. Comme celle des poètes qui aujourd'hui chantent la liberté en Europe. La voix d'Aragon, d'Eluard, de Fadéev. Une voix ridicule : ils chantent la liberté dans un monde plein de camps de concentration, de Sibéries livides, de foules silencieuses et apeurées. Elle est risible, la voix qui chante la liberté en Europe. » Vous rendez-vous compte, il écrivait ça en 1945 ! Il a dû se faire taper sur les doigts.

Il resta un moment les yeux dans le vague.

— Le Grand Reich, il fallait l'appuyer sur les bons et loyaux serviteurs de l'Allemagne éternelle, les fascistes juifs allemands. Au lieu d'être un bon fasciste, Hitler a voulu faire du socialisme, oui, du national-socialisme, le résultat, l'Europe s'est aliéné les juifs...

— Quelle est la quatrième grande erreur ? demandai-je.

— C'est de ne pas avoir fait l'Algérie française, et gardé notre empire colonial. Les Américains, eux, n'auraient jamais voulu qu'on touche à leurs appendices coloniaux, pourquoi pas nous ?

Pourtant, je me souvenais qu'il avait été — après Foucauld — un des rares officiers français à pressentir que nous allions perdre les nôtres : en 1942, il négociait déjà en douce, en Tunisie, la perspective de l'indépendance. Ne fut-il pas l'un de ces militaires éclairés dont de Gaulle est l'exemple même ? A moins que le serpent noir de la mauvaise conscience n'ait mordu en lui *nos familles,* mêlant au sang bleu de ses veines ce poison mortel, le suicide par persuasion.

Qu'est-ce qui le poussait, aujourd'hui, à regretter nos colonies ? Un songe défunt qui m'avait permis de voir, lors de mes premières années en Tunisie, le grand fantôme de l'Empire français se lever sous mes yeux entre la Méditerranée, les dunes de sable et le quartier du quatrième chasseurs d'Afrique.

C'était la France de Gallieni, Gouraud, Lyautey, la France foucaldienne, celle de sa « grandeur » — ou faut-il dire des grands mots ? — et j'imaginais qu'en ses derniers instants, en un ultime sursaut, elle corrigerait son passé : eussions-nous fait des colonisés, morts pour elle, des Français à part entière, des Arabes ou des Kabyles que nous n'en serions pas là. La France de Dunkerque à Tamanrasset ne serait pas cette nostalgie, le vieux songe d'enfant ressuscité — ce manuscrit de ma mère morte...

Le grand couchant des empires occidentaux, patiné par la mémoire, a une pureté singulière. Il n'y a pas de sens de l'histoire, je le nie. Je me méfie des fatalistes qui s'en réclament, des opportunistes qui essayent d'en prendre le vent, des réalistes, ces provinciaux de l'esprit, incapables, comme tous les défaitistes professionnels, de conquêtes, ces grands sursauts de l'âme — l'âme, l'âme de fond. Mine de richesse et de pauvreté inépuisable que l'on appelait jadis l'âme humaine. Je dis « jadis » car le mot est passé de mode avec son écho d'au-delà. Qu'en reste-t-il ? De vains regrets ? Si l'histoire est d'abord ce que les hommes en font, rien n'obligeait les membres de nos familles à se changer en suicidés par persuasion. Il y eut pourtant des hommes comme Foucauld, qui avertirent sans relâche : si nous ne savons pas faire de ce peuple des Français, ils nous chasseront. Ils se serviront de l'Islam comme levier. Le seul moyen qu'ils deviennent français, c'est qu'ils deviennent chrétiens.

Avaient-ils raison ? tort ? On ne spécule pas sur les occasions manquées : on essaye de voir le monde tel qu'il est. Me parle-t-on du péril arabe, je hausse les épaules.

Des juifs, on n'ose plus heureusement ! Mais on n'en pense pas moins — c'est-à-dire qu'on ferme les yeux. Pauvres cons, il n'y a plus d'Europe — et presque plus d'Occident —, la cause est entendue depuis longtemps : l'Europe occidentale sera judéo-arabe, ou ne sera pas — youpino-bougnoulesque ou ruskoff ! Nous avons déjà passé la main, il n'y a pas de choix. Regardez la jeunesse anglaise, hollandaise, allemande ou italienne, voyez cette belle jeunesse européenne... Plus rien que des épaves blanchâtres en état de manque...

C'est le lieu commun le plus éculé de dire qu'ils n'ont pas eu notre chance de sniffer les dernières poudres de cette drogue dure, l'Histoire. Car si les peuples heureux sont sans histoire, ça fait les plus malheureux des adolescents. Quand ils sont nés, il ne se passait déjà plus rien ; et jamais rien ne leur est arrivé... Ils étaient condamnés d'avance à s'évader artificiellement d'une société si peu faite pour les grandes aventures exaltantes — et dont les derniers exploits, quand bien même ont-ils aussi leurs martyrs sont désormais sponsorisés par le commerce universel. Christophe Colomb aurait-il accepté de découvrir l'Amérique sur Fleury-Michon ? Ou Charles de Foucauld d'évangéliser les Touaregs dans une Mitsubishi Félix Potin lors de l'étape de Tamanrasset du Paris-Dakar ? Quand on ne se jette pas dans le sport, dont chacun sait qu'au plus haut niveau il est inséparable de la drogue, on est passé de l'héroïsme à l'héroïne. Tout le monde est d'accord : les politiciens, avec pour tout sens de l'État, distillé, l'état de manque, ça les arrange d'avoir une jeunesse, ou plutôt la meilleure part de cette jeunesse, la plus aventureuse, la plus idéaliste, qui ne se révolte plus. Sans oublier les banques, les ambassades, les pilotes — à la TWC, la Trans World Came, l'A.C., l'Air Cocaïne, ou la Luft Héroïna. Le poisson occidental est complètement pourri par la tête. Comment voulez-vous qu'on s'inquiète de la profondeur et de l'étendue du mal ? Il a déjà tout gangrené. C'est la grande conspiration du silence. Le tabou absolu si on veut aller au fond des choses.

Voulez-vous en finir une fois pour toutes avec la drogue au lieu de gémir ? Rien de plus simple ! Un seul coup de filet, l'affaire est réglée. Une descente de police à l'Assemblée nationale : commencer par arrêter tous les ministres et tous les députés...

Comment voulez-vous que les médias en parlent ? Quatre-vingt-dix pour cent des journalistes sniffent et l'information s'est changée en drogue, avec ses effets passagers, jamais de suite. Tous les publicitaires ont le nez brûlé. C'est la surenchère des sensations fortes, vides, clipées, littéralement droguées. Comment voulez-vous que le show-biz s'en émeuve, quand c'est à mille et un pour cent qu'il est plongé dedans jusqu'au cou. Lance-t-il une campagne ? Le nec plus ultra de la perversion. C'est avec l'argent collecté contre la toxicomanie qu'il se paye son supplément de drogue. Tous les jours, c'est le festival de came ! Le train sniffera trois fois ! La bataille du rail !

Quand je songe à la dreu, au speed bowl, à la cheublan, au brown sugar, à la rose, au black, ou au shit, pour reprendre les dernières expressions de l'argot chimique de la misère camée, j'oscille entre le frisson d'horreur et le fou rire. Si on me demande pourquoi je n'y ai *presque* jamais touché, je réponds : je n'en ai pas besoin. Jean-Edern Hallier, c'est une drogue. Comment voulez-vous que je m'absorbe moi-même ? Certes des écrivains en ont usé : Baudelaire, Cocteau, Michaux ou William Burroughs. Sauf qu'explorateurs mystiques, ils se sont arrêtés à temps avant de devenir des victimes. Un véritable artiste ne peut vivre sous l'emprise d'un stupéfiant. Il faut ne rien éprouver soi-même, être un monstre d'indifférence.

Ainsi en est-il aussi de la création littéraire. Plus je fais pleurer sur toi, maman, plus j'ai les yeux secs. Fils des petits matins glacés de l'intelligence, écrire ta mort me console de t'avoir perdue, mon cœur retrouve l'indifférence que j'éprouvais lors de ton agonie, et que je me dérobais pour ne pas te rendre visite. Écrire, c'est la fusion à froid des hauts fourneaux de l'esprit. Que des centaines de milliers de gens croient découvrir les secrets de la création en se droguant, c'est désopilant ! Vous avez voulu singer les grands artistes, pauvres cons ? Jamais vous n'en avez été plus loin. En vérité, nous sommes sur la planète des singeurs !

La drogue, c'est la mode des cons angoissés. Même si elle est en train de passer, ses ravages culturels sont définitifs. Quels sont-ils ? D'avoir délabré les santés ? Tant mieux ! On n'a pas idée de la dépravation intime du drogué, il est capable de tuer père et mère parce qu'il les a déjà tués dans sa psyché où s'est détruite la mémoire généalogique du monde. Je méprise la dépendance répugnante qu'est la sienne. *Nos familles,* je vous aime ! Tel est mon mot d'ordre. Comment voulez-vous que je ne sois pas l'ennemi des drogués ? J'applaudirais même à tout rompre à leur mort, bis et rebis, crevez, lombrics livides — s'il ne se trouvait quelques sublimes joueurs de trompette, ou batteurs parmi eux, ces morts par overdose d'injustice pour avoir semé à tous vents les caviars de sons délaissés de nos florides nocturnes...

Pour quelques grandes âmes chiffonnées de mélodies, il y a tous les autres pour qui la came a permis à l'argent de s'introduire par la faille morale du manque, pour s'approprier l'illusion créatrice, son dernier marché. La drogue s'est complètement épanchée dans la réalité culturelle. Au plus bas c'est le trafic — la prostitution à cause de l'héroïne, c'est-à-dire l'argent injecté dans l'argent, le Sida, cette malédiction des singeurs, héritée de notre ancêtre simiesque, le singe vert d'Afrique équatoriale, et la corruption toujours plus grande des classes dirigeantes acculées à toutes les compromissions pour se payer leur ration quotidienne. Au plus haut, c'est l'irruption d'une esthétique purement commerciale, américano-bouddhiste-hertzienne, à la transcendance abolie, et où les choses se fabriquent comme des produits, mais ne se créent plus comme des œuvres originales.

Tout est lié, tout découle de tout, tout a commencé avec Jésus chassant les marchands du Temple, mais ils sont revenus de plus en plus nombreux, et pressants. Désormais ils vous expliquent que seul est bon ce qui peut se vendre — parce que la qualité est sans prix, donc invendable. Ils nous ont ravalés au rang le plus bas, celui d'animaux domestiques de la consommation. Ils ont tout ruiné, sali, souillé, banalisé, aplati, broyé, rasé, sapé, médiocrisé...

Ils ont cassé l'art, la musique, et la littérature. Ah, les belles ordures ! Notre désert culturel, nous le leur devons. Héritiers de Simon le Magicien, qui offrit à saint Pierre de l'argent pour s'acheter le Saint-Esprit. Ce sont les simoniaques, les dealers du Temple ! La grandeur de l'Église est de les avoir toujours combattus avec acharnement. Les plus grands papes, ceux qui permirent Michel-Ange, Raphaël, Le Titien, ou les grandes messes de la musique religieuse, publièrent des épîtres vengeresses contre eux. Tout grand art a une part de sacré qui le rend inaccessible au commun des mortels. Nicolas II, au concile de Rome (1059), et plus tard celui de Plaisance (1099), Benoît VII (974-983), saint Grégoire VII, le fameux Hildebrand (1073-1085) et ce Jules II de la chapelle Sixtine (1503-1513) promulguèrent même des lois contre les simoniaques. Rien à faire ! Chassez-les par la porte, ils reviennent par la fenêtre. L'avènement de la simonie comme nouvelle religion de l'humanité a commencé au début du siècle, la hideuse belle époque foucaldienne. Sarah Bernhardt était la plus grande tragédienne, mais elle ne remplissait pas autant les salles que le pétomane, nourri à l'engrais du haricot rouge de la plaine du Pô. À ce moment-là l'argent a cessé de miser sur le grand art, je vous le dis ! Il s'est placé sous l'égide du pet, sa note, son mi bémol à lui ! Le simoniaque, aveuglé par sa jalousie métaphysique, son besoin éperdu de s'approprier le génie, la beauté, la grandeur d'autrui, pour en faire commerce puisqu'il sait qu'il n'y a rien de plus grand, ou de plus difficile à égaler au monde, achoppe toujours devant la même énigme. Éperdu d'une cupidité envieuse qu'il n'avoue pas, il ne comprend rien, il ne comprendra jamais rien. S'il comprenait, il mourrait de saisissement, ou il deviendrait un artiste, donc un autre. Son incompréhension est constitutive de sa simonie même : un chef-d'œuvre éternel de la littérature, ça ne se fabrique pas ! Quand bien même y met-on tous les ingrédients, il manque le seul qui fasse la différence, en un noyau infracassable d'illisibilité, le génie créateur — cette force de vérité de l'imaginaire. L'œuvre doit être édifiée avec un seul souci, celui de sa grandeur, pas pour être vendue au plus grand nombre. Si elle se vend de surcroît, c'est bien. Les fabrications simoniaques se vendent certes toujours beaucoup plus à court terme, mais à long terme seules les œuvres d'une grandeur véritable se vendent — et en fin de compte, elles se vendent aussi beaucoup plus.

La drogue n'est qu'un épiphénomène de la simonie. Tout est paré pour l'agonie : la maladie mortelle de l'Occident a fabriqué sous nos yeux sa culture, et elle a même eu son idéologie — la psychanalyse. Avec son pape,

Sigmund Cocaïne, le plus considérable trafiquant idéologique que la terre ait jamais portée. Toute la coke qu'il prenait, il l'évacua dans ses livres — les latrines de son anus cérébral hautement intoxiqué. Du chout aux chiottes à mots ! Ce Freud qui débarquait en Amérique en disant : « Ils ne savent pas que je leur apporte la peste. » La peste, non ! Bien mieux, il a fourni la pensée confortable de la mort lente.

Le grand air de la décadence, ça me connaît ! Nous savons que toutes les civilisations sont mortelles. Sauf que nous ne savons pas comment elles sont mortes. La Chine impériale, Vienne, l'Empire inca. À chaque fois, elles sont mortes du dedans au sommet de leur puissance, comme nous en la nôtre, en de grands effondrements de peuples poudrés, drogués à mort...

Spengler, Gibbon, Valéry à mon secours ! Je ferai ailleurs mon numéro d'historien crépusculaire ! Je vous expliquerai chimiquement le déclin de l'Occident à force de pets de baudruche dégonflée et de came. Je constate seulement que, partout où nous sommes passés, nous avons écrasé les autres de notre supériorité militaire, ou économique, mais c'est comme si ça n'avait aucune importance réelle. En toutes choses, nous avons beau nous être comportés ignominieusement avec le reste de l'humanité, notre époque est si admirablement épuisée du dedans que le prophétisme ne nous aide même plus à nous reprendre, à galvaniser nos dernières énergies, mais à nous complaire toujours un peu plus dans ce dont nous sommes désormais incapables de guérir. Au mieux, apprendre que nous sommes foutus n'est qu'un scoop journalistique à l'usage des charlatans de l'avenir. C'est vieux peut-être, je le répète. Moi je veux bien. Qu'est-ce que ça peut m'apporter d'être nouveau ? Si vous dites nouveau, c'est que ça ne vaut rien.

Je ne suis pas contre la psychanalyse. Je la trouverai même de plus en plus intéressante, si elle n'était viciée au départ par ses liens avec l'argent. Je ne suis pas non plus contre l'occupation de l'Europe par les Judéo-Arabes, j'y applaudis même des deux mains. Ce seront de bons petits Européens. Faute de nous être enjuivés, laissons-les au moins s'européaniser. Demain, ils peuvent être à l'Europe ce que les Romains furent à la civilisation grecque. C'est même sa dernière chance de renaissance.

Seul le monde tragique fait de nous les jouets de la fatalité — car il est histoire. Le monde psychique, c'est le contraire de l'histoire : il renvoie sans cesse à la même alternative. Entre le narcissisme, la contemplation, le laisser-aller comme chien crevé au fil de l'eau, ou l'énergie vitale, la volonté et le courage, qui seuls sont en mesure de nous hisser au plus haut de nous-mêmes. Il est trop tard : l'imbécillité lémurienne de nos familles, la déchéance de leurs rejetons une fois décrites, saluons désormais le nouveau monde qu'on nous prépare, celui des vases communicants : l'hémisphère Sud se déversant sur l'hémisphère Nord, la vengeance des paresseux du soleil sur les laborieux du froid. Le vieil homme blanc, ce n'est plus qu'un ivrogne irlandais ! Au mieux un cireur de pompes saoudiennes au Fouquet's ! La démographie galopante et l'argent règnent en maîtres absolus : un rat du désert d'Oman avec mille milliards à son compte en banque trouve toujours mille larbins aristocratiques. Notre avenir : faire dans la nostalgie, ou s'engager dans la valetaille.

Notre Europe aurait dû être celle des pines décalottées, la société judéo-arabe des circoncis. Mais les juifs, ces rats exquis, ont déjà pris peur : ils quittent le navire pour commencer leur deuxième émigration, après celle de la Mitteleuropa, celle vers la nouvelle Sion, l'Amérique. Nous sommes condamnés à nous arabo-goyiser, ou à nous turco-sépharadiser — puisque les grands juifs du Nord, les ashkénazes, ont eux aussi été vaincus par les Arabes judaïsés du Sud. La race des seigneurs polonais s'est bougnoulisée. Depuis toujours l'avenir de l'humanité appartient à Babel, au cosmopolitisme, aux grands brassages de populations et de races. C'est ainsi que s'est faite l'Amérique, cette fille des peuples européens ; c'est ainsi que s'est faite l'Europe, cette fille des invasions barbares. Que serions-nous sans les Huns et les autres ? Que serions-nous sans les Goths et les gogos ? Sans les Francs et les maçons ligures ? Oui, que serions-nous sans ces peuplades disparates, cruelles et burlesques ? Les Pictes bandeurs, les Vikings, et les Hec Cetera ! Ce qu'il leur aura fallu de cupidité et de haine pour nous conquérir — la haine, la cupidité des nouveaux Arabes judaïsés, ou des Arabes d'aujourd'hui. Cette ignoble envie, cette avidité d'humiliés qu'on surprend soi-disant parfois au fond de leurs yeux, ils en avaient gardé assez en eux-mêmes, une fois l'Europe conquise, pour avoir encore la force de conquérir le monde. Aujourd'hui, les vrais défenseurs de l'Occident, ce sont les arabo-sépharadisés : eux seuls sont capables de nous éviter la fessée qui nous guette, le pan-pan slave, parce qu'au moins ils sauront l'éviter eux-mêmes.

Sur les cartes, l'Afrique avance vers l'Atlantique comme l'ombre d'un ventre de femme enceinte. Elle conserve ses œufs dans le liquide amniotique des tropiques : ils sont ronds comme les bombes, avec leurs mèches, les cordons ombilicaux des nouveau-nés de l'arabo-négro-sépharadie universelle, menacée seulement par les quelques bons Tchernoville à venir respirer son cancer à pleins poumons, et la multiplication des Sidas simiesques. C'est bien mieux que les cyclotrons, ou les guerres atomiques : ça arrive en gémissant, on est écrasé sous un bombardement d'œufs, notre blanc est noyé dans leur jaune. Ça se passe à une allure terrifiante, une décadence en accéléré. Comme un film qui saute et se débobine vertigineusement...

C'est un immense écoulement de jaune qui est en passe de nous submerger. Jadis l'histoire des juifs barrait l'histoire du genre humain comme une digue barre un fleuve, pour en élever le niveau. Depuis que les juifs nous ont abandonnés, poursuivant leur destin de fer disséminé en vingt peuples, celui qui consistait simplement à ne pas mourir, nous sommes des orphelins perdus dans le raz de marée des embryons qui ont forcé tous les barrages.

Au moins les barbares se convertissaient, on en plongeait vingt mille dans le fleuve et ils en ressortaient défenseurs de l'Occident chrétien, croisés, navigateurs ou conquistadores. Impossible avec l'Islam, dont les fusées pointées sur nous sont les minarets des mosquées ! On ne pourra en venir à bout — du moins tant qu'on ne comprendra pas ce qui le fait croître et se multiplier : chez les sunnites, la relation directe avec Dieu, et chez tous, shiites et sunnites, la même entraide de cérébraux-pinos décalottés ! Pas d'hommes seuls. On ne laisse tomber personne. La communauté islamique prend en charge l'individu de la naissance à la mort — du dedans par la spiritualité, et même la part d'ombre de la psychanalyse gérée, du dehors par l'économie, en une sorte de double totalitarisme. Elle assure le passage de la vie tribale à la société urbaine. Alors que le progrès industriel dans l'Occident chrétien, qui a perdu le sens des solidarités, aura rejeté les êtres à la périphérie et multiplié les solitudes dans les cités tentaculaires.

Pour le Noir, le Blanc sent le cadavre. Pour le Blanc, ce cadavre debout, parfumé, déodorisé, ce joggeur spectral, l'Arabe sent le rat. Il le hait parce qu'il a peur : c'est le propre des égouts, ce qui lui répugne le plus. C'est le raton-laveur ! Pourquoi se lave-t-il si souvent, sinon parce qu'il a une crasse spécifique — la sueur aigre hammamisée du travailleur immigré ? Ou la transpiration du prince saoudien du George V ? Il n'est pas blanc : à force de s'être poncé, épilé, il est devenu blanchâtre. Quelle est sa tache invisible, qu'aucun parfum d'Arabie ne réussira à effacer — comme chez Lady Macbeth, la fatma du Plaza-Athénée. C'est d'être trop propre, qui le rend douteux à nos yeux — Bab el Shakespeare ! Nous lui préférons mille fois l'Asiatique, sans doute parce que nous reconnaissons en lui le père lointain de notre Europe barbare. Pourtant c'est Charles Martel qu'il aurait fallu juger en Haute cour. La bataille de Poitiers, une catastrophe culturelle ! A cause d'elle, nous avons pris un siècle de retard sur l'Espagne. Cette victoire nous a privés des splendeurs de l'arabisme du Moyen Age, de nos Andalousies, de l'algèbre, de la médecine, de l'architecture, de la civilisation platonicienne, d'Avicenne, d'Alfarabi et du raffinement qui a fait la puissance de Charles Quint. L'Arabe, il n'est pire espèce d'homme : un bronzé blanchâtre, aux cheveux en poil de cul ! Du moins telle est la description de notre subconscient raciste, qui s'applique aussi bien au juif, sauf que c'est un racisme intégré, intériorisé par les tabous. Pas de transfert possible ! Pas de devenir non plus, c'est un rejet hypostasié, chosifié, l'ultime pétrification d'un électrochoc épidermique. En dernière instance, c'est une affaire de peau — en matière d'amour, comme de répulsion. On a l'autre dans la peau, ou à rebrousse-poil. Avant tout, l'envahissement par le Sud est vécu comme la montée dégoûtante de gens que l'on traite de violeurs de femmes, même si ce n'est pas vrai, parce qu'au fond des choses, notre répugnance s'explique par le sentiment d'une agression sexuelle latente. C'est ça le racisme, l'épouvante refoulée de la caresse d'autrui...

Désormais, tous les complots de la raison sont des

ronrons ! De vains remplissages du temps rebattu ! Vous pouvez être n'importe quoi, anarcho-libéral, capitalo-socialiste, libre-échangiste, somato-gourou, christo-sociologue, tout revient au même — c'est-à-dire à rien, à moins que rien, aux derniers congrès de l'impuissance. L'Occident peut avoir toutes les idées du monde, sauf une, l'Idée occidentale, qui, elle, est bien morte. Le reste, c'est de l'opinionite aiguë et vilaine : de l'hideuologie. Les opinions correspondent toujours aux périodes de dépersonnalisation où les divers éléments de l'être se décollent. Jadis j'aimais les modes, parce que, paraît-il, elles mouraient jeunes. Il n'y en a même plus, nous crevons sous les rototos de la sous-culture journalistique. Il n'y a plus que le discours apocalyptique et fou pour nous remuer au tréfonds de nous-mêmes ! Nouvelle race de maîtres, je vous salue ! Européens de demain, je vous célèbre ! In shallah ! Nitcheno ! Mes mains, je vous les tends pour que vous les enchaîniez — qui que vous soyez, Arabo-sépharades, ou Russes, membres des nomenklaturas les plus raffinées du monde. Déjà monsieur Cazes, de chez Lipp, prépare les théières de whisky coraniques, ou le blinis arrosé à la vodka pour les occupants. Nous sommes tous collaborateurs, de toute façon !

D'ores et déjà je postule à devenir votre esclave, votre poète inférieur, votre ver luisant dans la nuit intersidérale. Mes contorsions, mes balbutiements hagards, mon infirmité de définitions, ma pétulance puérile, mon absence de principes, mon chaos contradictoire de déductions, et par conséquent ma sagesse infinie, ma clairvoyance absolue, je vous les dédie.

Revenons à mes moulins à vent tunisiens !

C'était vraiment un sale coup que de ne pouvoir emmener mon copain au bout du monde. Mon milieu de crabes lémuriens, je m'en foutais.

— Je ne partirai pas sans Don Quichotte, dis-je en trépignant.

— Eh bien, si c'est comme ça, tu n'iras pas, répondit ma mère.

J'étais condamné à rester coincé entre les vieilles pinces de *nos familles*. Je me condamnais à me prendre moi-même au mot, asphyxié par les fumées de l'orgueil. Suffoquant de dépit et de colère rentrés, je rendais ma mère responsable de tous mes malheurs. J'en avais vraiment ma claque que mes parents jouent avec moi à la carotte et au bâton pour que je sois sage.

Depuis un siècle, c'est-à-dire depuis à peu près un an, mon père m'avait promis de m'emmener au bout du monde, un voyage à l'Acekrem, à l'ermitage du père de Foucauld, sur sa montagne magique. C'était la suprême récompense saharienne à l'enfant sage. Mais je ne l'étais jamais. Comment faire quand il y a tant d'interdits ? Des plus grands aux plus dérisoires. J'entends encore la litanie de ma mère à table : ne coupe jamais la parole des grandes personnes, ne parle pas la bouche pleine, tu n'as pas le droit de parler avant le dessert, mets les poings sur la table et, par-dessus tout, ne parle pas avec tes mains, ce qui était, est et sera toujours *pour nos familles* le comble de la vulgarité.

Et puis, le bout du monde, où est-ce ? Je me pose encore la question aujourd'hui. N'y vont que ceux qui sont capables d'aller jusqu'au bout d'eux-mêmes, et sont tout, sauf sages.

A l'âge où depuis longtemps les gens se sont fait une raison, comme on dit, et se sont eux-mêmes rangés au fond de leurs armoires moisies du ressentiment, je n'arrivais pas à m'assagir, ni à cesser mes tours pendables ni à renoncer à mes passions, je restais disponible n'importe quand pour repartir au bout du monde avec la dernière femme aimée, en quelque Acekrem d'édredons et de désert de draps blancs dans mes hôtels de passe derrière la Bastille.

Je n'en finirais plus d'énumérer tous mes bouts du monde. En l'empire de moi-même, je suis toujours inexplicablement resté en expansion, jamais découragé par l'échec, cherchant à pousser encore plus loin mes colonies reculées, comme jadis je colonisais les dunes de Carthage en partant à la découverte avec le baron de Jambes, le Petit Prince, Don Quichotte, Bouche-trou — quand on risquait d'être treize à table...

En ce temps-là, nous avions encore tout à découvrir. L'infini s'offrait entier à nos mains vierges. La première année de ma vie, juste derrière les barreaux de mon jardin d'enfant. La deuxième, c'était entre deux feuilles de laitue au fond du potager grand-paternel en Bretagne.

J'ai grandi, j'ai continué, j'ai découvert le bout de la haine, par le terrorisme ! Le bout-en-train, par la dérision ! Et la vie brûlée par les deux bouts de la chandelle, ma mère loi — par mes deux bouts du monde : la provocation et la volonté effrénée de reculer les limites de mon art.

Faire de ma vie, dispersée à tous vents, le brouillon de mon chef-d'œuvre. « Fais ton Foucauld », me répète ma mère, comme sur le vieux disque rayé de *nos familles* dont l'aiguille aurait laissé des traces indélébiles dans mon cerveau, des marques de certitudes enflammées et de brûlures profondes. Je m'étais brûlé à ma bibliothèque. J'en mourus, mais de mort sociale. Au fond je m'étais cristallisé dans l'enfance, étrangement inaccessible, comme dans du verre soufflé au feu, changé en bulle aux parois d'une fragilité infracassable. Plus faible, menacé et naïf que les adultes, mais immunisé de leur maladie de vivre et intraitable sur le fond. J'appartenais à une autre espèce humaine, celle des Petits Princes déchus. Qu'on ne s'apitoie pas sur mon sort au nom du tableau idyllique et niais que l'on se fait des premiers âges de la vie. Les autres ne me ressemblaient pas.

J'étais un enfant, au vrai sens du terme, toujours prêt à passer de la décision à l'action, imprévisible, sans scrupules, casseur, ne reculant devant rien, voyou, brise-fer, cruel, rusé, simple, généreux, littéralement capable de tout, et d'une remarquable brutalité intellectuelle. Réussissant en me jouant, en sautant par-dessus les états-majors de la médiocrité. On ne me l'a jamais pardonné. Dandy des grands chemins comme tous les enfants, on me guettait au tournant. J'avais tort de croire qu'on ne me comprenait pas. On me haïssait d'autant plus fort qu'on me comprenait trop bien dès lors que je commettais la folle imprudence de démasquer mon innocence. Tout se passe comme si pour la plupart des hommes, entre la fin de l'adolescence et le commencement de l'âge adulte, quelque chose se perd en vous irrémédiablement : une certaine qualité morale. L'enfance n'est pas le temps de la gentillesse, de la facilité, de la tromperie, de la lâcheté, de la veulerie, du dégoût et de la vanité, mais bien plutôt celui de la rigueur, de l'intransigeance et de la non-compromission. Elle est un domaine spirituel d'où l'on a été exclu, un langage qu'on a oublié et dont on a perdu la clef; et cette frustration est ressentie comme une souffrance, elle est la source d'une lancinante nostalgie — ce que j'appellerais ma douleur foucaldienne.

En tant qu'artiste, romancier et polémiste, j'avais su

miraculeusement garder ce lien avec l'enfance : la source la plus sûre de la valeur humaine. Lorsque le pacte avec l'enfance est rompu, ou qu'il est devenu impossible — notamment par la compromission intellectuelle — la grâce vous est soudain retirée : on se retrouve dans un monde hideux que seule la création, ce refuge suprême, rend supportable. Merci pour nous, me disent en chœur Bonjour et Bonsoir...

Cette merveilleuse bulle, où les orages et les vomissures n'ont pas plus de prise que les années. J'ai mis du temps à comprendre que je ne serais jamais sage, au point que je me suis approprié l'expression sans m'en rendre compte, me surprenant parfois à saupoudrer mon discours d'adulte de paroles enfantines « Quand je serai sage ». Ma mère me disait : « Un an de sagesse, tout le monde sera à tes pieds. » Rien à faire, j'avais beau être sage, cette sagesse était comptabilisée à mon passif. Sage, on se méfiait : il prépare un coup, ou on a acheté son silence. L'explication la plus basse est toujours celle où les autres se reconnaissent en vous.

Sage. Tout bien pesé, je ne serai jamais sage. Non, maman, ce n'est pas la peine, il est bien trop tard pour me corriger. Je n'ai pas cessé d'éprouver une aversion instinctive pour tout ce qui touche de près ou de loin à la sagesse, notamment pour les religions orientales, le bouddhisme, par exemple, qui s'articule autour du principe d'une sagesse qui me fait mourir d'un ennui incommensurable. Je me méfie de la sagesse, je la redoute, je la crois mauvaise, elle dont l'autre nom est abdication. Rien de plus imbécile que cet adage : « La sagesse est la mère de toutes les vertus. » Aime-t-on par sagesse ? N'est sage que l'indifférent, n'est sage que le perdant, n'est sage que le mort ! Pire, les formules de la sagesse rejoignent singulièrement la mort publicitaire : « être sage comme une image », par exemple. Se figer, devenir une image, l'image toujours.

Foucauld mit longtemps à perdre l'image que ses contemporains avaient de lui, image brouillée en mouvement, celle d'un raté, d'un ancien noceur perdu dans le désert, d'un illuminé ou d'un provocateur. Son image pieuse ne lui a été superposée qu'après sa mort, après qu'il se fut racheté par quinze ans de Hoggar, au bagne de l'infini. C'est là que j'allais enfin le chercher, à l'Acekrem. Il fallait être revenu de tout pour s'installer en ce décor grandiose de bout du monde : un immense opéra de minéral, de roches, de cieux et d'étoiles, mais un opéra de mort, avec les étoiles mortes à des milliers d'années-lumière. Un opéra de l'au-delà où seul chante le vent dans le parterre d'orchestre de pierrailles et où il ne se passe jamais rien que le lent écoulement des heures, des aubes violettes au couchant ensanglanté. Dans le ciel monte parfois en souvenir de celui qui y habita, un nuage en Sacré Cœur de Jésus, la figure cousue sur la robe blanche du solitaire. Au cogito cartésien, je pense donc je suis, elle ne cesse de répondre : je suis parce que je souffre.

Ma bibliothèque brûlée aura été la matrice de mon livre — la caverne de Platon où les esclaves enchaînés depuis l'enfance par les jambes et le cou contemplent les ombres. Moi, je m'enchaînais à mon travail, tout en ramassant un à un ces luxueux détritus de l'esprit, mes livres. Un livre brûle très lentement tout en dégageant une épaisse fumée noire, et n'en finit jamais de brûler, quand il ne se consume pas à l'inspiration de son auteur. En vieillissant, on ne l'écrit ou on ne le lit plus qu'à petit feu. Un livre brûlé, c'est un fruit noir. L'écorce de papier carbone peut s'ouvrir : la chair de mots est presque toujours intacte.

Mon père, très lentement, ramassa l'un de ces fruits en se salissant les mains, il l'ouvrit à son tour.

— C'est le dictionnaire français-touareg de Foucauld, me dit-il avant de s'endormir à nouveau devant le mur noirâtre. Il fallait que je le rende au cercle. Je te l'avais prêté pour quinze jours...

Le songe de mon père se poursuit dans ma tête. Je fais mon Foucauld, je le fais comme il s'est fait, comme se fait un homme, comme se fabrique une culture, de lecture en lecture, d'un amour à l'autre de l'âge ingrat, ingrat car on n'est jamais reconnaissant à Dieu de nous avoir créés. D'autant que ça prend du temps, des siècles parfois ! Et qu'il en faut des ventres de femmes ! Dire que Foucauld est né trois fois est peu dire. Comme il fallut des centaines de bouddhas inconnus — plus des faux bouddhas —, de Jésus inconnus — plus des prophètes et des faux prophètes —, il fallut des centaines de Foucauld pour arriver à notre Foucauld. Bien sûr il y a aussi de faux Foucauld, l'inventeur de la pendule. Mon plombier s'appelait Foucauld. J'en ai dénombré soixante-dix-sept dans l'annuaire téléphonique de Paris, des Foucauld hec cetera, oublions la province. Il n'y eut qu'un seul Charles de Foucauld, l'aboutissement de milliards de spermatozoïdes, vaillants soldats inconnus et sacrifiés, sans avoir réussi à féconder l'ovule. Un vagin, c'est le soleil d'Austerlitz d'un seul et le Waterloo de tous les autres, l'humide prairie douce d'un immense carnage ! Combien y eut-il de pré-Foucauld dans la vie — comme on dit des préraphaélites en peinture ? On a mis mille ans à faire Foucauld, ce dosage subtil d'une généalogie, d'une mémoire collective et d'un siècle propice.

D'abord, il y eut les spermatozoïdes qui eurent bien du

mal à se faire connaître, d'innombrables officiers qui étaient si bêtes que même leurs camarades avaient fini par s'en apercevoir — en ce temps reculé de fausses couches, de jets de sperme de travers, de continence musclée, et de ceintures de chasteté jusqu'à Hugues de Foucauld, en 970, qui se retira du monde comme du vagin sec, infiniment décevant de Laurence d'Arabie, la transsexuelle, au monastère de Saint-Pierre d'Uzerche, une région déjà désertique en France. O gènes tâtonnants de la vie d'ermite et des sables du Sahara !

Ensuite, il y eut Bertrand de Foucauld qui partit en croisade avec Saint Louis et Don Quichotte. Gènes incertains d'homosexualité — sa fraternité ambiguë avec le roi —, et déjà d'une autre épouse à venir dont les héros coloniaux s'appelleraient eux-mêmes les nouveaux croisés de l'Empire français. Drôles de croisements ! Fornications de chiens d'évêques ! Où y a du gène y a q'du plaisir...

Tertio, Jean de Foucauld, compagnon de Jeanne d'Arc et de Mystère Magoo. C'est le gène de la France, la patrie sauvée et la fille aînée de l'Eglise.

Quarto, et j'en passe, le chanoine Armand de Foucauld, martyr pour avoir refusé d'adjurer sa foi, tué par Cent Culottes à coups de pique, le 11 août 1792, dans le couvent confisqué des Carmes. Voici donc enfin le fameux gène du martyre ! Il travailla toute sa vie durant Charles de Foucauld. Véritable obsession qui ne s'effaça qu'après qu'il eut lui aussi refusé de jurer sur la chehada : il n'y a de Dieu qu'Allah. Quinte majeure, Pierre de Foucauld sous-lieutenant au quatrième chasseurs d'Afrique tué pendant la campagne du Mexique, gène du régiment de mon père. Tel est l'étrange secret de l'aristocratie, un homme ne sort jamais de rien.

C'est ce qu'on appelle la prégénétisation. Tous ces Foucauld ne furent qu'un peu de notre Foucauld — et

Foucauld, lui, ne fut peut-être rien d'autre qu'un peu de ces hommes-là — dont la vie commença à Strasbourg, devant la cathédrale, à quelques fenêtres de celle de la jeune fille du *Rêve* de Zola. Comme on le sait grâce à Rouget de Lille, c'est une Marseillaise qui le berça, une nourrice marseillaise avec de gros seins blancs et une splendide chute de Rhin, où elle se jeta un an plus tard grâce à un chagrin d'amour.

De la perte de l'Alsace-Lorraine qui le marqua à jamais, l'enfant conçut une haine inexpiable pour les Allemands. Il en bouffait même tous les jours. De même à quatre ans avais-je une répugnance toute particulière pour les plats de haricots verts — délicat euphémisme pour désigner les boches, les shleus, les barbares d'outre-Rhin. On appelle toujours ses ennemis barbares pour mieux s'arroger le titre de civilisé. C'est pourquoi Foucauld étudia très jeune l'idéologie allemande. En même temps, il se plongeait dans les penseurs à la mode qu'il avait vus à « Apostrophes », les Renan, Taine, Mystère Magoo, Auguste Comte — Auguste le clown blanc de la pensée française, éminent travailleur du chapeau qui prenait la Seine pour la Volga, n'ayant peut-être après tout qu'un siècle et demi d'avance sur l'occupation russe, et ne souffrait pas qu'on le contredise...

Ils existaient, Foucauld, ces écriveurs athées par leur côté fruits défendus — vieux fruits noirs si peu subversifs, si académiquement poussiéreux des rayonnages supérieurs de ma bibliothèque, les premiers touchés, déblayés dans trois grosses poubelles. Je crus reconnaître le titre charbonneux de *La Vie de Jésus,* de Renan, qui fit scandale auprès des bien-pensants et dont Foucauld se délecta dans sa chambrette de collégien à Nancy, veillant tard le soir à la lumière jaune de la lampe à pétrole. C'est ainsi que font les grands hommes.

Foucauld était enfant, petit, joufflu, dodu de partout, avec en plus un gros nez rond comme un rutabaga! On était sous l'occupation allemande de l'Alsace-Lorraine, et l'on n'avait plus de quoi manger. On bouffait des ersatzs, des sous-produits, des best-sellers, des marchandises traficotées, rewritées. Ainsi Foucauld traversait-il tous les matins la place Stanislas à Nancy, où avait émigré son tuteur, son oncle le colonel de Morlet, en faisant un détour au préalable par la Kommandantur pour faire un pied de nez à la sentinelle, un hussard de la mort.

— Je crache à la gueule d'Emmanuel Kant, lançait-il.

C'était sa façon à lui de déverser sa bile contre la barbarie nazie. En même temps son âge ingrat lui donnait des boutons sur la figure. La vieille pureté écœurante se mue en acné : le lait tourné de la piété déçue. Le premier sperme de la peau graisseuse des incertitudes et des tâtonnements de la naissance du désir vous sort en points blancs et en fades gouttelettes salées du pénis, que Foucauld frottait contre son caleçon long en songeant à l'une de ses cousines, une jeune fille catholique à gros derrière, Marie Moitessier.

Toutes les jeunes filles catholiques et bien-pensantes ont des gros derrières.

Cette Marie-là, son aînée de sept ans, était plutôt bien roulée, malgré sa piété sulpicienne affichée.

Elle l'emmenait aux processions de la Fête-Dieu, dans la campagne lorraine, mêlant son chant de batracienne de bénitier à celui des grenouilles des étangs alentour : croa, croa, croa, crois en Dieu, croassaient-elles en se multipliant — du moins, c'est ce que semblaient entonner leurs chants mêlés à celui des cigales, dans le blé qui levait sous la fourrure des nuages s'en allant en filoselle comme des fleurs de cotonnier. Dans le gras labour où plongeaient les hirondelles avec des retours en mèche de fouet, et sous le soleil gras comme une marguerite aux pétales de neige, resplendissait le génie rural du pétainisme d'antan.

C'était le temps des cerises — des coquelicots pornographiques aux pétales de petites lèvres et des fraises de petits nichons pointus de demoiselles de bonne famille —, tout humide, gorgé de rosée et de bave en limace. La nature mouillait, éperdue de désir, et de cet amour que le père de Foucauld sentait brûler sous sa braguette pour sa cousine, vierge folle qui le faisait marcher dans la campagne lorraine.

Après la procession, on passait à la balançoire, ce boxon des airs. Le père de Foucauld poussait de plus en plus vite, pour voir entre les dentelles les cuisses potelées de sa batracienne de bénitier. Il n'avait Dieu que pour elle, le vent en croupe.

Elle finissait par supplier de sa voix pieuse à gorge déployée :

— Arrête, Charles, j'ai le mal de mer.

Le père était bon, il retint la corde qui dérapa sur ses mains. Marie racla l'herbe de son talon. Tout ébouriffée et pâle, elle se releva en s'appuyant sur ce qu'elle confondit, cette étourdie, avec un bout de la rampe de l'escalier descendant vers le potager — la grosse queue au garde-à-vous du futur officier de cavalerie du jeune père de Foucauld suant à grosses gouttes, s'épongeant le front avec le revers de sa manche gauche.

Ils se mirent à courir en bas, près des ruches, entre les feuilles de rhubarbe chrétienne et les plants de nioki, et s'arrêtèrent sous un pommier, Marie lança :

— Les abeilles vont attaquer.

Le père de Foucauld, déjà sérieux comme un pape :

— Je te protégerai, Marie.

Soudain la batracienne se mit à imiter le bourdonnement de l'abeille.

— Et moi, je vais te piquer.

Elle promenait sa lèvre gourmande, humide, dans l'air, tout près, de plus en plus dangereusement près du père qui se raidissait de plaisir, le dos appuyé au tronc tordu, supplicié de jouissance. Il découvrait la tentation, ce délicieux tourment qu'on s'impose avec une férocité tout allemande. Mais il n'y succombait pas, ignorant qu'il était déjà en train de faire l'apprentissage du vœu de chasteté, cette torture qu'on s'inflige pour devenir un saint — c'est-à-dire un de ces athlètes du désert condamnés aux olympiades solitaires de l'autofustigation. Vivant en fonction de leurs désirs, ils les exaspèrent pour savoir contre qui lutter, mais ils font mieux encore, ils prolongent indéfiniment le priapisme de la puberté. Ils se prémunissent contre l'impuissance grâce à l'état de désir perpétuel où les plonge l'abstinence : tous les saints bandent du matin au soir. Ce n'est pas seulement le sexe, mais tout le corps qu'ils ont en érection, les colonnes des stylites en accentuent encore la métaphore phallique. Jamais aucun auteur libertin n'a su traduire, ou égaler, l'intensité de la chair glorifiée à rebours par les grands mystiques. Leurs transports sensuels en font des putains de Dieu ; et de tous les couvents, au sens littéral du terme, des maisons closes — des éros-center de la foi. De la sainteté à la rampe d'escalier du père de Foucauld, il fallait bien qu'il y eût un commencement à tout, par cette belle journée maréchalistes nous voilà de la marche lorraine.

— Bzz... bzz... bzz... tu vas être dévoré, vibrionnait Marie-couche-toi-là dans l'herbe grasse.

Déjà, elle s'agenouillait, exaspérait les sens du père avec une feinte innocence, la bouche près de sa braguette, mais sans toucher ce renflement autour de quoi toute l'histoire de l'humanité, qu'elle le cache ou qu'elle l'avoue, tournoie depuis la nuit des temps.

Le jeune père fermait les yeux. Plongé dans une béatitude torturée, il murmurait bêtement :

— Les abeilles ne dévorent pas les petits garçons.

— Si, lui répondait la Marie goulue, elles font du miel avec les gentils jeunes gens.

Foucauld n'en pouvait plus. Son corps s'agita d'un soubresaut soudain : il sentit une ruche de plaisir s'enfler en lui, la toison noire de son pubis s'emmiella de ce liquide écœurant de pureté répandue, la gloire du membre, ce miel blanchâtre, légèrement salé. Il partit en courant, Marie le suivit du regard, avec son air de bigote étonnée, puis courut derrière lui.

L'après-midi se prélassait à perte de vue sur les champs de brioche jaune aux sillons de terre retournée. Il rissolait au feu solaire de ce mois d'août brûlant, débordant de l'état précaire qui tous les ans recommençait : ce phénomène inoubliable de la nature sur toile de fond d'azur, de blés et de collines, le pétainisme à la Van Gogh, l'aoûtement.

Nos jeunes gens s'aoûtaient. Ils se donnaient la main pour franchir les talus, ils ne craignaient ni les ronces de la vie, ni les épines acérées de la couronne du Christ qui dardaient sur la chair fraîche de leurs mollets et y inscrivaient de longues égratignures en forme de croix. Ils avaient de belles jambes toutes blanches qui les distinguaient aristocratiquement de celles des paysannes aux tibias bleuis, jaillissant de la paille de leurs sabots. Le père de Foucauld peinait, il avait du mal à porter sa mauvaise graisse sucrée de pâtisseries empiffrées.

— Vas-y, mon gros père, on est presque arrivés, l'encourageait Marie.

Où allaient-ils ? En vérité, Foucauld lui mijotait le coup de la chapelle — moi, je l'ai fait trente-six mille fois au clair de la lune, et même l'après-midi, la chapelle, c'est l'initiation amoureuse de nos familles.

— Tiens, c'est curieux, me dit mon père en me rapportant mes brouillons, perplexe. Je n'ai jamais fait le coup de la chapelle.

— En êtes-vous sûr ?

Il eut un sourire ambigu, une sorte de rictus rigolard creusant ses rides à la serpe d'ombre.

— Peut-être ta grand-mère, moi j'ai oublié...

Il n'oubliait rien, je n'insistai pas. La chapelle, c'est toute une technique. Evidemment il faut avoir un château de famille — et Foucauld avait le sien à Birkenheim, en Alsace. La vie de château ne saurait se concevoir sans son appendice culturel, la chapelle, où l'on emmène les jeunes filles faire la promenade.

Sans prendre le temps de visiter la crypte, la nef et de faire le tour des statues, on les fait monter avec l'assurance tranquille du cicérone, mâtinée d'enfant de propriétaire, par l'étroit escalier en colimaçon qui mène au clocher, en prenant bien soin de les laisser passer devant, pour contempler d'en dessous le gros derrière catholique, et écouter leurs talons plats faire craquer les branchages des nids de corneilles. En haut on fait semblant d'admirer le paysage ancestral, tout en s'approchant discrètement de la pierre branlante du balcon — car il y en a toujours une, dans toutes les chapelles. Elles furent construites avec une pierre branlante exprès. La jeune fille s'appuie sur la pierre, elle vacille, on se précipite sur elle, les langues de feu de l'ascension se rencontrent entre deux paires de lèvres humides...

Marie et Charles allaient se faire le coup de la chapelle. Je me souviens d'avoir servi ainsi une bonne partie du gotha armoricain, célébré par Chateaubriand et si souvent raillé par la marquise de Sévigné. C'étaient de sauvages messes charnelles. On faisait l'amour sur les morts, sous le regard attendri des ancêtres entombés, égrillards, muets et approbateurs qui paraissaient dire : « Vas-y, mon gars, je te reconnais bien là, mon fier lapin... »

Main dans la main, Marie et Charles emboîtaient le pas timide de la tradition aristocratique. Ils marchaient à l'inévitable.

Les nuages noirs s'amoncelaient au-dessus des voûtes branchues des chemins creux infréquentés, au long des ronciers en fleur et d'un étang jonceux. La première goutte de cet orage d'été explosa sur le gros nez du père de Foucauld, quand il sortit du tunnel végétal. Les jeunes gens prirent leurs jambes à leur cou vers le clocher qu'ils apercevaient au loin.

Sous le portail, tout essoufflés, ils étaient trempés. Marie poussa la porte, jeta aussitôt un air de concupiscence vers le bénitier rempli d'eau croupie. Par saccades, des éclairs rougeoyants ensanglantaient le vitrail, la fraise des bois d'un des seins de Marie dardait sous son corsage mouillé.

La suite est proprement inimaginable ; le gros père de Foucauld décida soudain de conquérir sa Marie — c'est-à-dire de l'épater.

« Arrête ton épate-bourgeois », me disait ma mère quand je faisais le Zigomar. L'épate-bourgeois, c'était pour elle le comble de la dérision. C'était déchoir, se mettre à la portée des autres. D'ailleurs, elle avait raison — maman a toujours raison...

Foucauld monta sur le rebord du maître-autel.

— Charles, c'est interdit, lui souffla-t-elle, stupéfaite.

Le père de Foucauld abhorrait cet endroit. On commence toujours par détester ce dont on ne pourra plus se passer. Il fallait qu'il passe par l'épate et l'âpre rejet pour qu'après avoir perdu la foi comme on perd ses dents de lait, ses dents catholiques adultes lui repoussent et tombent une à une au champ d'honneur du désert scorbutique. A la fin de sa vie, il ne pouvait plus avaler que des bouillies d'orge, et sa peau douce de poupon avait pris la sécheresse et la rugosité des pachydermes gris de l'Afrique centrale. Il était grand temps qu'il meure...

Foucauld avançait toujours à pas comptés, mais déterminés, des mauvaises lectures plein la tête — des lectures de subversion démodées. Trois pas exactement avant qu'il n'ouvrît la petite porte étroite du tabernacle, une mésange surprise et affolée s'envola à tire d'aile. Marie, curieuse, l'avait rejoint. Il y avait un nid à la place du ciboire. Les jeunes gens enfoncèrent leurs deux mains qui se frôlèrent autour de la petite boule de brindilles. Que cherchaient-ils ? Le nid, ou leurs propres mains ? Le père de Foucauld posa sa main sur la main de Marie. Leurs doigts s'entremêlèrent, puis se figèrent. C'était la cathédrale de Rodin, ce blanc entrelacement de deux mains jointes. C'était l'inévitable, enfin presque...

Soudain Marie retira sa main. Foucauld, sûr de l'avoir épatée, déclara sérieusement en gonflant le thorax :

— Bientôt je serai très riche, tu sais, je t'emmènerai au bout du monde, et même plus loin, à Paris...

— A Paris ?

— A Paris, et même, si tu veux, jusqu'à Versailles-Chantiers.

Alors cette garce pieuse de Marie lui brisa son rêve d'adolescent.

— Charles... je vais me marier.

Le père de Foucauld blêmit. En retirant ses mains, il fit tomber le nid posé sur le rebord de l'autel, qui se renversa en heurtant le plancher : un des petits œufs de mésange se cassa. D'une voix blanche, aussi blanche qu'une robe de Père blanc :

— Avec qui ?

Marie s'efforça de sourire, invoquant le devoir que lui imposait sa famille :

— Avec le comte de Bondy. Je resterai toujours ta grande sœur, et ta mère, si tu veux, mon petit orphelin.

Ah ! la salope ! Foucauld baissa la tête, contempla au sol les œufs de mésange, l'un cassé, avec du jaune coulant, du jaune chinois, l'autre intact. Un seul œuf cassé, pas l'autre — l'autre, Foucauld, le saint qui naîtrait pour le jour où il casserait la coque du vieil homme en lui, où il se jetterait du haut de sa foi comme d'une falaise dans l'inconnu.

Foucauld fit comme tout le monde le mur de Ginette (école Sainte-Geneviève à Versailles). Il ruminait tout seul dans la nuit, sous les réverbères glauques, ses mauvaises pensées (son vain amour pour Marie, etc.). Déambulant en d'obscures ruelles, il écoutait les sirènes chancreuses venues des Iles lui susurrer sous les portes cochères :

— Tu montes, chéri.

A la fin, il n'y tint plus. Il monta deux étages pour se retrouver dans une chambre sordide où la Négresse de mauvaise famille d'à peu près trente-neuf ans l'obligea d'abord à laver sa sainte verge congestionnée dans une bassine d'eau de vaisselle grisâtre — le bénitier du stupre. Elle retira son caleçon rose de dentelles, refusa d'enlever le haut, s'allongea à plat ventre sur le lit et lui montra seulement son épaisse garniture fessière, sa culotte de cheval, attendant que le futur officier de cavalerie la monte.

Foucauld restait tout bête, croisant ses cuisses sur l'édredon pour cacher sa grosse queue devenue toute mince. Il avait l'air d'un petit eunuque obèse, aux cheveux noirs luisants de pommade et à l'accroche-cœur pendouillant tristement. Il se sentait d'autant plus gêné qu'il y avait une sorte de remue-ménage derrière la cloison; d'abord sourd, indistinct, un chuchotement; il s'amplifia, avec des bruits de voix et des rires. La porte s'ouvrit sur un Nègre géant habillé en gabelou. C'était le soixante-neuvième (bis) frère de la Martiniquaise, accompagné de son beau-frère, de trois petites nièces et d'un roquet rocker gominé, la queue badgée en tire-bouchon.

— Alors, on n'honore pas ma sœur? clama-t-il.

Les autres se tordaient de rire.

— On a déjà fait le vœu de chasteté, mon bon père? disaient-ils.

Les joues en feu, transpirant à grosses gouttes malgré le froid glacial de cette soupente au poêle de fonte noire à moitié éteint, Foucauld se rhabilla comme il put.

Les Nègres bouchaient l'entrée, comment se sortir de cette situation? Il tâta son portefeuille et l'ouvrit devant toutes ces mains déjà tendues, il leur jeta les trente-huit autres billets qui lui restaient et s'enfuit pendant qu'elles se baissaient pour les ramasser. Chaque vertu théologale ayant ses scènes primitives, il apprenait à faire l'aumône.

Foucauld était guéri à jamais du péril martiniquais qui hâta la dégénérescence de *nos familles* — et particulièrement celle de son géniteur. On n'insistera jamais assez sur son mélange de valeurs sublimes et de bêtise à front corné. Il faut évoquer là, comme pour les vraies causes de la décadence romaine, le long empoisonnement de ses élites dans les vaisselles de plomb, la lente dégénérescence vénérienne qui rongea secrètement *nos familles*. Ah, si les fillettes mijaurées de la haute avaient accepté de perdre leur fleur d'oranger avant le mariage, à sept ans, en été, sur la première plage venue, entre une décharge de poubelles et un snark-barre, le processus du déclin se serait peut-être ralenti. Il aurait fallu des escouades de filles comtesses-mères, troussées par d'innombrables barons de Jambes, pour maintenir la race.

Bref, Foucauld ne dut son salut qu'à la fuite ; et la pauvre Marie dut subir en fermant les yeux les lubriques assauts nocturnes de son mari, le comte de Bondy, autre martiniqueur qui fantasmait sur ses aventures en la travaillant : « Vérole », lui disait-il en ahanant, l'embrochant, la malaxant, plantant dans ce sexe d'abeille, dans ce vagin d'allumeuse frigide de petits garçons, dans cette chatte dénouée d'épouse passive, son beau dard de bourdon à des profondeurs insoupçonnées.

— Vérole, répétait-il... Ah, tu veux le faire à la turque... Tiens je vais te l'apprendre... tiens, tiens, et tiens !... Istanbul !

A l'injonction de cette mystérieuse musulmanerie, Marie avait l'impression de subir les plus sacrilèges de ces derniers outrages, légaux, matrimoniaux et bénis par la sainte mère l'Église.

« Istanbul » ! La forteresse était prise et reprise. Les turqueries se répétèrent, et huit ans et trois chiards débauchés après, hanches écroulées comme des murailles, elle était devenue imbaisable...

Qu'allait devenir Foucauld ? Dans *nos familles* on n'a pas l'embarras du choix.

— S'ouvraient seulement devant nous, ajoutait mon père, la Carrière — avec C majuscule, pour la diplomatie —, l'armée et les ordres.

Le calcul de ces gens, ces vieux crabes lémuriens, était simple : construisons une société pauvre en esprit, une société ascétique où règne le dédain de l'argent. Ils espéraient conserver leurs richesses en affectant de les dédaigner pour que les pauvres les dédaignent aussi et restent pauvres. Mais à faire le pari que le passé se perpétuerait indéfiniment, *nos familles,* incapables de ne pas regarder derrière elles, échouèrent lamentablement à intégrer l'avenir — comme j'avais échoué moi-même. Sauf qu'écrire, c'est faire carrière dans l'échec, changer la masse de son désastre en assomption de l'inutile.

Je scrutais le front plissé de mon père, ce vieux chêne tordu, planté dans mon salon, que le moindre souffle d'air pouvait arracher, immensément fragile et fort en ses derniers jours — mon Emmanuel Kant à moi. Lui non plus n'avait pas eu le choix en embrassant la carrière des armes. Comme lui, j'ai voulu devenir militaire, avant d'apprendre qu'une blessure d'enfance me l'interdisait. Alors je suis devenu général de l'armée des rêves.

Foucauld n'eut pas le choix non plus. Il entra comme pensionnaire à Sainte-Geneviève, pour préparer Saint-Cyr ; il se délecta des lectures du grand Saint-Cyran de Port-Royal et des deux Saint-Simon — du château et de Versailles-Chantiers — et, ne pouvant se procurer Saint-Exupéry, conservé en stock dans les hangars du paradis en attendant ma naissance, il s'acheta un saint-bernard et un roquet rocker. Dieu seul sait reconnaître ses saints, et les siens.

Le nec plus ultra de la sainteté, c'est de revenir de loin, avoir été un débauché. Comment Foucauld en devint-il un ? Toujours est-il que c'est à Saint-Cyr que naquit la première vocation de Foucauld, pas l'armée, la débauche. S'en offrit-il le très long préambule légendaire par pur réflexe d'aristocrate décadent, ou à cause de l'intuition secrète qu'il eut à l'époque de devoir beaucoup pécher pour pouvoir ensuite postuler aux meilleures places dans la maison du Seigneur? Qu'est-ce que la débauche? Passer toutes ses nuits chez Zaza dans le rétro? Devenir tamouré de bar? Partouzer avec ses vieilles Anglaises? S'envoyer Laurence d'Arabie? Savonner les deux Sarah dans la même baignoire? Promenez-vous la nuit dans les grandes capitales orgiaques, à Paris, Rome, New York ou Berlin, vous verrez les visages torturés des galériens de night-club, enchaînés à des bracelets et à des bagues en or, suppliciés grimaçants, tympanisés en pleine sudation sonore, soûlographes solitaires de l'âme humant les encens zoologiques des pouffiasses et autres pythies de lavabos. Ces gens vivent un véritable enfer qu'ils appellent le plaisir.

Dans *nos familles*, on murmurait que Foucauld avait été un débauché, mais en évitant soigneusement de dire en quoi. Plus la rumeur courait, plus elle s'enflait d'actions interdites qu'on s'interdisait de raconter, pour ne pas effaroucher les chastes oreilles chrétiennes. En fait, on aurait été incapable de dire quoi que ce fût d'original — à part ses chambres noires qu'il faisait construire dans ses résidences successives, mais où personne n'était entré. Ses fameuses chambres à débauche qu'il se faisait envoyer de Londres — et parfois même de Vladivostok. Se débaucher, ce n'est pas en faire plus, c'est n'avoir pour finalité que la débauche elle-même — laisser aux autres le soin de penser que vous n'avez pas d'autre perspective.

Foucauld goûta à Saint-Cyr à ses premières bringues, avant de déployer en garnison, à Pont-à-Mousson et à Saumur, tout le faste que lui permettait la libre disposition de sa fortune. Il pouvait tout s'acheter. Ne découvrant la dignité de l'amour que dans l'affection désabusée qui survit à un instant de bave, Foucauld ne serait pas devenu ce saint homme de l'imagerie d'Epinal française, il n'aurait été qu'un viveur, un vulgaire noceur de *nos familles*. Pour en arriver là, il n'alla pas non plus jusqu'au bout de ses débauches possibles — à ceci près qu'elles l'ont marqué, comme on dit d'un homme marqué qu'il a souffert. A juste titre, puisque la débauche est souffrance.

C'était un peu ce que ma mère, quand j'étais petit garçon, me reprochait d'être : « Ne fais pas le nabab », me disait-elle, et aussitôt je le faisais, en le rangeant parmi mes immortels.

Nos familles nourrissaient en leur sein un nombre incalculable de ces spécimens : moutons noirs, ratés — que de fois n'ai-je entendu mes parents me dire : « Tu seras un raté comme l'oncle Louis » —, zigomars ou nababs, ils sont tout à la fois inséparables de leur dégénérescence et de leur grandeur. Moi aussi, je fis le nabab, je n'ai jamais cessé de le faire, jusqu'à ce qu'au fil du temps, comme d'une rivière allant soudain en se rétrécissant vers l'estuaire de la mort, la solitude et la pauvreté, punition de mes années d'enfant terrible, me condamnent aux seules fêtes où je fusse encore convié, comme mon propre convive : aux féeries nocturnes des danses de l'intelligence et aux orgies de l'imaginaire, c'est-à-dire à l'œuvre elle-même.

La jeunesse de Foucauld me renvoie à la mienne, non que je veuille me l'approprier ou atteindre des sommets identiques : chacun doit se comprendre dans ce qu'il comprend, écrivait Kierkegaard, sinon il risque de n'y être plus compris, d'être rejeté, exclu du cercle. Plus j'égotise Foucauld, plus j'en fais un autre, un nabab de quelques étés de débauche, qui passa tous ses examens de justesse, presque sans travailler, ses petits yeux, deux billes de jais noyées dans un sac de graisse. Il y engrangeait d'un coup, de sa belle intelligence ténébreuse, la connaissance tout juste suffisante pour être reçu. Je le répète, il buvait du mouton-cadet de préférence, il donnait des fêtes, des dîners à cent vingt-cinq millions et une chandelle, dépensait sans compter dans une valse ininterrompue de louis d'or, de napoléons, d'obligations franco-russes, de Panama, de chapeaux de paille d'Italie. En même temps, il notait sans exception ses conquêtes féminines sur une sorte de carnet de blanchisserie à l'usage des grandes buanderies vagues de la chair, qu'il est bien dommage que sa famille se soit empressée de faire disparaître après sa mort : il alignait les noms, déjà en géographe, mais du corps humain, faisant les relevés topographiques des seins, des hanches ou des fesses de ses maîtresses avec leurs mensurations, et leurs prouesses, bien sûr. Une manie chez lui, que de tout mesurer...

Il mesurait, parce qu'il se sentait l'âme démesurée d'un nabab. Le nabab, c'est d'abord un débauché de l'imaginaire qui en rêve toujours beaucoup plus qu'il n'en fait, mais à qui l'on en prête bien plus, comme à tous les riches en or du temps...

Ce que veut le nabab, c'est épater la galerie — avec les protagonistes de sa nursery intime, ses tigres, ses éléphants, ses immortels. Ce long cortège princier habite depuis assez longtemps sa mémoire pour être mêlé à tous les rêves de ses années d'enfance, et il ne supporte pas qu'il ne puisse l'accompagner encore dans l'âge adulte. Sa séparation des autres, il en souffre si fort qu'il se rattrape dans l'extravagance, l'épate-bourgeois toujours. Il achète tout ce qu'il est possible d'acheter pour un homme riche. Des villas que je n'habitais pas, des yachts où je ne naviguais pas, des tableaux que je ne regardais presque pas, ou des voitures de sport que je ne conduisais quasiment jamais, sauf pour l'épate, bien sûr. Il faut être allé jusqu'au bout de la richesse pour découvrir son inanité, quand on n'est pas habité par cette autre folie, qui elle seule permet de supporter l'argent, celle d'en faire un instrument insatiable de pouvoir. Le plaisir de domestiquer les autres, de les humilier, de les asservir à nos mystérieuses fins personnelles est incomparable sinon à la jouissance sexuelle : comme elle, il est une fin en soi. Dans les années de la plus folle richesse, l'argent me changea inhumainenent. Il me rendit désœuvré, insupportable. D'héritage en héritage, plus je m'enrichissais au-dehors, plus je m'appauvrissais au-dedans.

Ayant perdu toute vie intérieure, je découvris pour la première fois l'ennui et, peu à peu, une certaine forme de perte de confiance en soi.

Les femmes, je les séduisais sans peine. Désormais ne venaient-elles pas pour mon argent ? J'en arrivais à douter de mon propre charme. Ce n'étaient plus les mêmes femmes, ni les mêmes amis. Les vrais s'éloignaient peu à peu, ils ne me comprenaient plus, comme je ne les comprenais plus moi-même. Je devins irascible, ombrageux. Comme Foucauld, je m'empâtais. C'était la preuve irrécusable et graisseuse de mon malaise existentiel. Comme lui, je ne supportais pas d'être riche, boudiné dans les costumes tout de suite trop étroits de ma garderobe, achetés chez le meilleur tailleur du Soho, celui de la gentry, mister Fish. Je ne le supportais pas. Je ne le savais pas encore.

A vrai dire la condition de riche est odieuse : elle ne paraît enviable qu'à celui qui ne l'est pas. C'est cette envie d'autrui que le riche se doit d'entretenir pour se rassurer sans cesse. Ainsi doit-il multiplier les signes de richesse, châteaux, yachts, avions privés, voitures luxueuses, pour entretenir sa réputation. Comme le pochard, il se raccroche au regard des autres pour ne pas sombrer : je n'arrêtais pas de faire visiter mon hôtel particulier à des inconnus, je me souviens aussi de m'être posté en cachette pour voir si les autres remarquaient ma Ferrari. S'arrêtaient-ils pour l'admirer que je feignais aussitôt de me lever négligemment de la table où j'étais assis, à la terrasse d'un café, allant ouvrir la portière et m'installant au volant pour bien montrer que j'en étais le propriétaire. Ce manège de mon oisiveté, je le répétais des après-midi entiers, parce que les riches et les pauvres constituent des couples infernaux : les premiers ne peuvent se passer des seconds, les propriétaires de yachts, des badauds sur les quais. Tous ces fastueux indigents de l'esprit affichent frénétiquement leurs richesses apparentes, à l'intention des voyeurs qui les justifient d'exister, tous prisonniers de la dialectique de l'être et du paraître.

Le mur de l'argent est un hideux miroir où s'efface la fraternité humaine pour ne plus laisser voir que les arrière-pensées intéressées de ceux qui bourdonnent autour de vous, tous solliciteurs virtuels, tapeurs. Quand bien même est-ce faux — et qu'il repousse d'avance toute amitié sincère, ou désintéressée —, le riche ne cesse de penser obsessionnellement que l'autre en veut à son argent ou ne le voit qu'à seule fin de lui en extirper. C'est sa hantise, sa névrose perpétuelle, ce que j'appellerai la maladie du riche. Les syndromes sont toujours les mêmes : le riche est coincé, blasé, réticent, et à force de refréner ses vraies émotions, paraît emprunté et distant tant il est peu à l'aise dans sa peau. Mais quand on a réussi à forcer le barrage, il devient étrangement naïf, tombant dans l'excès inverse, prêt à se faire rouler par le premier écornifleur mondain venu. Ou bien il ne s'épanouit, en gosse émerveillé, qu'avec ceux qui l'entraînent jusqu'au bout d'une découverte physique et libèrent d'un coup leur rétention corporelle — une putain bien professionnelle, une décoinceuse du sexe, un moniteur de ski, de planche à voile, des décontracteurs de rotules. Si bien que les riches n'ont pour véritables amis que leur masseur, leur professeur d'éducation physique, leur garçon de plage, leur photographe — bref, le staff des loisirs. Ils ont la même indigence de conversation : le dernier tournoi de tennis, les sondages ou la télévision. Ils ne sont même plus snobs, ils se sont massifiés — bronzés sous les sunlaïtes du masse-massage, sponsorisés, jette-sociétisés, dans un frottement de royauté, de patrons de boîtes, de barons de Jambes cortico-thiro-hideux du vat soixante-neuf, de ratons laveurs, de champouineuses oxydées, de ratés de la troisième génération. Plus la cuisine de Rika Zaraï. Le tout mixé par des attachées de presse arrivistes qui ne cessent de vendre leur image en acteurs plastifiés, en mannequins de news magazines, prêts à toutes les carolinomonaqueries...

Chaque génération génère ses nouveaux riches, du bourgeois gentilhomme à Paul Getty. Ils sont ridicules, comme tous ceux qui veulent sortir de leur condition sociale. Monter de la société du prêt-à-porter — ou de la publicité et du prêt-à-penser — à la grande société, c'est dur, ça se fait avec du sang et des larmes. Proust ayant achevé, en plus, le snobisme bourgeois, on ne sait plus comment faire, les ponts sont coupés...

Avec l'avènement de la société quantitative — et simoniaque —, le riche du XXe siècle ne ressemble plus à celui du XIXe, qui jouait son prestige sur le qualitatif. Le iche d'antan était raffiné, il s'offrait des plaisirs rares, oyageait là où personne n'était passé avant lui, s'achetait es meubles uniques, des manuscrits originaux, s'organiait des concerts privés, surprenait en servant des nouilles oides à ses invités, bref faisait dans *l'incomparable*. Son oût échappait aux fantasmes erratiques de la publicité. Il pposait le *luxe* à la *consommation*. Il ne faisait pas *mode,* il tentait de s'approprier un *fragment d'éternité,* une esquisse de Fragonard, le bureau du doge Manin, emporté par Bonaparte, dans un bois de violette incrusté de malaquite et d'ivoire, ou le coffret de Balzac par l'orfèvre Florent Meurice, exécuté pour Ève Hanska, avec ces mots : « Ève aimée » en hébreu. Qui a idée de ces merveilles et de tant d'autres ? En une société calcinée par la consommation, on ne sait pas, sinon tout le commerce s'écroulerait, que le riche du raffinement marque par là sa distance culturelle, laissant au peuple les plaisirs grossiers, quantitatifs, ou les gadgets que le riche moderne, le riche vulgaire, se paye désormais — cherchant en toutes choses le plus *commun* dénominateur, ce qui est le propre de l'esprit *commun.* Rien n'est plus vulgaire que le riche d'aujourd'hui, ce lanceur de stations de sport d'hiver, ou cet esclave des boutiquiers de la Côte d'Azur. A la place du luxe, c'est désormais le kitsch. Il est invivable culturellement d'être riche, quand on a la plus élémentaire distinction intellectuelle, ou artistique, celle qui s'abreuve du nuit-saint-georges de la vie rêvée dans le verre de cristal de roche de Saladin. Si on n'est pas idiot, on le devient, à vivre dans la grande panurgie des ghettos à loisirs conditionnés, stéréotypés, aménagés pour les plaisirs répétitifs que la richesse dispense.

Si bien que la richesse a aussi son bout du monde qui est le bout de la richesse, son retournement final, par où elle devient alors vraiment inaccessible à autrui — et l'on entre enfin dans la grande société invisible, en réserve de la nation. La pauvreté, c'est l'illusion lyrique du riche, ce vieil enfant qui ne désire que les jouets des autres. Ce qui distingue le grand riche désespéré du riche commun, c'est l'attirance bizarre du premier pour les joujoux du dénuement, et sa façon d'insulter le désir des autres en s'habillant mal, par exemple, ou en vivant simplement alors qu'il peut tout s'offrir. A ceci près que cet ultime détournement est une ultime confiscation, une rapine des âmes. Comme la reine Marie-Antoinette, avec ses bergeries, qui jouait à la petite paysanne, ou certains milliardaires (ceux que je rencontrai, au Brésil notamment, exprimaient la quintessence de la perversion de l'argent) qui construisent leurs villas avec les éléments épars des favelas (les bidonvilles des collines de Rio de Janeiro), il faut tout prendre — et même après s'être enrichi en volant les pauvres, leur voler en plus les apparences de leur pauvreté ou, comme Foucauld, en devenant plus pauvre que le plus pauvre, à la fois en l'imitation de Jésus-Christ, et au paroxysme du complexe du riche, un ultime réflexe aristocratique. Crésus, un clochard de luxe ! Le plus grand milliardaire du monde vit au fond d'une poubelle. Ici commence l'accession spirituelle : la richesse devient intérieure, inépuisable, et elle échappe enfin à la dialectique de l'être et du paraître. Nouveau damné de la terre, c'est ainsi que le riche se libère de ses chaînes...

Aujourd'hui, je comprends Foucauld d'avoir dilapidé son argent. Enfant, je ne savais pas que j'allais devenir si riche. Ma fortune fut aussi fabuleuse que la sienne. Je mis sept ans à l'épuiser, sept ans de malheur ! Du souvenir écœurant qu'il me reste de ces années, ce dont je souffris le plus, à mesure que mes anciens amis ne me reconnaissaient plus, ce fut de les perdre. Aussi n'eus-je de cesse de retrouver ma génération intellectuelle — dans tous les sens du terme. Je le payai cher puisque je dus payer de mes propres deniers pour me faire admettre de nouveau par elle, en finançant ses journaux.

Auprès des autres, je finis par retrouver ce que je cherchais, mon prestige enfantin de petit chef de ma bande d'immortels — ce que d'aucuns pensaient traduire par prestige intellectuel.

Lorsque Foucauld quitta l'armée une première fois, il connut sans doute la même solitude — la perte de ses vrais amis, les officiers, les camarades de promotion de la grande génération coloniale, ses immortels à lui. Il eut aussi à montrer une plus grande bravoure — tout comme je dus en rajouter auprès de la génération gauchiste pour me faire admettre à nouveau d'eux. Après avoir définitivement renoncé à la carrière militaire, il lui fallut pourtant retrouver sa génération, la rejoindre à sa manière dans le désert, pour avoir la sensation de ne pas l'avoir tout à fait perdue, pour pouvoir la retrouver au bout du monde, du même monde.

Ah, si j'avais su ce qu'il en coûte d'être un diseur de vérité, je me serais tu, j'aurais fait comme tous les autres, comme j'y excellais pendant de nombreuses années, du surf sur les vagues de la mode. J'avais beau me comporter comme un gamin pris en faute, promettre qu'on ne m'y reprendrait plus, je ne trouvais plus aucune mère pour me pardonner — et ma propre mère, ma mère indifférente, allait de plus en plus mal... Pourtant, au bord de basculer, méditant amèrement sur l'inconvénient d'être né moi-même, je trouvais toujours un dernier ressort ; je me reprenais ; ou je paraissais de plus en plus jeune auprès de ceux qui guettaient sur mon visage les signes de laisser-aller, ou de ruine physique, qu'ils espéraient secrètement voir apparaître en raison des persécutions dont j'étais victime de la part du pouvoir.

Au contraire de ce à quoi on aurait pu s'attendre, mes années de détresse de 1982 à 1986 — et qui se prolongeront peut-être, en châtiment de mes succès passés — correspondirent à l'éclatement de mon talent, à l'harmonie intime, à l'enchantement, à la célébration de l'amour et à mon plus grand équilibre physique. Je ne supporte pas le succès, il me détruit. L'échec me reconstruit. Jamais je n'écrivis de pages plus belles, ni ne prononçai de conférences plus passionnées, quand on daignait encore m'inviter. Interdit d'antenne, comme jadis Sartre l'avait été, bâillonné, refusé par les journaux, je voyais pourtant mon nom grandir dans les anthologies et les manuels littéraires : j'entrais vivant dans ma vie posthume. Un autre portait désormais mon nom, auquel il m'était interdit de faire la moindre retouche. Certes, je plongeais dans les tréfonds de l'angoisse, mais cette souffrance, cette bénédiction de douleur, agissait comme un bain de jouvence. Les autres ne s'en remettaient pas. La répression dont j'étais la victime finissait par devenir mon bien le plus précieux. Même si le caractère ne constitue pas en lui-même le génie, la mesure du génie est le caractère. Pour rien au monde je n'aurais échangé ma condition contre un meilleur sort. A chaque nouveau bain de souffrance, je relisais, suspendues au-dessus de mon lit, ces phrases de l'Ecclésiaste :

« *Je regarde encore ici-bas : or la course*
ne revient pas aux plus rapides
Ni la lutte aux plus forts
Il n'y a pas de pain pour les sages,
ni de richesse pour les intelligents
Ni de faveur pour les savants,
car le temps de la malchance leur advient à tous. »

Elles me rendaient de la force — c'est-à-dire le dur désir de durer.

Combattant de l'ombre, je fis un régime de résistant. Je n'ai aucun mérite : je fus grandement aidé par une impossibilité quasi génétique, chromosomique, ancestrale, de vieillir, très spécifique à la robustesse quasiment phénoménale de ma famille paternelle, trempée à l'acier des canons et des vents glacés des garnisons de l'Est-Sedan, Belfort, ou Pont-à-Mousson, ville sinistre entre toutes, où mon père, après Foucauld, séjourna comme jeune sous-lieutenant. Je n'avais pas seulement hérité de lui cette redoutable santé physique, mais il m'avait doté aussi de l'inestimable : ses valeurs morales et spirituelles, sans lesquelles je n'aurais pas tenu le coup.

Père, ma gratitude pour vous est infinie.

A mesure que les années passaient, je prenais même mes distances envers l'épate-bourgeois. A quoi bon provoquer ? Tout est récupéré, même la provocation. Pourquoi donner des perles aux cochons ? Dans ma tranquillité retrouvée, je ne comprenais même plus comment j'avais pu attacher une telle importance à notre société de pantins. Vanitas vanitatum ! De même Foucauld devint-il avec le temps un nabab épuré, un ascète qui ne se souvenait même plus de ses bouteilles de mouton-cadet, son vin préféré à Pont-à-Mousson, de son foie gras, de son caviar — les reliques poussiéreuses de sa table de débauche de païen. La vie, ce banquet perpétuel, soudain interrompu pour une raison mystérieuse — sans doute une trop grande souffrance de la débauche, un excès de délices douloureux, et cruellement répétitifs, à part bien sûr les chambres noires. Il faut toujours varier les plaisirs, ce que les riches ne savent pas faire. Il y a toujours ce festin refroidi, glacial même, dans les arrière-salles de la mémoire, d'où nous fûmes soudain dérangés, happés vers une destination inconnue, notre destin d'hommes. Je me rappelle mes fêtes de marquis de Carabas en Bretagne, où nous allions enlever les filles sur la côte par cargaisons entières d'esclaves de nos désirs. De même était Foucauld, maître en l'art de dépenser sans compter sa jeunesse et sa fortune, quand il dégrafait l'épingle de sa large encolure de taureau en faisant sauter sur ses genoux la dernière femme venue, avant de la sauter, puis de sauter sur son cheval.

Faut qu' ça saute ! Après avoir fait sauter le bouchon de sa bouteille de champagne avec son sabre, Foucauld sautait et galopait avec ses camarades en pleine forêt de Saumur, au bord de la Loire.

Les branches des châtaigniers où se cachait Rabbin des Bois défilaient à toute allure au-dessus des croupes de leur monture. Ces nobles s'appelaient le marquis de Morès, le duc de Vallombrosa, le comte de Fitz-James, quatre inséparables, quatre mousquetaires — qu'accompagnaient aussi le général Laperrine, et Lyautey. Quelques-uns de mes immortels s'étaient glissés en douce dans le peloton ; ils avaient à raconter l'histoire du père de Foucauld, c'étaient le baron de Jambes, le comte de Fées, Nabab, Petit Marnier, et l'officier qui était si bête que même ses camarades finirent par s'en apercevoir. En queue de peloton galopait Cent Culottes.

Les cavaliers ne déchiffraient pas leur avenir sous la voûte étoilée entre les feuilles des châtaigniers. Lyautey croyait qu'il deviendrait Pétain et qu'il aurait son timbre-poste à moustaches blanches, et Pétain qu'il serait Lyautey, habillé en spahi. Laperrine craignait de mourir comme le marquis de Morès qui était sûr de son côté de finir comme Laperrine, commandant en chef du territoire des Oasis. L'officier qui était si bête que même ses camarades finirent par s'en apercevoir voulait se reconvertir dans les mathématiques. Seul le comte de Fées n'espérait qu'en la fable qui distingue toujours les vivants des morts. Mettez-les ensemble.

Leur avenir, c'est le présent. Le présent ne peut être qu'imparfait, il vous prend toujours au dépourvu de futur.

Ils avançaient au grand galop, droit devant eux, dans la nuit éclairée de flambeaux, tenant chacun à gagner le pari : trente kilomètres, trois femmes, trois bouteilles de champagne.

Dans son carnet de blanchisserie, Foucauld notait tout, des gourgandines de Charente-Maritime, de Vierzon, de Laroche-Migennes, de Forcalquier et même une Allemande de Sarrebruck.

Au clair de lune, trois donzelles nues sous leur manteau de fourrure guettaient en grelottant l'arrivée des cavaliers. Parmi elles, Claire de Lune que Foucauld enfila par le premier quartier, le second, et même en pleine lune. Les voies du Seigneur sont impénétrables, mais toutes les autres ne le sont pas.

Enfin l'aube parut. Ils étaient tous fin saouls. Peu importe, ils pouvaient tout se permettre : ils appartenaient à l'empire du Milieu.

Car Saumur était une ville chinoise, un mini-Macao, l'enfer du jeu de la France profonde. On y perdait tout, son or, ses gourdes haïtiennes, sa donzelle, son château, ses trois sœurs impitoyables, son stérilet, ses femmes, ses terres et même son piano dans les Alpes. Ensuite il fallait bien avaler les couleuvres cuites au bain-marie. C'étaient des parties acharnées, des parties au couteau. Au petit matin, les arrière-salles de bistrots, les salons douteux se jonchaient de cartes sauvagement découpées, lacérées, réduites en poussière des cadastres périmés. L'histoire secrète de la propriété française est celle des tripots d'antan.

— Allons faire la peau à Jacob, proposa le marquis de Morès, rendu plus tard tristement célèbre par ses campagnes antisémites dans le journal de Drumont, *La Libre Parole,* où il dénonçait des officiers juifs dans l'armée.

Bernanos devait écrire de lui à sa mort :

« Ce grand seigneur, né pour la vraie vie du monde et des cercles, s'était fait tout à coup éleveur de bétail en Amérique, dissipant une immense fortune pour tenir tête aux trusts, comme il eût fait face à n'importe quel ennemi. Puis on l'avait vu aux Indes et au Tibet, sur les pas de son royal ami le jeune Henri d'Orléans, puis encore au Tonkin, étudiant le tracé des lignes de chemin de fer des Tensen, à l'océan, jusqu'à Longsum et Sing Yi, aux portes mêmes de la Chine. Qui, homme ou femme, aura jamais su fixer ce coureur d'aventures, ivre de sa propre audace ? Cinq ans plus tard, on le retrouve au seuil du désert, occupé d'un projet magnifique à la mesure de ses rêves : équiper une caravane, rallier les Touaregs et les Sénoussites, prendre leur tête et forcer les passages jusqu'au Nil. »

En attendant, ce n'étaient que les bancs de sable de la Loire.

— Il faut d'abord juger, essaya de les arrêter le père de Foucauld qui était un juste.

— Non, un juif est toujours indéfendable, c'est la lie de la terre, déclara avec une grimace de mépris Fitz-James.

Comme Morès et ses amis étaient tous d'accord sauf un, pour faire la peau de Jacob, ils préféraient ne pas entamer de procès. Sait-on jamais, ça aurait pu dégénérer en affaire Dreyfus !

Pendant que les chevaux, l'encolure inondée de sueur blanche, répandaient leurs longs jets d'urine dans l'herbe embuée et fumante, les officiers morts que je fais revivre, morts comme la mémoire de l'avenir est morte, coururent vers la maison de Jacob, qui était juste derrière, aux cris de :

— Au camp de la mort! Jacob, à Dachau! A la chambre à gaz! Au four crématoire!

— Il n'y a jamais eu de chambre à gaz, rectifiait en trottinant Morès, le plus antisémite de tous.

— Tu as peut-être eu notre fric, Jacob, mais tu n'auras pas la Palestine, surenchérit Vallombrosa, qui était pour Yasser Arafat.

Quand ils arrivèrent devant la maisonnette du prêteur, Pétain avisa l'échelle de Jacob posée par terre.

Ils frappèrent au carreau de la fenêtre après avoir posé l'échelle contre la gouttière pour monter au premier étage, en criant :

— Au feu! Au feu!

Quand Jacob, alerté, ouvrit sa fenêtre pour sauter, affolé, il ne réussit pas à échapper aux officiers qui s'engouffrèrent dans la chambre du juif comme un seul homme. Ils la mirent à sac. Ce dernier avait beau supplier, tout promettre :

— Je ferai crédit au régiment pendant un an.

— Promesse de juif, promesse de chien, jugea aussitôt Morès, qui était un homme injuste.

Les autres ne l'écoutaient pas.

— Ecrasons l'infâme, surenchérit Morès, en fin lettré. Il avait lu les diatribes de Voltaire contre le Dieu monothéiste des juifs.

Pétain mettait la pièce dans un désordre indescriptible, ouvrant les penderies, arrachant les vêtements, vidant les tiroirs, brisant les lampes au sabre, perforant les tableaux et tout ce qu'on imagine pouvoir faire quand on casse tout. Même les meubles saignaient. Les objets les plus hétéroclites volaient dans la rue, les bigoudis de la Martiniquaise d'avant-hier, des coussins éventrés, une bouillote, et même un walkman d'Edwige à deux cent vingt francs dont les écouteurs allèrent coiffer entre les deux oreilles un sous-officier qui passait par là pendant son tour de garde dans la ville avec sa patrouille.

Pour cet homme sorti du rang, c'était une aubaine que d'entendre Monk jouer « *Blue Monk* ». En plus, ce n'est pas tous les jours qu'on prend en flagrant délit de tapage nocturne un saint, des maréchaux de France sortis de Saint-Cyr et un officier si bête que même ses camarades avaient fini par s'en apercevoir. Il fit sortir les officiers dans la rue, et les aligna contre le mur, comme s'il allait les faire fusiller.

— Qui c'est-y qu'y a fessa ?

Devançant Morès, Foucauld s'avança de trois pas, tout raide, un sourire méprisant aux lèvres.

— C'est moi, dit-il.

Qu'est-ce qui le poussait à prendre la place du coupable ? Le goût de la bravade ? Un nouveau sursaut d'épate-bourgeois ? Ou le jansénisme biologique de ses chromosomes le travaillant à son insu ?

Renvoyé du pensionnat, j'éprouvais la sombre jouissance de passer pour coupable. Déjà je bâtissais ma légende. C'est le regard des autres qui vous fait.

Le destin de Foucauld ne pouvait être qu'extrémiste. Extrémiste, oui, dans tous les sens. Ce sont les petites choses qui annoncent les grandes. Le processus intérieur qui mène à la foi était commencé. Vouloir payer pour les autres, c'est déjà prendre évangéliquement sur soi toute la souffrance du monde.

— Foucauld, laissa tomber le sous-officier qui le connaissait de réputation, ça ne pouvait être que vous...

Les autres, piqués au vif, avancèrent alors de trois pas.

— C'est moi, dit Fitz-James.

— C'est moi, dit Morès.

— C'est nous, dirent les autres d'un seul moi.

Le moi est haïssable dans *nos familles.* Sauf si l'esprit de sacrifice, le panache ou le génie littéraire le justifient.

En trois pas, Foucauld avait pris trois mille longueurs sur tous les autres, et surtout sur le futur fondateur de la ligue antisémite, le marquis de Morès, décidément toujours lui, qui écrivit : « Vingt traits éblouissants, d'énormes plaisanteries de garnison que les sous-lieutenants se répéteront toujours à la table du mess, des prodigalités vraies, ou fausses, mais magnifiques, des provocations, des duels. »

Ainsi embrocha-t-il le capitaine juif Armand Mayer, d'ailleurs officier irréprochable et escrimeur célèbre, de part en part — la pointe, dit le procès-verbal, ressortant de plusieurs centimètres dans le dos. Et Bernanos de poursuivre : « C'est alors qu'il se jeta dans la mêlée antisémite, respirant l'odeur de l'émeute, lançant pêle-mêle dans les boulevards les Uzés, Luynes, les Tarente ou les Breteuil, ses chers bouchers de la Villette qui l'adoraient, les bandes fameuses des forts des Halles, des gâcheurs de bœufs et des garçons d'échaudoir. »

C'est une autre odeur que respirait Foucauld dans la prison où l'avait conduit sa dernière frasque. Pas celle de la sueur de la haine, celle des habits de pauvreté. Comme Morès, il se rapprochait aristocratiquement du peuple. Pas du même peuple ! L'un manipulait la tripe populaire raciste, l'autre se penchait déjà sur la misère en humant avec ravissement la défroque de mendiant qu'il venait d'acheter à prix d'or à son geôlier pour s'évader. Il avait écopé en un an la bagatelle de trois ans d'arrêts de rigueur : il n'avait plus rien à perdre.

« C'est si sale et ça sent merveilleusement mauvais ! » déclara Foucauld, au comble de la délectation, avant de prononcer cette phrase mystérieuse et profonde — qui prouve qu'il venait de me lire derrière mon épaule, quelques pages plus tôt. « La pauvreté est un luxe inaccessible, sauf pour les plus riches. »

Evadé de sa prison, le richissime vicomte Charles de Foucauld paré des ornements de la misère venait de faire le premier essayage de son avenir.

« Une crêpe Suzette, et qu'ça saute », commanda négligemment l'étrange client, déguenillé et sale, à la serveuse de ce paisible restaurant pour notables de la doulce France, qui donnait sur un long banc de sable, pareil à un bout de désert se reflétant mollement du ciel dans l'eau.

Des beautés passées étaient attablées près des fenêtres, et des endormis du val se pavanaient dans les cressons bleus. Quand donc cesserait-il de faire de l'épate-bourgeois, ce nabab de la cloche aux liasses de billets dépassant ostensiblement de sa poche décousue ?

Foucauld avisa deux tables plus loin Claire de Lune en goguette à Tours, la ville-lumière des Saumurois, en compagnie d'un monsieur moustachu aux boutons de manchette en onyx. Comme Suzette passait avec un plateau de verres vides, Foucauld s'empara de l'un d'eux marqué de l'empreinte du rouge à lèvres d'une bouche rutilante.

— Auriez-vous l'amabilité de m'amener la jeune fille à qui appartiennent ces lèvres ?

Foucauld mit de force, avec deux louis, dans la poche de la serveuse, un mot qu'il venait de griffonner.

Quand Suzette voulut le remettre à la jeune fille, le moustachu s'en empara au passage. Furieux, il le lut à haute voix.

« Ma Claire de Lune, j'ai faim, je veux lécher le miel de votre joli cul.

« Venez partager mon vin et ma vie. Charles. »

Claire de Lune sentit soudain son ventre remuer, et se contracter avec suavité au souvenir émouvant du père de Foucauld : un liquide lunaire s'écoula d'entre ses cuisses. Elle se leva et alla s'asseoir à côté de lui. Le moustachu interloqué répétait :

— Ça alors... ça alors... ça alors, comme un vieux disque soixante-dix-sept tours rayé.

Le couple retrouvé était bien plus doué pour la chansonnette que lui. Un peu éméchés après onze bouteilles de chinon, ils se mirent à fredonner « *Yellow Submarine* ».

Soudain Charles leva un dernier verre et embrassa goulûment sa partenaire sur la bouche.

— Ah, Claire de Lune, ma perle d'amour ! Ah, Claire, ma vicomtesse !

La jeune fille rougit — ou plutôt pâlit, d'une pâleur lunaire de béatitude prémaritale. Sortie du ruisseau, même si la lune se mirait, la nuit de sa naissance, dans le caniveau de son père ivrogne et de sa mère repasseuse, s'entendre appeler vicomtesse devenait pour elle un rêve éveillé de clair de lune : oui, elle décrochait la lune.

Foucauld fut empêché d'aller plus avant dans sa demande en mariage. Sa barbe postiche était tombée dans son assiette sans qu'il s'en aperçoive ; et le patron finit par envoyer un courrier prévenir les gendarmes qui l'embarquèrent.

Claire, restée seule, toute à son rêve, dont aucune force au monde n'eût pu l'arracher, chantonnait à mi-voix :

— Il m'a promis la lune. Il faut que je lui demande s'il est gascon, pour savoir si ce n'est pas une promesse de Gascon.

Elle chantonnait avec l'obscur bon sens de son petit

milieu réaliste-socialiste agrarien — mâtiné d'on-dit de septième main de Proudhon, et du père Pouget, l'anarcho-syndicaliste tourangeau — au point de croire que le père de Foucauld tiendrait forcément parole sans qu'elle l'asticote habilement de ses moindres moments de bonté, c'est-à-dire d'ivresse. On est toujours trop ivre avec les femmes.

Quand elle découvrit qu'il était alsacien, elle crut à ses chances. Elle alla l'attendre à la sortie de prison, et lui proposa de plier bagage — puisqu'on était en fin d'année de l'école de Saumur.

— D'abord il faut savoir où on ira, lui répondit-il, le général vient de me convoquer, j'y vais de ce pas.

Quand il fut devant lui, il resta au garde-à-vous.

— Non, mon général, je veux rester tout droit devant ce qui m'attend.

— Repos, lui ordonna le général qui avait été Grand Dieu (écuyer du Cadre noir, terme de cavalerie).

Or, le général était aussi un ami de la famille, qui lui avait fait part de ses inquiétudes. En un an, Foucauld avait dilapidé le tiers de sa fortune, tenu table ouverte à toute la garnison, subventionné des fêtes, couchaillé avec toutes les grisettes, encore acheté vingt-sept chambres noires, écopé du plus grand nombre de jours de prison, en toutes choses sans exception donné le mauvais exemple — notamment par la somptuosité affichée de sa paresse. Par exemple, il avait fait faire pour sa calèche des marches spécialement basses qui descendaient à ras du sol, pour n'avoir à consentir qu'une imperceptible flexion des genoux. Je tiens ce détail de mon père. De ce qu'il me raconta sur Foucauld depuis que j'ai cinq ans, c'est ce qui m'impressionna le plus. Longtemps ces marches basses me parurent le comble du luxe, elles le demeurent.

Bref, le général essayait d'arranger les choses. A ce moment-là, Foucauld n'avait pas encore quitté l'armée, il était toujours lieutenant de cavalerie, il écoutait au garde-à-vous son supérieur dont les derniers mots furent :

— Vous êtes un bison récalcitrant (cheval difficile, terme de cavalerie). Vous partirez demain à Sétif, en Algérie, pour le quatrième chasseurs d'Afrique. Votre dernière chance...

Or, Foucauld venait à peine de dire :

— Je m'ennuie à en mourir, mon général, dont la phrase précédente avait été :

— Vous avez besoin de vous mettre un peu de plomb dans la tête.

Recommandation inutile : le général n'avait pas remarqué que cet entretien se déroulait à l'envers et que Foucauld avait répondu d'avance :

— Je bois trois bouteilles de champagne par jour, on vient de prouver scientifiquement qu'il y a du plomb dedans. Non sans avoir ajouté : J'ai la tête trop légère pour penser, mon général, lequel indulgent, patelin, essayant de comprendre ce cas bizarre, était tout de même assez énervé de constater que les réponses de Foucauld venaient avant ses propres questions.

— Vous avez la tête légère? A quoi pensez-vous, lieutenant ?

— Je suis indéfendable.

— Vous n'avez rien pour vous défendre ?

— Si j'étais inquiet pour moi-même, je ne manquerais pas de vous en faire part, mon général.

— Je vous ai convoqué amicalement.

L'entretien arrivait donc à sa fin, vers son commencement. Tous les dialogues de sourds sont des entretiens à l'envers. On croit les avoir avec autrui quand on les a avec soi-même. Philosophiquement, on reste sur son Kant-à-soi. Ainsi, il eut cet admirable mot de commencement :

— J'ai toujours considéré ma révocation comme le couronnement normal de ma carrière.

De sa révocation date effectivement le vrai commencement de son destin. Claire de Lune et Foucauld plièrent bagage. Ils prirent bien soin de plier leurs valises dans leurs vêtements, si bien qu'ils en perdirent la moitié, parce qu'il y avait un peu de houle sur le pont du navire qui les emmenait sur l'autre rive du bassin méditerranéen.

C'était un bateau de papier, qui peu à peu s'imbibait, prenait l'eau, dans la cuvette de la salle de bains de mes parents que j'avais appelée « le bassin méditerranéen ». Chaque fois que j'éteignais la lumière, j'entendais le léger clapotis de vagues de mes doigts. Je contemplais par la fenêtre la belle plage de sable blanc de La Marsa au clair de lune dans le ciel étoilé — ma pute pure, ma catin adorée de petit rêveur enfantin, ce qui m'avait fait surnommé par les Pères blancs : Jean de la Lune aux pieds de chameau — à cause de mes sandales trop grandes de méhariste, aux bouts recourbés, donc les pieds déjà dans le désert. Moi aussi, j'étais son petit mari — le père de Foucauld n'avait pas hésité à la faire passer pour sa femme pendant la traversée auprès des épouses catholiques à gros derrière des officiers du quatrième chasseurs d'Afrique. Hélas, c'était déjà un pas vers le mariage. Hélas, comme Claire de Lune avait perdu les trois quarts de ses belles toilettes pendant le voyage, et qu'elle était toute trempée, je dus sauver de justesse mon bateau, changé en mouchoir gluant et mou. Elle avait vraiment l'air de sortir du ruisseau quand elle prenait le thé avec ces dames.

Contaminée par Foucauld, elle aussi cherchait à faire de l'épate-bourgeoises, pour se donner une contenance.

— Nous sommes heureux d'accueillir parmi nous la ravissante vicomtesse de Foucauld.

Claire de Lune, libérée, s'épancha :

— J'aurais bien voulu venir avec mes copines, la duchesse de la Motte-Picouilles, mon amie Gilda la braguette, ou la baronne Gorge profonde, mais elles sont remontées au turf à Paris, après la saison à Saumur.

Ces dames, stupéfaites, en restèrent coites. Sans se rendre compte de l'effet désastreux qu'elle produisait, Claire de Lune croyait bon d'insister par amabilité.

— Et vous, ça marche le turbin ?

Un gloussement collectif de stupeur outragée s'éleva. Ces dames n'y tinrent plus. En leur nom à toutes, une commandante aux jambes velues prit les distances éternelles du *milieu* envers l'innocente.

— Madame, je crois bien que nous ne sommes pas du même monde.

— C'est bien vrai, dit Claire de toute sa candeur inspirée. Je vous laisse, moi, je ne fréquente que la noblesse.

Qui eût pu arguer du contraire, puisqu'elle vivait avec Foucauld ? Elle avait, elle-même, une noblesse naturelle, instinctive. Elle ne voulait pas seulement se faire épouser de lui ; elle l'aimait de son petit cœur simple de pécheresse.

Le bataillon femelle des gros derrières catholiques n'en tint pas compte. La commandante aux jambes poilues en avant-garde, elles établirent sans peine la mystification de Claire de Lune et obtinrent sans coup férir que le colonel sommât Foucauld de répudier sa concubine. Il s'y refusa et dut quitter l'armée.

— Qu'est-ce que nous allons faire ? Tu veux que je

m'en aille? lui demanda-t-elle en pleurant, prête à se sacrifier, à le laisser poursuivre sa carrière sans elle...

— Non, il est trop tard.

— Je n'ai pas été bien?

— Toi, tu es bien comme tu es, c'est le monde qui n'est pas bien. Nous allons rentrer en France. Je t'aime, Claire de Lune, la rassura-t-il, caressant doucement la belle chevelure d'épis d'or de sa pauvrette — avant de lui retrousser soudain les jupes, et de la prendre à la hussarde, sur le bois d'une console Empire des sens rares. Ils m'ont foutu dehors, eh bien moi, je vais te foutre dedans, pour la vie entière, ahanait-il.

En effet, il n'avait rien de mieux à faire, écarter indéfiniment les belles cuisses dodues de Claire de Lune. Sinon comment s'occuper? Dépenser somptueusement le reste de sa fortune déjà écornée, avant de se tirer une balle dans la tête par ennui? Cette morne vie qui s'ouvrait devant lui, il en avait épuisé d'avance tous les plaisirs. Pour toute perspective, il lui restait celle qui donnait sur le lac, du balcon d'un palace, à Vichy, où il avait loué une suite pour lui et sa compagne. Comme il n'y avait plus personne à épater, il commençait à s'ennuyer ferme. Retraité de l'avenir, perdu, obèse, avec un gros ventre de bébé affamé, le foie gras, il faisait la tournée des villes d'eau sans parvenir à guérir son vague à l'âme. A Châtelguyon, pour ses intestins délabrés et ses coliques néphrétiques. A Contrexéville, pour ses fourmis dans les jambes. A Aix, pour ses rototos. A Vittel, pour ses pets. A Cauterets, pour sa morve au nez. A Brives-les-Bains, pour son bide, qui lui donnait l'air d'une femme enceinte; ce que Claire de Lune, à force d'être enfilée, ne tarda pas à être pour l'imiter et surtout réussir enfin à se faire épouser.

En plus d'être un nabab et un raté, il était devenu un joueur — la voie la plus dangereuse pour le raté, celle qui précipite la ruine. Avant, il se contentait de prêter à ses camarades, sans jouer lui-même, maintenant il eût été bien content de rencontrer le père de Foucauld d'il y a deux ans pour qu'il lui prêtât de quoi payer ses dettes de jeu. Il s'appauvrissait à vue d'œil. La seule chose qu'il eût encore de plat était son portefeuille. Sur les pièces d'eau de Vichy, les collaborateurs avançaient lentement, dans de gros taons métalliques aux flotteurs rouillés. Ils pédalaient dans la lemousse verlane : ils commençaient à comprendre que la guerre tournait mal pour eux. Ils se consolaient, ils ricanaient le malheur comme ils pouvaient, en s'enivrant de Saint-Yorre (sources de la honte), ce qui leur donnait des renvois de ministères — pire, des insignités nationales. L'un d'eux, Gaystapette, ministre de la Culture, lisait même du Chateaubriand à haute voix à son petit ami, un putois parfumé au Chanel cinq :

— « Déjà dans les rangs des proscrits j'accourais me placer. La menace du plus fort me fait toujours passer du côté du plus faible. L'orgueil de la victoire m'est insupportable... »

L'autre lui répondait, sans doute un rêveur casqué du pédalo d'à côté :

— Il est plus grandiose d'être un collaborateur des derniers jours qu'un résistant de la dernière heure.

Un troisième vint cogner ses flotteurs contre les deux autres, leur déclarant :

— Moi, je suis toujours pour les causes perdues. J'étais résistant en 1940. En cet hiver 44, je crois bien que je vais m'engager dans la division Charlemagne contre les Russes (vingt ans plus tôt, par bravade romantique et haine de l'opportunisme, je crois que j'en aurais été capable...).

Plus loin, un quatrième pédaleur, un chuiche de la Croix-Rouge, venu du lac des Quatre-Cantons, fredonnait tout seul :

— Je suis neutre, j'm'en balance...

Comme nous étions en 1881, Foucauld passait sans les voir, la tête en l'air.

— Notre fils, comment l'appellerons-nous ? demandait-il à Claire.

— On l'appellera le prince Casino, tellement il sera bon à la roulette, répondait-elle pour le dérider.

Mes immortels auraient préféré qu'il s'appelle Marron d'Inde, ou Mystère Magoo — ou même Anastase Pimbolet, l'orphelin serviable. Foucauld, qui ne les entendait pas, répondit à Claire de Lune :

— Tu n'es pas drôle, tandis qu'un gosse morveux les suivait en faisant rebondir un ballon.

— Si c'est une fille, on l'appellera la comtesse de Foucauld de Baccara, revenait-elle à la charge, car il fallait que l'enfant porte aussi le nom de son père en vue du mariage.

— Tu n'es pas drôle, répéta-t-il, s'apprêtant à lancer son inoubliable formule : « Je m'ennuie » — phrase quintessence de sa condition : Je m'ennuie, donc je suis riche.

Claire, qui avait remarqué la mauvaise humeur du père de Foucauld, s'efforçait d'être gentille. Chacune de ses paroles augmentait l'exaspération de son Charles, puisqu'à son huitième mois de grossesse, il n'y avait plus la baise entre eux pour arranger les choses — la vie d'un couple n'étant qu'une longue suite de traités du lit, aux duveteux armistices de sueur et de draps blancs...

— Au fond, c'est formidable, nous menons une vie de retraités. Quand j'étais petite fille, je rêvais d'avoir assez d'argent pour être retraitée à vingt ans, dit-elle.

Ne l'écoutant plus, il avançait en traînant les semelles de ses vieilles bottes militaires sur la terrasse de la promenade qui dominait le lac et répétait : « Je m'ennuie. » Une échappée de veulerie abyssale s'en allait avec son cri du cœur « Je m'ennuie, je m'ennuie... ».

Connaissait-il cette terrible sentence de Pascal : « Il faut s'abêtir » ? Depuis le temps qu'il s'abêtissait, il l'avait sûrement oubliée. Pour bien s'abêtir, il faut devenir bête, ce que Foucauld n'était pas assez, puisqu'il ne cessait de répéter : « Je m'ennuie... »

C'était la dix-septième fois. Il parlait de plus en plus fort. C'était comme s'il eût été pris de spasmes, sur le point d'accoucher de quelque chose d'innommable, ma grosse araignée cancéreuse maternelle, ou qui sait, le nouvel homme qu'il portait en lui sans le savoir, déjà presque ce cri du Sacré Cœur.

— Je m'ennuie.

A la trente-septième fois, il avait descendu en courant l'escalier qui allait vers la berge du lac noyé dans une demi-brume. Un pâle soleil faisait miroiter l'eau de Vichy où le visage de Foucauld se reflétait. Il avait les genoux dans l'eau. Il se contemplait dans ce miroir de narcisse où il ne voyait même plus Claire de Lune, rejetée dans la nuit des temps, puisque après on ne devait plus jamais entendre parler d'elle dans ce livre. C'est contre lui-même qu'il en avait, il se vomissait, en pleine haine de soi et de sa bouille boursouflée à double menton.

— Je m'ennuie... Charles, tu m'ennuies... Charles, tu m'ennuies à mourir.

Aurait-il eu un revolver, peut-être aurait-il mis fin à ses jours. Il n'eut pas le temps non plus de s'apitoyer sur lui-même. Ce n'était pas dans sa nature : déjà il se martyrisait, mais en attendant de se trouver une justification religieuse à l'autofustigation. L'esprit saint, comme l'esprit tout court, n'est rien d'autre, à la longue, que la somme des supplices qu'on s'inflige à soi-même. Au bout, il y a la mort, mais une *autre* mort, une mort incompatible avec nos charognes. La vision sans merci, de complicité avec notre perte, consent enfin à l'indémontrable, à l'idée que quelque chose existe, et qui, stimulant enfin la mort en nous, à chaque instant nous empêche de vieillir. Notre devoir ici-bas : ne jamais oublier d'être nos ennemis inconditionnels.

Sans le savoir, Foucauld était en train de se rajeunir violemment, luttant contre ce miroir d'eau douce sur de la vase. Il n'eut pas à en mourir, mais à renaître soudain : le gosse morveux venait d'envoyer un grand coup de pied dans son ballon qui tomba juste dans l'image reflétée de Foucauld. L'image se brisa, le gros père en fut tout éclaboussé. En reculant, il avisa un journal déchiré sur la plage. Un journal comme une femme, ça se désire, ou ça ne se désire pas. Cette fois-ci, il bondit, entrant immédiatement en érection devant le corps du texte.

« Sud-Oranais, insurrection des orlalouas. Le quatrième chasseurs d'Afrique est jeté en plein combat. »

C'était une immense violence de désir que la sienne, celle de retrouver ses camarades, sa génération éperdue, et de mourir avec eux au combat.

L'homme politique français Grévy venait de déclarer, dans un discours retentissant à la Chambre : « L'ère des soulèvements en Afrique du Nord est terminée. »

Aussitôt, elle commença. Les hommes politiques se trompent à chaque coup, se sont toujours trompés et se tromperont toujours; comme l'homme politique est, de tous les hommes, celui qui à la fois se trompe le plus fréquemment lui-même, et qui trompe le plus souvent son monde.

Le début de la guerre d'Algérie ne date pas de 1954 mais de 1881 — sinon du tout début de l'implantation précoloniale sous Charles X, cinquante ans plus tôt. C'était une guerre sainte, et elle monta du fond des sables. Elle ne pouvait qu'attirer un futur saint qui venait de se déclarer la guerre. Et qui, depuis lors, ne cessa plus de combattre jusqu'à la mort. Contre les Arabes, parce qu'il n'avait plus d'Allemands à se mettre sous la dent ! Et contre son tempérament naturellement assoiffé de plaisirs. Contre, mais tout contre — entre soi et soi, entre l'image du Sacré Cœur de Jésus et la sienne propre, si longtemps incertaine, troublée par tant et tant d'éclaboussures de ballons de petits gosses morveux.

C'était aussi l'époque de la mission Flatters : quatre-vingt-six soldats massacrés en plein Hoggar. L'événement eut un retentissement considérable. Les Arabes venaient de découvrir que, contrairement à ce qu'ils avaient longtemps cru, les Français n'étaient pas tous des immortels — comme l'était le père de Foucauld. Lui, les balles sifflaient autour de sa tunique sans l'atteindre, ou même tournaient à angle droit, dès qu'elles s'apercevaient qu'elles étaient sur le point de le toucher — et alors elles décidaient de devenir des balles perdues...

Foucauld galopait tout droit face au soleil et à la mort, faisant mentir la maxime de La Rochefoucauld qui nous certifie sous garantie que ce sont les deux seules choses au monde qui ne peuvent se regarder en face. Il s'était embarqué pour l'Algérie en demandant à rempiler comme simple soldat — il nous faisait déjà son coup de vouloir être le dernier. Hélas, on lui refusa cet honneur. En aristocrate, il fit les cinq jours de sa traversée de la Méditerranée sur le pont du bateau, assis sur son cheval, un destrier blanc, un pégase lunatique piaffant d'impatience, bizarrement immobile — dans la posture figée des soldats de plomb de mon enfance, tels qu'ils se dressent encore aujourd'hui, raides et poussiéreux, au fond d'une de mes armoires en attendant que la main décharnée du vieillard que je serai peut-être un jour, cherchant à retrouver l'enfant qu'il fut, vienne les soulever en tremblant. Ah, qu'il était beau, mon quatrième chasseurs d'Afrique... Il chargeait toujours contre les rebelles du Sud-Oranais, commandés par un dangereux orlaloua, Bou Amana de la tribu des Sénoussites, qui tua le père de Foucauld en 1916. On ne s'était pas encore aperçu que c'était lui qui galopait en tête sur son cheval. Lui non plus n'avait pas besoin de lunettes noires pour regarder de face le soleil et la mort. C'était un cheval de plomb sous un soleil de plomb, dans un ciel jaunâtre, plombé comme une vieille dent pourrie de Mexicain.

Avec leurs uniformes rutilants dans la grande plomberie céleste dégoulinante de sueur, leurs pantalons garance, leurs collets jonquille et leurs bottes noires de cuir verni, ils avaient un bel air. La plupart étaient unijambistes, culs-de-jatte, ou décapités. Ça faisait tout drôle de les voir continuer à ferrailler quand même. Lorsque je jouais aux soldats de plomb avec les petits Arabes, à La Marsa, nous étions d'aussi terribles brise-fer, accroupis sur le dallage de la terrasse où se déroulaient nos batailles, tandis qu'on frappait soudain à la porte — toc, toc, toc...

C'était Claire de Lune, énervée d'être congédiée du livre.

— N'ouvrez surtout pas, dis-je.

De l'autre côté du mur, Quéquette du Graal la rembarra en des termes indignes d'un gentleman :

— Barra fissa, pauvre cloche...

J'eus beau lui dire :

— On ne traite pas ainsi une femme enceinte :

Il surenchérit avec ce mot de la fin :

— Allez vous faire voir chez Marcel Proust.

On entendit quelques larmes, puis plus rien. Cette fois elle disparut à jamais, sauf dans une page de *La Recherche du temps perdu* où la suite de sa carrière de courtisane est fugitivement évoquée par le romancier asthmatique. J'ai eu beau consulter toute la bibliothèque foucaldienne, plus les archives familiales, jamais il n'est question de l'enfant naturel du père. Etait-il viable ? Un garçon ? une fille ? un monstre ? Une pudeur familiale se répand sur cette histoire de la main gauche, tandis que de la main droite Foucauld coupait le plus de têtes de Maures possibles. Pourtant c'est toujours les Boches qu'il croyait combattre. Il se vengeait de la perte de l'Alsace-Lorraine — ce qui lui valait l'admiration des vieux de la vieille, les Mexicains, qui étaient partis sous Napoléon III dans les sierras d'Amérique soutenir Maximilien d'Autriche.

Allez y comprendre quelque chose. D'autant qu'il y avait aussi plein d'Américains chez les Français, des Peaux-Rouges, des Apaches de la rue de Lappe engagés de force, sans oublier le dernier des Mohicans qui passait par là, plus Don Quichotte, Marron d'Inde, le baron de Jambes, Zigomar II, et bien sûr, Hec Cetera... Nous sommes trop loin de la fin du livre pour que Foucauld ait à craindre quoi que ce fût de ses ennemis. Quand il chargeait, il allait toujours plus loin que les autres. A tous les niveaux il dépassait les bornes, comme ma mère m'a toujours reproché de le faire.

C'est une nature commune au conquérant, au colonisateur et au créateur, que de dépasser les bornes que d'autres ont assignées. Ce sont même les deux sens parfaits, selon Pascal, le littéral et le mystique. Foucauld se battait aussi par mystique. Il y avait en ce temps-là une mystique militaire qui tenait lieu d'âme collective à l'armée, cette nation dans la nation. S'engager pour les nobles devenait la forme aristocratique de l'émigration. On ne supportait la République que coloniale — c'est-à-dire redevenue Empire et lointaine. Nation invisible, nation itinérante, nation bivouaquant sous le ciel étoilé, repartant le lendemain avec ces hommes aux bords de l'Over-d'Aube, s'abreuvant pour tout petit déjeuner de la pâleur laiteuse de l'aube et des rochers couleur café, les poumons assoiffés d'infini. Nation portée en avant par sa mystique à elle. La mystique de l'armée fut grecque pour les armées d'Alexandre ; panslave pour les hordes russes ; de chevalerie teutonique pour les junkers prussiens ; révolutionnaire pour les soldats de l'an II ; épicée et kiplinglienne pour les officiers de l'armée des Indes. Qu'elle ait été depuis nazie, communiste, ou au service du monde libre, comme on dit, qui ne l'est pas plus que l'autre, mais différemment ; qu'elle ait été avant, pendant, après, impériale, royale, ou républicaine, l'histoire du monde n'est pas celle de ses nations. Elle est celle de ses armées, ces nations en marche et ces mystiques en mouvement. Si vous ne me croyez pas, lisez les cartes...

De même mon histoire n'est-elle pas la mienne, mais celle des armées de mon imaginaire enfantin. Ça ne se sait pas, toutes les guerres sont enfantines et livrées par des enfants. Alors j'ai écrit cette épopée coloniale, avec mes petits héros qu'on avait mis exprès sous le soleil d'Afrique, pour qu'ils n'aient pas froid aux yeux — et ce soleil-là faisait son effet, il chauffait à blanc leur courage. Ces hommes de droite étaient d'une droiture formidable, il n'était rien en eux qui ne fût droit. Ils avaient même cette particularité quand ils mouraient d'une balle en plein cœur : ils se mettaient aussitôt au garde-à-vous, ce qu'on appelle communément passer l'arme à gauche le long des épaulettes, geste considéré comme le signe infaillible de leur trépas. Eh bien eux, au lieu de faire comme tout le monde, en un ultime sursaut d'adrénaline, ils mettaient l'arme à droite pour montrer jusqu'à la fin à quel camp ils appartenaient.

Foucauld, à la bedaine fondant au soleil comme la cire d'une bougie, se battait l'arme à droite — la grande droite, la droite généreuse, celle des Croisés contre le Croissant. Les chants des muezzins s'élevaient des minarets des mosquées, dans la douceur des crépuscules violacés où la nuit jette soudain les voiles ; et le soleil s'évanouit, tournant de l'œil. Foucauld avançait déjà sans le savoir vers la sainteté — quoiqu'il ne fût point d'outre-Pyrénées, ce qui lui aurait fait gagner un temps fou. Toute sainteté est plus ou moins espagnole, de la grande sainte Thérèse d'Avila à saint Jean de la Croix : si Dieu était cyclope, comme je le suis, l'Espagne lui servirait d'œil.

En sa quête, il était aidé par la fureur héroïque avec laquelle il tranchait de son sabre modèle 1822, coulé en Alsace, à Klingenthal, tout ce qu'il trouvait devant lui : têtes, bras, jambes, ou feuilles de palmier, absolument n'importe quoi. Chacun de ses gestes était comme un nouveau coup de machette dans la jungle du sens pour se frayer une voie vers Dieu — et une nouvelle avancée vers le désert, où, comme les autres officiers, ces meurtriers mystiques, il découvrait par-delà cette fureur, son prolongement, l'amour héroïque : on ne tue vraiment que par amour.

Plus il taillait ses ennemis en pièces détachées — un bras par-ci, une jambe par-là, comme au fond de mon armoire poussiéreuse reposent les membres épars des derniers survivants de mes armées de plomb —, plus il se mettait à découvrir la grandeur de l'islam, qui avait mis sous son boisseau des millions d'hommes : les forces spirituelles sont un moyen de faire patienter le malheur. Mais qu'y avait-il *en plus* dans cette foi monothéiste ? Pourquoi attirait-elle si fort Foucauld ? Plus la foi se déplace vers le Nord, plus elle a froid, plus elle doute.

Plus elle descend vers le Sud, plus elle est prête à se faire sauter le caisson pour monter directement à Dieu.

La foi musulmane est candide — nature aux pommes sans compromis ! Quoique son génie récupérateur soit incomparable, c'est aussi une inquisition de la simplicité, c'est le dernier requiem du pur sens biblique. Nous la haïssons parce qu'elle est tout le contraire de la spéculation bourgeoise occidentale. Tel est le secret de sa force terrifiante, qui nous glace et nous échappe : elle n'a pas été contaminée par les tartuferies de l'humanisme bourgeois. Comme telle, du même levain que la pensée religieuse catholique du XVIIe, refusant de s'adapter, elle ne pouvait que ravir Foucauld, l'aristocrate...

Foucauld ne savait pas encore, il accédait seulement au point de jalousie métaphysique où il aurait à abandonner le vieil homme en lui, et à devenir le semblable de ses ennemis, donc son pire ennemi. Il les singerait, comme les vainqueurs imitent toujours les vaincus. Il s'habillerait comme eux, il les espionnerait du dedans, en espion de l'absolu.

Ainsi, lui, l'antisémite de Saumur, se déguiserait-il en juif errant lors de sa traversée du Maroc inconnu, quelques mois plus tard. Lui, le grand pourfendeur des hordes de l'islam, revêtirait la gandoura arabe pendant les dernières années de sa vie au désert — avec au-dessus du Sacré Cœur, cousu sur sa robe, ce signe d'idolâtrie pour les musulmans, le mot Jeshua en hébreu (au lieu d'Aissa Ben Mariam), en souvenir de sa judaïté chimérique, mais provocation suprême, affichée quotidiennement, envers les peuples qu'il tenterait de convertir. La provocation, la vraie, n'est rien d'autre qu'une ingérence surnaturelle dans l'ordre établi. Toute sa vie, Foucauld chercha à provoquer, c'est-à-dire à faire de l'épate-bourgeois spirituel ; et il y réussit admirablement en devenant le mythe même de *nos familles*. Mais, pour revenir à la foi catholique, il dut faire un long détour. Il dut s'épater lui-même, s'incendier l'âmc, attendre que l'immense bibliothèque religieuse se consume en lui — et s'empare successivement des deux lambeaux du linceul de feu d'Abraham, le judaïque et l'arabe, tandis que le rire d'Agar chassée dans le désert ne cesse de s'élever comme un appel sauvage à tous les déshérités du monde...

Ah, ce que je riais dans ma chambre noirâtre ! C'était vraiment un marrant, ce Foucauld, d'un comique involontaire. Quand je pensais à lui, cela ressemblait à une longue chatouille douloureuse à la fin, comme lorsque Zigomar se mettait à me gratter les hanches par-derrière — je sursautais, je me tordais littéralement de rire. Et je gardais pour moi des épisodes encore plus drôles de sa vie, sachant qu'il en était d'autres, de fraternité bouleversante, qui changeraient bientôt le cours de son destin.

Je me devais de les écrire dans la tempête de mon esprit, accroché à ma table, cette chaloupe de sauvetage. Les yeux fixés sur Charles de Foucauld, je croyais qu'il allait devenir un grand soldat, celui qu'enfant je rêvais d'être. Me lançant sur ses traces, déjà je lui inventais de nouvelles batailles : il ferait merveille si mes immortels venaient lui prêter main-forte.

Je gambergeais. En consultant mes archives foucaldiennes, je compris soudain que sa seconde vocation — la plus intense, celle de redevenir librement ce que l'on a déjà été par convention ou conformisme familial — fut contrariée par deux catastrophes.

La première survint quand Grévy annonça au parlement que le soulèvement des orlalouas s'étendait désormais aux deux tiers de l'Algérie, ce qui eut pour effet immédiat de provoquer la reddition du chef Bou Amana et la paix. À peine recommencée, la carrière de héros de Foucauld tournait court.

Il quitta donc une seconde fois l'armée, ce spécialiste des faux départs — puisque, au fond, même prêtre, il ne la quitta jamais vraiment —, incapable d'y concevoir son rôle sans la guerre et la guerre sans le rôle qu'il y jouerait. Son armée, ce ne pouvait être celle du maintien de l'ordre, mais tout au contraire celle d'un ordre nouveau à inventer. Cette mission fauchée, annulée par la soumission de Bou Amana, il connut alors ce malaise odieux d'être rejeté hors de son rêve, dépossédé de son ambition de redevenir officier. C'est ce même malaise infini que j'éprouvais moi-même à redevenir un écrivain, après avoir cessé d'écrire pendant des années, parce que ma littérature, croyais-je — ou du moins la littérature en général — n'était plus en mesure de scander les changements du siècle. Je me lançais à corps perdu dans l'action, la fuite en avant, pour rattraper la modernité de demain. J'appartiens à cette génération, entre trente et soixante ans, qui a vu l'effondrement à l'échelle cosmique des valeurs artistiques, spirituelles, culturelles, considérées comme intangibles à l'époque de notre éducation. Incapable de faire face aux bouleversements de la sensibilité du siècle, de les comprendre même, le petit personnel littéraire m'a dénoncé comme trublion pour en avoir été la plaque sensible — et pour avoir voulu être le mainteneur sauvage de ce qui disparaissait...

Pour appartenir à cette génération, j'en ai connu la désolation spirituelle. Parfois la colère. Je ne pouvais me reconnaître ni dans l'avenir de cette société navrante qui s'est lentement mise en place dans la seconde partie du XXe siècle, ni dans cette survivance du passé, un monde des lettres livré à des tâcherons plastronnants, oscillant entre l'académisme le plus plat et l'avant-gardisme sclérosé. Tous nuls ! incapables de percevoir l'extraordinaire chambardement du temps ! Leur pouvoir, ils le conservent parce que personne ne veut le leur prendre, tant il est insignifiant. Tout écrivain d'envergure s'englue dans cette province du XIXe, timorée, conformiste et vaguement corrompue — je dis vaguement, car on ne voit pas très bien ce qui vaut la peine d'être acheté. La voix d'un juré ? Autant dire rien. L'articulet de l'un de ces feuilletonnistes qui font pourtant consciencieusement leur travail : retarder le plus longtemps possible l'accès des chefs-d'œuvre au vaste public. A chaque office de librairie de leurs rejetons, Gaston Gallimard ou Camille Flammarion se retournent dans leurs cercueils bourrés de chefs-d'œuvre. Porter ces noms si lourds aujourd'hui, c'est à peine être un petit grossiste en papier Lotus double épaisseur. Ah, les fins de races ! Pour le reste, ce milieu n'a aucun principe. Nulle part ailleurs on ne rencontre une telle paresse intellectuelle ! Un tel sectarisme pleutre !

Ignorance de la beauté verbale ! Du grand art romanesque ! Pas une seule jolie fille à draguer ! Son bout d'orteil dans la grande piscine du style, il va directement au faux comme le chien va à la merde, avec un flair infaillible...

Pourtant, je m'accrochais à cette constatation, après Léonard de Vinci et Valéry : quels que soient notre activité, l'objet de notre action, ou le système d'impressions que nous recevons du monde, ce sont les mêmes sens, les mêmes muscles, le même cerveau qui tendent à conserver notre existence, ou à nous guider dans les illusions et dans les œuvres de la grande aventure humaine. Comme ce sont les mêmes nerfs qui produisent le pas et engendrent la danse. Cette considération est d'une platitude capitale : depuis Homère rien n'a changé, la victoire revient toujours à celui qui, tel l'Agamemnon de la guerre de Troie, *sait rapprocher l'avenir du passé,* c'est-à-dire raccorder les chaînons manquants de l'évolution de l'humanité.

Parce que je ne l'avais pas — ou trop bien — compris, je fis longtemps des bonds de carpe hors du bocal de plus en plus étroit où le petit personnel littéraire voulait m'assigner à résidence. Poisson des océans, j'avais perdu mon milieu naturel, celui de la toute-puissance hégémonique de la littérature jusqu'au milieu du XXe siècle.

Il dut être terrible pour les druides du monde celtique d'assister à la montée irrésistible du christianisme, comme pour les scribes et les enlumineurs du Moyen Age de subir l'envahissement de la galaxie gutenberienne. Chaque grande époque, celle de la pensée grecque, de la Renaissance ou du progrès scientifique du XIXe siècle, est marquée par l'écartèlement entre deux cultures. Ou bien on reste dans l'ancienne, et on se dessèche sur place ; ou bien on réussit justement à rapprocher l'avenir du passé.

— Peuchère ! intervint à son tour Nuit Saint-Georges, saoulé de mots, ce qu'il parle bien...

— La ferme ! fus-je obligé de lui décocher sèchement pour le faire taire.

Jamais auparavant l'esprit humain n'a connu pareille épreuve pour son entendement : à l'aube de notre troisième millénaire, nous sommes à la fois Apulée, le poète latin se réveillant sur une Méditerranée que soudain il ne reconnaît plus, celle du monothéisme chrétien qui révulse sa tradition païenne, et en pleine Renaissance comme au XVIe siècle. Nous sommes en face d'un double bouleversement dont nos pauvres mots ne savent plus rendre compte dans la grande vague du raz de marée du langage technique, et la profondeur du désarroi des hommes de ma génération tient à ce qu'ils n'ont pas encore trouvé d'ordre nouveau pour se raccrocher à quelques certitudes.

Tous les grands révolutionnaires sont en quête d'ordres, et non de nouveaux désordres. C'est pourquoi je me lançai en d'innombrables batailles vaines, don-quichottesques (sûrement à cause de l'influence constante à travers les années du souvenir du fils audacieux de la concierge espagnole de ma prime enfance tunisienne) dont je ne tirai qu'amertume.

Faute de parvenir à créer cet ordre différent (la dernière adaptation au monde moderne des valeurs éternelles de nos familles), Foucauld, cet insatiable créateur d'ordres religieux qui avortaient aussitôt les uns après les autres, se condamnait à revenir voir se refléter sa bouille amincie par la campagne d'Afrique, sur les eaux de Vichy parmi les collaborateurs de tous poils, des roux, des blonds, des bruns, plus quelques albinos pervers. Sans oublier Petit Marnier en pédalo. Son orgueil n'acceptait confusément qu'une collaboration possible. Avec Jésus-Christ ! Le roi des ennemis de soi-même ! Mais il n'était pas encore prêt.

Il lui fallait affronter la deuxième catastrophe, pour que pût s'ouvrir la voie intermédiaire vers ce en quoi l'éternité le changerait. L'occasion en fut la perte du plus cher de ses frères d'armes, de baise et d'antisémitisme : une catastrophe fraternelle.

Je sais ce que c'est. Oui : il n'y a rien de plus dur que ce gouffre béant d'absence qui s'ouvre sous vos pieds. Il me suffit de feuilleter mon journal intime pour m'en apercevoir. Le cercle se resserre. On se met à avoir froid. A quand le prochain ? Moi ? Toi ? Bientôt, nous tous !

Pour Foucauld, allait éclater sous le ciel bleu d'impassibilité son premier grand chagrin d'amitié — la mort d'un homme de sa génération.

Comme il dépassait une fois de plus les bornes, galopant en face du soleil et de la mort, il ne voyait rien devant lui. Il ne savait jamais jusqu'où aller trop loin ; il laissait loin derrière ses propres troupes ; et il franchissait seul les lignes ennemies, incapables de l'arrêter. Excessif en tout, il galopait jusqu'à trois heures et plus que les autres, n'en déplaise au dénommé Talleyrand qui prononça jadis cette célèbre phrase creuse : « Tout ce qui est excessif est insignifiant. »

Seules les âmes excessives, les grands rapaces d'eux-mêmes, ont quelque chance de laisser les empreintes de leurs griffes dans le champ des hommes. Exaspérer en lui les poncifs de *nos familles,* c'était pour Foucauld une manière bien de chez nous d'atteindre à sa singularité — lui qui ne pouvait se rabattre ni sur la littérature, pour laquelle il n'avait aucune disposition, ni sur l'extravagance anglo-saxonne. Son destin d'homme sans qualités est d'autant plus remarquable que sa grandeur est la conséquence de l'éclatement héraclitéen de son conformisme.

Vivant, Foucauld l'aura été plus que quiconque. Pourtant nous n'en aurions peut-être rien su, s'il ne s'était trouvé des écrivains pour raconter sa vie. Cet ex-trappiste éprouva le besoin pressant quelques années avant de mourir de faire connaître, par l'intermédiaire de l'académicien francolâtre René Bazin, sa discipline de jeûne et de prière, la plus dépouillée et la plus dure que l'Occident latin connaisse. Dans mes carnets préparatoires, je notais à la suite : et aussi la plus proche de la grande ascèse immémoriale de l'Orient, la Trappe. Fille de saint Benoît par le grand saint Bernard des croisades et le Rancé du retirement mondain, celui dont Chateaubriand raconta la vie, et par saint Augustin, saint Basile, et saint Pacôme. Comme devait aussi l'observer Louis Massignon, le célèbre islamologue et le penseur le plus profond de la grande génération foucaldienne : devant la perversité sociale croissante et le mystère d'iniquité des temps présents, l'ultime recours de l'humanité est dans la vie monacale.

Quand on a vécu de la frivolité du siècle, qu'il vous a chéri, puis rejeté, comment ne pas songer à exaspérer ce rejet ? En quelque sorte, c'est redevenir le maître du jeu. Le choix de la sainteté n'est rien d'autre au fond qu'une nouvelle surenchère à la postérité. Ce martyre qu'on s'inflige prend soudain une dimension supplémentaire, quasiment inaccessible, que rendent dérisoire les médiocres supplices que les autres tentent de vous infliger. Car vous réussissez à leur échapper, vous reprenez les grandes distances de la supériorité intellectuelle. Coup de bluff génial pour ramasser toute la mise de l'éternité. Encore faut-il mener une vie digne de celle de Foucauld ou de celle de Rancé, et avoir la chance d'évoluer dans une époque propice.

Il fallait que l'Empire français, et la foi de notre peuple en Dieu et en sa mission, fussent non point grands mais immenses, pour que Foucauld ne disparût pas entre Lyautey et les conquérants de Fachoda. Il est le produit d'une conspiration de *nos familles*, celle de la grandeur française. A mesure qu'aujourd'hui jusqu'au souvenir de cette grandeur s'estompe, il ne reste plus que les livres, ces phœnix tirés des cendres de l'oubli, pour la ressusciter. Puissent de nouvelles étincelles de mots remettre le feu à la plaine du passé ! Il faut toujours jouer : la France revient, place aux flambeurs de l'histoire !

— Tout ça c'est très bien, me dit Zigomar en me

tirant par la manche. Pour les digressions lyriques, tu es super ! Mais on voudrait savoir la suite.

— La suite ! La suite ! crièrent en chœur mes immortels. Nous, on ne fait plus rien, on a des fourmis dans les jambes.

Je décroisai les miennes, pour me dégourdir. Derrière ma fenêtre, les nuages jaunes ressemblaient à des dunes poussées par le vent.

Foucauld galope. Il a encore dépassé les bornes, disait de moi ma mère. Quelles bornes ? En ce temps-là, il y avait des soldats seulement bornés par leur idéal français.

Foucauld galopa un jour jusqu'à un douar éloigné. Ça tombait bien pour mon récit : les tribus dissidentes de Beraber venaient de tendre une embuscade à un bataillon d'un autre régiment de chasseurs. Et c'était le premier chasseurs d'Afrique. J'étais bien placé pour le savoir, mon père m'en avait offert quelques échantillons de plomb, achetés place Saint-Sulpice, au Plat d'étain, parce que j'avais été presque premier en rédaction — jamais premier une fois de plus.

— Aujourd'hui, t'es plus si bon ! T'aurais zéro ! dit en se foutant de ma gueule Sam qui éternuait, tandis qu'un courant d'air soudain envoyait mes pages en l'air dans toutes les directions.

Comme je me mettais à genoux sur le plancher pour les ramasser, je me souvins qu'avec leurs lances à flammes tricolores, leurs czadjkas à pompons, leurs aigrettes en crin noir et, bien sûr, leurs fusils Chassepot modèle 1866, le bataillon du premier chasseurs n'aurait jamais dû se laisser surprendre. Il avait peut-être trop fière allure. Il fallait lui rabattre le caquet, lui donner une leçon !

Ça se passa dans une palmeraie, avec tourterelle à la tête rose sur un arbrisseau, une couleuvre se lovant entre les rocs et des murs blancs. Ce coin ressemblait à n'importe quel coin du Sud algérien avec palmeraie, tourterelle, couleuvre et murs blancs. Sauf que des cadavres de soldats français, l'arme à gauche, et d'orlalouas rendus à la Louadallah tout-puissant gisaient dans les ruelles. Quand Foucauld arrêta sa monture sur la place, il reconnut soudain son ami, le marquis de Morès, en grande tenue lui aussi, quoique passablement empoussiéré — avec ses gants crème, son dolman bleu ciel, ses brandebourgs aux tresses en poil noir de chèvre. Lui aussi avait rempilé dans l'armée, après avoir longtemps traîné ses guêtres fleurdelisées en ce vaste monde.

Foucauld ne l'avait plus revu depuis les murailles de Saumur, dont le tracé invisible se prolongeait désormais dans le Sud algérien. On offrait toujours un officier comme ça en grande tenue, en prime au Plat d'étain, un par bataillon. Il y avait à côté une cantinière au casaquin se fermant en pointe sur le devant de la jupe, et coiffée d'un chapeau en feutre jaune paille, garni d'un galon marron tout autour, orné de deux plumes d'autruche vert foncé.

Avec le comte de Fées, le sous-lieutenant Charles Perrault qui traînait un peu plus loin et lui, c'étaient les trois seuls survivants de l'embuscade. Ils l'avaient échappé belle, tandis que les cavaliers orlalouas s'enfuyaient vers les lignes d'horizon. Morès avait l'air raide et pâle. C'est à peine s'il eut un mince sourire, déjà lointain, distrait, quand Foucauld tout à la joie de ses retrouvailles avec son meilleur ami, un large sourire illuminant ses traits, le félicita pour sa chance, tout en contemplant ses bottes maculées de poussière.

— Tu reviens de loin...

Il se ravisa en scrutant son visage.

— Morès, tu as changé...

Et Foucauld se mit à éprouver le vertige mondain de son temps retrouvé. Il butait dessus, ça lui faisait tout drôle, au fond du ciboulot, sous la réverbération coloniale. Quelque chose lui échappait, d'imminent, d'indicible et de tout proche devant cet homme debout, mais oscillant légèrement, bien qu'il n'y eût point de brise, et que la couleuvre un instant dérangée par les coups de feu se fût à nouveau lovée entre les rocs.

Comme s'il le lui reprochait, Morès dit :

— Que fais-tu ici, Charles ? Pourquoi es-tu revenu ?

Le père de Foucauld répliqua :

— Je n'allais tout de même pas continuer à faire la bringue pendant que vous vous battiez.

Morès s'efforça à sourire. On se serait cru au cinéma — dans un film sur le père de Foucauld, où ne sont visibles que les mimiques des sentiments qui s'inscrivent sur la pellicule. Ce sourire s'éternisait.

— Charles, tu fais toujours le contraire de ce qu'on attendait de toi.

— Non, je fais ce que moi j'attendais de moi, c'est-à-dire le contraire de ce qu'attendaient les autres.

— Charles, grimaça Morès, incapable de parler, ce qui explique les trois points de suspension qui vont suivre...

Il eut quand même la force de prononcer ces derniers mots :

— Prie pour moi.

Il s'écroula par terre, un poignard orlaloua planté dans le dos, tout en passant l'arme à droite, en un dernier soubresaut acrobatique. Foucauld s'agenouilla devant le cadavre, en pleine stupeur, les larmes calcinées, les yeux secs de chagrin, en proie à la double impuissance de ne pouvoir ressusciter son camarade et de n'être toujours qu'un athée devant celui qui venait de lui voler sa propre mort.

— Je ne sais plus prier, Morès, murmura-t-il, j'ai oublié...

Tout ce qu'il put faire, ce fut de lui clore les paupières, et de lui piquer son portefeuille. Rien de plus. Pour le reste, il était impuissant.

— J'ai oublié, répétait-il, les yeux dans le vague.

Déjà il sentait confusément qu'il lui faudrait racheter l'antisémitisme de Morès, en un troc indicible des abîmes nauséabonds de l'autre. Pour endosser la haine de son frère d'armes envers les juifs, il aurait à la fois à devenir juif lui-même et catholique pour prier pour lui — se faire son intercesseur militant pour racheter ses fautes. Rachat à tiroirs déjà massignonien ! Bail emphytéotique de l'âme ! Tout en auscultant son ami, il lança son juron trappiste favori :

— Putain de moine, il est mort !

En bon juif, le portefeuille de Morès en poche, plus sa montre à gousset en or, et ses bagues, Foucauld avait relevé la tête, contemplant les murs blancs éblouissants de la place aux maisons surmontées de grandes feuilles de palmiers. Soudain son regard fut accroché par la cantinière dont le galon de bordure tout autour de la tête se terminait par cette injonction : « Suivez-moi, jeune homme. » Déjà elle s'éloignait à grands pas, faisant cliqueter ses éperons.

— Ne partez pas si vite, lui intima Foucauld, j'ai mal lu ce qu'il y a d'écrit sur votre chapeau.

Il réussit à la prendre par la cuisse gauche, lui arracha violemment son pantalon rouge qu'il fit glisser le long de sa croupe humide de sueur, découvrant ses fesses rebondies.

Quand il l'eut entièrement dénudée, il la prit par les cheveux, pesant de toutes ses forces sur la nuque. Il la força à s'agenouiller, puis à s'étendre sur le cadavre et à embrasser la bouche ouverte du mort. Il la maintint ainsi un moment interminable, pendant qu'elle se trémoussait dans la chaleur suffocante, l'air tout entier changé en hammam par soixante à l'ombre, la tourterelle roucoulait, la couleuvre se lovait. Et les mouches vertes, les mouches à merde, les mouches bourgeoises bourdonnaient déjà de plus en plus nombreuses autour de la charogne appétissante du marquis de Morès. On n'avait pas attendu Barrès : déjà, c'était du sang, de la volupté et de la mort.

Ayant raté son entrée dans l'histoire, Foucauld se voua aussitôt après à la géographie.

Pour un aristocrate, c'était la forme la plus noble de l'espionnage. Explorer l'inconnu préparait la voie des conquêtes coloniales. Or le Maroc inconnu — aussi inconnu des Français que des Marocains eux-mêmes, tant le pays était à la fois livré au despotisme du sultan et à l'anarchie des tribus insoumises — s'offrait comme un blanc sur la carte de la bibliothèque d'Alger, que Foucauld étudia avant de partir. Des agents marocains avaient effacé secrètement à la gomme toutes les routes et les chaînes de montagne.

Dans le droit fil du génie arabe qui a toujours choisi de se défendre en feignant la démission devant toute modernité, ce fut la ruse des sultans de la dynastie alaouite de choisir, avant les ayatollahs, la régression en plein Moyen Age après des siècles de civilisation, alors que partout ailleurs la conquête coloniale était presque achevée. Ça les sauva pour un temps, tandis que s'élevaient une fois de plus les sarcasmes imbéciles de l'Occident pris à contre-ruse.

— Opposons aux Français le Maroc inconnu, avaient ordonné les chefs alaouites, tout en faisant incendier les poteaux indicateurs, technique autrement appelée de la carte brûlée.

Ainsi pour les uns comme pour les autres l'inconnu commençait sur l'autre versant de la montagne la plus proche, ou à la ligne d'horizon de leurs villages fortifiés, les ksars. On s'enfonçait dans l'inconnu comme dans du beurre. Le pouvoir du sultan lui-même n'était qu'une prétention sur l'inconnu, qu'il augmentait à l'infini, pour se donner l'illusion d'être le maître du monde.

Devenir explorateur, c'était pour Foucauld une pleine justification enfin de dépasser les bornes — comme je me fis une raison de ma folie d'écrire. Quand il se mit en marche vers l'inconnu, il emmena avec lui un sextant, un théodolite, une boussole, un nuage de Magellan, une pédale wa-wa, et tous les instruments nécessaires à repérer latitudes, longitudes et altitudes. Plus des jumelles, un carnet de relevés topographiques, et son carnet de blanchisserie, pour noter ses conquêtes féminines, au cas où il s'enverrait en l'air avec des Marocaines inconnues.

Il savait qu'il ne pourrait traverser ces régions repliées sur elles-mêmes, ravagées par la guérilla de l'ignorance, sans se déguiser. Les dangers multiples de cette expédition étaient d'autant plus réels qu'ils étaient eux aussi inconnus — ce qui incita un autre explorateur, René Caillé, en 1828, à s'habiller en étudiant musulman et les Anglais Burton et Vanbery, en derviche tourneur (cela d'ailleurs faillit les perdre, puisque, croyant avancer, ils ne tournèrent qu'en rond pendant des années dans les ruelles de Fez).

On ne pouvait s'embarquer sans guide. Foucauld en

trouva un, un certain Mardochée, rabbin sourd et presque aveugle. Il n'était pas si vieux pour son âge : tout juste trois cent soixante-sept ans et un mois. Vivotant de son petit négoce de colporteur, celui d'acheter les âmes au prix où elles valaient pour les revendre à celui où elles s'estimaient, il avait déjà fait le juif errant du côté d'Alexandrie, de la Ferté-sous-Jouarre et même à Paris, du métro Sentier à Bonne-Nouvelle — la nouvelle tant attendue de l'arrivée du Messie sur le quai, à la prochaine rame pour l'emmener faire sa conférence de presse au Sheraton-Montparnasse. Las d'attendre en vain, il s'était reconverti depuis en gardien de la jalousie. Partout où il allait, il vérifiait l'exclusivité de l'amour du Dieu de l'Ancien Testament, Yahweh. Anxieux de continuer d'appartenir au seul peuple élu, le sien, le peuple du Livre, et même du Livre de poche, il allait en Chine pour s'assurer que Dieu n'aimait pas plus les Hawka, ou en Allemagne, les vrais Aryens que ses congénères juifs. Ou les Tyroliens ? Ou les danseurs de tango argentins ? Et s'il s'entichait soudain des Pygmées ? Dieu est pareil aux très jolies femmes qui se tapent des nains. Sait-on jamais !

Son inquiétude se nourrissait d'elle-même, inlassablement tourmentée, névropathe, ravagée de tics comme de bouger les oreilles sans cesse. Parce qu'il n'avait vraiment rien à craindre : la jalousie n'est rien d'autre que l'archéologie de l'amour, l'ultime manière de se rassurer soi-même sur ses sentiments. Hélas, quand l'amour est mort, ne subsiste que la jalousie, convulsion possessive de la fin. Le Dieu hébreu est vieux, restreint, insupportablement conjugal, et maladivement possessif comme tous les faibles, il n'arrête pas d'emmerder Moïse ou Abraham. La Bible n'est qu'une longue suite de scènes de ménage en public comme on interdit d'en avoir dans *nos familles* —, car *ça fait vulgaire,* comme elles disent...

Foucauld se vêtit comme Mardochée d'un cafetan noir, d'un manteau de drap bleu, et mit sur sa tête une calotte rouge entourée d'un turban noir. Sans oublier les longs rouleaux de cheveux bouclés à la mode rabbinique. Il attendit pendant six mois qu'ils lui poussent dans le cou, avant de partir. Il se trouva aussi un faux nom, qui lui rappelait celui de ses ennemis de toujours.

— Mon nom doit vous être inconnu, baragouinait-il dans un alsacien pseudo-yiddish quand il avait à décliner son identité. Dans ma famille, nous sommes tous des juifs allemands. D'ailleurs je m'appelle Joseph Allemand.

Quant à Mardochée, il brodait sur le passé imaginaire du père de Foucauld.

— S'il a l'air meshuggeneh (fou, en yiddish), c'est qu'il a échappé de justesse à la chambre à gaz, et que tous les siens sont morts à Auschwitz.

Ça émouvait les vieux juifs à barbe blanche, assis à terre, à la lueur d'une bougie, qui buvaient de l'anisette à la ronde dans un unique verre, à longueur de nuit. Avec les Arabes, ce n'était pas la même chose. Ils étaient aussi antisémites que les Français. Alors Mardochée leur tenait un autre discours, ou plutôt d'innombrables discours contradictoires, pour expliquer le mystérieux sextant de géographe de Foucauld. Tantôt ça servait à mettre des pièces dans les distributeurs automatiques de parking. Tantôt, comme me répondait ma mère excédée, quand je l'asticotais sur un objet dont je ne savais pas à quoi il pouvait bien servir : « C'est une machine à exciter la curiosité des petits enfants. »

Les Marocains étaient tous des petits enfants sauvages, brutaux, imprévisibles, sournois, armés jusqu'aux dents qu'ils avaient pointues comme des poignards de cuivre, tartrées de vert-de-gris à force de mâchouiller du kif et du piment vert. Ils n'arrêtaient pas de se foutre de la gueule des deux voyageurs qui passaient pour d'inoffensifs rabbins en voyage.

— Tiens, voilà les juifs errants, disaient les indigènes en se tapant sur les cuisses.

A part leurs sarcasmes, ils ne leur faisaient aucun mal. Ils étaient habitués. Toutes les semaines, il y avait des caravanes de juifs errants. D'où venaient-ils ? De Jérusalem ? Du fin fond des Carpates ? Ou de la frontière maroco-polonaise ? Où allaient-ils ? L'orientalisme et le romantisme faisaient fureur en ce XIXe siècle. Les juifs errants étaient terriblement à la mode auprès des Arabes, ils en redemandaient pour rigoler.

Ça faisait soixante-dix-sept juifs errants depuis une semaine, avançant sur le chemin caillouteux, pas loin de Fez, quand un Ali, en voyant passer Mardochée et Allemand-Foucauld, se montra plus perspicace que les autres.

— Tiens, v'là l'illustre inconnu, s'exclama-t-il.

Il en fit part à ses copains, qui eux-mêmes en firent part aux copains de leurs copains, qui allèrent partout, répétant en le voyant passer :

— Tiens, v'là l'illustre inconnu...

Ce qui avait le don d'énerver Mardochée qui marmonnait entre ses mâchoires pourries à Foucauld :

— Ils commencent à me courir sur le système, ces shlemiel (connards en yiddish). S'ils continuent à me faire chier, un jour je te révélerai le secret des Arabes...

— Pourquoi pas maintenant ?

— Plus tard...

Et il eut beau insister à plusieurs reprises au cours du voyage, Mardochée ne se laissa pas fléchir.

— Un jour, tu sauras. Pas maintenant.

Ils avançaient en recrutant à prix d'or quelques gardes particuliers dans les tribus inconnues dont ils traversaient le territoire. C'étaient des guides de guides qui emmenaient avec eux d'autres guides, les guides qui se relayaient pour assurer à la fois la sécurité des voyageurs et une portion supplémentaire de connu sur l'inconnu. Le connu de l'un restait toujours l'inconnu de l'autre. Toutes les onze heures à peu près, les guides s'arrêtaient en levant la main, refusant de franchir les bornes, et proféraient ces mots :

— Je m'arrête, v'là l'inconnu.

Alors un autre guide, membre d'une autre tribu inconnue, caché derrière un oranger amer, bondissait en proposant ses services et sa protection.

— Je peux reprendre, pour moi on entre dans le connu. C'est dix mille dirhams de l'heure.

La négociation commençait, une palabre interminable sous un soleil torride. De trois à cinq jours, jusqu'à ce qu'on arrive à fixer le prix — le zetata — de la protection — l'anaïa. Allemand-Foucauld et Mardochée mirent un an à traverser le Maroc, quand ils auraient pu mettre deux jours en voiture, avec les vieilles 403, les pijots qui poussaient dans les fossés. D'une anaïa zetata l'autre, ça donnait avec les zetas, les guides protecteurs, des dialogues de ce genre :

— Non, nous marchons à cinq cents dirhams l'heure, espèce de tajine de crotte d'âne, disait affectueusement Mardochée à son interlocuteur.

Les jours passaient avec ses marchandages, et ses nuits à la belle étoile dans des villes inconnues, mais reconnues dès qu'ils y arrivaient parce que les ennemis du sultan les marquaient à la craie blanche dans le ciel noir : Tanger, Fez, Boujad, Tinkrit et Tétouan.

Sous une grosse lune blanche, à Fez, éclairant les minarets à perte de vue, devant un chandelier à cinq branches, sur une quelconque terrasse et devant le sempiternel verre d'anisette, tandis qu'Allemand-Foucauld recroquevillé en chien errant de fusil paraissait dormir dans sa robe, Mardochée discutait avec un troisième rabbin qui s'étonnait de sa fidélité pour le jeune goy déguisé.

— Pourquoi tu ne l'as pas assassiné en lui piquant son pognon ?

— On m'a promis le double si je le ramène. Et puis, il m'a promis de payer aussi si je lui révèle le secret des Arabes.

— Tu ne vas tout de même pas mettre ce pisher (jeune pisseur, en yiddish) au parfum !

— Kish mir in tuchis (baise mon cul, en yiddish) et tais-toi. J'attendrai l'arrivée.

Ils en étaient encore loin. A près d'un millier de kilomètres, tandis qu'ils se rinçaient les chicots à l'anis, tout en continuant à papoter nocturnement.

— Tu me rassures, gonil (voleur, en yiddish), je te croyais devenu honnête.

— Que fait ce shlepp (pauvre type, en yiddish) dans le civil ?

— Il se cherche, lui répondit Mardochée, mais quand il sera devenu le père de Foucauld, on écrira sa biographie, alors on parlera de moi aussi. Ça doit être un agent secret du gouvernement français, il est si secret qu'il n'ose même pas se le confier à lui-même.

Foucauld aurait pu cracher le morceau, devenir son propre espion, et tout avouer par provocation, intransigeance stupide et intégrité professionnelle. Il aurait parlé en dormant, l'inconscient s'insurgeant contre le rôle que le destin lui faisait jouer — comme plus tard Lawrence d'Arabie quand il découvrit qu'il n'avait été que la marionnette de l'Intelligence Service anglais. Oui, il aurait dit par exemple : Moi géographe ? Oui, je suis l'agent de renseignements géographiques du gouvernement français, sa tête chercheuse, sa donneuse d'inconnu...

Dieu seul sait ce qui aurait pu lui arriver. Car les Arabes se méfiaient à juste titre des géographes. Le sultan avait même fait placarder cette affiche : Wanted, mille dirhams par scalp de géographe.

Des profondeurs obscurantistes du Maroc passé du Moyen Age au monde moderne, rien n'a changé : il n'est point de crime plus grave que de connaître les choses.

Moi, il m'aura fallu arriver à la cinquantaine pour comprendre enfin que l'Etat est aussi une machine à fabriquer de l'inconnu et des mensonges. J'ai donc longuement travaillé à perte quand ce n'était pas à ma perte. En toute chose qui me lia à l'Etat je me suis offert et perdu éperdument. Qui perd gagne, c'est le grand jeu de l'avenir. C'est le signe de la création véritable.

Foucauld, la route est longue ! D'autant que le pouvoir avait brouillé ses cartes. Néanmoins l'immense mérite d'avoir été le premier à établir, ou plutôt à rétablir depuis le XVe siècle, l'âge d'or de la dynastie des Mohabites, des Andalousies, des grandes cosmographies et de la cartographie, la carte du Maroc moderne lui revient. Et cela permit quelques années plus tard aux troupes françaises d'occuper le Maroc sans coup férir. En attendant, c'était un métier dangereux que le sien. Pour un peu, il aurait pu être un martyr de la géographie — et donner ainsi ses lettres de noblesse et de gloire à une discipline obscure.

Cette nuit-là, Foucauld qui ne dormait que d'un œil avait tout entendu des conversations des deux rabbins dont les derniers mots de Mardochée avaient été :

— De toute façon il ne dit rien. Ce n'est peut-être qu'un simple rêveur. Il ne sait pas faire de nœuds, il manque du sens pratique qui fait l'homme d'action... Et il a des gantze knockers derrière lui (des grosses légumes, en cracovien).

En entendant qu'il ne savait pas faire de nœuds, il eut envie de se lever, et de les insulter.

— Je le tiens. Je lui ai promis de lui révéler le secret des Arabes, chouina Mardochée.

— Toi ? Tu crois vraiment qu'il le mérite ?

Foucauld se redressa furtivement et marcha à pas clandestins sur la terrasse de la médina de Fez, comme jadis je montais la nuit sur la pointe des pieds, pour ne pas réveiller mes parents, sur le toit de notre villa de La Marsa. Contemplant la voûte étoilée, je répétais les phrases de Foucauld, disant lui-même à la ville de Fez :

— Ce sont les rêveurs qui font l'histoire. L'histoire est un conte des Mille et Une Nuits, comme dirait le père de Foucauld.

Les deux rabbins qui étaient des insomniaques et ne bavardaient que pour hâter la fin de la nuit se redressèrent soudain, et répondirent tous les deux à l'ombre qui venait de parler, d'une seule voix :

— Nous sommes tous des somnambules.

Alors en un jamboree nocturne de la mémoire s'élevèrent les voix de Don Quichotte cabrant sa Rossinante, du Petit Prince, du dernier des Mohicans tirant sa flèche se plaquant en clé de sol sur les lignes téléphoniques, d'Hec Cetera, de tous mes immortels rassemblés sous la nuit tunisienne, et celle des secrets indicibles qui se dissipent à l'aube et s'évanouissent dans le bruit des vaguelettes sur le sable blanc de la plage. Nous avions beau être innombrables à réciter à haute voix nos belles phrases, les parents n'entendaient rien du léger murmure nocturne de l'enfant, parlant seul, pendant que le dernier des Mohicans allumait un feu de camp. C'était de l'épate-beauté, d'une béance si émouvante que mon pyjama en avait froid dans le dos. Pendant que le dernier des Mohicans s'affairait, je grattais une suédoise, rallumant la pipe éteinte de Mardochée. J'éclairais la paume de ma main ouverte. Il s'y inscrivait des signes cabalistiques qui évoquaient, si on savait les déchiffrer, des amphithéâtres romains, des ksars, des vallées aux sources jaillissantes qui s'écoulaient ensuite en cascades dans des lignes de la main parmi les lauriers, les figuiers et des oliviers noirs décharnés.

C'est ainsi qu'Allemand-Foucauld faisait le relevé topographique en miniature des paysages qu'il traversait de jour avant de les recopier le soir sur un tout petit carnet. Il pratiquait l'espionnage palmaire ; et à force de s'encrer les poignets, il ressemblait à l'un de ces cancres de l'école des Pères blancs de Carthage, qui n'arrêtaient pas de faire des taches.

Il portait le monde dans ses mains, sensuellement, en jouisseur froid des paysages, en terrien. Il était de ce monde, mais en arpenteur de royaume ; il s'y démesurait à vide, en le mesurant. Ce n'était que l'officier plantant ses jalons, l'enraciné lent, avançant pas à pas, n'importe quel Arabe un peu attentif aurait tout de suite décelé qu'il était l'antinomie même du vibrionnaire, de l'homme aux semelles de vent, du juif errant. Saint Paul s'écrie, qui était citoyen romain avant d'être juif : « Il faudrait que vous connaissiez la hauteur, la profondeur, la largeur, l'épaisseur de la mort de Dieu en vous. »

Un jour viendrait où Foucauld aborderait le débat essentiel du judaïsme et du christianisme, celui de la topographie de l'amour de Dieu. Mardochée avait bien flairé le danger : si Dieu se met à aimer toutes les créatures, même celles qu'il hait, l'arche s'écroule. Le christianisme, c'est celui d'un Dieu jeune, panthéiste et vigoureux. Un Dieu universel : mon Dieu en Foucauld qui fait le tour de la terre et la réchauffe de ses mains invisibles quand il l'étreint, Dieu amour.

Pourtant, le judaïsme est épatant. C'est la seule religion à suspens. Quand le Messie débarquera avec son jean et sa casquette à carreaux, avec son accent de touriste du Bronx et son appareil photographique, on marchera sur les mains de joie.

Avant de devenir un petit arpenteur de Dieu, Foucauld, l'homme aux mains tachées, ne se comportait pas en cancre ; au contraire, trop bon élève, premier en géo, il fut soudain violemment tiré en arrière, jeté en bas de sa mule. J'aurais mieux fait de faire gaffe à mon frère et au dernier des Mohicans. En un clin d'œil, il m'avait mis le capuchon sur la tête, comme l'avaient fait deux ou trois zetas de Foucauld, pour le détrousser. Il avait échappé à tous les périls, sauf à ses guides protecteurs. On n'est jamais trahi dans la vie que par ses proches, on ne peut trahir sans connaître du dedans.

Mon frère, et des immortels qui jouaient aux traîtres qui m'avait ficelé puis attaché à un arbre. J'avais beau mordre, me débattre, ils étaient trop nombreux.

La vie de Foucauld ne valait plus très cher non plus. D'autant que les zetas, par inadvertance, auraient fort bien pu le tuer, ne sachant pas qu'il était immortel. Après avoir fouillé ses bagages, ils le déshabillèrent et commencèrent à le flageller à grands coups de ceinture — comme jadis mon père avec son nerf d'hippopotame quand je n'étais pas sage.

Le torse nu, les dents serrées de haine, Foucauld prenait sur lui pour ne rien montrer de la sombre jouissance qui lui montait comme une chaleur entre les cuisses. Les tortures qu'il allait s'infliger à lui-même, il se plaisait secrètement à ce qu'on les lui fasse endurer, saisi d'un vertige innommable, bizarre, tandis que ses deux poings restaient fermés sur les paysages nains du relevé typographique marocain.

A la fin, les zetas se lassèrent de frapper puisqu'il ne révélait pas où étaient cachées ses richesses et qu'il ne criait pas non plus.

Alors on parlementa. La palabre dura onze jours et onze nuits étoilées, les genoux croisés, sans bouger, en mâchouillant du kif, sous un oranger amer. Enfin on fit cent mètres pour arriver en haut de la colline, qui dominait la grande bleue, l'Atlantique, dont personne ne se serait cru si près après un an de voyage.

— Thalassa, Thalassa, on est arrivé, entendit-on clamer tout fort Foucauld, jadis grand lecteur d'Hérodote, qui perdit aussitôt son horrible accent alsacien, pour s'exprimer en un grec ancien impeccable.

Puis il se retourna vers Mardochée.

— Alors, le secret des Arabes ? demanda-t-il. Dis-le-moi enfin.

L'autre lui dit, la bouche gâtée et noire :

— Dieu n'a pas voulu en faire un peuple élu. Tous des bougnoules.

Voir Essaouira, cette Bretagne au soleil, et mourir. O splendeur multiple du monde...

Carrefour tourbillonnant, cocktail enivrant de vents épars, de nausées d'eaux mortes portuaires, et de houles de grand large. Essaouira — longtemps Mogador — fut jadis le dead end des hippies, la tête rejetée en arrière, les yeux acides aux pupilles rétrécies, muettes, sèches devant l'arabe, la langue des larmes.

Au bord de l'eau, de cet océan des pleurs engloutis, dont

nous ne connaîtrons jamais que l'écume, ils attendaient assis, immobiles sur des bancs, l'overdose, sans se rendre compte que le père de Foucauld venait d'arriver, ce *passant considérable.* Une rue de la ville porte désormais son nom, sous les murs crénelés du XVIIIe de ce décor d'opérette, à la beauté battue par les alizés chargés d'iode et d'odeurs fortes de varechs venus de l'Atlantique, mêlées aux parfums des colchiques, du romarin, de la térébenthine, du gasoil, de la datte blette et des pets d'ânes. En humant à pleins poumons cet encens d'une incomparable putridité, on découvre d'emblée qu'Essaouira appartient à ces hauts lieux secrets à la qualité indéfinissable qui les distingue : d'une génération à l'autre, ce sont les mêmes pèlerinages de jusqu'aux-boutistes, où les mêmes espèces d'individus se reconnaissent soudain, s'enivrent, se perdent, ou se retrouvent. Orson Welles, Somerset Maugham y vécurent. Moi aussi, j'y échouais sur les traces de Foucauld, tandis que le vent tournait les pages de mon cahier encore blanc d'ailes de mouettes où déjà les premiers mots, les premiers signes tâtonnants de ma narration s'envolaient de ma main...

Installé avec un thé à la menthe aux terrasses des cafés, je humais la merde des innombrables chiens errants. Elle se décomposait au soleil sous les myriades de mouches vertes, dans la pestilence des entrailles de poisson pourri, que viennent picorer inlassablement des mouettes blanches suspendues en permanence autour des murs d'enceinte comme un nuage. Ce qu'on appelle des moutons dans le ciel, ces moutons ailés, sont d'infatigables chieurs, ils répandent des tonnes de guano sur tout ce qui bouge, notamment sur le père de Foucauld qui reçut sa première fiente sur l'épaule gauche et qui avisa une sentinelle française du quatrième chasseurs d'Afrique toujours en balade aux quatre coins du Maghreb.

— Je veux voir le colonel, dit Foucauld.

— De quel droit, sale juif errant ?

Punition du ciel, il reçut aussitôt une fiente sur son gros nez en trompette qui sonna la charge de la deuxième sentinelle qui vint se foutre de sa gueule et surtout de celle de l'étrange rabbin, le visage brûlé de sommeil, maigre, pouilleux, couvert de vermine, clochard solaire — cliché de sa légende.

Foucauld fouilla dans sa gandoura, pour en extraire une carte de visite. Le colonel, à qui la deuxième sentinelle l'apporta, s'écria quand il lut à haute voix ce qui y était écrit :

— Le vicomte Charles de Foucauld, pas possible ! Il a disparu depuis six mois dans le Maroc inconnu, je crains le pire.

Les officiers dégustaient sur de grandes tables de bois, avec des pince-nez anti-odeurs immondes, des sardines grillées au brasero garnies d'oignons, de citrons, de piments verts, et de gros sel. Essaouira, moi aussi j'aimerais y mourir un jour, ici et nulle part ailleurs, assis face aux remparts et à l'océan, au ciel et aux mouettes, mais de saisissement, par overdose de beauté.

Les officiers écoutaient avec stupeur ce juif errant, jurant dans un français admirable mêlé de grec ancien.

— Bande de connards, Laperrine, espèce de sombre crétin, tu ne m'as donc pas reconnu ?

— Il parle comme Foucauld, remarqua Pétain, interloqué.

Foucauld montra son corps strié, et les plaies à vif. Alors, enfin ses camarades le reconnurent.

— Foucauld, quel grand acteur !

Les officiers trinquaient et buvaient à en rouler par terre pour célébrer le retour du vieux camarade. N'importe quel prétexte leur était bon pour boire, ils avalaient d'une seule bouchée les sardines argentées. Dès qu'elle vit ses blessures, une jeune musicienne avec un grain de beauté sur la langue, assise devant un piano droit à roulettes, un Gaveau baladeur, tomba amoureuse de Foucauld. Comme toutes les femmes, elle avait une âme d'infirmière. La biographie classique de Foucauld l'atteste : elle s'appelait mademoiselle Titre.

— Ah, qu'il est beau mon aristo, soupira-t-elle, caressant le rêve de titrer enfin son titre.

Elle s'approcha de lui, en pleine compassion humide.

— Comme vous avez dû souffrir !

— Gai, gai. Marions-les, brailla le maréchal Lyautey, complètement saoul, et se laissant aller à caresser la nuque de cuir suave d'un petit Arabe — habitude coloniale, autrement appelée maroquinerie...

Comme la jeune musicienne ne demandait pas mieux, et que Foucauld, qui vidait maintenant au goulot sa cinquième bouteille de champagne, n'y voyait aucun inconvénient non plus, les officiers prirent une barque accostée à quai, jetant à l'eau les deux hippies qui y rêvassaient, et y installèrent les deux fiancés qui ramèrent aussitôt vers les îles Purpurines, juste en face. Les officiers les regardaient s'éloigner en se poussant du coude.

— C'est l'embarquement pour Cythère !

Avec la houle, s'ourlant de plus en plus dans le vent pestilentiel, mademoiselle Titre, éclaboussée par les vagues, se sentait sur le point de vomir. Foucauld maniait ses avirons avec vigueur.

Quand ils arrivèrent, on sait ce qui arriva : n'ayant pas encore fait vœu de chasteté, Foucauld voulut la prendre dans ses bras au moment où elle allait poser le pied sur le sable d'une petite crique, quand une fiente de mouette, dont cette île était la capitale, lui arriva d'en haut sur son joli petit nez aquilin. Le bon père de Foucauld éclata de rire. Cette comédie des fiançailles l'amusait énormément, d'autant qu'allant devenir prêtre, il pourrait se marier lui-même tous les deux.

— C'est le trousseau de mariage des oiseaux, une manne céleste, lui dit-il.

Déjà les mouettes, furieuses qu'on empiète sur leur territoire, organisaient des escadrilles de mouches chieuses et, durement entraînées par Quéquette du Graal, donnaient l'assaut en piqué contre les importuns. Elles déferlaient par vagues au-dessus de leur tête avec le même mot d'ordre : chiez-leur sur le nez. Elles lâchaient leurs bombes molles, blanches, dont les deux amants enlacés n'avaient cure, couronnés d'algues de goémons et de coquillages écrasés. Ils se roulaient dans le sable humide, dans le sang des blessures de Foucauld, dans celui de l'hymen déchiré de mademoiselle Titre, dans leurs vomissures d'ivresse. Dans la merde tombée du ciel et la leur.

Couple eschatologique de la fin des temps, vautrés dans la crème, le foutre et la sueur, ils forniquèrent ainsi jusqu'au crépuscule rougeoyant, la voix du muezzin de la prière du soir s'élevant loin, rauque et vilaine, écœurant le soleil lui-même qui se coucha aussitôt pour ne plus l'entendre. La jeune musicienne n'en revenait pas.

— Toi, t'es bon alors !

Et le père de Foucauld, trois doigts enfoncés dans son cul, comme un franc-maçon, lui susurrait :

— Tu es pure, tu es belle, tu es ma vierge folle, ma Sainte Vierge, ma maculée conception.

Quand la batracienne de bénitier, Marie de Bondy, eut vent nauséabond de Mogador, que le père de Foucauld avait vraiment l'intention d'épouser mademoiselle Titre, elle ouvrit la fenêtre pour faire un courant d'air et transmit la nouvelle à son comte de mari qui éructa :

— Bon débarras, je t'avais bien dit que c'était un raté, il se déclasse, ajouta-t-il en jetant Marie sur le canapé, lui soulevant les jupes, criant Istanbul, avant même de l'avoir pénétrée de sa queue en tire-bouchon, façon néo-gothique.

On avait l'impression, quand il se retirait soudain d'elle aussitôt après avoir déposé sa semence blancharde, à la succion et au soudain appel d'air, qu'il venait de déboucher une bouteille de vin blanc. Cette fois-ci, victime d'une éjaculation précoce, il eut tout juste le temps de prononcer la syllabe :

— Ist..., avant de s'écrouler mort, la bave aux lèvres, les yeux exorbités, sur l'oreiller.

Une crise foudroyante d'apoplexie venait de l'emporter à l'indifférence des siens, et notamment à celle de son épouse.

Quand Marie constata que son mari ne donnait plus signe de vie, elle lui donna un coup de pied ; et alla se regarder devant la glace, de trois quarts, les yeux brillants.

— Enfin veuve ! s'écria-t-elle.

Elle était arrivée au sommet de sa carrière de femme, jeune malgré ses premières rides, ses deux petites chipolatas de cheveux noirs filetés de blanc, que serrait sur sa nuque un ruban de taffetas noir, et ses hanches effondrées, elle eut l'impression que la vie s'ouvrait devant elle. C'était enfin une femme libérée, au plein sens de *nos familles,* une femme fatale, une tueuse de mâles.

Soudain, elle vit dans son miroir qu'elle n'était pas seule : le père de Foucauld venait de rentrer sans frapper du Maroc inconnu dans sa chambre, enjambant le corps inerte du comte de Bondy, pour lui dire admirativement :

— Le deuil sied à Electre.

Elle se rengorgea, ne pouvant s'empêcher d'éprouver

une légitime fierté de la douceur altière, un peu anguleuse, de son menton en galoche, de son nez busqué, entre deux yeux d'un bleu presque violet, diocésain, de soutane chanoinesse.

— Tu crois, lui répondit-elle, sensible comme toute femme à la flatterie que le père de Foucauld avait glissée sciemment pour l'adoucir.

Cette chienne aristocratique allait sûrement avoir les réflexes conditionnés de sa classe. Elle ne pouvait admettre cette autre forme de ratage, la mésalliance avec mademoiselle Titre, et comme on lave toujours son linge sale en famille, Marie profita de son cousinage avec le bon père pour l'insulter, comme une poissarde.

— Pauvre mec, une maîtresse épousée, t'es complètement ringard...

— Comme toi, elle sait jouer du Bach, tu l'aimerais, essayait de dire Foucauld.

— Non, elle ne sait pas jouer du Bach. Elle n'a aucune fortune, en plus tu ne l'aimes pas, et au comble de la fureur, tapant du pied, elle conclut : Enfin, elle ne sait pas jouer du Bach. (On n'était pas, en ce temps-là, une jeune fille de bonne famille si on n'en jouait pas.)

— Toi non plus tu n'aimais pas ton mari, quand tu l'as épousé, lui répliqua perfidement Foucauld.

Son cadavre se décomposait à toute allure. Il commençait à sentir si mauvais qu'il était évident que son propriétaire n'était pas mort en odeur de sainteté — aux effluves caractéristiques d'herbe d'ambroisie, de bois de santal, de verveine et *vivuole mammole,* une variété de violette. Ils pensèrent tous deux qu'il valait mieux changer d'air et sortirent dans le jardin. Le père portait son bleu de mécano, métier qu'il avait également appris au Maroc inconnu en réparant les pijots de ses guides protecteurs. Il tenta une dernière fois de se justifier :

— Il faut réparer, alors je répare.

— Entre nous, ce sera l'irréparable. Si jamais tu oses l'emmener ici, je ferai fermer le piano à clé.

Ils allaient en marchant à grandes enjambées, et Foucauld oublia mademoiselle Titre, et comme la batracienne de bénitier le connaissait très bien, elle se garda de lui rappeler ce mariage qui tomba à l'eau dans le bassin d'à côté, avec un pauvre petit plouf de jeune fille déflorée et délaissée, inconsolable là-bas du côté de Mogador. Elle cacha ses larmes sous les nénuphars de la vie. On n'entendit plus jamais parler d'elle, pas plus que de toutes les autres femmes qu'il abandonna les unes après les autres ; et de tout ce qu'il abandonna aussi. Sa fortune, ses fondations, jusqu'à son corps qu'il laissa à l'abandon. Atteint de cette subtile maladie mentale, l'inachèvement, qui m'a si souvent infecté l'âme. A quoi bon poursuivre ce qu'on a commencé, quand il est tellement plus étincelant, rapide, de le rêver ?

Qu'allait devenir Foucauld ? Finie l'armée ! Il avait vendu ses terres et il était trop vieux pour faire carrière dans la diplomatie. Ayant coupé tous les ponts derrière lui, il tournait à vide en attendant que la grâce veuille bien le toucher, cette bégueule métaphysique. Avant le ratage absolu, seuls les ordres pouvaient le sauver : c'était l'ultime carrière qui s'ouvrait encore devant lui. Le dos au mur de ses origines sociales, sa vocation n'est que l'aboutissement d'une obligation implicite de *nos familles.* Léon Bloy l'appelait *la loi absolue, la loi de fond.* Le gentilhomme qui se livrerait au commerce est discrédité, disqualifié, déchu, démonétisé, rejeté au sol, racines en l'air. Pourquoi le commerce est donc si infâme ? *C'est parce qu'il dévore le pauvre, qu'il est la guerre au pauvre...*

Le terrain de la conversion était secrètement ensemencé, la fleur de Marie n'allait pas tarder à éclore.

Marie, qui était finaude, le devina et s'en confia au grand prédicateur mondain de l'époque, l'abbé Huvelin, vicaire à Saint-Augustin — dont Bloy mettant son grain de sel de mendiant ingrat de Cochon-sur-Morin, n'aurait pas manqué de dire : « Les prêtres sont devenus des cloaques d'impureté. » Toujours est-il que celui-ci avait une grande réputation. La réputation, c'est l'écho de la bêtise des autres. Des centaines de gens très bêtes couraient, en ce temps-là, faire retraite ou assister aux sermons de l'abbé Huvelin.

— Ça ne va pas fort pour mon cousin Charles, lui dit-elle. Que pouvez-vous faire pour lui ?

Et elle lui expliqua longuement le cas de Foucauld.

— Ne vous inquiétez pas, il est cuit. Enfin presque, il faut le laisser encore mizoter un peu, lui répondit cet homme, ce normalien, technocrate de la foi, forçat du confessionnal, crack en conversions.

Il avait réussi à faire se confesser Albertine disparue dont les grosses jambes velues et musclées s'apercevaient derrière le rideau de l'édicule sacré ; et même Littré, l'auteur du célèbre dictionnaire, par ordre alphabétique. L'extrême-onction, il lui avait même donnée avec un Z — zonction, disait-il, puisqu'il zézayait comme on vient de s'en apercevoir. Foucauld devait lui-même écrire un dictionnaire français-touareg, on peut soutenir que l'abbé Huvelin, cet enquêteur des abîmes, était un retourneur de lexicologues. Il avait lui-même mis au point un vocabulaire de Dieu moderne, un Dieu raisonnable, un Dieu scientiste à la Taine, ou à l'Auguste Comte : Dieu de A à Z, en pastilles pharmaceutiques, croyant devoir suivre le progrès, ou le socialisme ambiant, s'y adapter. Il tombait dans l'erreur commune de l'Eglise du XIXe siècle qui faillit causer sa perte. La déchristianisation fut le juste châtiment de son opportunisme. C'est en resserrant les rangs sur les principes que l'on résiste. Ainsi le catholicisme du XVIe, menacé par la montée du protestantisme, ne dut-il sa survie qu'au grand soubresaut réactionnaire des dominicains du concile de Trente. Il ne faut jamais oublier qui l'on est, pour le rester.

Et comme l'abbé Huvelin jouait au tiercé, entre deux rasades de vin de messe, du saint-émilion pour se soutenir, il ajouta cette phrase mystérieuse :

— Il faudra bien l'entraîner, mais ze parie zur lui à trois cents contre un, cazaque blanche, cœur rouge. Irrésistible dans le Tafilalet (djebel algérien).

— Ah, si je pouvais vous croire, soupira Marie.

— Elémentaire, mon cher Watson.

Huvelin savait aussi relever les empreintes de Dieu et les agrandir.

— Elémentaire, chère madame, corrigea-t-il. Le chemin de Damas, z'est du cinéma ! Le coup du pilier de Notre-Dame, la converzion inztantanée et l'illumination, Claudel et les poètes, z'est de la foutaise...

— Je ne comprends pas, s'étonna Marie.

— Eh bien, la grâze n'est pas une soudaine révélation, mais l'aboutizzement d'un long cheminement intérieur. La converzion de zaint Paul, c'est du pipeau ! Ou plutôt c'est le prozès verbal d'un lent bouleversement intérieur. Chaque homme porte en lui zon chemin de Damaz, Foucauld a presque achevé le sien, il faut retourner en arrière et relever les empreintes, ze vous le dis, répétait-il en dodelinant de la tête, secouant sa belle crinière blanche.

Il tordait avec passion ses doigts déformés par les rhumatismes, ce qui lui donnait l'air d'avoir de vieilles racines au bout des bras. Tout en tripotant une grosse loupe dorée, en forme d'ostensoir du Sacré Cœur, comme pour les publicités bancaires, il ajouta :

— Votre Foucauld m'intérezze.

— Quelles empreintes ? demanda Marie, fascinée.

— Eh bien, dans ce que vous m'avez appris de son intinéraire, z'ai relevé diz empreintes... Enfin, neuf et demie. Sur la dernière, il est touzours sur la pointe des pieds, il n'a pas encore pozé le talon.

— Et après ?

— Il viendra ici s'azenouiller.

— Pourquoi ici ?

— C'est la première empreinte qui z'emboîtera dans la dernière, au commencement de za troizième vie, za vraie vie. Zaint Augustin, z'était comme Foucauld un grand débauché dans za jeunezze, il y a une affinité entre eux. Et puis, z'est l'église la plus proche de zon appartement de la rue de Miromesnil. Elémentaire...

Marie notait sur un bout de papier tout ce que lui racontait l'abbé Huvelin, qui mêlait l'intelligence scientifique sherlock-holmesienne de la foi à son gros bon sens prudent de parfait connaisseur de *nos familles.* Comme tous les voyants, il ne voyait qu'une seule chose : le client venir.

— La deuxième empreinte, z'est qu'il n'a pas le choix, il z'est piézé lui-même par conformisme familial. Ou il a raté à jamais za vie, ou il revient à Dieu.

— La troisième empreinte ?

— Z'est qu'il a dilapidé sa fortune, l'apprentissage de la charité.

— La quatrième ?

— En traversant le Maroc inconnu, où il cherchait obscurément quelque chose comme le martyre, il z'entraînait. Explorateur en pays ennemi, z'était un martyr potentiel de la géographie.

— Et la cinquième empreinte ?

— Vous m'avez dit, chère madame, qu'il revenait

d'Afrique en couchant chez lui à l'arabe, à même zon tapis. Eh bien, il est prédizposé à l'azcétisme.

Marie réclama avidement.

— La sixième ?

— Il a prezque fait le tour des grandes religions monothéistes, le judaïsme, l'izlam, il ne lui reste plus que le retour au chriztianizme.

— La septième ?

— Cette empreinte-là, z'est zous les sabots de zon cheval d'officier qu'il ze l'est faite. Tenez, je vais l'agrandir à la loupe : za fureur héroïque avant l'amour, ze serait compliqué à vous expliquer philozophiquement, z'est Gordiano Bruno, l'ex-dominicain, le moine fou de la Renaizzance, qui inventa ce mot de fureur héroïque. L'amour héroïque est le propre des natures zupérieures — insane — non pas parce qu'elles ne savent pas — non sano. La folie n'est plus que la proie vivante d'un savoir zurnaturel. Elle ne ze zoigne pas, elle z'aggrave, qui zait z'il n'a pas, votre Foucauld, l'étoffe d'un fou de Dieu.

Puis Huvelin réfléchit un instant avant d'ajouter :

— Le pire est toujours zûr. Avec un tempérament extrémiste comme le zien, il ne ze contentera pas de devenir catholique...

— La huitième ?

— Ne m'avez-vous pas raconté qu'en revenant ze battre en Afrique, il avait voulu redevenir simple soldat ? Za, c'est l'imitation de Jésus-Christ, sur les traces duquel, pardon, les empreintes, autant d'empreintes laïques à passer enzuite au colorant de Dieu, on z'aventure tout zeul. Zans oublier qu'il z'est déguisé en petit rabbin, et qu'il chercha à déchoir en ze mettant en tête d'épouzer une petite bourgeoise. Il voulait déjà être le dernier.

— La neuvième ?

— Z'est son côté routard avant la lettre, clochard

céleste, enivré de la beauté des payzages aux confins du Zahara. Il est en quête, il faut bien qu'il finizze par trouver, si quelqu'un n'a jamais été converti, c'est bien Foucauld. Il s'est seulement égaré, éloigné du chemin de Damaz par des zentiers de traverze.

— La dixième ?

— Z'est la plus délicate. Ah, madame, ne m'avez-vous pas avoué qu'il évitait les femmes arabes ?

— En tout cas, il me l'a dit.

— Alors, comment z'y prenait-il ? Il faut bien z'arranger de zon propre corps. L'Eglise, si elle ne la recommande pas, n'interdit pas vraiment la mazturbation, la seule drogue que l'on ait toujours sur soi.

Soudain il s'exalta, comme si ses propres souvenirs l'accaparaient devant Marie, profondément choquée. Mais l'était-elle vraiment, cette dragonne de confessionnal ? Ses premiers émois de pucelle, elle les avait ressentis jadis en répondant aux indiscrétions zélées de son questionneur — grand lecteur du best-seller du docteur Tissot, *Des égarements secrets ou de l'onanisme chez les personnes du sexe*, le « sexe » désignant au XIXe le sexe féminin.

— Foucauld a probablement appliqué l'un de nos premiers prinzipes : charité bien ordonnée commenze par zoi-même. Ze branler, z'est répandre les zécrétions de la vie intérieure, la manifeztation liquide de la prière. Le zperme, de la purée d'homme spirituelle !

Marie vit que Huvelin la regardait avec un drôle d'air, congestionné, les yeux exorbités, en remuant l'épaule, tout en cachant sa racine noueuse de la main droite sous sa soutane, en proie à une singulière agitation intérieure. Elle rougit, eut peur, voulut se lever précipitamment. Huvelin la retint de l'autre main, soudain calmé, ou plutôt soulagé.

— Ne vous inquiétez pas, belle dame. Vous m'avez fait bien du plaisir en me confiant le cas de Foucauld. Il n'est pas dézezpéré. Ze vous parie que dans quatre-vingt-dix-neuf jours, ze le confezzerai à Zaint-Augustin. Il a fait de grands pas vers zon retour à la foi. Le dernier vous paraît le plus équivoque, mais z'est l'inévitable perverzion de l'ascèze. Regardez-moi avec mes paroizziennes ! Foucauld est presque un raté, donc il ne peut être qu'un branleur. Nous zommes de la même trempe, de la grande raze des branleurs de Dieu.

Foucauld se branlait effectivement toutes les nuits dans son appartement du 103, rue de Miromesnil. Selon une technique bien particulière.

La dernière fois qu'il coucha avec une femme, il jura qu'on ne l'y reprendrait plus ; et il tint parole, après un nouveau voyage à Alger, où il consulta les documents nécessaires à l'achèvement de son ouvrage sur le Maroc dans la bibliothèque de son ami l'Irlandais Mac Carthy, l'un des premiers ethnographes du XIXe siècle, qui avait organisé son expédition. Il avait passablement bu ce soir-là, il se trompa de rue, et de porte. Au lieu de se retrouver dans la grande salle des archives, il tomba dans un infâme lupanar où il choisit deux yeux brillants, au-dessus d'un tchador noir, et partit avec la créature dans un boxe où elle se déshabilla aussitôt, les jambes ouvertes sur un sexe d'une noirceur à faire pâlir la nuit...

C'était une Ethiopienne vendue comme esclave au Soudan. Elle avait un beau visage luisant, long et fin, avec des yeux en amande. Ne dit-on pas que les vrais descendants de l'ancienne Egypte sont les Ethiopiens ? On l'aurait crue sortie d'un tombeau, avec les traits des hétaïres de la première aristocratie du monde, celle de Ramsès et de Toutankhamon. C'était le fantôme souillé de la statue de la reine Néfertiti. Sur ce corps, le père de Foucauld, coi, saisi de stupeur, trouva soudain de quoi lire : une bibliothèque sexuelle. Toute cette chair à soldats était couverte de signatures, je dis bien de leurs autographes. Ils avaient dédicacé, tatoué sa peau, l'avaient couverte de graffiti obscènes, comme dans les bunkers allemands du mur de l'Atlantique. Des hommes avaient laissé leur nom sur cette pierre tombale vivante sous laquelle reposaient les rêves des hommes sans amour. Légionnaire Hitler, 1930. Caporal Mussolini, 1937. Au-dessus du sexe, Staline, roi des grosses B... Où êtes-vous aujourd'hui, légionnaires inconnus, caporal Mussolini, soldats Hitler et Staline ? Est-ce la seule marque que vous ayez laissée de votre passage sur la terre ? En votre misère sexuelle, quelle mort vous a habités dans la vie ? Foucauld contemplait d'avance sur cette chair les horreurs du XXe siècle. Des hommes capables de laisser les traces de leur narcissisme sur ce monument de la prostitution funéraire seraient un jour capables de tout. Si au lieu de rester d'obscurs troupiers étrangers, ils prenaient le pouvoir...

Soudain, l'inconcevable devenait vision prophétique — et apparition. La vierge noire se tenait devant lui, la vierge profanée, tout à l'égout. Sur son dos, sur son ventre, on pouvait lire des commentaires flatteurs, et des précisions sur le fonctionnement de cette pauvre mécanique humaine.

Aucune biographie de Foucauld ne relate cet épisode, on peut le déplorer. Toujours est-il qu'il s'était éloigné des femmes avant de faire vœu de chasteté. Quel enchantement mystérieux, quelle répulsion, quelle peur de finir comme son père lui intimèrent-ils d'éviter les femmes arabes pendant qu'il vivait en Afrique du Nord ? D'ailleurs Ravagea la Mouquère s'en indigna. Un an avant sa conversion, on ne lui connaissait déjà plus d'aventure féminine. Sortant du bordel algérois, il rencontra un Serbo-Croate à képi blanc qui lui offrit une raquette de feuilles fraîches de figuier, molles et juteuses à l'intérieur.

— Tiens, lui dit-il, sinon tu vas attraper la schtouille. Prends plutôt cette femme du légionnaire. Tu m'en diras des nouvelles...

Dès qu'il fut rentré dans son hôtel, devant sa fenêtre, sous le clair de lune et au-dessus de la casbah blanche, il se caressa la queue pendant vingt minutes dans la feuille du figuier. Quand il eut enfin éjaculé, ses doigts gardaient comme un enduit léger un peu poisseux, qui sentait l'abeille, l'olive, le pain d'épice, le gingembre, une odeur forte et douceâtre qu'il avait adorée avant d'avoir joui, mais qui maintenant l'écœurait un peu — de la pureté écœurante de mon enfance — comme vous écœurent aussi celles des cacahuètes ou des cigarettes parfumées. C'est égal, il était bien content.

Si content qu'il alla le lendemain à la caserne des légionnaires pour en redemander. Il en remplit sa valise pour rentrer en France. Puis il s'en fit expédier des caisses pleines dans son appartement de la rue de Miromesnil, soigneusement emballées et maintenues à la température humide idéale — comme les bons cigares cubains. Il en consommait bien quinze par jour. Le reste du temps, il achevait son laborieux pensum, la rédaction de sa traversée du Maroc. Quand il eut mis le point final, il envoya le manuscrit aux principaux éditeurs parisiens.

A peu de chose près, tous lui répondirent que c'était excellent mais pas assez commercial — que s'il voulait bien employer le nègre d'Untel ou d'Untel, ça changerait tout, ils seraient prêts à réenvisager une publication.

Alors il comprit que, si les Français avaient colonisé l'Afrique, les nègres s'étaient bien vengés en colonisant la littérature française.

Ainsi me faisais-je payer jadis à l'école par mes petits camarades pour rédiger leurs dissertations. Commerce lucratif? En mon propre nom, je n'arrivais jamais à avoir d'aussi bonnes notes, déjà je souffrais d'un handicap terrible : je m'appelais Jean-Edern Hallier. Ce seul nom suffisait à me reléguer derrière les autres. Je frôlais à plusieurs reprises les grands prix littéraires où je partais chaque fois grand favori — ça allait de soi pour tous mes immortels que j'étais le meilleur. Ils ne tenaient pas compte que la seule action de publier revenait à me mettre une charge supplémentaire de cent kilos au départ de cette course handicap qu'est la sortie d'un livre en même temps que les autres. Faut-il que je sois malgré tout un cheval extraordinaire pour arriver à figurer honorablement — de plus en plus difficilement, il est vrai...

L'handicapé majeur de la littérature française, c'était moi! Toute parcelle de génie, même infime, vous rend infirme. Tout ce qui m'était inférieur me dépassait automatiquement : c'était la loi. Une seule manière de s'en sortir, se taire : se rendre inoubliable en se faisant oublier! Mais oubliez-moi, je reviens toujours...

Bien montrer aux autres qu'ils ont gagné, qu'ils ont écrasé votre petit cœur, son défi enfantin et sa fraîcheur déroutante. Ils recommencent alors à vous aimer : comprenons enfin la sentence des Evangiles, laissons les morts enterrer les morts — c'est-à-dire les morts vivants enterrer les vivants qu'on assassine.

La bouche pleine de terre, j'avance. Je galope même en ma grande nuit intérieure. Etre à la fois bâillonné et symbole de la parole! Quelle merveille! Mon silence rayonnait. Tout autour, c'était le règne sans partage des imposteurs qui jettent aux misérables un idéal en pâture, un os à ronger de notre Afrique fantôme, l'idéalisation universelle. Et sans cesse le monde des Grecs, le monde tragique, le mien, souci de tous mes jours et de toutes mes nuits — mon monde —, tandis que j'avance mon Foucauld sur ma place des Vosges. Foucauld, je travaillais autant que lui. J'ai déjà dit qu'il avait peu de talent, mais il tenait malgré tout à rester le maître de ses propres mots. C'est pourquoi il allait de déconvenue en déconvenue avec les éditeurs. Il traînait dans les bistrots du côté de Saint-Augustin, attiré sans le savoir par cette église qui l'aimantait mystérieusement : il ne lui restait plus que soixante-trois jours à glander en buvant au zinc des petits blancs, avant d'aller *faire ça,* avec sa feuille de figuier, dans les toilettes.

Une fois qu'il en ressortait, prenant un dernier verre, il sympathisa avec Arthur Rimbaud qui passait par là, après s'être fait refuser lui aussi son manuscrit — Foucauld, lui, réussit enfin à faire éditer le sien en 1881.

— Les éditeurs sont des marchands de soupe, se plaignait Rimbaud. Ils ne prennent plus la poésie.

— La géographie non plus, ne m'en parlez pas, lui répondit Foucauld, j'en ai fait onze. Ils veulent tous une idée à emballer de papier, pas un livre.

Foucauld lui offrit pour se consoler trois femmes de légionnaires. Un vrai harem ! Puis ils parlèrent de choses et d'autres, notamment qu'il valait mieux fuir le monde corrompu, dépourvu de goût, et bassement mercantile, dans le désert. L'un opta pour le Harrar, et l'autre pour le Sahara avant de se quitter, et de se perdre à jamais.

Ils levèrent leurs verres à leur destin, ils les relevèrent, et ainsi de suite — tant et si bien qu'ensouqués, au énième ouisky, ou lait d'orge de l'humaine tendresse, ils s'en allèrent à la fin en titubant, bras dessus, bras dessous, parfaitement black and white. C'est toujours en zigzag que l'alcoolique de la joie regagne son néant.

Revenu à son domicile, Foucauld se remit une autre feuille de figuier. Après il se sentit plus détendu et dispos. Il écrivit même une lettre pleine de prosélytisme à Pétain dont, hélas, on ne trouve aucune trace dans les biographies officielles :

« Mon cher Philippe, lui écrivit-il. Avec ce vagin végétal, pas de scènes de ménage, pas de cris. Elle collabore naturellement, pas de rupture ! Finies les larmes qui attendrissent ! Elle m'a appris ce qu'il m'a fallu traverser la Méditerranée, pour appréhender : l'idéal n'est pas l'amour partagé, mais d'aimer sans qu'on vous le rende. »

Ainsi découvrait-il l'essence de l'élan mystique et l'amour dans le vide, l'amour de Dieu non rendu. Après s'en être servi une seule fois, il jetait toutes ses femmes de légionnaires, que Quéquette du Graal s'empressait de ramasser dans les poubelles avant la voirie africaine. Parfois il lui arrivait d'en être cruellement démuni. Soit que les cargos les transportant fissent naufrage, soit que les dockers de Marseille les piquassent pour eux au passage, soit que les femmes incendiassent les figuiers d'Algérie pour se venger de cette concurrence déloyale. Bien de ces grands feux de forêt ravageant des hectares du Maghreb à la Corse, où la figomanie se pratique aussi parmi les bergers, ne s'expliquent pas autrement. Douloureusement sevré, en manque, comme il ne touchait plus aux femmes, il passait des journées entières en plein priapisme d'adolescent retardé ; et la nuit il se retournait sans cesse autour de ce mât turgescent dans les voiles de ses draps. C'était le calme plat, le marasme, la misère sexuelle...

La quatre-vingt-dix-huitième nuit, il n'y tint plus. Il se

réveilla à une heure du matin, il enfila son paletot, et sortit dans la nuit.

Il eut une brève illumination dans le quartier de la Madeleine : il crut que s'ouvraient sous les cages d'escaliers des jardins secrets de figuiers. Il était tellement en manque qu'il se surprenait à courir vers les marronniers au tronc brûlé par le gaz carbonique en les prenant pour ses arbres chéris. C'étaient ses premiers mirages avant le Sahara, ceux du désert de l'amour.

Ses pas l'entraînèrent même vers la place des Vosges, où tard dans la nuit j'écrivais. J'ouvris ma fenêtre, lui criant mes encouragements :

— Foucauld, encore un effort ! Tu es presque converti...

Bouche-trou, le comte de Fées, le dernier des Mohicans et Hec Cetera accourus autour de ma table, et qui connaissaient la suite, parce qu'ils avaient lu mes brouillons, reprenaient en chœur :

— Vas-y. Dieu le veut !

Foucauld se retrouva sur les berges de la Seine. Il s'assit sur un banc, contempla le clapotis noir et blanc de l'eau sous la lune.

— Non, pas ça ! protestèrent les immortels. Le narcissisme aquatique ! Vichy ! On connaît. La vraie vie est ailleurs.

— Bravo, c'est à mettre dans le Petit Prince, déclara le Petit Prince, c'est-à-dire moi et non pas celui qui traîne sur mon bureau dans sa reliure de croûte noire.

A côté, il y avait la légende dorée, avec la vie des premiers grands convertis de l'Eglise et ceux qui eurent leur chemin de Damas, les grands damastiques à la marqueterie cervicale nacrée de foi : l'empereur Constantin, Clovis et les Francs, Henri IV, les Aztèques, les juifs de l'Inquisition, Psichari, Chesterton l'admirable, Claudel, le cardinal Newman. Tous se pressaient en une cohorte innombrable, défilant sur une large avenue qui descendait du ciel, et qui se perdait sous les portiques d'un vaste Saint-Augustin cumulo-nimbaire.

Il n'y avait que cette avenue, on ne pouvait voir qu'elle; et pourtant Foucauld ne la voyait toujours pas.

Jusqu'à ce qu'il parte droit devant lui, recevant des trombes d'eau d'averses automnales sur la tête.

Il était en avance sur l'heure prévue de sa conversion. Alors, pour franchir les trois cents mètres qui le séparaient encore de Saint-Augustin, il mit trois heures.

— Il est fêlé, ce mec, disaient les passants.

Ils n'avaient pas tort, cette fêlure, c'était dans le bronze des cloches de Saint-Augustin qu'il la percevait confusément, doué soudain de ce sixième sens, le sens unique, celui de la fêlure divine, une dissonance ineffable des profondeurs de l'être. Chaque nouveau converti se change alors en cloche, en pauvre cloche...

Ruisselant de pluie, mal rasé, Foucauld entra dans l'église, l'abbé Huvelin consulta sa montre-calendrier suisse, plaqué or.

— Tiens, se dit-il, za fait juste quatre-vingt-dix-neuf jours, trois heures vingt minutes et onze secondes que j'ai rencontré Mme de Bondy. Le type qui rentre, za ne peut être que le père de Foucauld.

A mesure qu'il avançait, Foucauld laissait derrière lui les empreintes de ses godasses toutes crottées, les empreintes de Dieu sur le tapis rouge, entre les rangées de chaises. Il alla jusqu'au maître autel, en ce jour glorieux du 30 octobre 1886. Les choses se passèrent comme prévu puisque c'était écrit, et qu'il ne me reste plus qu'à recopier : Charles vit l'abbé Huvelin se traînant, perclus, ravagé de goutte et de rhumatismes, pousser lentement vers lui en diagonale la masse racineuse, à la peau écorcée, de son corps d'infirme.

— Azenouillez-vous, commanda le grand enquêteur des âmes.

— Je ne suis pas venu pour ça, bégaya Foucauld.

— Confessez-vous, z'est écrit.

— Où est-ce écrit ?

— Zur le grand livre de votre destinée. Chacun a le zien...

— Ah bon.

Alors Charles obéit, et aussitôt après il sentit tous ses derniers barrages intérieurs s'effondrer, la mesure la plus sûre de toute force étant la résistance qu'elle surmonte. Il s'abandonna tout entier dans le sein de notre sainte mère l'Église. Littéralement, il retomba en enfance en elle, pleurant derrière le guichet du confessionnal, se repentant en un torrent de sa mémoire de pécheur refoulé pendant de si nombreuses années. A se raconter, il éprouvait une jouissance incomparable, il découvrait l'ivresse de l'aveu, il se saoulait de mots, il se noircissait, il se flétrissait toujours plus, pour pleurer encore plus fort sur lui-même et de joie de la foi retrouvée en ce XIXe siècle dont la piété depuis longtemps n'était déjà plus que la morale de surface du tartufisme ambiant, parce que l'orgueil de la raison, des conquêtes techniques et l'arrogance de la civilisation avaient fait reculer la confession jusqu'au seuil de la psychologie des abîmes. La psychanalyse prendrait demain le relais, la relève simoniaque — plus de confessionnal gratuit, le divan payant...

Foucauld était incorrigiblement en retard : homme du XVIIIe, il n'a marqué si fort la fin du XIXe que parce qu'il incarnait la mémoire du siècle précédent ; il en fut la dernière illusion lyrique, l'impossible éternel retour, un peu à la manière d'un de Gaulle qui fut après la Deuxième Guerre mondiale le dernier rototo de la grandeur française à jamais perdue...

En un mot, il croyait comme on croyait juste avant la fin des concepts en théologie — qui date du conflit Bossuet-Fénelon, et correspond au crépuscule des mystiques. Après, les saints — qu'ils s'appellent sainte Bernadette de Lourdes, ou sainte Thérèse de Lisieux qui lavait ses carreaux à côté — marchèrent sans concepts, figures concrètes du nihilisme. Dans la cire molle du cerveau de Foucauld, ce furent les derniers concepts de la fin du XVIIe et du début du XVIIIe qui, perdus, errèrent, attardés, figés, tordus, comme les grilles de fer forgé d'une pensée aristocratiquement verrouillée sur son propre passé : saint Jean de la Croix, sainte Thérèse d'Avila, et les inventions jésuites du Sacré Cœur. Le XIXe n'a toléré que le faux mysticisme, ses succédanés — les bondieuseries sulpiciennes, ou l'épanchement lamartinien dans la nature. La dégénérescence s'est poursuivie au XXe qui n'a plus connu que le mysticisme sexuel sublimé d'un Whitman ou d'un Henry Miller. Cet investissement à corps perdu de l'être, cet éclatement, cette défonce de soi, cette folie de Dieu, c'est justement ce que la mesure de respectabilité bourgeoise ne peut admettre. Certes, c'était une invention des Jésuites, donc une invention de la bourgeoisie éclairée — dont la révolution copernicienne aura été de substituer le Christ et la Vierge à la divinité non différenciée du christianisme primitif. Telle fut la contradiction de Foucauld, qui vécut écartelé entre deux siècles, mais prolongea en lui, en exaspérant ses contraires, la grande tradition mystique. Or nous avons besoin de mysticisme. Là où il n'y a pas de vision, le peuple périt ; si ceux qui sont le sel de la terre perdent leur saveur, il n'y a rien qui maintienne cette terre désinfectée, rien qui l'empêche de tomber en pourriture. Les mystiques sont les canaux par lesquels un peu de connaissance de la réalité filtre dans notre univers d'ignorance et d'illusion. L'obscurantisme moderne, son aveuglement et sa démence, nous les devons à la fin du mysticisme. On n'en a trouvé de substitut que dans la drogue, ce simonisme de la mort.

Ce cœur, ce Sacré Cœur resplendissait sur un proche vitrail au-dessus d'une crèche. Derrière le rideau entrouvert du confessionnal, Foucauld voyait les santons de Noël. Ils grossissaient à vue d'œil. Tout en les contemplant, il n'en finissait plus de se raconter, et de pleurer.

A chaque mot, une nouvelle larme coulait sur son visage, source ruisselante dont le mince cours s'écoulait, serpentant entre les dalles de l'église, avant de descendre les marches du portail pour se mêler à l'eau des caniveaux — ou aux mares aux larmes d'Alice au pays des merveilles. L'homme, un bébé frivole dont la vie, cette rivière méconnue, poursuit un cours indiscernable! Cette eau, c'était la pluie humaine qui purifiait les eaux sales de l'automne.

Au travers de sa vision humide, troublée, il contemplait sans relâche les innombrables santons de la crèche avec la Vierge, Joseph, l'âne, le bœuf, et l'enfant Jésus qui grandissaient à vue d'œil — tout en ne prenant aucune ride, en restant tels quels, comme jadis mes immortels quand je voulais les faire grandir. Si bien qu'ils ne vieillissaient jamais, au sens strict du terme, mais changeaient de proportions, gullivérisés, nains soudain métamorphosés en géants...

Deuxième partie

L'Évangile du fou

Miracle de la terre cuite, ceux-ci avaient désormais la dimension humaine! Santons de chair peinte parfaitement immobiles. Angelots à peau mate — plus tout à fait des enfants, pas encore des jeunes gens —, de ravissants adolescents à cheveux noirs crépus, de la race des peuplades évangéliques, sous le roi Hérode. Leurs jolies frimousses étaient sérieuses et concentrées. Habillés en Rois mages, en apôtres, en Romains, ils étaient figés pour la répétition, dans la grotte de Bethléem, du tableau vivant de la Nativité. Des religieux les encadraient. Ils étaient si silencieux qu'on aurait entendu une mouche voler.

— Bzzbzzbzzbzze...

Pas une, des centaines de mouches sarabandaient sous les voûtes. Bzzbzzbzze... Ça faisait un Bzzbzze infernal dans le magnifique silence de la vénération. En ce temps-là, les colonisateurs anglais n'avaient pas encore offert de tapettes à mouches aux Palestiniens en échange des cargaisons volontaires de jeunes tapettes destinées aux délices privées des vieux lords. Les mouches avaient beau se poser sur le nez ou les joues des santons, ces derniers gardaient tous le visage impassible, les yeux en l'air. Ils étaient aux anges.

— Vise-moi un peu ce type, marmonna entre ses lèvres, en arabo-ventriloque et en louchant, le personnage qui jouait le rôle de Jésus petit garçon.

— C'est un rigolo, lui répondit la Sainte Vierge, une jolie petite Bédouine avec des yeux de salope.

— Bzzbzze, bzzetèrent de plus belle les mouches qui furent couvertes par le bruit des cantiques psalmodiés.

— Il est né, le divin enfant, jouez hautbois, résonnez musettes...

L'orchestre des mouches accompagnait les chants a cappella. Le père de Foucauld, agenouillé sur un prie-Dieu, unique spectateur de la répétition, était enfin arrivé là où l'abbé Huvelin voulait qu'il arrive : en Terre sainte. Il ne restait plus rien en lui des défroques du vieil homme. C'était désormais le mendiant oriental, un gros chapelet pendu à sa ceinture, qui éveillait l'attention des enfants.

— Il est vraiment crado, commenta le père Joseph entre deux strophes.

Tous les adolescents l'avaient maintenant remarqué et s'étaient donné le mot.

— Il chante comme une casserole, surenchérit un autre.

Foucauld s'était mêlé aux chœurs ; on entendait sa voix, éraillée depuis qu'il s'était exposé aux courants d'air sur le pont du paquebot qui l'avait transporté de Marseille à Jaffa.

Pour le louque, Foucauld s'était surpassé. Le louque-loque ! Avec son bonnet gris, qui avait dû être blanc il y a trois ans, avec sa longue blouse à capuchon rayé, raide de crasse, avec son pantalon de cotonnade noire, qui avait dû être bleue il y a onze ans, ses sandales découvrant de gros orteils indécrottables, il était le digne successeur de saint Benoît Labre, souverain vagabond accompagné de la seule escorte de la vermine. Grâce à l'abbé Huvelin, il s'appelait désormais frère Charles de Zésus, frère convers au royaume de la règle, le plus pénible de tous les ordres religieux, la Trappe.

Pourtant, ce n'était ni assez bas ni assez sale pour Foucauld dont le raffinement en dégueulasserie allait être incomparable. Et surtout, pas assez abject, le mot qui résume tout le sens foucaldien : la quête de l'abjection. Il avait l'air vraiment repoussant, agenouillé au dernier rang — la dernière place, celle de Jésus. Il sentait même si mauvais que les enfants, ces petits Arabes propres, se pinçaient le nez devant ce symbole répugnant de la civilisation occidentale, la saleté de saint Benoît Labre et des couvents du XIXe où avaient été élevées les Marie de Bondy et autres batraciennes de bénitier était légendaire. Elles ne subissaient qu'exceptionnellement le contact de l'eau et de l'éponge. Les règles de cette bienséance dégueulasse étaient d'ailleurs édictées dans le catéchisme d'hygiène des jeunes filles ; et pour avoir le droit de prendre un bain, il fallait souvent une ordonnance médicale.

Ce qui oppose fondamentalement l'Islam et l'Occident chrétien, ce sont deux conceptions antagonistes de l'hygiène : ce qui distingue le chrétien du musulman, c'est que ce dernier se lave. Avant et après avoir prié, il se lave coraniquement. Le vieil homme blanc est sale, il l'est à cause de la souillure du péché. Il ne vise que la purification de l'âme. En Palestine, on reconnaissait à cette époque un couvent chrétien à la puanteur infecte qu'il répandait. Il n'avait son pareil que dans le Versailles de la cour de Louis XIV, digne descendant d'Henri IV qui ne s'était jamais lavé de sa vie, roi pétomane de l'anus solaire du Grand Siècle. Je sais à quel point ces choses sont désagréables à rappeler à notre amour-propre...

La répétition des choristes se poursuivait. Un chant

lent, désolé, montait, scandant, avec les timbres pointus des cristaux qu'on brise, le verset *De profondis ad te clamavi.*

Et ces voix d'enfants proches de la mue reprenaient le deuxième verset du psaume *Domine exaudi vocem meam.* Les timbres des petits soprani se déchiraient en un cri douloureux de soie, en un sanglot affilé, qui s'insinuait comme une sorte d'aile lustrale, de fraîcheur balsamique.

Enfin, les chants s'arrêtèrent, les adolescents se dispersèrent. Foucauld les suivit et déboucha en somnambule sur la place inondée de soleil.

— Peux-tu m'indiquer la route de Jérusalem ? demanda-t-il à l'enfant Jésus, bien que le panneau fût juste derrière.

Ce n'était qu'un prétexte pour aborder une de ces créatures adorables qui avaient reconstitué la nativité de Jésus.

— Par là, lui répondit l'adolescent aux lèvres pulpeuses et aux yeux phosphorescents de luciole.

Il pointa le doigt dans la direction opposée à celle indiquée sur le panneau. Au fond, comment savoir ? Le vent chaud soufflait par rafales intermittentes de poussière. Le panneau se dévissait et se mettait à tourner. C'était un panneau-girouette, un panneau politicien, changeant sans cesse d'avis pour aller dans le sens du vent, comme on pouvait s'y attendre, Foucauld tomba dedans. Un jour, Jérusalem avait perdu le nord, le lendemain, il était plein sud. Le frère de Jésus allait se diriger dans la mauvaise direction, quand le petit père Joseph s'approcha de lui en faisant un geste obscène et en déclarant :

— Tous les chemins mènent à Jérusalem. Ne voudriez-vous pas plutôt le chemin de Damas ?

— Non merci, j'en viens, répondit poliment Foucauld.

Un autre enfant se mêla à la discussion. Bientôt tous les

autres arrivèrent, intrigués, amusés, voulant regarder de près ce voyageur bizarre, ils avaient bien flairé que ce n'était pas un mendiant comme les autres. S'il puait, il avait aussi un parfum typique d'Européen — l'odeur du cadavre du vieil homme blanc. Ils ne s'y trompaient pas en lui tirant son pantalon, en lui tripotant sa blouse. D'une privauté l'autre, ils lui arrachèrent les boucles de ses sandales et palpèrent ses doigts pour vérifier qu'il n'y avait point de bagues.

— Bakchich, bakchich, le harcelaient-ils.

— L'âne de la crèche est maigre, il faut lui payer du foin, déclarait le petit père Joseph.

— La vache aussi est maigre, surenchérissait la Sainte Vierge, son lait est maigre, il a tourné. C'en est fini du christianisme, si l'enfant Jésus meurt d'indigestion, ce sera votre faute...

Les enfants tendaient leurs petites mains crochues, ils les glissaient sous l'étoffe, dans les poches du frère Charles de Jésus. Il ne chercha pas à se défendre. Les mouches innombrables y allaient de leurs bzzbzzbzzbzz. Personne n'entendait. Leurs voix étaient couvertes par le bruit des roues de charrettes sur les pavés de la place, la lente criaillerie arabisante en sourdine, la stridence confuse des bébés, la pompe louisianaise d'un vieux pianiste manchot de stride, le bruit des ânes, des nourrices, des aveugles, des paralytiques, et des artisans en cuivre roux ciselant, frappant dans leurs boutiques obscures.

— L'âne, il lui faut des carottes, répétait le petit père Joseph.

Les enfants ne trouvaient rien, ils étaient dépités, furieux. La Sainte Vierge tira la langue à Foucauld.

— Tu n'as rien pour nourrir l'enfant Jésus ?

— Un Européen, ça ne se promène pas sans bakchich, s'indigna Jésus, petit garçon.

— Pouah ! Ce que tu es mal habillé ! Espèce de va-nu-pieds, tu n'es même pas digne de baiser le crottin frais de l'âne de la crèche, l'insulta la Vierge Marie qui était coprophage.

Foucauld écoutait avec ravissement.

— Merci, mon enfant, tu l'as dit, je ne suis pas digne.

— Je ne suis pas ton enfant, répondit la Sainte Vierge en lui crachant au visage.

— Crache-moi encore dessus, ça me fait du bien.

Les persécuteurs de Foucauld avaient ramassé des pierres. L'enfant Jésus lança la première. Elle atteignit l'oreille de Charles qui saigna. Le père eut le sourire béat du crétin des Alpes, que lui avaient enseigné ses frères convers dans la montagne de Notre-Dame-des-Neiges, son premier couvent près du mont Blanc. Comble de la déréliction, il se pencha, ramassa une à une les pierres maculées de son sang pour les rendre aux enfants. Ces derniers les relancèrent, s'en donnant à cœur joie. L'enfant Jésus, petit chef de gang, dirigeait la lapidation tout en se montrant le plus agressif. Foucauld ensanglanté grimaçait sa joie ; et plus ses lèvres tuméfiées se fixaient dans un rictus d'extase, plus les enfants enhardis lui balançaient férocement leurs pierres.

— Vous ne me frapperez jamais aussi fort que je mérite d'être frappé, murmurait Foucauld. Plus fort, mes enfants ! Mon Dieu, pardonnez-leur, parce qu'ils ne savent pas ce qu'ils font, murmura-t-il enfin en écartant sa blouse pour offrir son cœur aux pierres.

Du sang coulait sur la tunique blanche du Christ, à l'endroit du cœur. Ce Notre-Seigneur-là, sur le vitrail du réfectoire du couvent cistercien, avec son Sacré

Cœur ensanglanté était le plus énigmatique des fils de Dieu. Il ne ressemblait à personne, et paraissait pourtant étrangement familier. Ce n'était pas un Jésus comme les autres, sur les crêtes rocheuses de la région d'Akbes, en Syrie. C'était un Jésus chargé de toute la souffrance du monde, un ange du bizarre et de l'indicible douleur. Sa figure se dressait dans le ciel rougeoyant du coucher du soleil et inondait le verre comme une flaque de sang ne cessant de s'étendre. Foucauld, à genoux, lavait le dallage avec une grande serpillière. Au loin crépitaient des coups de feu.

Plus il lavait, plus il s'acharnait sur le même petit bout de carrelage, plus il avait l'air de s'ensanglanter et, avec la montée de l'ombre, de se salir. Car la pureté occidentale n'étant ni celle du corps ni celle des objets, elle n'est consacrée qu'à l'âme.

— Mon âme est toujours aussi sale, se morigénait Foucauld en astiquant.

Combien de jeunes religieux zélés l'avaient-ils précédé dans cette tâche ? Des centaines d'astiqueurs mystiques, munis des serpillières de la foi, ces mouchoirs de la crasse de Dieu, s'étaient agenouillés au même endroit, pour effacer la mystérieuse *tache de sang intellectuelle* dont l'apparition précède tous les génocides. Il y en avait une sur l'escalier de Moctezuma, l'empereur des Aztèques au Mexique, une autre sur une petite fontaine du ghetto de Varsovie. Il faut savoir la voir : elle est là depuis des années, souvent depuis plus d'un siècle, elle annonce les grands assassinats collectifs que rumine sourdement l'esprit de la débilité humaine.

— C'est la dernière place que je veux, répétait Foucauld en ne voyant pas ce qu'il voyait, tout en s'humiliant à plaisir.

— Tu es excessif en tout parce que tu es bien trop

orgueilleux, vint lui dire le père supérieur qui passait par là avec son bréviaire, son imitation de Jésus-Christ, et son imitation de Proust, pour apprendre à faire de longues phrases. Ta lutte la plus sérieuse, poursuivit-il, c'est contre ta propre humilité que tu dois la soutenir. Relève-toi.

Soudain, les coups de feu se rapprochèrent. Au bruit d'une course précipitée, Foucauld redressa enfin la tête. Dehors, une main s'agrippa désespérément à la cloche de la porte d'entrée, qui resta close. Elle secoua longtemps cette main, en vain, la chaîne rouillée, pauvre main anonyme, main de victime. Le corps qu'elle prolongeait aurait mieux fait de naître à une autre époque. Hélas, on était en 1895, en plein génocide des Arméniens. Il y eut une nouvelle détonation, les doigts de la main se desserrèrent, la main s'ouvrit, le corps inconnu dont l'extrémité était cette main glissa lentement sur la dernière marche du perron du monastère en laissant une longue trace de sang sur le bois. Pendant ce temps, le Christ du vitrail, le fils de Dieu qui avait choisi, après Israël, sa nouvelle patrie, le Christ reconnu, à l'énigme soudain dévoilée, le Christ des consolations naturalisé arménien, prenait sur lui toute l'horreur du monde dans son sang de verre peint de Sacré Cœur ensanglanté, dans le sang du ciel couchant, et dans le sang des blessures de l'inconnu par où s'écoulait sa vie, mais il ne levait pas le petit doigt pour lui porter secours. De même le père supérieur, que la rumeur du massacre paraissait laisser indifférent, voire dégoûté...

— C'est ça l'hospitalité chrétienne ! s'indigna Foucauld.

— Nous prions pour eux.

— Prier n'est pas assez.

— La prière est plus forte que la mort. Tu es bien jeune, mon fils. Si nous ouvrons, les Turcs nous tueront aussi. Ce sera la fin du christianisme au Levant.

Telle était la stratégie de l'Eglise, celle du Concordat,

qu'on retrouve aujourd'hui en Pologne et en Europe de l'Est. C'est le christianisme de la consolation, qui n'est plus celui de la conquête des premiers temps, ou de la résistance — celui des derniers temps, des petites hordes promenant le feu de la charité au pays des morts.

— Il faut réagir, émouvoir l'opinion mondiale, faire des pétitions, appeler Sartre. Ces Arméniens sont des chrétiens aussi.

— Tu veux finir en martyr, comme eux ?

Foucauld ne répondit pas, le père supérieur se retourna. Le frère convers s'était allongé à plat ventre dans l'eau sale du dallage, récitant sa formule favorite :

— « Tu dois mourir martyr, étendu à terre, méconnaissable, couvert d'immondices, violemment et douloureusement tué, et désire que ce soit aujourd'hui. »

— Frère Charles, relevez-vous ! Vous êtes parfaitement ridicule. En plus, vous voulez nous perdre tous. Vous mettez en danger tout notre couvent.

Foucauld gardait son visage tourné contre le carrelage, les mains jointes derrière la nuque.

— Vous obstinez-vous ? demanda le vieillard austère et expérimenté qui dirigeait la communauté monacale.

— Je m'obstine.

L'autre n'y tint plus.

— Frère Charles, allez au diable ! Le diable lui-même refusera de vous entendre.

A la même heure, le bureau du diable était rempli de dépêches d'agence, de marbre, de linotypes et de vieux classeurs rongés aux termites. Le nez crochu, mal rasé, huileux, il comptait, les doigts noircis, les billets de banque que venait de lui remettre un officier turc assez jeune, couramment appelé un jeune Turc.

— Pour la liberté de la presse, lui déclarait l'Ottoman.

Le rédacteur en chef faisait la moue en recomptant les billets...

— Par les temps qui courent, la presse libre coûte cher. Vous me tuez tous mes lecteurs arméniens, comment voulez-vous que notre journal s'en sorte ?

La fenêtre était grande ouverte. On était aux premières loges pour voir les soldats turcs poursuivre les femmes, les violer, avant de leur ouvrir les entrailles ou de leur couper la tête. Ils arrachaient aussi les nourrissons des bras de ces malheureuses créatures et les passaient au fil de la baïonnette. C'était un immonde spectacle flamboyant, une peinture romantique rouge sanguine, *les Massacres de Scio* de Delacroix, par exemple — dont une esquisse rachetée par mon grand-père dans l'atelier du peintre, représentant une femme morte allaitant son bébé, resta suspendue au-dessus de mon lit pendant toute mon enfance. Ah, le beau cadavre blanc aux tétons de marbre ! Je me branlais dessous. Déjà, je faisais dans le grand art. A cette époque, je croyais que toutes les autres femmes étaient des poupées gonflables, sauf elle, Scis mon amoureuse à moi, mon increvable, mon impourrissable par excellence.

Grand baiseur de mortes devant l'éternel féminin, j'eus une puberté palingénésique d'équarrisseur de fantômes. Pas un charnier que je n'aie ensemencé de mon sperme, miel amer des abîmes pelviennes ! Pas une impossible aimée, que je n'aie dépecée à la fin ! Mon sexe, un pal ! Il faut s'enfoncer dans la merde pour retrouver le sang des poétesses. Quand un gland vous apparaît en songe, jaillissant d'entre les lèvres ensanglantées d'une femme, c'est que Dieu lui fait du bouche à bouche !

De la rencontre de l'orientalisme romantique et d'une queue sur la page blanche, s'enfante la vérité abjecte. L'homme ne se distingue de la bête que par la transgression des instincts : on n'accède à la dignité de l'homme qu'en enculant ces mouches à rêves que sont les femmes. L'anus, un tunnel métaphysique ! On n'échappe à l'animalité que par la conquête de l'inutile. Un cul ! La finalité bestiale de l'instinct, c'est le vagin de la reproduction de l'espèce. Celle de l'esprit, c'est le cul ! La colline inspirée. On ne devient aristocratique qu'en enculant sans cesse les limites de l'inaccessible, tant dans le domaine de la pensée que dans celui de la sensualité. On arrive à la grâce supérieure, ou à la grandeur, à l'horreur majeure du crime. La marge entre l'une et l'autre est sur le fil du rasoir qui fait la peau plus douce à la caresse, ou la première estafilade exquise, avant la béatitude totale du sourire kabyle, d'une oreille l'autre, celui de la gorge tranchée.

Comment expliquer autrement que ce sont toujours les peuples les plus raffinés qui basculent le plus profondément dans la cruauté ? Goûteur onanien de massacres, je raffolais de ceux qui se perpétuent au Moyen-Orient, berceau de toute civilisation. Plus l'être humain est délicat, plus il cherche des plaisirs extrêmes ; plus sa culture est ancienne, sophistiquée, plus son goût et sa politesse sont profonds, plus il faut s'attendre de sa part à des actes d'inexplicable sauvagerie. Le jour venu, rien ne l'enivre plus que ce grand cru d'entre les crus, *le lacrima christi* des génocides, le sang des innocents !

Mieux vaut laisser un enfant se branler, et le marquis de Sade, cet aristo qui n'aurait pas fait de mal à une mouche — la fameuse mouche tsé-tsé féminisée de la nuit des sens —, rédiger ses *Cent Vingt Journées de Sodome*, que de laisser les êtres transgresser dans la vie des rêves, ces pulsions secrètes qui sont en chacun de nous. Si on nous laissait faire, nous aurions tué depuis longtemps père, mère, femmes, ou enfants. La dignité de l'homme, c'est d'évacuer les virtualités abominables par le langage. Parfois ce n'est plus possible ; il y a rupture. Des Chinois sanguinaires de la dynastie Ming, ce modèle de la haute civilisation, aux Portugais du XVe siècle, aux conquistadores espagnols — tout comme leurs victimes d'ailleurs, les sacrificateurs humains aztèques, ou incas — en passant par l'apothéose nazie des camps d'extermination de l'Allemagne romantique des Nibelungen, le Cambodge des Khmers rouges du temple d'Angkor, Haïti la lettrée créole, dernière petite-fille de la marquise de Sévigné s'envoyant en l'air avec ses tontons macoutes, et j'en passe. C'est l'un des plus accablants mystères de l'humanité de s'apercevoir que c'est à chaque fois la même chose. Force est de constater que ce n'est pas en éduquant les gens qu'on refrène leurs penchants meurtriers. Hélas, il faut les abrutir à la télévision, les bourrer d'analgésiques et des conneries insondables de la communication, si l'on veut arriver au comble de l'idéal sécuritaire : un seul moyen, il faut procéder à un génocide culturel pour empêcher les génocides dont l'histoire psalmodie la litanie obsédante.

Le génie du christianisme, c'est d'avoir réussi à faire en sorte qu'un saint et un boucher luttent à mort à l'intérieur du même désir. Ses grands mystiques retournèrent symboliquement contre eux-mêmes la formidable potentialité de cruauté de l'homme contre l'homme. Des premiers anachorètes à sainte Rose de Lima qui s'enfonçait des pointes rouillées dans les reins, ou à sainte Jeanne de Burgos qui faisait couler dans ses blessures la cire fondue d'un flambeau, ils étaient tous des repentants universels, qui élevèrent la jouissance de la mortification, les spasmes de l'autofustigation, et les caresses de la torture de soi jusqu'à la dignité suprême, la sainteté. Dans le génocide lent de leur chair, à coups de privations et de prières, ils témoignèrent intensément contre la violence absurde du monde.

Plus cette violence devient muette, plus l'homme d'aujourd'hui paraît désarmé. Le terrorisme, cette forme moderne de la guerre, est la conséquence du génocide culturel de nos sociétés massifiées. Plus rien ne s'oppose à la spirale de ses exactions, sinon un terrorisme accru, le terrorisme d'État. Je l'ai répété mille fois avec une clairvoyance humiliée : on ne désarme la violence du monde que par la violence de la pensée — celle d'une parole libérée, qui brise les non-dits et ne craint pas les tabous. La chose la plus courageuse que j'aie faite de ma vie, celle qui m'a valu d'être arrêté, bloqué, c'est ma dénonciation du fonctionnement du génocide culturel, la sous-culture journalistique. Nietzsche, Balzac, Dostoïevski, Kierkegaard, Kraus, Soljenitsyne, Pasolini m'ont précédé dans cette voie. Aujourd'hui il est bien tard, les tabous, ces polices de l'esprit, veillent jour et nuit à ce qu'on ne dise jamais rien. Le journaliste, un sous-officier de gendarmerie abruti qui tire sur tout ce qui bouge !

Tant qu'on aura plus peur des mots que des bombes, il y aura escalade de la violence. Cette sensation d'angoisse qui fait qu'on touche aux phrases comme à des armes à feu ! Alors il faut boucher les revolvers du langage, raccourcir les dictionnaires, appauvrir la grammaire, rendre la règle molle, faire du faux précieux, interdire la nuance, sacraliser le vulgaire, en un mot sauce-yale-démocratiser.

Aujourd'hui, on n'a plus jamais de duels qu'avec des mots à blanc. C'est la conséquence funeste, mais logique, de la machinerie bien huilée de la communication. Elle tourne à vide. Sa seule fonction, fabriquer l'huile nécessaire à sa propre lubrification. Tout baigne dans l'huile ! C'est le monde des calmants ! L'huile se répand sur les grandes tempêtes primordiales de l'esprit ! Société huileuse et erratique, celle du désordre établi, que dénonçait jadis Bernanos. En avant la vidange — la vie d'ange ! Plus de génocides, mais l'invincible montée d'un terrorisme qui ne se donnera même plus la peine de revendiquer. Quand on aura gardé les ministres, télévisions, banques, aérodromes, grands magasins, bistrots, boutiques, cabines téléphoniques, paillassons, cafetières et que la moindre bouche d'égout sera surveillée jour et nuit au mirador, quand le monde ne sera plus qu'une gigantesque garderie d'enfants de la mort pour nos deux grands yeux étonnés, les vers seront toujours dans le fruit, et les assassins seront à domicile, terroristes reconvertis en anges gardiens chargés de nous protéger. Au train où vont les choses, il n'y aura plus qu'un seul endroit au monde où se retourner en sécurité, la tombe ! Et encore...

L'œil de Caïn y était aussi. Quand je descends dans la rue, que je m'assieds à la terrasse d'un café, quand je marche sur une plage aux corps lubrifiés à l'huile sociale bronzante, hurlant silencieusement de solitude, mon nom n'est plus mon nom et le nouveau monde n'est pas *notre monde* — comme disait ma mère. « Ni le nôtre », lui répondent le comte de Fées, le Petit Fa dièse tout près du sol, Don Quichotte, monsieur Bonjour, et même Quéquette du Graal que maman ne voulut jamais recevoir à sa table.

Rester un homme libre, irrévocablement aristocratique revient à mener une vie de clandestin supérieur. *Larvatus prodeo,* avancer masqué, pour reprendre la devise de Descartes. On reste un fauve parmi les homo domesticus, égaré dans la jungle des villes. De très bonne heure, je suis entré dans la résistance. Vaincre, c'est vaincre dans l'infini ; ce qui revient à souffrir dans le fini. N'importe ! Il faut s'accrocher. Le génie, c'est de durer...

Désormais mon jardin secret des supplices se déversait dans la vie. C'est à la mémoire de Soliman le Magnifique, des roses d'Istanbul et du grand raffinement de la civilisation turque de l'époque, que les paysans anatoliens en uniforme poursuivaient leur carnage. Ils avaient le coup de main. Ils plantaient leurs poignards recourbés dans les cous délicats des fillettes comme on égorge les cabris ou les jeunes veaux. Ils assommaient à coups de crosse les femmes âgées, comme de vieilles vaches. C'était l'abattoir où ces pauvres hommes sans défense couraient en vain dans pour échapper à leurs poursuivants, tandis que les hurlements des femmes violées, puis découpées à la tronçonneuse pour être expédiées dans les usines turques de corned-beef, s'élevaient des maisons aux portes enfoncées ; et que les hommes couraient en se tenant les couilles, qu'on leur arrachait pour l'exportation des paupiettes de veau.

Juste en face, au bord du trottoir, un petit orphelin aux yeux crevés berçait dans ses bras un bout de chiffon emmailloté, sa poupée.

— Nous voulons bien rester aveugles, disait ce diable de rédacteur en chef, mais à condition que vous fassiez encore un petit effort.

Le jeune Turc sortit en maugréant une nouvelle liasse de billets de banque. Le journaliste s'en empara avidement, avant de raccompagner obséquieusement l'officier par la porte du fond.

— Merci, commandant, vous êtes trop bon. Il faut aider la presse libre à lutter pour sa survie.

A peine était-il sorti que Foucauld entra furieusement sans frapper, abordant le diable qui s'était rassis, et se grattait un cor douloureux à son pied fourchu droit. Le frère Charles brandissait la dernière édition de *L'Orient libéré*.

— Qu'est-ce que je lis ? L'empereur du Japon marie sa fille, Sarah Bernhardt joue l'Aiglon avec sa jambe de bois, le prince de Galles lance un costume à son nom, Caroline de Monaco met au monde un chimpanzé blond, et Stéphanie épouse l'ayatollah Khomeiny, Lady Di...

Il tournait les pages.

— Sur les massacres rien, rien !

— Comment ? Vous n'aimez pas Sarah Bernhardt ?

— Ce qui se passe ici est abominable.

— Nous faisons les grandes dépêches internationales, les événements qui préoccupent le monde entier. Nous sommes un grand journal, mon frère.

Foucauld désignait les fuyards dans la rue qui tombaient les uns après les autres sous les balles de leurs assassins.

— Vous ne voyez rien. Ces gens meurent sans se défendre, plutôt que de renier leur foi.

— Vous retardez, c'est de la presse ancienne. Les combats de la liberté, Chateaubriand, Rochefort, et tout le tralala, vous êtes en plein XIXe siècle !

— Alors, vous n'interviendrez donc pas ?

— Moi, j'invente le journalisme moderne. Le journalisme à l'huile, comme il y a la peinture à l'huile !

Il ne se foutait pas seulement de la gueule de Foucauld, mais aussi de la mienne. Où diable avait-il pu lire les pages que je venais à peine d'écrire ? La nature du diable, c'est son ubiquité intemporelle. C'est ainsi qu'il rivalise avec Dieu : il oppose instantanément au Bien sa perversion la plus juste.

Bien malin est celui qui retourne les mots comme un gant. Personne ne peut être ouvertement contre le Bien. Le grand art du Malin, c'est de le détourner. L'ennemi des libertés feint toujours de les défendre, le désinformateur stigmatise la désinformation, le représentant officiel du génocide se rhabille en humaniste, et la dame de charité s'assied sur la bouche ouverte du pauvre qui appelle au secours. Quand c'est le bourreau qui parle au nom de la victime, la boucle est bouclée. C'est bien connu, les gangsters adorent la vertu, comme ce sont toujours les anciennes putes qui s'en font les sentinelles incorruptibles. C'est en affichant plus fort que les autres leurs bons sentiments, que les Tartufes modernes, les Al Capone du Bien, les empêchent de s'exprimer — que dis-je, de hurler dans l'assourdissante solitude du non-sens. Baignez toutes les révoltes dans l'huile, avant de jeter les enfants arméniens avec le sang du bain des génocides. On n'arrête pas le progrès de l'industrie. Pas une journée ne se passe sans qu'on ne torture d'une manière toujours plus perfectionnée la vérité, cette bacchante suppliciée : plus elle se débat, plus les polices de l'esprit jouissent.

— Les droits de l'homme, c'est l'huile du gargarisme triomphant de la lâcheté de la presse ! Entendez ses croassements. Les droits de l'homme-grenouille ! Nous avons plongé la civilisation occidentale sous l'huile ! Nous avons huilé le Bien pour mieux l'enculer. Les bons sentiments, c'est notre vaseline ! Désormais la survie d'un affamé nourrit grassement cinq fonctionnaires du Bien. Le sang neuf des peuples, c'est aux transfusions sidaïques d'amphétamines que nous l'inoculons ! Le trafic de la charité, nous y sommes passés maîtres, nous l'avons même fonctionnarisé ! Croyez-moi, il n'y a plus rien à faire ! Ah, je pourrais vous parler pendant des heures.

— Vous êtes ignoble.

— Non, je suis un grand professionnel, un point c'est tout ! Je vends de l'ignorance, je m'interdis de vérifier ce dont je parle.

— En plus, vous avez le culot de vous en vanter.

— C'est ça, être un pro ! C'est faire le remplissage du

temps rebattu ! Etre le haut-parleur du silence de l'huile ! Etre le valet universel, l'huileur des huiles ! Le grand lubrificateur des institutions vides !

Il s'exaltait sardoniquement.

— Le magicien du néant, c'est moi ! Merlin le Désenchanteur ! Nous autres journalistes, nous n'avons pas notre pareil pour le changer en spectacle — comme dirait le grand poète Mallarmé, en « conque d'inanité sonore »... Tenez, les sommets télévisés des grands de ce monde, où il ne se passe jamais rien, nous réussissons à les dramatiser. Mieux que Sophocle, ou Shakespeare ! En plus nous avons inventé l'histoire immobile ! Plus besoin d'historiens, de Michelet, de Toynbee ! Nous avons truqué le présent, effacé le passé et confisqué l'avenir.

Jamais on n'avait mis au service de la nullité une intelligence plus diabolique — et plus tristement prophétique de l'aube du troisième millénaire.

— Enfin, nous, nous sommes les plus grands romanciers du monde. Proust, Céline, enfoncés ! Nous avons fabriqué le roman anonyme de la grande incohérence quotidienne. Le roman fou, fou, fou ! Le roman sans génie, à jamais cadenassé devant le créateur qui viendrait nous emmerder pour lui imprimer son style ! Ce roman qu'on appelle l'actualité...

Il se pencha vers le jeune prêtre et rajusta ses binocles.

— Vous n'êtes plus d'actualité, mon bon père de Foucauld. Vous feriez mieux de rentrer bien tranquillement dans les manuels d'histoire dont vous n'auriez jamais dû sortir.

— L'actualité, c'est le génocide arménien, vous vous foutez du monde.

— Vous ne me le faites pas dire, je m'en fous éperdument. J'ai les yeux fixés sur les chiffres de vente, pas sur ce qui se passe dans la rue.

A ce moment-là, on vit distinctement les Anatoliens arracher cinq paupiettes de veau à trois Arméniens — l'un d'eux n'ayant qu'une seule couille.

— Vous êtes une ordure, dit Foucauld à son interlocuteur.

— C'est mon métier. Un génocide n'est vrai que pour peu qu'on en parle dans la presse. La devise moderne des médias, le cogito quia sum des petits Descartes de la sous-culture journalistique, c'est : N'est vrai que ce qui apparaît.

Je compris que le diable ne cessait de me parler en même temps qu'à mon héros.

— Si encore il y avait une coupe du monde de foot à Damas, ça épicerait l'actualité ! Et encore ! Le massacre d'un Arménien ne vaut pas celui d'un juif ! Ah, si au moins c'étaient des juifs. Les génocides, c'est bon pour les troisièmes générations, poursuivit-il, impavide. Moins elles ont vécu, plus elles posent de bombes, ou réclament les dividendes des souffrances qu'elles n'ont pas subies. Les Arméniens, il faudrait tous les tuer pour qu'il n'y ait pas de petits enfants terroristes ! Ainsi va la vie. Tout le monde n'a pas la chance d'être né juif, et de faire la captation d'héritage d'un grand oncle gazé à Auschwitz...

— Vos discours me dégoûtent. Des gens meurent, protestez !

— C'est l'économie qui intéresse les gens sérieux, et la carolinomonaquerie, les autres. Finis les faits divers ! Nous n'avons que faire des chiens écrasés.

— Ce sont les Arméniens, les chiens ?

— En un sens, oui. Ecrivez-nous, nous publierons peut-être des extraits de votre lettre. Ça nous arrangera même, pour montrer que nous donnons la parole à tout le monde... Nous, nous inventons la presse de demain. Nous choisissons nos lecteurs, ce qu'ils doivent apprendre ou continuer d'ignorer.

Le diable se redressa en boitillant, désignant les scènes du massacre.

— Vous êtes en proie à une hallucination, mon frère. Vous avez trop prié, ou trop jeûné. Ça vous est monté à la tête. Le génocide arménien, ce n'est pas de l'actualité, c'est de l'histoire. On verra dans cent ans...

Il eut un sourire sardonique et, en se fouillant le nez, montra la première page de son journal, avec un énorme portrait,

— Aimez-vous cette photo de Johnny Halliday ? Il est beau mais il a le visage émacié. Et plus de hanches ! Dommage qu'il se massacre la santé !

N'aurais-je eu que du talent, je serais oublié. Ce ne serait que justice. Mon génie, c'est d'avoir su prendre toutes mes précautions pour ne pas être compris.

L'actualité brûlante de Foucauld, mon frère, ce journalier de l'âme, est de tous les temps : elle remonte même le temps, comme le fleuve de la vie vers ses sources. Elle est celle de notre quête d'identité, tout au long de nos années d'apprentissage interminables — yes indeed, ponctue Quéquette du Graal... Qui se trouve trop tôt est perdu : qui apprend à se perdre se retrouve. Cette quête, chacun l'a faite. Le labyrinthe des possibles n'est jamais qu'un jeu de miroirs sans tain, où se réfléchissent, opaques, soi, soi et soi. La cause de soi. C'est la seule cause. Toutes les autres ne sont que des mensonges à soi-même, et avant tout aux autres. Aime ton prochain comme toi-même, disent mystérieusement les Evangiles, c'est-à-dire autant que soi. Soi, c'est Dieu. Si Dieu existe, il a gagné au tiercé, il a le plus gros lot, être Dieu...

La malchance d'être un homme, sans parler d'être, c'est

qu'on n'est jamais sûr d'exister. On a beau se tâter le corps, compter son pouls, écouter, regarder autour de soi, on n'en croit jamais complètement ses yeux. Dieu au moins n'a pas ce genre de souci à se faire : il existe pour nous. Je veux dire : il existe pour que nous existions un peu plus nous-mêmes. Son inexistence apparente nous rassure paradoxalement sur notre peu d'existence. Nous n'étions rien, nous devenons les créatures de Dieu. Une créature s'incline toujours devant son créateur. Ça arrangeait Foucauld de croire. Pour lui, c'était un remarquable progrès vers le bas.

Seulement, il y mit un temps fou. A trente ans passés, il prolongeait sa quête bien au-delà de la période de formation. L'inquiétude spirituelle qui le taraudait avait changé cet enfant précoce en vieil adolescent retardé, ce qui fut aussi mon sort à quarante-cinq ans — quarante-quatre plus un. Un an après ma mort...

Je ne comprenais pas ce qui m'arrivait. Je ne savais pas que j'étais mort. L'eussé-je su que je me serais peut-être suicidé. Chaque fois que je voulais remonter sur les berges de la vie, je glissais au moment même où je pensais être arrivé, m'épuisant un peu plus à chaque fois. En plus de l'injustice dont je me croyais la victime, je sentais les années passer. Pas physiquement, je me portais mieux que jadis. Abstraitement, en comptant les années. Bientôt je serais lourd d'un demi-siècle. Tous ceux que j'avais précédé m'avaient maintenant largement rattrapés et dépassés. Tous ministres et lauréats, et moi Zigomar II. Je me répétais : je suis une grande carrière brisée. Ma dernière chance, monter les enjeux si haut que plus personne ne pensera me suivre. Bref, je misais tout sur le destin, ce joker de ma détresse.

L'échec condamne à la mort certaine, ou à la grandeur. Pas d'autre alternative. Livré à lui-même, qu'allait devenir Foucauld? Il avait brûlé toutes ses cartes. Ce frère convers n'avait pas plus supporté la Trappe (à Notre-Dame-des-Neiges, ou à Akbes en Syrie arménigénocidée) que le fringant cavalier l'armée, ou le géographe tous les Maroc inconnus qui restaient à explorer, de la Biélo-russie à la frontière sino-parisienne de mes immortels.

Sa conversion ne changeait rien à son caractère. Elle en exacerbait les qualités qui, au sein de la vie communautaire, se changeaient aussitôt en défauts. En voulant faire mieux que les autres, il faisait moins bien. Maximaliste de la descente vers l'humiliation, ou la pauvreté absolue, il était invivable. Incapable d'accepter les compromis sans lesquels les relations avec autrui deviennent impossibles, il errait comme une âme en peine, éblouie, vaticinante, sur les routes poussiéreuses et inondées de soleil, en fou de Dieu zigzaguant d'un couvent l'autre. Heureusement que Dieu et lui, tous deux fous de l'autre, étaient aussi fous l'un que l'autre pour s'entendre. Et moi aussi fou que les deux...

Allait-il chez les Bénédictins? Atchoum éternuait pour lui, et les arbres échangeaient les oiseaux comme des mots effrayés. Alors on lui reprochait de faire le zigomar, et il se plaignait de son côté que les moines ne sachent pas, comme les fioretti de saint François d'Assise, converser avec les oiseaux. « Je n'ai pas encore trouvé mon nid », écrivait-il à Mme de Bondy, missive aussitôt acheminée par Hec Cetera qui en se démultipliant se relayait dans ma bibliothèque calcinée de la place des Vosges pour qu'elle arrive plus vite. Alors Œil de lynx, qui voyait bien, au moins à une journée de marche en Palestine, intima cette recommandation comminatoire à Foucauld :

— Allez vous faire voir chez les Franciscains.

N'étant pas vraiment Dieu, et pas encore saint, il ne se fit pas prier. Il y alla. C'était à Capharnaüm, il l'avait trouvé en cet état.

— Veux-tu ranger le tien, m'ordonnait sans cesse ma mère, quand elle rentrait dans ma chambre, aux jouets dispersés jonchant le carrelage, en Tunisie.

Capharnaüm, c'était une ville en désordre comme tous les jouets le sont. Sinon, ce ne seraient pas des jouets, ni cette ville, une ville semblable à une autre ville. On ne s'amuse pas dans une ville en ordre. Foucauld cherchait un ordre qui pût lui convenir, et n'en trouvait pas : en fonder un, c'est créer le désordre enfantin qui nous ressemble. Malheureusement, les adultes ne comprennent jamais ça. Ni le reste. En plus Foucauld ne voulait ni une ville, avec ses petits cubes blancs de maisons dans la lumière intense du Levant, pareils à mes jouets de construction répandus jadis sur le sable de la plage de La Marsa, ni quelque ordre que ce fût. Il était en quête d'un ordre religieux que son âme capharnaümique ne pouvait concevoir, non plus, chez les Franciscains de Capharnaüm. Ce n'était ni son ordre à lui, ni le désordre dont il avait besoin.

Poursuivant sa longue fuite en avant, tout lui était mauvaise excuse à son farouche besoin d'indépendance et de grandeur qui ne s'accomplirait que dans le désert. Pourtant il avait déjà commencé sa traversée, laissant derrière lui les empreintes invisibles de sa progression inexorable vers le bas.

Quand il n'avait rien à boire, il désaltérait sa soif de Dieu en buvant l'eau tiède des écuelles de chien ; comme il n'avait presque rien à manger, il partageait le festin des plus pauvres dans les champs d'ordures, se nourrissant de vieilles pelures d'oranges et rongeant les derniers lambeaux de viande pourrie des os de mouton. Si ses parents avaient vu ça ! Heureusement qu'ils étaient morts. Les eût-on interrogés sur ce que devenait leur orphelin dans les goûters du seizième arrondissement, son père serait aussitôt mort de maladie honteuse, syphilis martiniquaise, et sa mère en couches à l'idée d'enfanter un père de Foucauld, ayant la vision de sa perte dans le dédale urbain d'un champ de jouets cubiques en Palestine.

Foucauld se retapait dans les monastères de passage. Il n'y restait jamais plus de deux ou trois jours. Un matin, il frappa à un couvent de clarisses, délicieuses petites sœurs.

— Vous n'avez pas de travail pour un pauvre pécheur ? leur demanda-t-il au travers du judas.

— Allez jeter vos filets ailleurs, lui répondit la sœur tourière, il y a de gros poissons dans le lac de Tibériade. Des brochets, des tanches et des anguilles...

Foucauld frappa de nouveau. Derrière on devait croire que c'était n'importe quel pitre des cactus, un Sitting-Clown ; et d'ailleurs c'en était un. Comme on ne lui ouvrait toujours pas, il s'assit, sortit un chapelet de sa ceinture, et commença à prier, égrenant les gros grains marrons entre son pouce et son index. Derrière, les sœurs l'observaient. Froufroutements soyeux, rires étouffés de fillettes recluses, desséchées sur tige et qui soudain refleurissaient...

— Il y a anguille sous roche, pour un vagabond, il a de bien belles mains, dit l'une d'elles.

— Des mains pour jouer du Bach, remarqua l'autre sœur, Marthe, qui était la cinquième sœur — et comme telle vouée aux ordres — d'une famille de châtelains catholiques du Languedoc.

— Des mains pour caresser la peau douce des grains du chapelet, opina une troisième sœur, dont la peau à force d'être brûlée par le soleil avait pris la dureté croûteuse de ce que personne ne caresse jamais — sauf Dieu, quand il a le temps. (Il ne l'a presque jamais.)

— Faut prévenir la mère Marie-Ange, décida la première.

Aussitôt dit, aussitôt fait. La mère supérieure Marie-Ange, abbesse de Sainte-Claire, de noble extraction française, curieuse comme une pie, s'installa derrière le judas pour épier le singulier vagabond.

— Ça fait trois heures que vous êtes ici, l'interpella-t-elle enfin.

— Le Seigneur a dit : « Frappez, on vous ouvrira. » J'ai frappé, on ne m'a pas ouvert.

— Que savez-vous faire ?

— Planter les choux à la mode de chez nous, lui répondit Foucauld, qui avait reconnu une fervente voix française, qui sentait fort la fausse sceptique.

— Vous avez de belles mains, sauriez-vous jouer du Bach ? lui lança soudain l'abbesse.

— Bach, j'en ai joué toute mon enfance, répondit le frère Charles.

— *Le Clavecin bien tempéré ?*

— Oui.

— Savez-vous réciter la gamme dans l'ordre des dièses sur la portée ?

— Oui.

— Allez-y...

— Fa la do ré sol si da.

— Vous avez dit sida.

— Oui, sida.

C'était le mot de passe. La sœur tourière, sœur Sida, ouvrit toute grande la porte du couvent à Foucauld, habillé en plus comme l'As de pique. Il avait au moins cette dernière carte, et il venait de la jouer.

— Heureusement que je lui ai donné un coup de main, se rengorgea mon immortel naphtaliné sur un cintre, dans ma penderie.

Je l'avais dans ma manche à ce point précis de mon récit. Les autres sœurs accueillirent Foucauld, parmi lesquelles sœur Sister, sœur Sœur, et sœur Sir — de petite noblesse anglaise — et lui confièrent un poste de jardinier.

Au lieu de couper les fleurs avec son sécateur, il se tailla les cheveux en tout sens, ridiculement.

— Vous vous êtes ratiboisé. Auriez-vous la teigne ? lui demanda sœur Sir.

— Ne l'embêtez pas, prit sa défense l'abbesse Marie-Ange, en soulevant délicatement sa tasse bleue de Delft pleine à ras bord d'une délicieuse tisane verte de menthe religieuse.

Elle avait deviné sous le gazon désordonné de sa chevelure ses racines de noble extraction. Pour peu que des bois généalogiques y repoussent, ceux des grands cerfs catholiques assoiffés, la supérieure, issue d'une vieille famille aristocratique d'Anjou, ne se sentirait plus.

— Je retourne à mon château, déclara aussitôt Foucauld en se dirigeant vers le minuscule cabanon où il s'était installé au fond du jardin, comme nous avions aussi le nôtre, à La Marsa, où nous étions contraints de ranger vite nos jouets quand nous nous étions payé la tête de Saint-Ex.

C'était un invraisemblable capharnaüm, où Foucauld avait élu domicile. Comme le dernier des Mohicans et moi, quand nous voulions nous cacher.

— Mais non, mais non ! Reviens, mon Petit Prince, appelait l'aviateur.

Nous restions jusqu'à ce qu'il se lasse, et s'en aille. Tout de même, nous pouvions allonger nos jambes. Pas Foucauld qui, en dépit de sa petite taille, avait trop grandi pour ne pas prendre les siennes dans les pelles, ou le râteau. Souvent il se plaisait à marcher dessus pour s'assommer. Bien sûr, nous avions disposé le nôtre sur le trajet de ce distrait de Saint-Ex, et une pioche des fois qu'il ait soudain à piocher dans ses bouquins de théologie, ces cailloux symboliques de l'aride Palestine dont est sorti notre christianisme.

Le doigt sur la gâchette des songes, Foucauld se couchait en chien de fusil. Recroquevillé, insomniaque, la tête posée sur un sac de son en guise d'oreiller. Il ne pouvait fermer l'œil, sans contempler, à n'en plus finir, l'image du Sacré Cœur épinglée sur le mur de planches, doucement éclairé par l'obscure clarté qui tombe des étoiles depuis que Corneille, l'oiseau baroque de la tragédie classique, l'a découverte.

Amalis numquam satis, on vaut par ce qu'on aime. Si Dieu est soi, vous, donc toi, Jésus est fils de l'homme. Le Sacré Cœur, c'est le fils blessé de tous les hommes. C'est le morceau de choix de la charcuterie religieuse du XIXe siècle. Marbre de boucherie sanglant de la dévotion des serviteurs de Dieu. Qu'est-ce qu'un cœur ? Une pompe à sang pourrie. Une grosse fraise tumescente. Un gant de boxe engorgé et décomposé. Quelle horreur ! Enseigne lumineuse du catholicisme, ce Sacré Cœur m'écœure et me fascine.

L'abbé Huvelin avait appris à Foucauld à aimer ce Jésus-là, pur produit des querelles des théologiens, de ces groupes de pression, les ordres religieux. Le sens même du jésuitisme, c'est le retour à Jésus ! La conséquence de la révolution copernicienne de la foi aura été le christocentrisme ! Le complot de Jésus contre Dieu ! Le meurtre du père ! A la foire du trône divin, les mains de saint Ignace de Loyola, de Bérulle, de l'abbé Benoît, pour enclencher la roue à trois chiffres de la Sainte Trinité, ce compromis de l'abstraction ! Le XIXe siècle était tombé sur le numéro deux, le fils, comme le XXe s'est arrêté au Saint-Esprit. La roue tourne, chantonna Grosso Modo mon immortel...

Il se faisait tard, Foucauld et moi étions trop fatigués pour poursuivre cette méditation, qui emmerdait l'As de pique qui aurait préféré que Jésus eût un cœur noir comme lui sur la poitrine, et boudait dans sa penderie — d'autant que Jésus avec sa longue robe froissée était aussi habillé comme lui. Nous nous endormîmes sur le distinguo entre extase dans Dieu — c'est-à-dire dans le vide, de l'hindouisme à la foi des premiers Pères de l'Église — et l'extase dans l'objet — c'est-à-dire dans Jésus. Il paraît même que je ronflais. N'en croyez rien ! C'était le grondement du fauve spirituel, avant de bondir sur les proies invisibles de l'ombre.

L'âme est aussi animale que le cerveau peut être animiste. On risque toujours de se réveiller, le ventre en feu, la nuque inondée de sueur, en proie au débordement de ses propres fantasmes. Toute la lie de son existence dévergondée remontait en Foucauld ; ces rappels de rots avariés le crucifiaient, des haleines furieuses lui buvaient la bouche. Une fille chassée par la porte du récit, et qui s'arrangeait toujours pour rentrer par la fenêtre des songes, souleva sa robe, montrant son ventre ballonné de femme abandonnée et enceinte. Elle susurrait :

— Viens caresser mon ballon rouge...

La vision s'estompa pour laisser la place, comme dans le défilé des modes de la lubricité hébétée, à mademoiselle Titre en robe de mariée couverte de goémon et de guano.

— Viens déposer ta fiente.

Puis venait l'Ethiopienne aux jambes ouvertes sur un sexe noir étoilé du dedans comme la nuit, dont elle écartait les petites lèvres.

— Viens, je suis Dieu, viens dans mon trou noir, viens dans mon ciel.

Enfin surgit Marie de Bondy, dévergondée et jalouse. Elle dégrafa soudain son corsage violet, pour dévoiler ses seins nus en forme de poire à soif, le tatouage d'un Sacré Cœur saignant sur le téton gauche.

— Viens caresser mon cœur de Jésus, gémissait-elle.

— Va-t'en, putain de Dieu, grommelait Foucauld en se contorsionnant.

Les pas de sa mémoire ayant marché par inadvertance dessus, il sentait entre ses cuisses se dresser le manche en bois du râteau à moustaches qui allait bientôt, au bout de son érection, lui en foutre plein la gueule. Dans le grand chambardement du cabanon à outils bizarres de son cerveau, il s'empara de la pioche afin de résister à la tentation. De toute façon il n'aurait pu y céder : l'intelligence du christianisme, c'est de ne jamais condamner ce qui n'arrive pas réellement, mais de le reléguer dans les débarras de l'onirisme domestique.

Comme Marie, la bigote obscène, ne s'effaçait toujours pas, il donna un violent coup de pioche sur le tatouage de son Sacré Cœur. Il y eut un bruit sourd, il s'éveilla. Au mur on pouvait voir l'image du Christ transpercée par la pointe de la pioche, à l'endroit du cœur ruisselant de sang. Chacun blesse ce qu'il aime.

Maman, j'ai bien travaillé. J'aurai bientôt deux cent deux pages d'écrites. Mon enquête a duré trois ans. La bibliographie foucaldienne est considérable — ou plutôt l'hagiographie des éloges de *nos familles* consacrée à ce saint préfabriqué de l'Empire français. Il lui servit de bonne conscience. Ce roi rapace du colonialisme était nu. Il se rhabilla providentiellement avec la robe blanche, au cœur cousu, ensanglanté, de la grandeur morale de l'ascète. Greffe symbolique d'un alibi...

On ne peut imaginer le nombre de vieilles culottes de cuir, de colonels en retraite, de chanoines intégristes, ou de chaisières de Saint-Honoré-d'Eylau, qui écrivirent sur lui. Ces ouvrages n'offrent pas le moindre intérêt : ils ne font que ressasser la biographie que l'académicien René Bazin lui consacra en 1921, répondant enfin à la demande que Foucauld lui avait faite avant de mourir, cinq ans auparavant. Voulait-il devenir célèbre ? Etre la vedette du show-bizz du Sacré Cœur ? Cette viande sur un étal de boucherie, comme s'en moquait l'athée Emile Zola.

Pour consulter la moindre correspondance, ou iconographie, j'ai traversé la France. Je n'ai rien appris de bien nouveau : les héritiers ont brûlé depuis longtemps, ou mis sous clé, tout ce qui pourrait gêner ou compromettre gravement l'image officielle qu'ils voudraient voir se perpétuer, et dont ils se font les gardiens vigilants et tristes. Des juges à la retraite, ou des officiers toujours. Il n'empêche, mille rumeurs ont circulé à son propos. Notamment sur son homosexualité, en raison de son amitié pour les pédés divins que furent le maréchal Lyautey, ce travesti de la Colo, et Louis Massignon, à qui il dispute le déshonneur redoutable de passer pour un espion français auprès des Algériens. S'ajoutant aux légendes dorées de la saga héroïque de *nos familles*, plus ces rumeurs s'enflaient, moins elles étaient vérifiables. C'est le nuage poudreux qui accompagne la boule de neige. Elle devient une avalanche, elle se nourrit de sa chute, elle grossit sans cesse, elle prend de la vitesse et elle ensevelit tout sur son passage. Ainsi fonctionne le mythe, à mesure qu'il grandit il vous submerge. Foucauld est le dernier grand mythe français qui soit passé longuement sur notre peuple. C'est l'ultime vestige de sa splendeur défunte. Désormais il a cessé de débouler, il s'est fondu lentement dans la vallée blanche de l'oubli où toutes choses achèvent leur course.

J'ai consulté à Rome, à la Causa dei Santi (appelé familièrement au Vatican, le ministère des Anciens Combattants), les archives du procès en canonisation de Foucauld, qui s'y rendit lui-même le 30 octobre 1896 (jour anniversaire de sa conversion — dix ans) pour y prendre des cours à l'université grégorienne. Il y a un énorme volume à usage interne que la curie m'a prêté, que j'ai gardé, et que je n'ai jamais rendu ; il retranscrit les actes et les interrogatoires des témoins. On n'y relève aucun des phénomènes physiques de la sainteté, ni lévitation, ni stigmates, ni odeur, ni incorruption du corps. L'avocat sort de *La Divine Comédie*. Croyez-le, il s'appelle Dante dans le long purgatoire d'une canonisation difficile — rendue encore plus malaisée par l'insistance de *nos familles* à se vouloir sanctifiées au travers lui. Le président est un cardinal. Le Diable est aussi de la partie, le procureur, qu'on appelle sans équivoque l'avocat du Diable. J'ai épluché en détail ce procès sans fin et que j'ai en quelque sorte suspendu puisqu'il ne peut se poursuivre sans la pièce maîtresse qu'on m'a laissé subtiliser. Volontairement ? Je m'interroge. Le Vatican a-t-il voulu se laver les mains d'une sainteté douteuse en déposant en compensation dans les miennes une offrande à la littérature. Quoi qu'il en soit, le procès de Jeanne d'Arc dura huit siècles, l'Eglise n'est pas pressée. En plus, elle est distraite. Ça l'arrange politiquement, pour ne pas se laisser déborder par la vox populi qui, jusqu'au XIIe siècle, nommait les saints à sa place. Avant elle n'était encore qu'une chambre d'enregistrement des délires de la plèbe.

J'ai passé six mois dans la ville éternelle. L'enquête à laquelle je me livrais, c'était la longue parenthèse de silence de ma vie d'homme public, tout près des murs de la Villa Médicis. J'ai fait tout ce qu'il était possible de faire. J'ai visité Notre-Dame-des-Neiges. Je suis allé sur ses traces à Essaouira ; quand bien même retardais-je, sans cesse, le moment d'aller au bout du monde, l'Acekrem. J'ai assisté en l'église Saint-Augustin à la messe annuelle commémorative, ainsi qu'à la veillée dans la crypte de la basilique de Montmartre. C'était encore l'abbé Six qui l'animait, le seul homme qui se soit penché sérieusement sur l'itinéraire spirituel de Foucauld — son itinéraire humain ayant été établi une fois pour toutes par René Bazin.

J'ai aussi étudié l'apport géographique, linguistique de Foucauld. Evidemment, j'ai aussi lu toutes ses lettres à ses amis, et tous ses écrits de toutes sortes. Je me suis tapé consciencieusement cette corvée ! Petit saint — si l'on s'en réfère aux malentendus qu'il a engendrés et aux manipulations dont son image a été l'enjeu politique — mais grand savant. Il n'est pas vraiment connu pour les seules œuvres durables qu'il ait accomplies, son dictionnaire français-touareg, sa grammaire, et son recueil de poésies tamachek. Ainsi en est-il probablement de chacun de nous.

N'importe. Pour tout dire, j'aurais pu écrire la biographie sérieuse de Foucauld, celle qu'on attendait. Mis au coin par le pouvoir, je n'ai jamais rechigné devant les pensums que la vie m'a imposés. J'aurais pu être un historien passable, défendre des thèses différentes des autres, ratiociner, gloser, et produire le résultat de ma sage compilation d'une vie morte. Ce n'était pas possible. Foucauld était toujours vivant. Il ne ressemblait en rien à ces classiques dont le seul fait d'avoir eu à les étudier en classe vous en dégoûte à jamais. Ces Rabelais, ces Molière, ou ces Racine qu'on met ensuite un temps fou à redécouvrir par soi-même — pour sa propre délectation. Enfin ! Moi, il fallait que j'arrache mon Foucauld aux pages du catéchisme édifiant dans lequel on l'enferme à raison d'au moins cinq ouvrages dévots par an, et que j'en fasse ce qu'il est réellement. Pas ce petit saint barbant, mais un personnage vraiment moderne, c'est-à-dire un immortel, notre Don Quichotte français !

Le don quichottisme est la seule forme de sainteté contemporaine, celle d'être sans relâche l'empêcheur de tourner en rond des roues des moulins à vent bien réels du système fait pour moudre et broyer votre liberté, ou votre intelligence vive. Foucauld m'avait accompagné depuis ma plus petite enfance. En me replongeant soudain dans le ruisselet enchanté de mes origines, je me suis mis à nager dans le sombre fleuve de mes années de détresse. J'allais me noyer en ses tourbillons : Foucauld a été ma planche de salut. Je lui dois d'avoir survécu. Je lui dois de m'être remis à écrire, après de longues années de silence. Bref, je lui dois tout... Ma mère l'avait compris. On a bien tort de ne pas écouter ses parents.

Repassant de temps à autre à Paris, pour y vivre de tristes semaines dans mon appartement incendié où les travaux n'avaient pas encore commencé, je décidai d'achever mon livre en Corse. Zigomar ayant froid aux mains, il me pressait de réchauffer les miennes au soleil.

Juché sur la dernière maison de la colline de Notre-Dame-de-la-Serra, j'écrivais en contemplant la baie de Calvi à mes pieds avec de ses aubes, je ne vous dis que ça, des aubes estampillées opales et pâles à la japonaise, au-dessus de la Méditerranée, ce grand lac salé et immobile. Les verdures noircies de la terre et l'eau couleur de mica agissaient sur moi comme le tain au fond du miroir de mon passé. Je poursuivais la lecture de la *Méditation aux bois sacrés d'Isé* de Louis Massignon (dont je cherchais une fois de plus à comprendre les filiations intellectuelles avec Foucauld). J'aurais pu reprendre mot pour mot à mon compte sa prose superbe, dans le paysage : je suis ramené jusqu'à mon lieu natal, étrangement retrouvé là. Je ne suis plus un voyageur, mais un pèlerin tout nouveau. Isé, Rome, Essaouira, Calvi...

Ma solitude, je la vivais en passant du travail au désœuvrement enchanté. Jamais mon désespoir n'avait été plus profond, ni mon allégresse intérieure plus forte. Ils se nourrissaient l'un de l'autre. Un artiste est toujours seul. Ma nouvelle condition, c'était aussi la pauvreté. Aucun éditeur n'acceptait plus de me signer un contrat, tant que je n'aurais pas remis le manuscrit. Je vivais d'emprunts, d'expédients. L'hospitalité qu'on m'offrit, dont s'honoraient gentiment ceux chez qui je vivais, c'était le luxe par procuration de ma misère. Ayant jadis été aussi riche que Foucauld, je découvrais les véritables inconvénients de ma rupture avec le pouvoir, un dénuement inconnu que je n'avais même pas choisi — à la différence de mon modèle. D'un côté il y avait l'ermite, frère Charles, de l'autre il y avait moi, bernard-l'ermite, squattant d'un coquillage l'autre. Nous restions proches. Mes couvents, c'étaient les villas d'amis aux drapés de nacre. Je m'y lovais. Grand écrivain déchu, je survivais sur ma réputation.

Parfois, on me disait : « Vous ne faites plus rien. » Un jour, une femme — pour qui mon passé restait présent, comme si la veille encore j'avais donné la becquée publicitaire aux affamés d'Ethiopie, attaqué les nouveaux gourous, ou sorti quelques propos gravement pensés sur le réveil du sentiment religieux en Charente-Maritime — m'aborda dans la rue : « Vous vous battez pour moi », me déclara-t-elle, péremptoire. Je la regardai, talons plats, cheveux gris, souillon idéologisée d'entre deux âges. Non, je ne m'étais jamais battu pour elle. Cette seule idée me fit soudain horreur. Pas plus que je ne m'étais battu pour vous, grands dieux ! Qu'étais-je devenu ? Quel devoir ai-je cru avoir à m'ordonner envers vous ? Quel droit avez-vous eu, vous tous, d'encombrer ma vie, de me voler mon temps, ma jeunesse, ma passion, de sonder mon âme, de ronger l'os de ma présence, de sucer la moelle de mes passions, de m'avoir pour compagnon, pour confident, et pour assistante sociale culturelle ? Etais-je l'esclave de tous, ou la prostituée volontaire de ma qualité d'âme ? On ne m'a pas compris, j'ai tendu des verges pour me faire fouetter, je l'avoue. Peu importe, il y a un grand malentendu entre moi et les autres. Je suis un homme qui voudrait vivre une vie héroïque — celle de la grande génération des Foucauld.

Mon Foucauld, c'est moi. Peut-être est-ce aussi vous. Plaise aux cieux, si c'est vraiment vous, que vous n'ayez pas été mis littéralement hors de vous, c'est-à-dire amoureux, et qu'à mesure l'aventure que je m'apprête à narrer s'éloigne avec son petit bagage de pincements de cœur. Je commence enfin à pouvoir la raconter.

Depuis bien longtemps, je n'aimais plus, j'avais oublié mon corps, occupé que j'étais à me sauver d'abord l'esprit dans le seul travail. J'ignorais que j'allais me perdre dans l'amour. Il me ferait perdre encore plus de temps que mes démêlés avec le pouvoir. Foucauld résista à la tentation, moi j'y succombais..

Pourtant je me croyais à l'abri : ça m'arrangeait d'avoir désappris l'amour. Je n'avais plus que des relations sexuelles, la baise. Quand l'amour entra — que dis-je, fit irruption — il me mena par surprise (de la même surprise où me plongea le chagrin de la mort de ma mère) à un paroxysme de sentiments, et à un débordement des sens dont je ne me serais plus cru capable.

J'avais eu comme Foucauld le culte de l'amitié entre hommes. Avec eux je vécus la pleine confusion de l'amitié et de l'amour, ne réservant aux femmes que les débordements de ma chair anxieuse. Je ne reviendrai pas sur mes interminables années de libertinage effréné. Le simple battement de cils d'une inconnue, trois sièges derrière le mien dans un car de Quimper à Douarnenez, me dérange, m'assourdit toujours de son vacarme sensuel.

La célébrité m'apporta de surcroît celle que l'âge aurait dû me faire perdre. La mémoire de mes couilles est emplie de mille prénoms adorables ; et il m'arriva même, pendant un temps, de tenir comme Foucauld le carnet de blanchisserie où j'énumérais toutes mes reines de nuit.

De toutes celles que j'ai eues, les plus importantes furent les compagnes de mes livres. Elles furent aussi les plus intenses de ma vie, il ne peut pas y avoir de roman sans femmes. La substance même du roman, c'est la femme, le levain dont on fait le chef-d'œuvre. Pas de grand roman qui n'ait été traversé par une femme. A l'heure où Claire de Lune sortait une fois pour toutes du roman de la vie de Foucauld, une inconnue entra dans la mienne. Le conte de la lune vague de la baie de Calvi me venait de loin. Don généalogique de *nos familles,* c'est comme si Foucauld, par-delà la mort, m'avait expédié Diane, cette vertigineuse et gracieuse émissaire de l'impossible. Elle fut un malheur inespéré.

La première fois que je vis Diane, c'était au Bout du monde — un bistrot de plage, dont la terrasse de ciment au nom prédestiné m'attirait invinciblement. Au fond, je n'avais pas besoin de le chercher si loin. Depuis le temps que je partais au bout du monde, sans jamais y arriver, il fallait bien que j'échoue une fois de plus au bout de moi-même, n'importe où. De toute façon c'était tout près. Le bout du monde est toujours à deux pas...

Les allumeuses m'ennuient et me glacent. D'emblée je ne marchai pas dans son jeu, que je lui vis si souvent mener depuis. C'était une violeuse d'hommes par la séduction, rampant littéralement comme une panthère vers sa proie, ondulant de la croupe tout entière vouée à sa tâche hypnotique. Elle fixait les hommes de ses yeux brillants comme des pruneaux trempés dans de l'huile — celle des vieux bocaux de *nos familles*, rangés sur les étagères des armoires, trônant dans les cuisines aux cuivres briqués de roux et de vermeil. Elle était assise de profil, appuyée à la rampe surplombant les vagues.

— Comment t'appelles-tu ? lui demandai-je.

— Diane de Bondy.

— Comme la cousine du père de Foucauld ?

— Je suis sa petite-nièce...

Ça tombait bien, n'est-ce pas ! Et pourtant cette Diane ne m'intéressait pas. Comme eût dit maman : « Arrête de faire ton intéressant. » Or elle faisait son intéressante, signe mystérieux de déclassement pour *nos familles*. Elle me mettait mal à l'aise, par sa manière de se coller aux autres et de se contorsionner lentement, avec la maladresse gracieuse, et paradoxale d'une douce mygale. Je devinai instantanément sa stratégie auprès des autres hommes : se laisser caresser et vous piquer soudain, en plein cœur, provoquant une insupportable douleur qui lancine, s'apaise, et dès qu'on s'en croit soulagé, vous recouvre cruellement d'une souffrance encore plus insoutenable qu'avant.

Je laissai tout de même mon subconscient romanesque, cette plaque sensible qu'un rien, un coup de brise, un imperceptible sourire ou l'effleurement de l'aile d'une libellule suffisent à impressionner, enregistrer, archiver mécaniquement les banalités de sa singularité. Elle était comédienne. Elle parlait de sa carrière. Quelle carrière ? De ses relations. Quelles relations ? De son exil à Calvi depuis deux ans. Pourquoi ? Je la trouvais parfaitement ringarde, un cageot, en argot de la drague. Une ratée mélancolique dont regorgent nos provinces, jouant son hystérie mondaine sur le registre de la passion, l'arrière-petite-fille de Madame Bovary, une Bovarette atteinte de cette maladie moderne, cette affectation un peu triste de nos sociétés à la vie associative détruite, qui contamine particulièrement les femmes faites pour régner au cœur de la toile d'araignée familiale : la folie douce. Certes elle était jolie, mais j'en avais vu des centaines comme elle. Encore que je lui trouvais les chevilles un peu épaisses. Et puis, ce n'était pas mon type de femme : trop mince, trop fille-enfant. L'Occident est rempli de ces michetonneuses métaphysiques, qui n'ont que leurs charmes de filles perdues à négocier au rabais. Avoir de longs cheveux noirs ne lui conférait pas obligatoirement le statut de féminité qu'elle arborait avec une ostentation gênante. Sa chevelure n'était aussi qu'une liane morte s'écoulant sur la peau de cire desséchée des jeunes revenantes qui ne cessent de zombiser le monde des vivants.

Bref, j'étais bien le seul à ne pas lui trouver cette extraordinaire beauté que tous les autres s'accordaient à lui reconnaître. A part son sourire, que j'entrevis fugacement en cette fin d'après-midi-là, un sourire qui illumina soudain tout son visage, radieux, magnétique, un incroyable sourire comme je n'en avais jamais vu chez aucune femme — un sourire dont je ne compris que bien plus tard ce qu'il évoquait au tréfonds de moi-même, car le sourire et la grimace de la douleur ne sont qu'une seule et même expression. Ce sourire, il me poursuivait depuis longtemps : je l'avais vu sur une planche photographique d'un vieux livre de psychiatrie. Il était d'autant plus bouleversant et intense qu'il était en absolue contradiction avec ce qu'aurait dû exprimer le jeune Chinois supplicié qui y était représenté, la poitrine ouverte à l'endroit du cœur, les mains liées derrière le dos, le cou rejeté en arrière, tel qu'un philosophe de la transgression et de l'érotisme l'a admirablement évoqué : les cheveux dressés sur la tête, hideux, hagard, zébré de sang, beau comme une guêpe. Belle comme un insecte doré, strié de noir, je revois toujours Diane en ces instants de notre première rencontre. Rien n'est plus inexpressif qu'un sourire. C'est le rictus froid de l'angoisse. Le sourire de Diane, c'était le sourire de la mort. Il me hante toujours.

Pourtant, emporté par la conversation, je ne fis bientôt plus attention à cette Diane. Je lui parlais avec une pitié un peu méprisante. Elle s'en alla, papillonnant de table en table, paraissant butiner çà et là quelques pollens de mots et autant de vodkas-orange qu'on lui offrait — pour voleter presque aussitôt après plus loin, en se faufilant au nombre des invités de la table d'à côté.

Je ne pensais plus à elle quand je remontai de la plage, une heure plus tard. Je la retrouvai assise sur les escaliers de ciment menant à la voie de chemin de fer, la poussive et pittoresque vieille micheline corse, insecte de ferraille bringuebalant. M'attendait-elle ? Je ne sais ce qui me prit : je posai mes deux mains à plat sur ses joues, serrant très fort. Je lui écrasai les tempes, et lui dis, sans savoir pourquoi — comme ce qui sait en vous ne sait pas ce qu'il sait :

— Dommage pour toi que tu ne sois pas un petit garçon, *sinon je t'aurais enculée.*

Je m'en allai, puis je l'oubliai.

Était-ce un rêve ? On oublie toujours ses rêves, sauf quand ils reviennent. Il était écrit que je ne pouvais oublier Diane ; pas plus que Foucauld ne réussissait à chasser le souvenir de son aïeule, Marie de Bondy. Un rayon de soleil inondait le visage du frère Charles qui rouvrait péniblement les yeux, en papillotant des paupières. Assommé, il avait dormi jusqu'à onze heures du matin. Par la lucarne, on distinguait un bout d'échelle, une jupe noire de religieuse et surtout un ravissant mollet blanc.

— Ah, non ! Trop, c'est trop ! gémit Foucauld, se croyant toujours poursuivi par ses fantasmes.

Il se retourna vers le mur pour ne pas voir. On frappa au carreau.

C'était le dimanche de la fête de la Transfiguration. Toutes les sœurs étaient parties en pèlerinage au mont des Béatitudes, sauf la jeune sœur, Sister, une jolie petite Anglaise à cornette blanche qui se livrait à d'humbles travaux domestiques. Elle repeignait le toit du cabanon.

— Voulez-vous monter à ma place ? dit-elle à Foucauld.

— Je connais l'histoire, lui répondit le bon père.

L'échelle glissa tout de même. Il retint sister Sister, l'eut soudain dans les bras, cette charmante tourterelle aux lèvres palpitantes ; et il recommença à sentir le désir ruisseler en lui. Alors il la laissa carrément tomber.

— Ce n'est pas sa faute, dit une voix qui venait par-derrière.

— C'est parfois un enfer de vivre avec les femmes, je suis bien placé pour le savoir.

— Vous ici ! bondit le père de surprise, en reconnaissant le rédacteur en chef de *L'Orient libéré*.

— Ils voulaient me virer parce que j'ai publié votre lettre sur les Arméniens. Heureusement que je les ai doublés en faisant jouer la clause de conscience. Après trente-trois ans de mauvais et déloyaux services, ricana le diable, ça fait un joli paquet.

C'était bien l'illustre coq en pâte en uniforme de mes cauchemars de première communion, l'intrus parfait, le réincarné formidable se vautrant, dans la dure nuit, sur le blanc des yeux des hommes endormis, que dis-je, le diable...

— Qu'en avez-vous fait ? demanda Foucauld.

— Je me suis recyclé. Je me suis lancé dans l'immobilier. J'ai acheté des terrains, je suis un diable à l'américaine, c'est très rentable. Je sais faire trente-six métiers. — Il retroussa ses babines rousses de contentement. — Mon coup de génie : j'ai placé dans les lieux saints. Le tourisme bondieusard, il n'y a que ça de vrai ! J'ai des projets plein mes cartons, une tour de soixante-dix-sept étages en haut du Golgotha, en forme de croix, une galerie de marchands du Temple dans la grande synagogue de Jérusalem, et des résidences au jardin des Oliviers. Pour trente deniers, clés en main, on pourra se porter acquéreur d'un « Judas cottage » avec une corde dans la penderie. Tenez, j'ai une bonne affaire pour vous. Depuis le temps que les catholiques veulent le récupérer, je peux vous vendre le mont des Béatitudes...

Le sang de Foucauld ne fit qu'un tour. Le diable venait de frapper, avec un art consommé, au point le plus faible de son armure : son rêve de fonder sa propre congrégation. Non seulement le mont des Béatitudes, où Jésus prononça son sermon sur la montagne, passerait des mains des impies à celles des chrétiens, mais il y établirait sa communauté à lui, qui suivrait les règles qu'il aurait lui-même édictées.

— C'est treize mille francs le mètre carré, laissa tomber prosaïquement le promoteur. C'est pas cher pour ce que c'est.

Comme Foucauld n'avait plus un sou, il écrivit à sa famille pour lui demander de l'aide. Il va enfin se fixer dans la vie, se félicitèrent aussitôt les siens. En attendant de recevoir une réponse obligatoirement positive, il contemplait tous les matins les nuages en désignant péremptoirement l'un d'eux.

— Par là, c'est le mont des Béatitudes ?

— Non, c'est un simple nuage, lui répondait l'abbesse Marie-Ange en tempérant son ardeur, vous confondez, c'est plus à gauche.

Elle désignait un autre point du paysage, où on ne voyait rien. Si bien qu'à force de ne rien voir, il faudrait bien qu'il parte là-bas en excursion. Il avait reçu le jour même l'argent nécessaire. Sa famille s'était saignée aux quatre veines en apprenant qu'enfin guéri de son incorrigible instabilité, il se fixait, il faisait son trou. Il ne lui restait plus qu'à payer le promoteur, cette armoire à glace vivante que le monde traîne après lui depuis qu'il est monde, et qui arriva comme par hasard au moment même où il décachetait l'enveloppe contenant le chèque certifié.

— Vous n'avez qu'à mettre au dos, à l'ordre de la Garantie foncière orientale, dit-il.

On partit le surlendemain pour la visite du propriétaire. L'abbesse Marie-Ange, qui l'accompagnait, avait l'air bizarre.

— Ce tronc creux est à nous, disait Foucauld en désignant un chêne-liège calciné par un incendie de forêt — à moins que ça n'ait été par le passage du diable. Il a été brûlé du dedans par la parole du Christ, s'exaltait-il, tandis qu'il ramassait amoureusement un gros caillou, où venait justement de s'asseoir Sitting-Clown, le pitre des cactus. Cette pierre est à moi, et sur cette pierre, je bâtirai mon église.

Arrivé en haut du mont des Béatitudes, Foucauld, béat, emplit ses poumons d'air chaud et déclara sur un ton d'emphase joyeuse :

— C'est ici que Jésus a fait venir ses premiers fidèles, et c'est d'ici que s'en iront les miens...

L'abbesse se taisait toujours. Soudain, elle éclata de rire.

— Mon pauvre petit Charles, tu n'as rien. Je suis allée ce matin chez le notaire, le terrain n'était pas à vendre. Tu as été roulé par un escroc.

— Mais j'ai payé...

— Rends aux Turcs ce qui est aux Turcs. Tu es doué pour la prière, mais tu as la tête en l'air, souviens-toi du nuage que tu montrais en croyant que c'était le mont des Béatitudes. Eh bien, tu as réussi ce que tu voulais, tu as acheté un nuage. Demain, il pleuvra, dit laconiquement l'abbesse Marie-Ange en contemplant le ciel d'un air connaisseur.

— Je n'aime pas la pluie, je m'en vais au Sahara, répliqua Foucauld.

Il y a des déserts intermédiaires, et des déserts dans le désert. Comme Foucauld se dirigeait inexorablement vers le sien, je longeais le désert des Agriates, en Corse, par une route toute en virages, pour me rendre à une invitation à dîner à Saint-Florent chez le baron de Jambes qui étrennait son slip vert de l'Académie française avec le chevalier Déon, Jean d'Eau et Rabbin des Bois, commissaire-priseur à la retraite, grand humoriste de synagogues, tous membres de l'illustre confrérie.

Comme je ne voulais pas m'y rendre seul, et qu'aucune fille ne me paraissait faire l'affaire, je me rappelai soudain Diane, c'était la compagne idéale : l'éducation aristocratique qu'elle avait reçue survivrait à son déclassement. Elle venait de trop loin, pour que, même écaillé, son vernis mondain de *nos familles* ne fît merveille. Elle n'eut qu'à paraître pour être le centre de la soirée.

Quand je vins la prendre, elle m'ouvrit la porte avec une tranquille impudeur, une serviette-éponge autour de la taille. Ses seins nus, haut placés, parfaitement ovales, aux larges aréoles brunes et aux fraises dardées, m'étonnèrent. Elle enfila un tee-shirt et un jean, ceignant son cou d'une écharpe violette, comme si elle avait froid malgré une température d'au moins trente-cinq degrés. Une fois sur ma moto, elle collait contre mon dos son tee-shirt déjà humide, sangsue légère aux deux bras serrés autour de ma taille. A chaque coup de frein, je sentais les pointes dures de ses seins s'écraser. Nous arrivâmes au crépuscule en plein dans une sorte de goûter d'enfants, mais de vieux enfants sages déchaînés par les senteurs de la citronnelle, de la lavande, l'odor mozartienne di femmina et le vrombissement lascif des moustiques. Ils buvaient du nuit-saint-georges, tout en avalant à petites lapées distinguées de la soupe corse aux pois chiches et aux pâtes larges dans de la faïence bleue. C'étaient de vieux enfants rieurs, piailleurs, une maternelle en folie du troisième âge.

Quant à Diane, quelques platitudes sur la misère des pauvres, des insignifiances ardentes sur la solitude, la drogue, les cuillères trouées de Belleville avaient suffi à faire d'elle l'attraction : elle faisait passer à merveille le frisson confus de l'humanisme, donnant la délicieuse illusion mondaine à cette droite *qu'on était de gauche.*

Soudain j'eus envie de fuir cette comédie irréelle, et de m'enfoncer dans la nuit : d'arracher cette Diane dont je ne savais presque rien à une société où je la trouvais bizarrement trop à son aise, me rappelant le maniérisme convulsif des ravagées de mondanité, au masque figé, et l'air traqué.

Je me levai pour partir. Je ne l'emmenai pas, je

l'enlevai. Un arrachement délicieux! Sous l'odorante charmille : c'était un nouvel enlèvement, celui de Sabine sur la croupe de ma monture, ma belle Yamaha trial carapaçonnée comme un cheval de tournoi de roman courtois. Je mis pleins gaz. L'animal se cabra, et je sentis aussitôt Diane me serrer plus fort, plus tendrement aussi, qu'elle ne l'avait jamais fait. Moi, j'étais le chevalier éperonnant son pur-sang d'acier japonais.

Sous un soleil rouge baigné des vapeurs tièdes de la vie rêvée, la brume de chaleur d'août s'élevait déjà. A notre droite s'étendaient les Agriates. Ma vue était pleine de paillettes d'or éclatées au fond de mon œil d'occident. Il devait être six heures du matin. La journée s'annonçait encore plus torride que celle de la veille.

Un peu plus loin, dans la fournaise montante, je tournai à droite. Au début, sur ces renflements de terrain, ce n'était pas trop difficile, à condition d'éviter les ornières. Inexpérimenté, je mettais toutes mes forces à tenir mon guidon droit, malgré les cahots. Lors d'un virage en côte, je ne pus redresser. Nous tombâmes, ou plutôt nous nous affalâmes doucement dans le ravin, comme deux êtres entraînés par eux-mêmes se déversent soudain dans un lit — le lit du ruisseau desséché en contrebas parmi les maigres buissons, les cailloux et les herbages pauvres où, dès l'automne, pullule la sauvagine.

Tout autour, la roche était rouge, prête à éclater. Le paysage ressemblait à une cuve de cuivre en fusion, bordée de triangles verticaux de ciel d'airain, les pyramides des Agriates qu'il nous faudrait encore franchir si nous voulions arriver à la mer. Zigomar II, le champion de cloche-pied, et Bouche-trou se marraient en douce : « Bien fait pour lui! Il n'avait qu'à pas vouloir épater la gonzesse »... Inondés de sueur, couverts de poussière, nous nous dévisageâmes lentement. Diane arracha son écharpe violette aux ronces où elle s'était prise. Nous réussîmes à remettre l'engin sur le chemin. Nous n'avions plus le choix : nous irions jusqu'au bout de cet autre bout du monde, nous irions...

La piste des Agriates montait comme un escalier géant, noirâtre, aussi raide que celui du Sacré-Cœur où le père de Foucauld alla se recueillir une dernière fois avant de s'embarquer pour la Palestine. Mais ici les marches étaient irrégulières, chaotiques, et grimpaient par paliers creusés par l'érosion : je prenais mon élan en première, maintenant précairement mon équilibre, les bras en compote, réussissant malgré tout à franchir les uns après les autres les plans coupés de la pyramide noirâtre. Enfin, après une heure et demie de piste sauvage, la mer surgit en dessous. Bientôt il y eut des fils de fer barbelé de chaque côté des bordures, tandis que quelques misérables cubes de pierres empilées, des paillers de bergers, s'élevaient çà et là. Quand nous ne fûmes plus qu'à quelques centaines de mètres de la plage, une barrière fermée nous empêcha d'aller plus loin. Randonnée absurde, incohérente ! Diane descendit de machine, se dirigea vers le cadenas qu'elle tripota. Il était entrouvert. C'était un gros cadenas de bronze ordinaire, le cadenas du désert de l'amour que j'ai gardé, et qui me sert à retenir mes pages quand souffle le vent, le libeccio vivace et doux d'arrière-saison, sur la terrasse de la maison de Notre-Dame-de-la-Serra où j'achève mon Foucauld. Chaque fois que je le regarde, je pense à Diane, je n'arrête pas de penser à Diane...

Mes mots se souviennent : quand nous arrivâmes en ce petit matin surchauffé sur la grande plage déserte de sable blanc, nous jetâmes aussitôt nos vêtements sales et trempés de sueur, plongeant nus dans l'eau fraîche d'une crique transparente, derrière un promontoire rocheux qui marquait l'extrémité de l'étroite haie où nous venions d'aboutir — oui, d'aboutir du monde.

Quand l'eau m'arriva aux épaules, je soulevai Diane qui commençait à perdre pied. Elle s'agrippa, les lèvres humides toutes proches. D'un glissement de peau l'autre, soudain je me retrouvai en elle, sans comprendre comment j'avais pu la pénétrer. C'est comme si j'y étais depuis toujours. Cela s'était passé si simplement, si naturellement, je m'étais englouti tout de suite au fond de son vagin, sans caresses préalables, à la hussarde océanique. Elle serrait ses cuisses autour de mes hanches. Et comme nous ne pouvions continuer à faire l'amour en nageant, je remontai lentement le sol sablonneux vers la plage, trébuchant parfois sur les petits rochers enfouis.

— Ne me noie pas, me dit-elle, comme je tanguais.

Dès que l'eau me redescendit jusqu'à mi-cuisses, je la précipitais sous la surface, maintenant sa tête au fond avec une main posée sur sa chevelure à la fois pour me soutenir et l'empêcher de remonter. En même temps, de l'autre main, je soutenais sa croupe tout en la prenant, immergée jusqu'à la limite de la noyade. Quand elle sortit la tête, les yeux révulsés et vagues, sa bouche dégorgeant un peu d'eau de mer et d'écume de bouches confondues, elle eut tout de même la force d'articuler :

— Recommence...

Je m'y repris, mais plus doucement, me rapprochant encore un peu plus du bord, avançant à genoux, la portant toujours jusqu'à ce que l'eau ne recouvre plus son corps allongé, mais reste au ras de ses seins aux larges fraises noires. Pour reprendre sa respiration, il lui suffisait de dresser le cou. Secouant la tête de gauche à droite, elle s'ébrouait tout entière en de grandes secousses qui éclaboussaient la lumière. Combien de temps dura cette frénésie ? Vingt minutes, sept jours ? Je ne sais pas.

Couchés tous deux sur le sable, à la lisière des flots, épuisés, hagards, comme deux nageurs à bout de forces venant d'échouer là, nous étions pareils à deux rescapés d'un superbe naufrage, reprenant péniblement notre respiration.

J'enfonçais mes doigts dans le sable humide, lentement, en remplissant ma main pour le déverser entre les fesses de Diane. Les yeux clos, elle feignait de dormir ; ou peut-être s'était-elle réellement assoupie. Quand j'eus entièrement recouvert son corps de sable, je laissai sa tête libre, m'installant à califourchon sur le moulage incertain de son corps. En voyant ses lèvres, entrouvertes, et son profil à moitié voilé de cheveux noirs, j'entrai à nouveau violemment en érection.

— Je ne te désire pas, lui dis-je, je bande d'amour.

Mes mots parlaient pour moi, ils savaient ce que j'ignorais encore. La veille, j'avais laissé tomber négligemment sur la route :

— Tu sais, je suis impuissant.

Ce n'était pas la première fois que je faisais le coup. Après c'est elles qui font tout le travail, vous n'avez qu'à vous laisser faire. C'est comme si elles répondaient toutes en chœur : « Avec moi, tu verras, ce ne sera pas pareil... »

— Tu es un miracle fragile, ajoutai-je en serrant ma queue turgescente et douloureuse d'une main. Aussi longtemps que ça dure...

Ça durait. J'endurais, de plus en plus, je perdurais sous le soleil brûlant mon dur désir de la reprendre. Je l'arrachai à son moulage de sable et nous roulâmes tous deux enlacés dans l'eau où je la repris de la même sombre colère de mes entrailles extasiées ; je labourai cette chair ruisselante, glissante. Ce vagin admirable qui, qualité assez rare, avait le pouvoir de se contracter à volonté.

Quand je me retirai, avec peine, de sa succion de

ventouse, elle s'étendit sur le dos, jambes écartées. Je la contemplais, ouverte. Je vis entre ses cuisses, à demi immergées, la mer se colorer légèrement d'une teinte jaune ocre, s'élargissant, le liquide se diluant progressivement dans la limpidité de l'eau légèrement troublée : elle pissait. Comme elle vit que je l'avais vue, elle dit :

— Je me suis retenue de faire pipi depuis l'aube, j'aime me faire attendre. A moto, je n'en pouvais plus.

Elle me prit par le cou, l'embrassa, mordilla mes veines.

— C'était pour toi, mon chéri...

Elle me repoussa, roula à nouveau dans la mer, resta au ras de l'eau les bras en croix tout près d'un tronc d'arbre mort, aux racines blanches, pareilles à des ossements nettoyés par le sel, sa chevelure en auréole noire, son vagin émergeant plus haut que son corps. C'était le centre d'elle, le cœur, le noyau, le lieu géométrique dont tout le reste dépendait : l'os recourbé de son pubis surmonté de poils noirs luisants, lustrés par le soleil, ressemblait à une mousse, à une algue noire bizarrement arachnéenne, une mygale marine que je recommençais avidement à désirer, je rampai vers elle.

Il devait être midi. Nous étions là depuis des heures, poursuivant nos ébats entre sable et eau, ciel et terre, infatigables, nous roulant dans la mer à chaque fois que les grains de sable gênaient notre pénétration, avec une sensation de plénitude ineffable, de communion charnelle, d'assouvissement extraordinaire — et toutes mes forces restaient intactes, de ne jamais réussir à jouir en elle. J'étais le valet de queue de ce petit corps gracieux dont jamais je n'aurais pu imaginer qu'il recelait une telle furie naturellement animale, mais humainement angoissée...

Quand je rouvris les yeux, je compris que j'avais dû m'endormir. Le soleil était tombé très bas dans le ciel. Je regardai ma montre : sept heures. Nous avions passé une journée entière sur la plage. J'éveillai Diane, lui demandant de se presser. En me relevant, j'eus un léger vertige : la mer violette flottait jusqu'à l'horizon comme une écharpe de soie.

Au loin il y avait une sorte d'immense tremblement flou d'ombres. Je n'en croyais pas mes yeux que je me frottais pour m'assurer que je n'étais pas victime d'une hallucination. Non, c'était le débarquement Hallier des caravelles de ma rêverie. Toutes voiles dehors, conduite par le grand amiral corsaire Rackham le Rouge, la flotte de mes immortels s'approchait, somptueuse et redoutable pour envahir la Corse. Ils étaient tous là, d'Atchoum qui soufflait dans les voiles à Don Quichotte qui avait mis des moulins à vent à la place des hélices, plus des milliers d'Hec Cetera, de Cent Culottes, ou de Grosso Modo, matelots, hommes de troupe, et parachutistes en toile de culotte de petite fille modèle qui s'étaient hec ceterasés...

Leur mot d'ordre était : A nous l'île de Beauté ! En l'entendant, les cendres de Napoléon tourbillonnèrent furieusement aux Invalides et Pascal Paoli, le héros national, se redressa brusquement dans sa tombe, se cogna le nez contre le couvercle du cercueil et mourut une seconde fois, assommé. Quand mes immortels mirent le pied sur toutes les plages de Corse, le grand assaut de mon bonheur commença — l'attaque en règle de mon amour fou. Envahisseurs de ma passion, ils étaient irrésistibles. Laurence d'Arabie, Ravagea la Mouquère, et Petit Marnier enivrèrent les voyous de Bastia qui prenaient l'apéritif sur la place Saint-Nicolas, au bord de l'allée des Désirs, où les jeunes filles passent vers six heures du soir. Aucune n'était pourtant plus belle que ma Diane, mon ahurissante aimée. C'était bien l'opinion enthousiaste de tous mes Hec Cetera qui prirent d'assaut les citadelles de Bonifacio et de Calvi, qui tombèrent du haut des falaises où elles étaient juchées. Des commandos grimpeurs plantèrent sur le Monte Cinto, le plus haut pic à glace de Corse, le drapeau nuageux de l'immortalité, cumulo-nimbesque de néant. Les gendarmes prirent des Marrons d'Inde en pleine gueule, Attrape-nigaud en ramassa, l'As de pique les rhabilla de travers, et Bouche-trou bloqua les ouvertures de mines où ils s'étaient réfugiés pour les empêcher de sortir. Quant aux autonomistes corses, ils firent retraite en suivant le conseil du général Bonaparte : en amour, une seule victoire, la fuite. De surcroît, ils m'aimaient bien. Partout ailleurs, ceux qui tentaient de résister étaient battus. Comme ce n'était pas l'esprit de nuance qui encombrait Grosso Modo, il n'y alla pas de main morte. Ah, quelle châtaigne en Castagniccia ! Quelle bastonnade à Bastia ! Quelle castagne à Cagna ! En moins de temps qu'il m'en faut pour l'écrire, les héros de mon enfance, pétris d'imagination barbare, occupèrent toute la Corse, où Cent Culottes monta des boutiques de culottes d'amour immortel. A nous deux, Diane, île de Beauté de son corps de femme ! Sonnez la Diane ! La chasse à courre est ouverte ! L'amour est né, l'amour court, l'amour vole. Le monde est amour, cette passerelle naturelle et surnaturelle jetée sur la vie.

Maintenant que ma blessure s'est cicatrisée, je n'en finis plus de ressentir au-dedans l'éclatement de mon cœur — j'ai beau mener ce qu'on appelle une vie normale, rire, boire, vaquer à mes occupations, monter des projets et écrire, je n'arrête pas de penser à Diane : je me la suis cousue sous la peau. Ce fut l'accomplissement de l'amour. On ne pouvait rien faire de mieux. Comme je l'écrivais devant elle, et que tout ce que j'écris devient aussitôt vrai, notre aventure est finie. La rupture suivra, inévitable en quelques jours.

— Pourquoi dis-tu cela ?

— Je ne sais pas, lui répondis-je. Ça m'est venu sous la main, ma main à caresses, cette main à plume, selon Rimbaud, qui vaut la main à charrue, pour décrire ce rude et délicieux labour d'amour.

Ça faisait sept jours et sept nuits que nous œuvrions sans relâche à la création du monde de notre amour, dans la petite cabane de bois où j'habitais, une ancienne planque de gangsters, en plein maquis, réveillé à l'aube par le chant des geais et les coassements des grenouilles, sorte de respiration de monstre étrange sous ma fenêtre. Je mis du temps à comprendre que ce n'était pas une seule créature, mais le poumon concertique des centaines de petits batraciens verts installés dans le réservoir tout proche, destiné à fournir de l'eau en cas d'incendie. Lorsque je dormais seul, à la fois agité, fiévreux, secoué par toutes les douleurs de mon subconscient au travail, complètement indolorisé à la fin par elles, je ressentais parfois quelque sensualité morbide aux piqûres des moustiques que je ne chassais plus. De même Diane me racontait-elle que, petite fille, dormant dans la chambre de bonne de son grand-père, vieux marquis d'aristocratie ruinée et déchue, elle mettait ses bras hors des draps pour laisser courir les mouches sur sa peau. Nous nous ressemblions, nous étions de même souche, de la même écorce bleue détruite. Ni l'un ni l'autre n'aimions le bonheur, cet anesthésique des âmes faibles, comme l'eût dit Foucauld.

— Je n'aime que ce qui est fort, me disait-elle aussi.

Euphémisme de ses excès, la formule en devenait faible pour décrire mon amour. Elle avait des taches brunes sur les avant-bras (je me suis écrasé des cigarettes sur la peau, disait-elle...), elle piquait du nez (je n'ai pas dormi depuis quarante-huit heures, disait-elle...), nous nous aimions dans l'ombre, mais elle remettait toujours sur la terrasse des gants noirs qui lui montaient au-dessus du coude (ça fait plus romantique, disait-elle toujours...), une fois même je la vis se frotter contre un arbre, tout près d'un nid de guêpes, ses sœurs, qui bourdonnaient autour d'elle. Quand elle revint, échevelée, le visage framboise, elle me montra fièrement les renflements de trois piqûres, prétendant y être parfaitement insensible.

Bref, enfant détruite, à l'intelligence en jachère, réduite à de purs automatismes, elle ne connaissait que la douleur ou la jouissance, alternativement ou simultanément.

Désormais, elle venait me rejoindre toutes les nuits, ou passait des journées entières à dicter au magnétophone les pages achevées de mon Foucauld, entre deux séances de lit qui duraient le temps de très longues étreintes sauvages. J'en avais le pubis râpé, douloureux de tant de secousses en elle, je ne pouvais plus mettre un caleçon : le moindre contact, même celui d'une soie, me faisait mal. Tout m'était douleur sauf le vagin de Diane, d'où venait le mal lui-même, mal délicieux, féroce, ce mal, je ne cessais d'en redemander...

Je réussissais malgré tout à poursuivre mon livre, qu'elle corrigeait en principe. J'avais décidé de l'embaucher comme assistante, ce qui était la couverture de nos amours. Comme elle vivait officiellement avec un autre type, nous nous dissimulions derrière nos prétendues relations professionnelles. Ça nous arrangeait tous les deux. Elle n'avait jamais vraiment travaillé de sa vie, je le découvris ensuite. Elle n'aurait pas su non plus taper mes pages, ni corriger sérieusement mon travail. Ce qui ne l'empêcha pas de se vanter d'en avoir écrit les plus beaux passages. Au fond elle avait raison. Je n'aurais pu écrire mon Foucauld sans elle, qui à la fois l'inspira et le retarda d'un an. Elle me fit perdre deux mois à l'aimer, un mois à écrire notre aventure, me hanter d'elle pour la retenir, la posséder toujours en moi après son départ en prolongeant fantomatiquement sa présence.

Apparemment, ce fut une collaboratrice désastreuse. Au début elle était ravie de devenir mon personnage, avant de se sentir la prisonnière de mon regard. En réalité, sa lecture du roman, que je lui avais demandé d'annoter, m'enseigna bien des choses, non sur le roman lui-même, mais sur ce que j'étais devenu dans l'épreuve lente de mon retirement. A chaque fois, elle faisait infailliblement la part de ce qui relevait de l'automatisme verbal, ou de l'inspiration vraie. A mesure qu'elle m'aidait à me comprendre, je me libérais et mon livre se libérait. Elle n'était sensible à rien, sauf à l'essentiel, la poésie. Elle entendait, alertée par la moindre fausse note, la musique des mots. J'expérimentais sur elle chacun de mes chapitres : elle était l'accordeuse de mon piano à mots, le gueuloir flaubertien de mes dissonances contrôlées, et ma chambre d'échos. Dans mon argot professionnel, il y avait la tourne (la capacité de retenir le lecteur inconnu d'une page l'autre), et les moments où ça swinguait ou non. A son expression seule, je devinais tout — mes platitudes, mes répétitions, mes surcharges, mes approximations, comme mes instants de grâce que je reconnaissais à une sorte d'attention extatique de son visage : je n'écrivais plus que pour l'émerveiller. Alors, ça swinguait à mort ! Sa lecture me fut infiniment bénéfique : son œil écoutait juste. En ce sens, elle me fut indispensable. Elle fut ma correctrice d'amour.

Mon livre lui doit tout. Il se souvient quand elle divaguait, parlait d'abondance, à un point extraordinaire, pétrifié d'admiration devant ses longs cheveux noirs qui l'enveloppaient comme le drapeau de la mort. Sans cesse mon livre se souvient de ces instants où possédée sans le savoir, instrument irresponsable de ma distraction, elle racontait toutes sortes d'histoires, des choses complexes et obscures, ou aveuglantes comme des flammes. Etait-ce vraiment elle qui parlait ? Ou une illusion de mon amour ? Je ne sais plus. Les billets qu'elle m'adressait étaient enfantins, naïfs, presque niais. J'aurais dû me rendre compte plus tôt de ce que cela signifiait. J'inventais l'aide de Diane pour ne pas m'avouer à moi-même qu'elle n'était qu'une tentatrice.

— Je ne sais presque rien de ce vieil oncle obscurément célèbre, me dit Diane. Est-il allé tout de suite au Sahara ?

— Non, tu n'as qu'à lire, lui dis-je en lui tendant les pages que j'avais écrites la veille sur la terrasse de ma cabane, où j'avais aménagé une vaste table avec deux tréteaux et une planche.

En contrebas, et au-dessus, au bord des escaliers menant à la cabane, des Hec Cetera veillaient à ce que je ne fusse point dérangé.

— Il faut lui foutre la paix pendant qu'il se tape la Diane, leur avait dit Quéquette du Graal.

Elle tournait les feuillets, réussissant à décrypter mon écriture.

L'oued asséché s'allongeait à perte de vue sous le ciel bleu, entre les dunes arrondies de sable rouge.

A trois jours de marche de là, les chasseurs d'antilopes avançaient sur un reg, relevant entre les cailloutis les empreintes rondes et fendues des adax isolés qu'ils poursuivaient depuis une semaine. Accompagnés de leurs chiens, ils avançaient d'un pas rapide et court. Les muscles maigres et durs de leurs jambes étaient recouverts d'une peau à gros grain, tannée, détendue. Sous le poil hirsute de leur visage plissé, ils avaient une expression finaude et cruelle, et des regards humains, trop humains, à la fois faux et narquois.

En revenant à l'ancien cours d'eau, on voyait au loin un point noir.

Au quatrième jour, ayant abordé un vallonnement où le had poussait des tiges plus vertes et plus longues qu'ailleurs, les Bédouins décidèrent d'y établir leur campement. Ils pilèrent de la viande séchée entre deux pierres, en recueillirent la poudre et, après l'avoir mêlée à trois poignées de farine d'orge grillé, ils la jetèrent dans l'écuelle de bois sombre pleine d'eau grisâtre. Les chiens se précipitèrent pour laper et, dès qu'ils eurent fini, les hommes mangèrent leur farine dans l'écuelle des chiens.

Le point noir grossissait peu à peu.

Les chameaux se relevèrent pour suivre les chasseurs et les chiens, après avoir dédaigné le had salé mais succulent et mâchonné de leurs lèvres comiques quelques brins d'alfa vert qui résistaient parfois à l'arrachement, en vibrant d'une note fausse et aiguë.

Ce point noir grossissait, grossissait. Les chasseurs aux mains énormes et aux ongles squameux, serrant onctueusement la crosse de leur fusil, débouchèrent sur un gara — colline tabulaire émergeant du reg. Sur ce plateau, une antilope grattait du pied pour déterrer les racines aqueuses de zanoun amer, le museau tendu en direction des chasseurs invisibles. Soudain, elle parut tout à fait flairer le danger, et ses cornes de plus de deux coudées semblèrent vouloir dérouler au-dessus de son front blanc leurs hélices symétriques et superbes, prêtes au décollage...

Le point noir se changea lentement en un adolescent qui s'arrêta, tout essoufflé, regardant derrière lui la quinzaine de points noirs plus gros que celui qu'il avait été. C'était des points noirs d'hommes à cheval, partis à sa poursuite dans le lit de l'oued asséché.

Diane posa ces deux pages sur ses genoux et déclara :

— C'est pas mal, mais ça fait un peu dictée de sixième...

— Tout finit ainsi, lui dis-je en riant, même notre amour finira en dictée.

— La dictée, c'est la mort.

— Tu vois, nous sommes des amants posthumes.

Alors elle eut ce sourire éblouissant et effrayant, son sourire de morte.

— Continue, s'il te plaît, ajoutai-je en lui tendant les pages.

En un instant, les têtes de meute rattrapèrent l'antilope qui avait d'abord hésité à fuir.

L'un des chiens sauta pour lui prendre l'oreille avec une ardeur telle qu'il la manqua et roula grotesquement sur le sol du plateau, entraîné par son élan. Gracieuse, légère, ravissante, la jeune antilope, presque un faon, s'élança. Avant qu'elle ait pu prendre de la vitesse, le second limier lui sauta aux naseaux, et y resta suspendu. L'adax, secouant la tête, s'arrêta, stupide de douleur et d'étonnement. Le premier chasseur déboucha juste devant l'animal-anima, l'âme. Au lieu de l'attraper, il tira son couteau de sa ceinture, et trancha les deux tendons de l'antilope. Elle s'affala sur le train postérieur, pitoyable et stupide.

Sur l'oued, l'adolescent reprit sa course. En vain. Il avait beau zigzaguer entre les pierres, il était encerclé. L'un des cavaliers lui lança le nœud coulant de sa corde de cuir, le jugula, tira, le jeta à terre.

Un sourire amusé fit grimacer le visage du premier

chasseur. Il se pencha, lança aussi sa corde de cuir sur les cornes de l'antilope au moment où elle tentait de se relever sur ses antérieurs. Il empoigna les cornes à deux mains et, pesant de tout son poids, les enfonça profondément dans le sable. Un kriss étincelant dansa à son poing et d'un geste négligent il trancha la gorge de l'animal. Le sang jaillit et l'antilope immolée se pétrifia, la tête renversée, plantée sur ses cornes, le cou largement ouvert, les yeux déjà ternes, pleins du sable inerte de son dernier combat.

L'adolescent roulait des yeux épouvantés de faune traqué. Les Bédouins se penchèrent sur lui, sortant des poignards. Ils s'y mirent à trois pour tenir les longues jambes brunes, frénétiques du jeune captif. Alors ils lui tranchèrent les tendons. Du sang ruissela sur le sable et la pierraille, minuscule fleuve rouge qui fendait obstinément la danse muette des tarentules velues.

Les Bédouins repartirent d'où ils étaient venus, l'adolescent couché sur la croupe de l'un des chevaux...

Quand Raymond Roussel fermait ses volets en plein jour, pour que son génie n'aille pas déranger les aborigènes d'Australie, il ne disait pas une chose entièrement déraisonnable. Il m'est arrivé d'écrire le mot nuage dans un ciel bleu : le voici qui surgit. Ou d'écrire pluie, et la première goutte tombe. Ou bateau devant une mer vide, et débouche de derrière un cap le bateau qu'invoquaient mes mots. Et moi, qui suis en plein dedans, je viens de faire tomber le soir. C'est la croyance primitive en la toute-puissance des idées. On retrouve son équivalence attardée dans l'idéalisme anglais du XVIIe, selon lequel l'univers n'est qu'une projection de la perception.

C'est possible, mais sans importance. Le monde est

d'abord ce qu'on en fait. La communion exaltée qu'on croit parfois éprouver avec lui, c'est le moment où on n'en a jamais été plus séparé. Il faut se méfier horriblement de ces états où on décolle de la morne et bienheureuse idiotie de la vie quotidienne et où on a la redoutable sensation démiurgique d'être le maître de l'univers. La ligne de démarcation entre l'inspiration extrême et la folie est imperceptible. Jamais on n'est plus en danger soi-même. Jamais on n'approche d'aussi près la mort, cette faute d'inattention, ou cette lourdeur oubliée. Depuis quelques mois que j'étais inspiré, dément — et maintenant amoureux —, j'étais en plein funambulisme, invincible et fragile au-dessus de l'abîme. Malheur à celui qui n'est ni un artiste ni un enfant ! Il se précipite dans les gouffres ridicules du narcissisme.

— Dis donc, le mec, tu veux m'en mettre plein la vue, m'obligea à m'interrompre Mystère Magoo.

Diane, il nous restait si peu de temps, ma chérie, depuis que j'avais écrit : « Notre aventure est finie. »

Combien de jours ? D'heures ? D'instants ? Un seul ! Qu'il soit celui de te bouffer entièrement, et quand ce fruit se sera fondu en jouissance, Diane, ma pêche, je recracherai ton noyau rugueux, rêche, parmi les mouettes et les détritus de la plage, royaume hideux des hiers ensorcelés. En attendant, je dois goûter le bel aujourd'hui. O pêche ! Et à peine avais-je écrit ce mot pêche que le voisin vint m'en offrir un sac. J'en posai une sur ma table. Aussitôt je pensai aux fesses de Diane.

— T'as une peau de pêche, lui avais-je dit la nuit d'avant, sous la lune claire. En plus, tu es pleine de grains de beauté, j'aurais dû t'appeler galaxie.

Soudain, elle eut l'air triste.

— Tu ne vas pas me faire sortir de ton livre comme Claire de Lune ?

— Tu sais, lui dis-je en contemplant le ciel, la lune est un fruit de la nuit, la pêche des étoiles, ta petite lune...

Je caressais le fruit. Mes doigts se souvenaient. Près de l'attache, en miniature, ils sentaient, ils voyaient, ils caressaient, ils écartaient ses cuisses et suivaient le renflement soyeux qui partait de son vagin en larmes pour épouser la ligne de naissance de ses fesses où je n'en finissais plus de glisser mon doigt.

— Tu mettras ça aussi dans ton livre ? me demanda-t-elle en éclatant de rire.

— Je mettrais tout.

Elle lut, dès lors, chaque jour, avidement les pages que j'avais écrites sur elle le matin. Elle les annotait de ses propres sensations, avec une brutalité crue, catégoriquement fidèle aux choses vraiment dites pendant nos étreintes cannibales et dressait implacablement le procès-verbal de notre sensualité souveraine, des aveux durs de notre insoutenable osmose. L'un miroir de l'autre, et si près que c'en était aveuglant. J'ai fini par jouir dans sa bouche, écrivais-je. Je lui ai fait un enfant dans la langue, dans la gorge, après avoir longuement, lourdement éjaculé mon roman entre ses lèvres de tout ce pesant sperme d'encre blanchâtre et salée. En cet ultime ressac de l'océan du désir, j'ai écrit sur son visage souillé la suite de ce livre. J'avais trop joui, je me rejetai en arrière, submergé d'angoisse.

— Qu'est-ce qui t'arrive ? me dit-elle, tu as l'air tout triste.

Je l'étais. Savait-elle pourquoi ? Avait-elle deviné l'immense solitude où m'avait porté ma jouissance ? Qu'avait-elle senti de son côté ? Je posai mon cahier.

— Et toi, qu'as-tu ressenti ?

— C'était sirupeux, épais, au début j'ai tout gardé dans

la bouche, puis j'ai avalé lentement, ça brûlait en coulant dans ma gorge...

— Quoi encore ?

— C'était la communion, la noce sacrée, nous étions mariés par le sperme, c'était l'abcès de tes peurs et de tes souffrances qui crevait — j'avais l'impression de boire ton amour et ta détresse. Et c'était comme si tu n'avais jamais eu que moi pour ton salut et ta gloire.

Elle se tut, puis ajouta avec un pauvre petit sourire :

— Pourtant, tu n'étais pas là.

Je la contemplais bouleversé.

— Comment le sais-tu ?

— Je le sais. J'ai eu envie de pleurer, tu ne pouvais jouir qu'en m'excluant de ta jouissance. C'était plus grave et plus profond que tes fantasmes, tu ne m'aimes pas...

J'étais trop ému pour ne pas me réfugier dans un machisme offensif.

— Et la première fois que je t'ai enculée, c'était comment ?

Elle frémit imperceptiblement, sourit et me caressa la nuque. L'instant où nous aurions pu nous aimer pour toujours s'enfuit. Vide et rassuré, je m'assis résolument à ma table, prêt à noter sa réponse et mon propre souvenir.

La première fois, c'était dix jours plus tôt dans notre cabane d'amour. Sa chevelure noire était renversée sur sa tête, tache sombre, sourde, dans l'ombre de son cou brun dégagé, impudique. Sur le rebord du lit comme sur la tranche d'un billot. Tout le reste de son corps était hors de notre couche, tout entier ramassé sur ses coudes et ses genoux posés sur le linoléum pour pouvoir me faire l'offrande totale, aérienne, définitive et exigeante de la béance somptueuse de ses fesses. Je m'approchai, me collai à sa chair impatiente, remontai ma verge le long de sa raie cuillère, effleurai sa rosette entrouverte et m'enfonçai soudain un peu plus haut dans son anus étonné.

— Je ne comprenais pas, me confia-t-elle ensuite, ce n'était pas une sensation intérieure, mais circulaire.

Je ressens encore — comme nous ressentîmes tous deux, je dis bien, tous deux — l'étrangeté de ma verge en elle, enracinée dans la merde douce de ses entrailles. Plusieurs fois je la replantai dans ce gouffre étroit, mes mains pétrissant avidement les flancs ruisselants de sueur de Diane qui psalmodiait sourdement dans notre chambre obscure aussi suffocante qu'un hammam, des gémissements d'extase traquée.

— J'avais mal, mais aussi de plaisir. J'avais envie que ça continue, ça éveillait quelque chose en moi.

Quand je me suis retiré d'elle, j'ai passé mes mains sur mes avant-bras, puis sur mes épaules et mon dos. Des particules de crasse se sont enroulées sous mes doigts. Plus je tentais de les décoller, plus elles étaient nombreuses. Soudain, j'ai compris : je desquamais. J'avais sué pendant cinq heures : je perdais ma peau, je muais ! J'en faisais des boulettes, des rouleaux infimes, je les jetais et le nouvel homme naissait sous l'enculeur de Diane, et l'amant bouleversé, non point de l'avoir sodomisée, mais du don qu'elle venait de faire d'elle, elle qui m'avait dit :

— Ici, tu es mon premier homme...

Disait-elle vrai ? Quel était ce dernier mensonge ? Peu importe ! C'était l'intention, le cadeau — même rafistolé, remballé pour la énième fois pour le dernier venu, le touchant de me faire croire qu'elle était encore vierge qui comptait.

Parce qu'elle n'avait rien à me donner, elle me donnait tout, sa dernière terre vierge, son cul, son cul blanc du cap de bonne espérance. Ma nonne cendrée, ma sucrière, mon couroucoucou à ventre jaune, ma veuve en feu, mon ortolan de neige, mon ombrelle des blancs visages de notre litière d'amour, mon ébouriffante demoiselle de Numidie — ma demoiselle d'humidité, oiseau et coquillage à la fois, au vagin de clam pleurant d'abandon —, ma fulgurance d'en bas, mon élancée, ma brème à taches claires dans la pénombre aigue-marine du sol, abattue sur les grandes pennes de tes ailes ployées d'ange d'amour.

— C'est plus de la baise, c'est de la littérature. Dommage ! m'interpella l'impératrice Ju Ji Tsu.

Je m'arrêtais de tracer des mots. Diane regardait par-dessus mon épaule.

— C'est pas mal, ça change un peu, me dit-elle.

— Tu es mon amour lyrique, à l'européenne...

— Qu'est-ce que ça veut dire ?

— Il ne le sait pas lui-même, ricana Ravagea la Mouquère.

— Dès qu'il voit des grands mots, on ne le tient plus, ajouta le comte de Fées.

Je passai à Diane un volume relié de l'*Histoire naturelle* de Buffon : « Les oiseaux ».

— Choisis les noms que tu veux, j'écrirai après...

Elle tourna les pages de papier raide, doré sur tranche, et tomba aussitôt sur « esclave tanagra dominica de Saint-Domingue ».

— Pourquoi as-tu choisi ça ?

— Regarde.

Je lus :

— « Ce nom vient peut-être de ce qu'il y a sur l'île un gobe-mouches huppé qu'on y nomme le tyran. Ils volent souvent ensemble, comme s'ils ne constituaient qu'une seule espèce. »

— Le tyran, c'est toi, l'esclave, c'est moi, dit-elle en lovant sa tête sous mon épaule, en s'enroulant, en faisant la liane — la Diane.

— Eh, Jean-Edern, tu fais un cacheton pour un magazine féminin, me dirent la Grande Mademoiselle et même l'officier qui était si bête que même ses camarades avaient fini par s'en apercevoir.

Tyranniquement, je lui demandai de reprendre la même position, de s'effondrer sur le linoléum le cul en l'air. Elle accepta aussitôt. Comme je la malaxais, je scrutais l'ombre pour trouver le défaut de son corps, qui soudain casserait mon désir. Son corps merveilleusement imparfait, avec ses grosses chevilles et quelques boutons sur la figure, qui lui revenaient comme à une vierge folle, quand elle ne baisait plus pendant quelques jours et que ses yeux m'imploraient : « Remplis-moi. » A l'heure où j'écris ces lignes, ma Diane, j'ai toujours ta sacrée pêche de petit garçon cambré entre mes cuisses. Ah, reviens-moi ! Que j'aime t'enculer, Miss Pédéraste, mon esclave...

— Ça s'enchaîne bien, dis-je à Diane, je viens de décrire un marché d'esclaves.

— A Saint-Domingue ?

— Non.

— Au marché aux oiseaux, à Paris le dimanche ?

— Non, du côté d'In Salah, en Algérie, où Foucauld s'est enfin rendu.

— Formidable, dit-elle.

C'était un drôle de marché, plein d'enfants volés dans le Sahel et le Soudan, de Bédouins, de Noirs et de chauffeurs de taxis de la Marne. On y vendait aussi de tout : des pains de sel, des graminées, des fils à couper le beurre, des bacilles de coque, des galettes des rois de blé cuites, du baume des Pyrénées, des andouilles de naissance, des onguents de belles-mères, du mou de chat pour les vieux, du canigou idéologique pour les intellectuels de gauche, des tondeuses à sable, des clés de sol, des nœuds de mûriers noirs, des antennes de langoustes pour les radios des pijots, des ragoûts de lys sirupeux, de la viande d'antilope ramenée par les chasseurs, découpée en fines lanières, des cigarettes post-coïtales pour amants assouvis, des chapeaux de Napoléon en paille d'Italie, la photo de Jules Verne, un mi bémol de La Callas, le tombeau de Couperin, un solstice d'été, la dent en or d'un rat, un autobus bleu, une parole en l'air, des bretzels, un chorus d'Art Tatum, le verbe ombrager, un clin d'œil, et bien sûr, des paupiettes d'Arménie.

Les Bédouins rôdaient au long des étals et certains allaient s'asseoir en rond autour des misérables créatures que fourguait le marchand au visage caché dans un burnous. Si bien qu'il n'avait même pas besoin d'avoir un visage. C'était un trou d'ombre, en qui l'on aura reconnu sans peine le diable, ce Fregoli des gouffres. Il mâchonnait cyniquement le néant, en présentant ses marchandises humaines.

— Plus l'oppresseur est infâme, plus l'esclave est vil...

Il venait de placer au milieu du cercle une vieille aveugle.

— Elle ne vaut pas un clou, commenta un Bédouin.

On payait avec des clous, la grande monnaie des avares.

— C'est une voyante, elle vous prédira à tous l'avenir. Dis-leur, Fatima, que s'ils ne t'achètent pas ça sera la famine.

— Deux cents clous, lança la voix familière de Foucauld qui venait semer ici sa pagaille habituelle d'idéaliste.

Des murmures s'élevaient dans l'assistance. Chacun s'interrogeait sur l'acheteur qui mettait les enchères si haut d'emblée que personne évidemment n'augmenta la mise. Le diable repoussa brusquement la vieille vers Foucauld.

— Bon débarras, elle était invendable, conclut-il, pendant que ce vieux sac d'os psalmodiait d'incompréhensibles prophéties où il n'était question que de ruissellement de sang d'antilope faisant déborder l'oued.

La vente se poursuivit. Ce fut bientôt le tour d'un petit Arabe d'une quinzaine d'années. Le marchand tâtait grossièrement ses bras, ses cuisses, ses fesses et ses parties génitales pour mettre en valeur les aptitudes physiques de ce bon serviteur.

— A lui seul, il travaillera comme deux ânes.

Les enchères montaient normalement, quand Foucauld doubla à nouveau la mise, devant la foule stupéfaite. Puis il lança ses clous d'or sur le sable. A la fin, bonimenteur sardonique, le marchand solda un lot de trois adolescents en faisant une étrange retape.

— L'un est sourd, l'autre muet, à deux ça fait un sourd-muet, c'est très avantageux. L'un n'entend pas les injures, l'autre ne peut y répondre.

Puis il désigna le troisième, l'enfant aux tendons coupés.

— Lui, il a l'âme d'une antilope cachée au fond de son cœur mais il a les tendons coupés, il ne peut plus marcher. Tous les trois ensemble, ils peuvent travailler comme un éléphant et son cornac, deux debout, un assis dessus. Deux mille clous, qui dit mieux ?

— Cinq mille, j'achète, laissa tomber Foucauld en jetant des pleines poignées de clous sur le sable.

— Qu'est-ce qu'il veut, le roumi ? De quoi se mêle-t-il ? entendait-on jaser dans l'assistance.

Le marchand, lui, avait l'air ravi. Il baragouinait à voix basse :

— Il croit qu'il fera des disciples. Il nourrira en son sein un Judas. O l'imbécile heureux...

Imiter Jésus-Christ n'était pas une sinécure. Au début, tout allait bien, puis ça déviait. On n'était jamais sûr que les choses se dérouleraient comme dans les Evangiles, qui eux-mêmes avaient mis quatre cents ans à devenir définitifs. Imiter Jésus, c'était à peu près impossible... Ça dérapait, ça versait continuellement dans de nouvelles variantes. On croyait y arriver, patatras ! Pour faire le jardin des Oliviers il y en avait bien deux ou trois dans la cour du Borjo, mais en contemplant l'oued asséché, ce torrent du Krozon manquait aussi. Il n'y avait pas de disciples non plus pour la Sainte Cène. Qu'à cela ne tienne, Foucauld décida de prendre des libertés par rapport aux Ecritures.

L'imitation, c'est la démarche même de l'homme. Le singe, c'est bien plus lui-même que le primate à qui nous avons donné le nom de singe pour mieux nous dissimuler le caractère profondément simiesque de tout comportement humain. S'habiller à la dernière mode, reprendre un refrain, s'acheter un parfum ou une marque de voiture, je ne connais pratiquement aucune activité humaine qui ne relève de l'universelle singerie. Toutefois de tous ceux que l'homme imite, le fils de Dieu est le plus inimitable.

Jésus étant le modèle absolu de l'accomplissement humain, Foucauld fit asseoir les douze adolescents qu'il avait rachetés avec ses clous sur des banquettes de boue séchée, dont la disposition en arc de cercle rappelait les toiles de Vermeer, Rembrandt, ou Léonard de Vinci sur ce sujet bateau, la Sainte Cène.

— Comment t'appelles-tu ? demanda Foucauld au tout jeune homme ravissant comme une antilope.

— Ibdn.

— A partir d'aujourd'hui, tu t'appelleras Ibdn-Jésus.

Il parla au suivant et prit la longue main décharnée et pourtant gracieuse d'un gamin au regard vicieux et au corps pareil à une lame aiguisée qui n'en revenait pas d'être ainsi traité.

— Et toi ?

— Abdallah.

— Eh bien, tu seras Abdallah-Jésus.

Il restait bien sûr Farid, Ahmed, Omar, Mohamed, Mohamed, Mohamed, Mohamed, Mohamed, Mohamed et Mohamed à rebaptiser. Plus un treizième, Paul ! Les musulmans accolent toujours aux prénoms de leurs enfants, le leur entrecoupé de la mention « ben ». Les enfants de Foucauld émerveillés par cette quintessence chrétienne de l'imitation en conçurent la certitude qu'ils s'appelaient tous Abdallah, Ibdn, Farid, ou Mohamed ben Jésus, et une fierté entière.

— En plus vous êtes tous mes petits Jésus, leur dit Foucauld en souriant de sa bouche déjà édentée par le jeûne et la sous-alimentation.

En une seule douzaine de jouvenceaux, deux des trois grandes religions monothéistes se trouvaient soudain rassemblées.

— Et ce n'est pas tout ! Vous êtes tous désormais des hommes libres.

Eux ne savaient pas très bien ce que cette liberté signifiait. Enfin, c'était tout de même bien agréable d'être ainsi traité par le grand marabout blanc qui plongea un linge dans son manassa plein d'eau, ce plat de cuivre qui sert à tout. Il se mit à laver les adolescents les uns après les autres et à les essuyer avec sa soutane blanche. Comme on ne dit jamais rien, ou on n'apprend quoi que ce soit qui n'ait été dit, ou qui n'y soit déjà, c'est dans les termes mêmes de l'Evangile selon saint Jean que ce Jésus-là releva sa jambe ensanglantée en disant :

— Toi Seigneur, me laver les pieds, jamais !

C'était une imitation parfaitement réussie, à quoi Foucauld répondit, ravi :

— Ce que tu ne comprends pas aujourd'hui, demain tu le comprendras (saint Jean 12,50-13,17).

Soudain, il eut un mouvement d'inquiétude et, contemplant l'assemblée des adolescents, déclara :

— Vous êtes purs, mais pas tous. En vérité je vous le dis, l'un d'entre vous me livrera...

C'était trop beau pour continuer à rester vrai. Il n'y avait pas de Judas parmi eux pour trahir Foucauld qui aurait été alors arrêté par des soldats romains, conduit chez Pilate, couronné d'épines et crucifié ; mais il n'aurait pas ressuscité. Le diable aurait été bien débarrassé de lui qui venait de rater son coup — pour un petit détail de rien du tout, il était si sûr d'avoir mis un Judas dans son lot d'esclaves, comme si ça allait de soi, qu'il avait tout simplement oublié de vérifier. Ecœuré, il décida de se désintéresser provisoirement de Foucauld. D'autant qu'avec le regain du mysticisme en cette fin du XIXe, il avait d'innombrables dossiers à traiter. Il ne savait pas où donner de la tête. Il inoculait imparablement à des milliers de saints en herbe des tentations auxquelles ils succombaient. Vaccineur du Mal, il s'arrangeait toujours pour que la balance terrestre du Bien et du Mal penche du mauvais côté, le sien. Horrible travailleur rimbaldien, il trouvait le moyen d'être partout à la fois.

Il siffla furieusement entre ses babines troussées de néant, menaçant le saint homme :

— Tu ne perds rien pour attendre ! On se retrouvera.

Puis il s'envola, laissant derrière lui une bouffée de vent brûlant dans les branches d'oliviers. Considérant que l'imitation n'était plus, dès lors, qu'à moitié réussie, Foucauld écourta la Sainte Cène, privant même ses petits disciples de dessert. Ceux-ci étaient tout de même bien contents.

— L'esclave n'est pas plus grand que son maître, leur dit-il.

— Le maître est drôle, dit Paul-Jésus, un petit Noir que chaque parole de Foucauld faisait éclater de rire. Pour qu'il me fasse rire toute ma vie, je veux bien devenir sa petite main et le suivre partout où il ira. Je serai son esclave...

Seule la voix discordante de Fatima, la vieille voyante aveugle, troubla l'unanimité enchantée de l'assistance.

— Celui qui se met la corde au cou, Dieu lui donnera la main qui la tirera.

Elle avait une réserve inépuisable de proverbes sarahouis.

— Une seule main, si elle n'a pas de sœur, quoi qu'elle fasse ne pourra rien.

A dater de ce jour, Paul-Jésus accompagna Foucauld.

Dehors montaient les cris d'un attroupement sans cesse grossissant d'esclaves.

— Des clous ! Des clous ! Libérez-nous.

Avec Foucauld, le pire était toujours sûr. Ça n'allait pas tarder.

— Foucauld, vous foutez le bordel partout où vous passez, tempêtait son vieux compagnon de Saint-Cyr, le colonel Laperrine.

C'était l'homme le plus remarquable qu'il eût rencontré. Forcément, il le connaissait depuis toujours. C'est bien connu, les gens remarquables se remarquent toujours très jeunes entre eux avant que personne d'autre ne les remarque. Et comme ils se disent aussitôt entre eux qu'ils sont remarquables, à force de le répéter, tout le monde finit par croire, autre effet d'imitation, qu'ils sont remarquables.

C'était un colonisateur remarquable, doublé d'un officier saharien remarquable, quoique borné mais comme le désert s'étendait sans bornes devant lui, on ne le remarquait pas trop. Il avait aussi des tics remarquables, il était très nerveux, il n'arrêtait pas de se gratter l'oreille gauche, et il se tenait toujours debout sur un seul pied, en pivotant de plus en plus vite sur lui-même, comme une toupie — ce qui rendait les relations avec lui, quelque passionnantes fussent-elles, plutôt pénibles.

Homme remarquable, il déclarait en tournant le dos de trois quarts à son interlocuteur :

— Tu as beau être mon ami, je ne sais pas ce qui me retient de t'expulser des territoires sahariens.

— Je suis venu imiter Jésus-Christ.

— Imite qui tu veux, le roi de Prusse, ou Vercingétorix, je m'en fous. Sache seulement que tu n'as pas le pouvoir de rendre les hommes libres. Si tu n'avais pas rendu tes esclaves à leurs anciens propriétaires, c'était l'émeute.

— As-tu lu *La Case de l'Oncle Tom ?* As-tu entendu parler de la guerre de Sécession et de l'affranchissement des Noirs en Amérique ? lui répliqua Foucauld.

— Dès qu'on te dit que ça vient d'Amérique, tu trouves ça formidable, tu ne tiens plus. Aujourd'hui les esclaves de l'Amérique c'est vous, éructa-t-il. Elle vous hypnotise, elle vous rend gâteux. Ça a commencé avec le caoutchouc mou pour les dents gâtées, le chewing-gum, le bubble-gum, le corned-beef, Mickey-Mouse, ça a continué avec le Coca-cola, puis le mou a envahi le monde. Au pays de la cuisine française, il suffit de parler de fast-food pour que vous

vous précipitiez. Un peuple devient décadent quand il a cessé d'être fier de ce qui a fait sa célébrité, ou sa grandeur. Drugstore ! Shopping-center ! Plus d'infâmes pharmacopées sucrées qui coulent à flots, le Seven-up, le Pepsi-cola. Aujourd'hui on a remplacé l'effort, le courage, l'héroïsme, par l'aérobic, le jogging, le body-building, le stretching, le string, ing, ing, dingue, ça me rend complètement dingue que tu marches dans toutes ces conneries.

— La connerie, c'est le seul progrès qu'on n'arrête pas.

— Comme tu as raison, Racine, Shakespeare, c'est désormais moins bien que Dynasty, Dallas, ou le dernier feuilleton venu de la télévision américaine. Le walkman, le barbecue, le brunch, le brushing, le spray modeling, le check-up, les boots, le speed, le sida, le stress, le make-up, le remake, le topless, le show-biz, le feed-back, le play-back.

— Comment ? Ils jouent aussi du Bach ? s'étonna Foucauld. Les Américains seraient-ils des gens distingués ?

Emporté par son élan, s'arrêtant, repartant, et tournant sur lui-même en toupie à une vitesse incroyable, à environ trois cents tours-minute, Laperrine ne se donna même pas la peine de relever l'observation. Il conclut fortement :

— Si tu continues à semer le désordre, je te sortirai du roman.

— Tu n'y arriveras pas, c'est Jean-Edern qui m'écrit.

— J'irai voir son père, je lui dirai que tu es un personnage pas possible.

— C'est pour ça qu'Hallier m'a choisi, il ne t'écoutera pas.

— Il m'écoutera si je lui explique que nous avons besoin ici de caïds et de notables. L'Amérique, laisse cette mode aux crétins du louque. Ne me déçois pas, Foucauld. Quand on veut être colonisateur français, on ne commence pas par être une colonie de l'Amérique. Pas même, nous devenons peu à peu sa banlieue portoricaine. Nous risquons de tout hériter d'elle, sauf ses qualités, son civisme, sa morale, son courage, et son art de s'éclabousser elle-même par le scandale, cet essuie-glace des boues glauques de la démocratie.

— Je n'imite pas les Américains, j'imite Jésus-Christ, eut beau tenter de lui expliquer Foucauld. Et puis, je suis venu libérer les esclaves.

— Laisse les esclaves encordés, comme il aurait fallu laisser les esclaves de Platon au fond de leur caverne. Tu sais ce que ça a donné ?

Et sans même lui laisser le temps de répondre, il lui assena :

— Ça a donné la République, ce poison dont l'humanité n'a jamais guéri. Sans cette foutue invention, nous n'en serions pas où nous en sommes !

— Il parle bien, çui-là ! admiraient les immortels. On pourrait peut-être l'embaucher.

Il fit trois tours sur lui-même en agitant sa badine.

— Nous ne pouvons rien contre les notables d'Algérie. Ils disent tous qu'on veut leur forcer la main, qu'on veut les priver de main-d'œuvre.

Foucauld s'était d'abord laissé submerger par son vertigineux camarade qui lui donnait le tournis. Enfin, il réagit avec force.

— Nous sommes en plein XIXe siècle, Laperrine ! Chaque chose en son temps. Nous sommes au temps de l'émancipation, alors j'émancipe.

A mesure qu'il parlait, ses idées prenaient de la force. Il devenait peu à peu le grand Foucauld, alliant l'inspiration spirituelle au pragmatisme. Ce n'était pas un homme de gauche, mais de cette droite qui fait parfois la meilleure part de la gauche, la droite généreuse et émancipatrice — de Byron à Lafayette.

— Si nous voulons des colonies durables, appuyons-nous sur les misérables, pas sur les riches, poursuivait-il. Nous arriverons comme des libérateurs. Ils n'oublieront jamais. On dit que les esclaves sont indispensables à la culture des oasis, c'est faux. Rien ne justifie plus économiquement, ou politiquement, au XIXe siècle, la honte et l'injustice de l'esclavage. C'est vous-même, Laperrine, qui l'avez pressenti. Le XXe siècle nous matraquera des esclavages autrement plus insidieux, l'esclavage de la publicité, l'esclavage de la communication. Nous ne perdons rien pour attendre...

— Je suis content d'être né au XIXe, murmura le colonel. Après, je me serais flingué.

— Moi, j'aurais préféré naître en 1760, l'année de Napoléon, Saint-Just et Lavoisier. On aurait mis le père de Foucauld en plus. Tous les grands hommes sont nés autour de cette époque. C'est un des mystères de l'histoire de France.

Il réfléchit, puis ajouta :

— Ah, ça aurait été bien si j'avais été avec eux dans le dictionnaire.

— La colonisation doit se faire par étapes, revint à la charge Laperrine.

— Je rêve du même empire que vous. Sauf que le mien est plus vaste, il contient les corps et les cœurs à la fois.

— Vous rêvez.

— Nous sommes deux à rêver. Vous êtes un rêve d'action, et, moi, je lui donne un contenu. Les indigènes savent que nous n'avons pas d'esclavage en France, et que nous l'interdisons en Algérie. Si nous l'acceptions ici, les caïds nous mépriseraient. Ils se disent entre eux : « Les Français n'osent pas, ils ont peur de nous. » Alors, ils nous mépriseraient deux fois plus, et ils auraient raison...

— Je ne veux rien savoir, balaya Laperrine en recommençant à tourner. Nous sommes les chiens de garde, les sentinelles de la France. Nous n'avons pas d'ordres à recevoir.

— Nous n'avons pas le droit d'être des chiens muets et des sentinelles bâillonnées.

Le colonel tournoyait de plus en plus vite, il étendit soudain ses bras à l'horizontale au-dessus du sol, et décolla. Heureusement qu'il n'y avait qu'un toit de paille dans cette pièce. Sinon, il se serait cogné durement la tête. Par le trou du plafond, Foucauld constata qu'il prenait rapidement de l'altitude.

— Qu'est-ce qu'il fait, le monsieur ? demanda à Foucauld le petit Paul-Jésus qui venait de s'échapper pour le rejoindre.

— Il s'en va en inspection, mon petit, lui répondit-il en caressant doucement les poux du crâne rasé de l'adolescent qui l'implora :

— Je veux être ton esclave désuet, tiens-moi par la corde.

Laperrine s'élevait de plus en plus haut dans le bleu du ciel.

— Formidable ! jubilaient les immortels. On va faire pareil.

Aussitôt des myriades de Hec Cetera montèrent dans le ciel, semblables à des oiseaux, d'innombrables petits oiseaux, les taquets du Sud algérien grisaillant l'air. Ils hâtaient l'heure du crépuscule. Tous ensemble, ils ressemblaient à un immense oiseau, plus grand que tous les oiseaux jamais vus, aux lents battements d'ailes géantes obscurcissant le ciel. Le vol des Hec Cetera-taquets était incompréhensible et sidérant. Les Bédouins levaient la tête, observant le phénomène.

C'était le grand aigle des mauvais présages.

Diane venait d'achever de lire ces pages, elle laissa tomber :

— Moi aussi, je veux être ton esclave désuète.

Je réfléchis, avant de lui déclarer :

— Si tu veux, je t'emmènerai à Paris. Nous vivrons ensemble.

Ce que je prenais pour ma générosité, je mis du temps à le comprendre, c'était l'illusion que je faisais naître en elle de pouvoir changer de vie. C'était plus fort que moi, j'avais besoin de la protéger. Que dis-je, d'être son sauveur ! C'était ma faiblesse sournoise...

Je plongeais dans les gouffres de l'attendrissement. J'avais fini par considérer que le désir, l'un purement physique, et l'amour, l'autre purement cérébral, étaient inconciliables. Avant Diane, cette Ophélie moderne qui faisait bander ma compassion, jamais je n'aurais imaginé qu'un sursaut de ma prétendue générosité puisse s'évacuer spermatiquement. Du premier coup d'œil j'avais su, avec une précision impitoyable, sur la terrasse de ciment du Bout du monde, à quel être détruit j'avais affaire — comme si je l'avais connue dans une autre vie, d'où *nos familles* me l'avaient envoyée en commando perturbateur. Après commence le mensonge poétique.

Sans ce qu'on appelle parfois l'amour, la vie serait une erreur. Alors le piège de la bonté se referma sur moi. Je tombai amoureux, au sens littéral du verbe, perdre l'équilibre, se laisser entraîner vers le bas, ruisselant de bonté infinie, par la main de la créature abaissée que j'avais voulu aider à se relever. La blessure symbolique de l'amour que j'invoquais, je la recevais réellement. La métaphore de cette blessure est le Sacré Cœur de Jésus, qui prend en charge tout l'amour du monde. Le génie du christianisme, c'est d'avoir détourné l'amour. Au nom de l'amour, j'étais prêt à assumer le salut de Diane. J'échapperais un peu à ma condition en protégeant plus pauvre que moi.

Bref, je me faisais mon horrible petit cinéma, ma série B américaine — je me prenais pour le héros du dernier remake bogartien, simili-Humphrey, avec son Ava Gardner, Diane en simili-comtesse aux pieds nus. J'imaginais que je pourrais arracher cette fille à sa chute, pour la replacer dans *nos familles*. Pourtant je savais parfaitement qu'elle avait dépassé la ligne de non-retour ; et pour l'avoir vue, si artificielle, fébrile dans le grand monde, je me doutais bien qu'elle n'aurait pas tenu longtemps.

N'empêche, l'amour n'est pas seulement aveugle, il fait aussi de nous des imbéciles heureux — et le plus souvent malheureux. Je me voyais déjà mettre du prêt-à-porter sur mon amante à Paris chez les moyens couturiers célèbres, lui faire mille cadeaux, la Bible, du beurre d'anchois, l'emmener déjeuner à la Closerie des Lilas avec le polio de Bagatelle pour faire saliver Sollers, la présenter à Mademoiselle, ma gouvernante suisse en retraite au bord du lac Léman, ou même au gré de nos fantaisies lui permettre de s'entraîner au stand de tir de Gastine-Renette, avenue Franquelin-Rosesvelte, pour canaliser le goût que je lui découvris plus tard pour les armes à feu. Je l'aurais cultivée, pygmalionée, elle qui ne lisait presque plus, et passait ses journées dans une sorte de léthargie brumeuse, enfermée au sous-sol de sa maison aux volets clos, à fumer ses pétards paralysants et à écouter de la musique dans un indescriptible désordre. Sa cache, son palais minuscule d'aristo prolétarisée, était pareille à l'intérieur d'une tente de femme touareg, avec une sorte de bric-à-brac protecteur, qui rassurait cette nomade immobilisée et engloutie parmi ses amulettes, ses babioles et ses rebuts de clocharde ramenant chez elle les trésors dérisoires de ses poubelles d'aubes blêmes. Plus cet invraisemblable foutoir frappait par ce caractère d'absence recouverte de crasse refroidie, pétrifiée, plus elle se lavait, prenait des bains qui duraient des heures, s'endormant parfois dans la mousse, la nuque posée sur le rebord de la baignoire, se parfumait ou s'enduisait de crèmes, comme pour conjurer la saleté répugnante de sa cachette. C'était une chatte se léchant à longueur de temps sur un dépôt d'ordures.

Un petit félin irréductible ! Il est aussi impossible de réduire la respiration de la phrase de Proust à son asthme, que Diane à ce qu'elle était, ou n'était plus, peu importe, sous l'emprise de ces paradis artificiels qu'elle dénonçait avec une incroyable véhémence moraliste — que n'eût point désavoué son aïeule, Marie de Bondy. Elle était désopilante de dénégations vertueuses. Pourtant la connaissant, nature extrême, il était inconcevable qu'elle n'aille pas jusqu'au bout de tout, du râle de ses entrailles brûlantes à l'héroïne glacée de sa souffrance. Je l'entends toujours me dire : Je n'aime que ce qui est fort. Moi aussi...

Nous étions donc faits pour nous entendre. En plus, comme chacun sait, l'été est fait pour les rêves exultants et précaires, ça m'arrangeait. C'était l'amour comme à dix-sept ans. Ce n'était plus de mon âge, mais je m'en foutais. Je m'envoyais en l'air avec Diane, que je n'arrêtais pas de soulever dans mes bras, debout, pour la prendre et la reprendre. Somme toute, je lévitais, comme sur certaines fresques de Fra Angelico, on voit saint François d'Assise et sainte Monique collés l'un à l'autre, à trois pieds au-dessus du sol — saint Bogart et sainte Gardner ailés. Oui, je planais, il n'en restait pas moins que si j'ai toujours voulu voler au secours de la veuve, de l'orphelin, du pauvre, du fou, de l'immigré, du prisonnier, et de la

Diane, je faisais aussi partie de la classe dirigeante. Même provisoirement mis au ban du système, j'en étais à la pointe, par mes intuitions, mon influence intellectuelle et mes livres. Je ne pouvais prendre des risques excessifs, je veux dire inutiles. A ceci près que je refusais de me l'avouer.

— Ah oui, me répondit-elle cet après-midi-là, nous ne nous quitterons plus.

Un nuage d'ombre glissa sur son front, c'était celui du soleil noir de la mélancolie. Soudain elle eut un inexplicable recul, une peur...

— Non, il ne faut pas que nous vivions ensemble. Je veux que tu connaisses toujours le meilleur de moi-même.

Cherchant à dissimuler ses défaillances, ses inexplicables accès de fatigue — du moins tant que je ne les attribuais pas, une fois notre aventure terminée, aux raisons proprement physiologiques de ses effondrements passagers —, elle répliquait à mon mensonge par un autre mensonge poétique, celui de la perfection de ses apparitions successives.

Quand je ressortais de ma cabane, ma cache de gangster, ma caverne d'amour, je titubais de soleil sur la scène de ciment du Bout du monde. Ce monde, il était sans cesse en représentation. Comme les autres bistrots de la plage, au bord des boulevards de sable et des trottoirs d'écume, le Bout du monde était un théâtre face à la mer, dont les coulisses étaient les ruelles de mensonge de Calvi où chacun se soutenait, mais comme on pousse l'autre pour ne pas tomber soi-même. En été tout se jouait là, face aux vagues : l'amour, la haine, le ressentiment et les comédies du paraître tissées dans l'ombre.

Le cœur plein de mon aimée, je brûlais de laisser échapper en public ce secret qui me débordait du dedans. Les amoureux ne sont pas seuls au monde. Les gens ne supportent pas le bonheur d'autrui, ils n'ont qu'une hâte : séparer ceux qui s'unissent. Comment avais-je eu l'innocence de l'oublier? A la fin, je n'y tins plus.

— J'aime Diane, annonçai-je.

Les visages du chœur antique de mes relations, de mes copinages fugaces de saison estivale se fermèrent soudain sous les parasols. Je m'en foutais, bien sûr, mais j'essayai tout de même de m'expliquer ce changement radical d'attitudes. Diane était littéralement haïe par tous ces gens qui poursuivaient de minables petits plans de carrière. Tout ce qu'ils lui reconnaissaient, c'était sa beauté, avec une sorte d'horreur sacrée. Pour le reste, dans l'émoi paresseux, le désarroi social, la vanité inquiète, les désirs errants de la vie des bains de mer, désintéressée, folâtre, papillonnante et grave, cette Messaline d'eau de boudin pouvait réussir à affoler les cœurs, pas à se faire admettre.

Ce matin-là, j'étais à ma table depuis trois heures. Le petit bourdonnement de guêpe de son vélomoteur escaladant la colline m'annonçait sa venue. Parfois, quand elle était en retard, je m'asseyais sur le mur surplombant le chemin, attendant indéfiniment, les oreilles frémissantes, ce bruit que je reconnaissais d'entre tous les bruits, le bruit de mon amour...

— As-tu bien travaillé? me demanda-t-elle en posant ses deux mains fraîches sur mes yeux comme de grandes ailes d'Hec Cetera dans le ciel d'Algérie.

Oui, ce matin-là, ma plume avait ébranlé la marche de tout un peuple dans le désert comme au temps de Moïse. Les Bédouins étaient plus nombreux encore que les taquets, sous le lent battement des deux ailes géantes des petits oiseaux obscurcissant l'azur. Marchant vers les oasis riches comme vers Taaman, c'étaient les Berbères innombrables du Tafilalet qui emmenaient avec eux femmes, enfants, troupeaux, chiens galeux, larmes et bagages.

Où allait cette colonne qui entraînait tout derrière elle ? Qui l'arrêterait ? Ecoutant ceux qui psalmodiaient sous les palmiers la sourate des Infidèles, prêchant la Guerre sainte contre les Français, de nouveaux Berbères venaient la rejoindre et grossissaient sans cesse cette marabunta humaine.

C'était la saison des soulèvements. Les Berbères se soulevaient naturellement comme le pain, au levain du discours de la colère coranique. Pour un rien, ils se soulevaient. Jamais les colonisateurs ne réussirent vraiment à pacifier l'Algérie. Comme les fièvres des pays chauds, il y avait toujours des soulèvements œdémiques qui couvaient sous les murs farineux de croûte rouge des ksars, prêts à monter soudain.

Nous étions en 1903. Foucauld avait quitté In Salah pour Beni Abbès, en passant par Taghit et Aïn Sefra. Militairement, la situation était devenue très critique pour les Français. De cette difficulté même, comme d'un forceps de l'inconcevable, le hasard et la nécessité accouchèrent enfin d'un homme en parfaite symbiose avec l'histoire en marche — ce dynamisme des victimes. L'armée française avait beau sonner la charge, elle subissait des revers de plus en plus fréquents. N'importe, elle avait encore d'immenses ressources sonores. Une nation s'éteint quand elle ne réagit plus aux fanfares : la décadence est la mort de la trompette. Et la vie de Foucauld, assourdi par le vacarme des trompettes de l'avenir, est inséparable de l'époque.

L'armée française, parfois submergée par les longues

colonnes des fourmis blanches de la Guerre sainte, eut ainsi ses martyrs dans le grand foutoir africain, avec en plus ses insolations et ses beuveries dont la chaleur aggravait les ravages dans le ciel rougeoyant, dégoulinant comme du napalm de caramel mou. Des centaines de pochards, à uniforme français rouge garance, furent massacrés par les Berbères, et le ciel rougeoyait encore, et encore sur leur déroute, et son sirop de feu mêlé à leur sang glissait dans leur cou, dans leur dos, leur collait les doigts et poissait entre leurs cuisses. Pourris littéralement par l'existence morne et suffocante des forts, leurs cerveaux s'en allaient par lambeaux qu'ils n'arrivaient plus à retenir. En poursuivant leur matière grise perdue, ils hallucinèrent bien souvent de lourdes défaites qu'ils ne tardèrent pas à subir réellement. Bataillons décimés d'ivres-morts....

L'état-major ne savait plus à quel saint se vouer.

— Détrompez-vous, j'en ai un dans ma manche, déclara Laperrine à Lyautey.

Aussitôt il retroussa la sienne. Foucauld en sortit, il s'y était blotti. Il mit la tête dehors, tout étourdi par son voyage tournoyant avec Laperrine, qui l'avait kidnappé alors qu'il donnait l'extrême-onction à un agonisant, dans la cour intérieure d'un fortin qui venait de tomber sous le poids des fourmis innombrables. Et l'une de leurs effroyables stratégies (elles avaient maculé à grands seaux d'hémoglobine animale leurs morts) les avait littéralement enivrées de sang et placées au premier rang en boucliers humains de leur assaut. Epouvantés, tétanisés par la marche hurlante de ces zombies mille fois déchiquetés, nos soldats déjà ivres-morts avaient été donc terrassés comme l'histoire n'osera jamais l'écrire, par des cadavres ivres maures.

Foucauld bénissait à tour de bras les grands blessés.

— Achève-moi, suppliait l'un d'eux, on achève bien les chevaux.

— Je n'ai pas vu le film, lui répondait le saint homme, mais si tu te confesses, je te promets le paradis sur grand écran.

A peine le mourant rendait-il son dernier soupir, qu'il tirait une gourde de sa ceinture pour offrir à boire à un guerrier berbère étendu, la jambe arrachée, sur le charnier. Il ne faisait pas de distinction entre les deux camps, il dispensait inépuisablement ses ultimes consolations aux uns et aux autres. Personne ne s'en étonnait trop. On commençait à bien connaître sa bonté. Depuis qu'il s'était établi à Beni Abbès, il avait même réussi à construire aux trois quarts un ermitage, à deux pas de la délicieuse palmeraie du borjd. Seul en plein soleil, au milieu du silence et de la caillasse, il s'était rendu célèbre pour le bien qu'il faisait.

Bref, il avait réussi la chose la plus difficile de toutes : se faire admettre par les indigènes. Quand il voyageait, même les fourmis blanches s'écartaient sur son passage comme les vagues de la mer Rouge devant le peuple élu. Mais il était le seul élu, et n'entraînait pas le peuple français. Chacun s'accordait sur sa grandeur. Quand on ne l'aimait pas vraiment, on l'admirait toujours, il se considérait comme le frère universel des religions monothéistes ; et en ceci, il fut bien le prophète, avec cent ans d'avance, de l'œcuménisme moderne. Il n'avait guère eu de mal, non plus, à aider les esclaves à se libérer, tant le raz de marée de la mode dix-neuviémiste de l'émancipation avait fait le reste.

Aussi le temps était-il venu pour que l'état-major français installé au Maroc, à Marrakech, parce que je le veux, se résigne à consulter l'ancien camarade de

Saint-Cyr, ce pauvre original — comme on disait dans *nos familles*.

Les longues pales du ventilateur du bureau de Lyautey soulevaient à intervalles réguliers les feuilles volantes, mangées aux termites, d'un dossier posé sur la table et agitaient les pans de la robe de bure du père de Foucauld. Il se tenait tout droit et avait le triomphe modeste — comme tout être supérieur.

Il voulait tout de même marquer le coup.

— Pourquoi m'avoir fait venir? Il n'y a pas si longtemps, vous me traitiez de fou.

— Les musulmans te respectent, répondit Lyautey en tapant familièrement sur l'épaule de son vieux copain. C'est incompréhensible. Explique-nous, on est dans les choux. Les Arabes prêchent partout la Guerre sainte, ils rêvent de nous rejeter à la mer comme des juifs.

— Ne nous affolons pas, répliqua Foucauld en regardant sa montre à quartz, nous sommes le 31 mai 1903. Il est dix heures vingt-sept du matin. Les Marocains mettront cinquante-trois ans, trois mois, vingt-sept jours et onze secondes à reconquérir leur indépendance, et les Algériens les suivront de peu. Vous avez tout le temps devant vous. Les militaires s'exagèrent parfois l'impuissance relative de l'intelligence, et négligent de s'en servir.

Aussitôt l'officier, qui était si bête que même ses camarades avaient fini par s'en apercevoir, se mit au garde-à-vous, croyant qu'on s'adressait à lui.

— A Paris, les politiciens prêchent la guerre laïque, faisait remarquer tristement Foucauld. L'Empire français, ils s'en moquent comme de l'an quarante. Tout ce qui les intéresse, faire la chasse aux congrégations religieuses. Ils sont tous d'accord sur notre dos, les fanatiques de l'islam et les fanatiques de la laïcité.

Nous étions en ce temps-là en pleine période de

séparation de l'Église et de l'État, d'athéisme militant et de pouvoir franc-maçon. De plus, comme la droite était au pouvoir, elle faisait obligatoirement une politique de gauche, c'est-à-dire anticoloniale. L'armée attendait avec impatience le retour de la gauche, pour qu'enfin une vraie politique coloniale de droite, à faire suer le burnous, soit appliquée, avec tortures, massacres, répressions, bref tout ce qui fait bêler les humanistes bêlants.

— Le gouvernement nous refuse des renforts, ajouta Laperrine, qui recommençait nerveusement à tourner sur lui-même.

— Des renforts, pour quoi faire ? objecta Foucauld. Tant que vous n'aurez pas compris comment prendre l'islam, les soldats français mourront pour rien.

— Qu'entends-tu par là ? demanda Lyautey, très intéressé. Je suis tombé amoureux de l'Afrique. Et puis, Marrakech, c'est formidable ! On pourrait y installer un Club Méditerranée ! Il y a aussi la Mamounia. Quel hôtel superbe ! Baladez-vous la nuit dans les ruelles, en quête de petits garçons, c'est grisant.

Et il ajouta avec un sourire en coin de connaisseur :

— En plus c'est pas cher.

« Laissez venir à moi les petits enfants. » Quand j'entends cette parole de Jésus, je frissonne. C'est de loin la plus ambiguë des Evangiles. On a beau l'interpréter à tous les niveaux, un sens vertigineux, celui de l'abîme sexuel, s'y entrouvre sans jamais réussir à se refermer entièrement.

Tous les défenseurs politiques, et les gens épris du monde arabe sont homosexuels, même ceux qui croient ne pas l'être. Les arabophiles, un syndicat de tapettes qui s'échangent les bonnes adresses ! Un lobby de l'anus ! Des Anglo-Saxons, à commencer par Lawrence d'Arabie, aux Latins, par conséquent aux Français. L'amour des petits enfants y conduit des hommes souvent remarquables. On établirait sans peine, aujourd'hui, la liste des écrivains, savants, ou orientalistes qui ne se cachent pas de les aimer. Lyautey, Massignon — comme, plus tard, Gide qui en raffola — l'étaient. Probablement Foucauld aussi. Profondément croyants, passionnés par leur mission, c'étaient des pédés divins, ceux de la grande génération coloniale.

Pourtant on est en droit de se demander si leurs choix politiques, la grandeur de leurs idéaux affichés n'étaient pas, tout simplement, des alibis sexuels infaillibles qui masquaient de leur générosité une démarche fondamentale de consommateurs pervers.

— Tu ne crains pas de t'éloigner trop loin de ton sujet ? me questionna Diane.

— Non, nous allons enfin au cœur des choses. Sans toi, ma chérie, j'aurais cessé d'aimer les femmes. Tu m'as sauvé.

En même temps, je contemplais son corps d'adolescent, me souvenant des mots qui m'avaient échappé, lors de notre première rencontre au Bout du monde : dommage que tu ne sois pas un petit garçon, je t'aurais...

Maintenant que c'était fait, refait, j'essayais de comprendre comment on peut verser, par surprise dans l'homosexualité dans la force de l'âge, presque à son corps défendant. Comment après avoir infiniment aimé les femmes, il vous arrive de les délaisser — nos merveilleuses adorées, nos harpes des sens — pour vous mettre à leur préférer les êtres du même sexe. Combien de fois n'avais-je pas, d'extrême justesse, retenu le geste de ma caresse au bord d'une courbure d'épaule de très jeune homme ? Je ne dénombre plus les visages qui m'ont ému. En m'interrogeant sur Foucauld, je ne cesse de revenir sur moi-même. Pcut-on aller plus loin que soi ? Il faut se servir de soi-même comme d'une table d'écoute : ce n'est plus vous, il arrive que ce soit l'histoire de l'humanité tout entière qui s'inscrive, décryptée, miraculeusement décodée, sur la pelure de l'interprétation la plus profonde.

Aussi vrai qu'en Occident aimer le monde arabe se conjugue avec homosexualité, les homosexuels pro-arabes sont les ennemis traditionnels des juifs — et notamment des machistes juifs. Une querelle de ménage sanglante entre circoncis ! Un match d'escrime par équipes entre bites décalottées ! C'est une guerre immémoriale que se livrent les homosexuels et les juifs. Pas de déclarations de guerre ! Ça se déroule dans des chemins transversaux, où le concept de nation, simple épiphénomène de surface, n'a plus cours. Pas de traités de paix, des trêves provisoires ! Guerre sans nom, guerre du non-dit, guerre de l'indicible, et quintessence de ce qu'on pourrait appeler une guerre culturelle. Son enjeu est la domination du monde par les deux minorités dominantes de la planète, qui se sont reconnues entre elles, abyssalement toisées, l'homosexuelle et la juive. Que l'on appartienne à l'une ou à l'autre, le statut de juif et celui du gigolo sont de même nature. Qu'on soit membre de la race élue, ou qu'on soit fraiseur au tapin à Saint-Germain-des-Prés, on transgresse instantanément sa classe d'origine grâce à sa judéité ou à sa beauté de jeune taureau du monde ouvrier, portant sur soi les stigmates de sa gloire, la bestialité dorée.

Il n'est point d'autre guerre mondiale que celle qui oppose les homos aux hétéros hébraïques. Il n'y en a jamais eu, il n'y en aura jamais d'autre. La guerre des étoiles, sur Sirius ou Bételgeuse, sera encore une java de l'évangile des prépuces. Plus pédés que les supermen d'anticipation, on parvient difficilement à en imaginer! Cette guerre a commencé avec la destruction de Sodome et Gomorrhe, les capitales bibliques de l'homosexualité, par l'ange des juifs. Elle s'est poursuivie avec Akhnaton, le pharaon qui commença à les persécuter en Égypte, vivant sous la coupe de sa mère, marié de force, et que les fresques montrent toujours entouré de jeunes éphèbes. Les tapettes du banquet platonicien firent des juifs leurs servants a posteriori. C'est-à-dire les traducteurs de la philosophie grecque, Maimonide, ou Averroès, de vulgaires colporteurs de l'hellénisme via nos Andalousies. Les premiers catéchumènes chrétiens, les disciples juifs de Jésus sous l'Empire romain, sont persécutés par des païens qui, tel César, conquérant des Gaules, une fois déposée la cuirasse d'acier, évoluent sous la tente en caleçon rose devant leurs amants aux yeux bistre, aux fesses douces, avec cette souplesse des hanches et cette façon équivoque de bouger les épaules. C'est douloureux de penser que Vercingétorix a été vaincu par une tapette à la pourpre parfumée.

Avec César, la tyrannie commence, longue, dure, sourde, obstinée, la tyrannie cruelle qui durera cinq siècles. Le civis romanus sum sera transformé en surnom affectueux des mignons du monde latin. La paix romaine, la fameuse pax romana, une pax pederastica! Le christianisme primitif, c'est d'abord la guerre sournoise des juifs contre l'Empire romain. C'est eux qui hâtent sa décadence, en termites des catacombes! Il aura fallu que les premiers empereurs se convertissent, et l'arrivée de papes d'une Église à la fois pédophilique — dont l'enfant de chœur est le serveur d'amour officiel et violemment antisémite, pour que les choses se renversent. Le pouvoir fut rendu aux touche-pipi, et aux anus éclatés! Ceux qui sortent de la famille des Médicis, Léon X et Clément VII, ces papes notoirement homosexuels, maltraitent les juifs. Sans parler de Laurent de Médicis, avec son sourire sardonique, sa bouche de vieille arrogante et ses ravissants compagnons, de Richard Cœur de Lion ou des rois français aux mignons de la cour des Valois qui pratiquent les dragonnades. Saint Louis, monarque pédéraste entre tous, et qui mourut en Tunisie, sa terre d'élection amoureuse, massacra les juifs plus qu'aucun roi de France. Voltaire l'inverti les combattit. « Écrasons l'infâme », déclarait-il doctement. Le latin des pissotières aura survécu longtemps au latin de cuisine et au latin tout court. La Vienne de la décadence de l'Empire austro-hongrois reproduisit les mêmes clivages entre juifs et homos — et c'est l'homosexuel juif Karl Kraus qui fut le premier à saluer Hitler, par haine de ce que la judéité autrichienne comportait de simonisme. C'est l'intellectualité homosexuelle de Paris, avec ses écrivains célèbres, Cocteau, Montherlant ou Jouhandeau, qui tint le haut du pavé de la collaboration sous l'occupation nazie, c'est bien connu. Ce n'était pas politique, mais sexuel, à cause de l'attrait que ressent le pédéraste pour la force, la virilité, le mâle qui a gagné.

Le S.S., le bel aryen blond — le garde des camps d'extermination de juifs —, reste le fantasme le plus dur de l'homosexualité virile. Tous les pornos mâles en regorgent. Je ne puis m'empêcher de songer aussi à Yasser Arafat, qui aime les petits garçons, pose ses mains sur le front de l'un d'eux, en s'embarquant pour l'Hégire sur le bateau qui l'emmène loin du Liban et déclare : « Ma femme, c'est la Palestine. » Sa femme, tu parles ! C'est le sexe de l'homme qui se déguise, se cache, se féminise pour échapper à la menace. Ainsi les homosexuels ont-ils eu longtemps le dessus sur les juifs. De même que chez l'homosexuel juif, en conflit ouvert avec lui-même, la déviance sexuelle a un caractère toujours plus fort que la race. Le juif Proust en est un exemple typique, il parle du nez crochu de Bloch comme jamais un goy n'aurait osé le faire. Avec la guerre au Moyen-Orient, les pédérastes arabes ont été vaincus militairement, eux dont l'effronterie à la fois courageuse et lâche, si l'on scrute attentivement leurs visages, ressemble à l'arrogance des personnages des peintres italiens du XVe et du XVIe siècle, à des Masaccio, Filippo Lippi, Piero della Francesca ou Le Caravage. Enfin, c'est à l'heure où l'homosexualité — longtemps cachée sinon traquée — obtenait officiellement droit de cité que la malédiction s'abattit sur elle, la peur blanche resurgie de l'obscurantisme du Moyen Age, l'odieux racisme de la maladie avec l'invention du sida, cette formidable campagne anti-homosexuels, à nouveau pestiférés, chargés des grelots de la contagion par les premiers qui commencèrent à l'identifier, des médecins juifs new-yorkais...

Guerre rampante, guerre informelle aux enjeux immenses, elle nous amène à poser la question essentielle. Qu'est-ce qui pèse le plus au monde, de la race ou du sexe ? De la quête des origines ou du désir ? De l'élection de droit divin, ou du droit de cuissage sur l'innocent ? Ce qui est sûr, c'est que, depuis la nuit des temps, la répression antisémite a toujours correspondu au pouvoir tenu par des homosexuels ; et la répression homosexuelle au pouvoir tenu par des juifs. L'antagonisme irréductible entre les juifs et les Arabes reproduit symboliquement cette guerre en chaque homme — qu'il soit ou non juif ou arabe. Et moi fils de ma mère, de ma mama juive et de mes propres fantasmes, je me posais inlassablement la même question : comment devient-on homosexuel ?

La vérité, celle d'un Lyautey, d'un Massignon ou d'un Foucauld, c'est qu'une âme conquérante, ou missionnaire, est toujours plus dure qu'une autre. Elle applique à autrui la dureté qu'elle s'impose à elle-même, ce que Proust appelait le visage antipathique et sublime de la vraie charité. Elle ne va pas seulement au-delà de la veulerie morale du consommateur — qui veut dissimuler la finalité de son désir —, elle met la barre si haut que seuls des individus d'une force exceptionnelle ont tenu bon, résisté à toutes les épreuves, et changé la masse de rêves en pierre de taille.

Ces pédés divins ne l'étaient qu'en tant que supervivants, ayant tout essayé et pouvant désormais tout se permettre, tout aimer. Ce qu'il y avait de divin en eux, c'était l'invention de l'âme considérée comme un luxe et une volupté. Si j'en juge par l'ascèse de Foucauld, on ne peut faire le bien qu'impitoyablement, le cœur endurci, sec, avec la dureté toute pédérastique qu'on retrouve chez ces guerriers homosexuels de la Renaissance, impudents, orgueilleux, sanguinaires, à l'esprit et au corps indomptables, athlètes capables d'affronter sans pâlir les dangers de toutes sortes, extérieurs ou intimes. Le supervivant ne l'est que tant qu'il retrouve ce qui subsiste encore en nous de la dureté héroïque de l'enfance rebelle — celle de mes immortels, au fond tous pétris dans la même pâte spirituelle, le dernier des Mohicans, Rackham le Rouge, plus le petit dernier venu, un coiffeur pédé, aviateur d'une audace inouïe, Rase-mottes, qui survola la Corse à bord de son chasseur supersonique, à moins d'un mètre du sol, lors de sa conquête. C'est la cause de soi qui mène lentement vers la pédérastie : la découverte tardive d'un cristal englouti et infracassable, l'enfance.

Quand on fait appel à elle, au tréfonds de soi-même pour redécouvrir l'absolu, on fait venir à soi, comme Jésus, les petits enfants. Qu'il se l'avoue ou non, le véritable saint — ou le guerrier — est un pédé divin épris du Christ, l'époux céleste, de soi-même et des adorables quéquettes des petits garçons trop purs dans la nuit tiède de Marrakech...

Lyautey regardait Foucauld s'approcher de la carte, développer ses idées devant l'état-major, quinze ans avant celles de Lawrence d'Arabie, ce petit homosexuel gallois qu'il préfigurait. Ce que le dernier réussit au Moyen-Orient, Foucauld le proposait déjà en Afrique du Nord. Le renversement absolu de la théorie militaire classique ne pouvait sortir que d'une imagination pédérastique. Je l'appellerai : stratégie de l'inversion. Il s'agissait de prendre l'ennemi par-derrière, en quelque sorte de le sodomiser.

La légion arabe de Lawrence, ce fut la sodomisation de l'Empire turc, au même titre que Foucauld tenta de sodomiser, quelques années plus tôt, les Arabes du Maghreb avec les Touaregs du Hoggar. En attendant, il expliquait :

— L'islam n'a pas de frontières. Ce n'est pas un assemblage de nations, c'est un vaste Etat impalpable, invisible, une manière d'être. L'islam est un *état d'âmes*. Il faut mener la guerre des âmes.

— Nous sommes des soldats, des hommes de froide logique. Pas des romantiques comme vous, répondit Laperrine, agacé, recommençant à tourner.

— Comment ? Vous n'aimez pas Victor Hugo ? Lamartine ? C'est le romantisme qui a fait l'Europe du XIXe siècle. Pas de Pologne sans le poète Witkiewicz, pas de Hongrie sans le poète Petöfi ! Pas d'Italie sans le poète Manzoni ! Du jour où les chefs d'État ont cessé d'être des poètes, les grands idéaux sont tombés. Il faut savoir rêver,

Laperrine ! La guerre des âmes, c'est le rêve en marche. C'est la guerre par d'autres moyens.

— J'aimerais savoir lesquels ? murmura Lyautey, sceptique.

— Il faut d'abord être conquis par ce qu'on veut conquérir. Regardez les Romains, ils étaient conquis par la pensée grecque avant d'occuper la Grèce. Les renforts ne serviraient à rien. Nous risquerions même de vaincre les Arabes, ce serait dramatique...

— Vous délirez, Foucauld. Vous feriez mieux de retourner à vos prières, dit Lyautey, qui commençait à trouver fâcheuse l'idée qu'avait eue Laperrine de lui ramener le saint.

En plus, il sentait mauvais et, sûrement, à cause de la mauvaise farine d'orge dont il se nourrissait, il n'arrêtait pas de pondre des flatulences d'œufs pourris.

L'entretien se fût arrêté là si le père de Foucauld n'eût soudain mis à nu sa pensée politique inspirée, qui devait se révéler d'un singulier prophétisme.

— Il ne faut jamais battre les Arabes, répétait-il, ils ont l'art imparable de changer leurs défaites militaires en victoires diplomatiques, dès lors qu'elles leur sont infligées par nous, les Infidèles.

» Regardez l'expédition de Suez ! Les parachutistes occupent Port Saïd. Patatra ! C'est le triomphe de Nasser. Ou la guerre d'Algérie. C'est quand on a gagné sur le terrain qu'on a commencé à perdre. Arafat, c'est de défaite en défaite qu'on lui a déroulé pendant des années un tapis rouge sous les pieds. Ecoutez-moi, pour régner sur un *état d'âmes,* il faut surtout ne jamais gagner militairement, il faut le diviser.

Lyautey, qui était très intelligent, prêta une oreille soudain attentive aux propos du père, et lui fit remarquer :

— Diviser pour régner, rien de bien neuf sous le ciel,

Machiavel à l'usage des bougnoules ! C'est de la vieille politique.

— De la politique éternelle, mais on l'oublie, reprit Foucauld. Montons les Arabes contre les Arabes. Que leurs victoires, même si elles nous servent — et surtout celles qui nous servent —, soient d'abord des victoires arabes. Même si au bout du compte ce sont les Arabes qui en sont les victimes ! Fondons les compagnies sahariennes...

Lyautey avait compris, il imaginait déjà à voix basse ce qu'elles seraient.

— ... nous n'avons plus rien à perdre. Des petites troupes légères, ultrarapides. Des mercenaires indigènes, habitués aux chameaux, au désert. Seuls les officiers seront français. C'est une entreprise parfaitement illégale, bonne à scandaliser les politiciens. Croyez-vous que je puisse vous suivre ? Pour qui me prenez-vous ?

Cette fois encore, Foucauld venait d'inventer la stratégie qui fit la gloire de Lawrence d'Arabie et qui aboutit à la prise de Damas par la légion arabe, exclusivement constituée de nomades jordaniens, le 1er octobre 1918, soit un an après la mort de Foucauld. Mettez l'homme dans l'homme, mettez l'Arabe dans l'Arabe, pour l'enculer à sec. Ainsi fut fait politiquement. Enterrez-vous dans les milieux arabes, recommandait Lawrence. Foucauld et lui s'y enterrèrent en taupes de l'Occident, s'offrant eux-mêmes en otages, l'un des troupes du roi Fayçal d'Arabie, l'autre des Touaregs ; et allant jusqu'à s'habiller comme les indigènes, en passant d'un mode fondamental de vie à l'autre, du cousu mange cuit au drapé mange cru. A leur insu, ils furent amenés à manquer aux lois de l'hospitalité de l'islam. Ils trompèrent d'autant plus facilement qu'ils étaient eux-mêmes trompés. Leur vocation se trouva paradoxalement renforcée en l'orgueilleux masochisme de leur chair meurtrie, après qu'ils eurent été fouettés jusqu'au sang, et mortellement humiliés en leur statut d'impérialistes blancs — le premier par les soldats turcs, le second par les bandits marocains. Ils aimaient les Arabes ; et Foucauld aimait les Touaregs encore plus que les Arabes. Il voyait en eux le fer de lance, le doigt de Dieu, que dis-je, le phallus mystique de la sodomie géographique : prendre le Maghreb par le Sud.

Oui, ils étaient passionnément épris de ces hommes dont ils admiraient la fierté, le courage et le sens de l'honneur ; en pleine ambiguïté, ils pensaient sincèrement défendre leur cause, et non celle des intérêts prosaïques de l'expansion européenne. Manipulés par les états-majors de la colonisation, qu'ils croyaient eux-mêmes manipuler, ces grands subversifs par innocence furent les hommes-leurres des Anglais et des Français auprès des Arabes. Traîtres aux autres, et traîtres à eux-mêmes, c'est-à-dire fidèles à leur nature, quand ils en prirent conscience, ils découvrirent avec désespoir le manquement à la parole donnée. La parole, échange aristocratique par excellence ! Le colonel Lawrence se dégrada lui-même, redevint simple soldat. Avant de se tuer à moto, il se proclama traître à l'islam, auto-capitaine Dreyfus de sa candeur humiliée. Il n'est pas impossible non plus que Foucauld, en quête de martyre, eût laissé venir à lui d'autant plus volontiers le sien qu'il avait compris n'avoir été que le jouet des calculs réalistes de la politique française.

Comme un officier venait de se porter volontaire pour organiser la première compagnie saharienne, Lyautey l'avertit :

— Allez-y, mais sachez que je vous désavoue d'avance. Si vous ratez, vous serez exclu de l'armée, si vous réussissez, je vous ferai mettre aux arrêts de rigueur.

— A vos ordres, mon général.

— Non, contre mes ordres, capitaine !

— Lyautey, je vous l'avais bien dit, jubilait Laperrine, Foucauld, c'est la providence. Il n'est pas fou, c'est nous qui le sommes.

Puis il se rengorgea et prononça cette formule définitive :

— Notre politique est d'une incohérence grandiose.

C'était sûrement vrai. Dans les mois qui suivirent, les prisons militaires se remplirent d'officiers méharistes. On dut même construire des cellules supplémentaires pour loger les officiers français qui désobéissaient, mais remportaient victoire sur victoire — et qui, comme de juste, en étaient sévèrement punis. Les politiciens qui n'arrêtaient pas de bouffer du militaire en étaient ravis, d'autant qu'il y avait désormais toute la viande qu'il fallait, en vieilles culottes de cuir, dans les boucheries idéologiques de Paris. C'était bien mieux ainsi — un homme politique qui ne donne pas quelque signe de gâtisme me fait peur. Enfin, c'est ainsi que la colonisation réussit à s'établir.

Elle s'appuya aussi sur ce qu'on a appelé la *politique romantique* de Lyautey. Elle était tout sauf romantique. Les romantiques de tout plumage sont d'aussi sales types, sinon plus, que les humbles escrocs de bas étages. Elle donnait des crises d'urticaire aussi bien aux éléments socialo-communistes qu'à la grosse bourgeoisie de droite puant le gros cigare refroidi et la morgue industrielle. Les premiers lui reprochaient de soutenir dans le sultan l'archaïsme d'une population imperméable aux idées progressistes. Les seconds d'empêcher le grand capital de remplacer le féodalisme, parce qu'en machiavélique administrateur colonial, respectueux de la crasse berbère, il disait qu'il ne fallait toucher à rien. De plus, Lyautey fabriqua de toutes pièces le mythe des grands seigneurs de l'Atlas, dangereux et cruels, prêts à faire couler le sang des étrangers. Ainsi pouvait-il tenir tous les affairistes, les candidats propriétaires (la colonie dans la colonie) et les aventuriers à distance respectueuse. Respect de quoi ? D'un bric-à-brac de conte de Mille et Une Nuits attardé ? D'un ramassis de clichés pour touristes et écrivains de second ordre de l'Académie française, les frères Tharaud, Pierre Loti ou Claude Farrère ? Non. La seule façon pour les militaires, aux ordres de Lyautey, d'éloigner les convoitises était d'élargir, autant que faire se pouvait, la zone d'insécurité (zone militaire — zone interdite).

Le romantisme, cette afféterie drapée et gantée de blanc de la couleur locale, ces seigneurs pseudo-sanguinaires, du sultan au glaouï — grands *saigneurs* de guerre, *chaircutiers* en Européens — n'étaient que les rideaux de fumée destinés à masquer le cynisme prophétique des colonisateurs. Qu'annonçait la stratégie d'un Lyautey ? En s'appuyant sur la monarchie alaouite, il faisait l'économie d'une véritable armée d'occupation. La trique, plus le droit divin sous le parasol chérifien ! Toute rébellion contre les Français se transformait automatiquement en atteinte insupportable à la légitimité du souverain marocain. Les grandes puissances ont aujourd'hui tiré un formidable enseignement de cette politique préfigurée par la folie brûlée au soleil d'un pédé divin : c'est celle des zones d'influence qui, de la Russie à l'Amérique, a mis en place des dirigeants traîtres aux intérêts véritables de leur patrie pour mieux se maintenir eux-mêmes et maintenir les peuples sous la botte étrangère. Notre Europe morte est le résultat d'une double traîtrise, l'atlantisme (pro-américain), et la vassalisation communiste des pays de l'Est...

Toujours est-il qu'en s'offrant à eux, Lyautey s'était offert superbement le Maroc. Au bluff ! Enfin, presque. Pour s'étendre au sud du Maghreb, restaient les Touaregs...

Mon Foucauld avançait à grands pas, je veux dire le livre de ma promesse à ma mère. Tous les jours je m'émerveillais un peu plus du hasard qui avait précipité Diane dans mes bras, ce fantôme gracieux d'un monde englouti. Désormais, je ne savais plus si je la désirais elle, ou ce qu'elle incarnait, ce symbole charnel, cette héroïne retrouvée de *nos familles,* tombée dans mon livre pour lui donner son frémissement de vie, sa force et entrouvrir béant l'abîme de ma bonté dangereuse. Diane l'avait si bien compris qu'elle ne se prêtait pas seulement à mon jeu, elle le devançait en comédienne de mes mythologies. Ce n'était pas une actrice ratée : elle se donnait si complètement, à un tel paroxysme d'intimité frémissante qu'au fond elle n'avait de public qu'à deux. Son théâtre à elle, c'était la chambre d'amour. Pour le reste, tragédienne inconsistante dc la vie, elle n'avait rien à perdre que la jouissance du jeu.

Je m'étais assoupi dans ses bras, quand le frôlement léger d'un doigt m'éveilla. J'entrouvris les yeux dans la pénombre : elle avait revêtu une chemise de nuit de grand-mère de *nos familles* qu'elle avait emmenée dans son sac pour m'en faire la surprise. C'était une chemise de coton blanc, à petites bretelles, ajourée de dentelles simples, avec un petit volant en bas. Elle lui tombait tout droit, cachant la forme de ses seins et de ses fesses : à part ses longs cheveux noirs, elle ressemblait à un petit garçon, mon enfant de cœur.

Elle s'allongea sur le lit, je posai ma tête sur son ventre, puis ma main remonta lentement sous sa chemise de nuit, sur une cuisse, se glissa dans la toison de son sexe écartant ses petites lèvres et je fus repris par un furieux désir de perfection. Lorsqu'elle fut entièrement dans mes bras, je la possédai à nouveau en contemplant son sourire. Quand je la voyais commencer à jouir répétitivement, ce que j'adorais, son ventre se rechargeant inépuisablement d'orgasmes à l'infini, quand j'enfonçais trois doigts dans son vagin, forçant ses parois humides — et un doigt dans son anus, quand je suçais son clitoris au goût d'oursin de mer, âcre et doux, nous savions tous les deux que ce n'était que le début de nos voluptés à venir, sans nous le dire, mais en le sachant terriblement fort elle réussissait ce tour de force — non, ce tour de grâce — de me désexualiser et de me conduire à la fois aux confins de la jouissance.

— On est monté au niveau où on peut aller chercher les âmes et où elles descendent, me disait-elle de sa voix cassée, avant un nouvel élan de transe amoureuse.

Il y avait dans ces moments-là, dans sa nudité ruisselante, dans la mienne, oubliant soudain ma peur d'être regardé, quelque chose d'extraordinairement fort — de vrai, de simple, d'évidence simple et vraie, qui s'appelait l'amour. C'était l'impossible rendu soudain possible, le passage bouleversant, vécu et charnel du concept à la vision. Telle était la finalité même de la mystique, entre ses cuisses et ses hanches : l'apparition de l'amour.

— Quand j'étais petite, je voulais devenir sainte, dit-elle.

Moi, j'étais l'époux divin — le papa-bébé de ma sainte Diane d'Avila, ou de Foligno — le grand fourrageur de ma petite sœur Thérèse ! Plus encore, je vivais mon assomption mystique avec un petit garçon, sans jamais quitter des yeux l'ombre de Foucauld qui put découvrir tardivement ses penchants homosexuels le jour où l'amour de Dieu lui fit ressentir sa folie de l'enfance perdue...

— Tu m'as rendu plus exigeant, dis-je à Diane, après avoir enfin joui, et m'être effondré sur elle.

Tout de suite après, je recommençai à me confesser, ou plutôt à dégorger comme un escargot mon trop-plein de souffrances, de doutes, mes trois années d'échecs et de vains combats. Mon exclusion progressive du système, mon pamphlet interdit, mon journal détruit.

— Tout ça c'est ma faute, ajoutai-je.

C'était la grande délivrance, je me dénonçais impitoyablement moi-même. Du moins je le croyais, avant de comprendre que ce n'était qu'une complaisance de plus, la fatuité même de l'esprit qui croit excuser ce qu'il explique, qui a la prétention de se faire plaindre en se décrivant, et qui, planant indestructible au milieu des ruines, s'analyse au lieu de se repentir.

Malheur à qui, dans les bras de celle qu'il vient de conquérir, ne songe qu'au moment où il s'en délivrera ! Une femme qui s'est donnée a, dans cet instant, quelque chose de touchant et de sacré. J'aimais, je respectais mille fois plus Diane après qu'elle se fut abandonnée. Pourtant, on n'écrit que les choses finies. Harcelé par mon éditeur, et les clauses financières de mes contrats, j'étais pressé d'achever mon livre, donc de rompre avec Diane. J'énumérais toutes mes faiblesses, mes trahisons, mes mensonges, mes enfantillages et les mille raisons accablantes et vraies qu'elle aurait dû avoir de me fuir. Plus je m'efforçais de la décourager, plus elle devenait tendre. Plus je me faisais furieusement négatif, plus je rendais à notre passion — ainsi qu'à toute passion — sa nature véritable, et positive, qui est d'inverser sans cesse toutes choses. Plus j'annonçais à Diane notre rupture inévitable, comme pour en conjurer l'imminence, plus nous scellions, de nos lèvres unies, nos salives mêlées, l'éternité de l'instant et, en chaque instant, le dernier instant de notre vie.

Jamais je n'avais compris si bien cette pulsation de l'érotisme, ce qui lie l'éros à la mort. Ainsi fonctionne le cœur lui-même, entre l'afflux de sang — et le désir — et l'aspiration mortelle du vide. A chaque nouveau battement, nous nous aimions un peu plus à en mourir.

Soudain, elle eut une brève convulsion, alors qu'assise, je la tenais par la taille, se rejeta en arrière, et retomba sur le lit, inerte. Je la giflai en vain, elle ne se réveillait pas. Au contraire, à son pouls imperceptible, au brusque abaissement de la température de son corps, elle paraissait être tombée dans un état bien pire que le sommeil le plus profond, un lent voyage entre les eaux de la vie et de la mort. Je me tenais au bord de son absence, incapable de m'embarquer sur ce sommeil-là, qui s'écoulait hors d'elle comme un fluide glacé.

Je m'affolai. Comment lui faire reprendre conscience ? Appeler un médecin ? Déjà j'imaginais le scandale de la famille, de son amant, le déchaînement de la population, l'opprobre publique, l'enquête de police et la presse...

Incapable de prendre une décision, paralysé, je m'attardais interminablement auprès du corps inerte de Diane, le visage enterré entre ses seins. Mes mains dans sa chevelure de noyée glissèrent longuement sur elle, mais comme sur du marbre. Je sentais que je touchais seulement l'enveloppe close d'un être qui par l'intérieur accédait à l'infini. J'allais enfin appeler au secours, quand elle recommença à bouger, rouvrit les yeux et me regarda comme si rien ne s'était passé. Aussitôt un grand frisson romantique s'empara de moi, je me jouai à moi-même le regret de ne pas l'avoir accompagnée, de ne pas m'être englouti avec elle en cette demi-mort, comme l'aurait exigé l'extrémisme de notre amour ; et quand je pris conscience du décalage entre l'égoïsme monstrueux de mes réactions lors de son évanouissement — elle était fréquemment sujette à des crises de spasmophilie — et l'accès du mensonge poétique retrouvé qui m'enfiévrait depuis qu'elle était revenue à la vie, je me méprisai moi-même, me considérant désormais comme indigne de ce cœur étranger à tous les intérêts du monde.

Nous nous aimions, nous nous aimions. O corps, vieux galets des milliards de fois polis par les mêmes vagues de caresses. La déperdition du désir n'est qu'une lassitude de l'esprit. Nous ne pouvions imaginer un seul instant qu'elle nous guettait, tant notre besoin de connaissance de l'autre nous entraînait vers la finalité même de l'amour, l'unicité : ne plus faire qu'un seul être.

Oui, le moment arriva où nous cessâmes d'être deux : je devins Diane, Diane devint moi. La réciprocité était si parfaite que notre amour était clos, fini au double sens où nous étions tous les deux enlacés, emprisonnés, quasiment fossilisés dans le même galet. Pardon, le même infracassable et fragile œuf d'amour, aussi fragile dans l'instant qu'infracassable dans la mémoire et qui nous devenait minéralement étranger quand nous nous éloignions l'un de l'autre. C'était nous, mais vus du dehors — pareils à ces amants de Pompéi surpris par la lave du Vésuve et retrouvés enlacés dans l'orgasme. C'était clos, fini, beau comme une rupture, parce que ce chef-d'œuvre du sens était si parfait qu'on ne pouvait plus rien y retoucher désormais sans risquer de le détruire.

Pourtant il vola en morceaux, par un bel après-midi d'été. Nous ne nous en aperçûmes pas immédiatement, sinon à ce que dès que le miroir circulaire de la transparence se brise, les deux êtres qui s'aiment au-dedans sont trop proches l'un de l'autre pour que les éclats ne les ensanglantent pas.

La rupture suivrait, inévitable, dans quelques jours. Ce

jour était venu. Nous saisîmes, elle et moi, surtout moi, l'occasion d'une entrevue qu'elle eut avec un de ces anciens amoureux, un après-midi sur une terrasse du port, pour jouer un psychodrame de la jalousie vaudevillesque. Cette futilité, cette farce, nous dévasta. Pourquoi me suis-je fabriqué un rival ? Pourquoi m'a-t-elle laissé faire ? Bien sûr nous jouions. Mais nous perdions. Je l'ai donc arrachée aux mains qui ne la tenaient pas et j'ai emprisonné celle qui m'était acquise ! J'ai tenu longtemps son bras captif qu'elle aurait, comme elle me l'a dit plus tard, passé autour de mon cou si je l'avais lâchée. Je me souviens que par ce comportement absurde de maître, de mâle possessif, je sentais entre mes doigts la chaleur de sa peau, l'odeur de son huile, le monoï aux fleurs de frangipane. Et je m'enivrais ainsi encore plus d'elle. J'adorais ses yeux mouillés de larmes. Plus elle en versait, plus j'aurais voulu les essuyer avec mon mouchoir, pour lui en faire verser d'autres : si j'avais su la posséder ici, sur-le-champ, à cette terrasse de café du port, je l'aurais fait. Je ne la libérai qu'après une heure — parfaitement indifférent aux passants qui chuchotaient entre eux, fabriquaient déjà les rumeurs, se livraient à l'exercice favori de leur ennui, le ragot, le ragot baladeur, démultiplié, la transformation du ragot en légende, son assomption, le ragot jusqu'à l'expectase. Nous fûmes, par ma faute, devant un public qui comptait les points, contraints l'un et l'autre à l'escalade de l'orgueil, et à tous les jeux du paraître.

Je repris ma moto. Je fis la tournée des théâtres de mer, m'y enfilant à chacun des doubles vodkas. Passablement éméché, je désirais Diane de plus belle. J'étais atteint d'une sorte de priapisme d'adolescent retardé — ou d'érection de quelque Foucauld en pleine tentation de sorcières. Ainsi dans *nos familles,* faute de pouvoir comprendre les femmes, rendait-on toujours le démonisme féminin responsable des incartades de l'homme. Etait-ce une erreur? Au fond, pas tellement. A la nuit tombée, j'avais cherché Diane, en pleine tempête des sens, dans tous les lieux où elle avait l'habitude de se poser — au Bout du monde, au Byblos, chez Tao sur les remparts de la citadelle. Nulle part dans la ville je n'avais vu son vélomoteur garé. Je décidai, avant de regagner ma cabane, de passer chez elle pour l'emmener en haut pour que nous y passions une dernière nuit, avant le retour, le lendemain matin, de Julien, son type parti depuis quinze jours et que je n'avais pas encore rencontré.

Je passai devant la grille de son jardin — bordé par un incroyable rectangle de béton à la géométrie épousant le sens de la pente, ce qui rendait cette entrée impossible — métaphore architecturale du caractère de Diane, de l'inaccessibilité symbolique de son véritable jardin secret, et de l'inutilité même de son existence humaine — pareille à cette grille absurde plantée sous les étoiles. Quand j'arrivai, les lumières de son salon étaient allumées et la radio marchait à tue-tête : elle était remontée de son gourbi du sous-sol, récupérant l'ensemble de la villa, louée le mois d'avant, une villa parfaitement laide, avec son crépi jaunâtre et son mobilier petit-bourgeois.

Je frappai lourdement, j'insistai. Elle ne m'ouvrait toujours pas. Je fis le tour par la terrasse, cognant en vain aux volets fermés. La demeure tanguait à la houle de mon ivresse. Ce n'était plus une villa, mais l'ombre d'un gigantesque cétacé que je longeais. Arrivant devant les fenêtres de la cuisine, je m'aperçus que les volets étaient ouverts. Je martelai du poing le verre. Toujours pas de réponse. J'avisai le pieu d'un parasol, je l'arrachai de son socle. Je le soulevai, j'enfonçai de toutes mes forces contre l'épais carreau de Sécurit ce harpon dans le ventre d'une baleine jaillie d'un cauchemar. Cette fois-ci c'était Moby Dick ! Je devenais le capitaine Achab, transperçant la baleine blanche qui retenait prisonnière l'arrière-petite-nièce de Marie de Bondy, engloutie, muette tout au fond. J'ignorais que j'étais en train de vivre mon livre, de l'écrire à l'arrache-cœur, sauvagement. Absurdement, en brute entrant par effraction au centre d'un sombre mythe qui m'échappait. Après une quinzaine de coups de boutoir, où je mis toutes mes forces, en ahanant, pour crever cet abcès de ténèbres, le verre se brisa et j'entrai en écartant les débris. Diane dut voir enfin cette ombre terrifiante d'assassin au clair de lune. Me reconnut-elle ? Je ne sais. Toujours est-il que, lorsque j'entrai, j'eus beau ouvrir à grands coups de pied toutes les portes, elle avait disparu. La radio gueulait toujours à tue-tête. Quand j'arrivai sur le palier, je vis que la porte d'entrée était ouverte. Elle s'était enfuie dans la nuit.

Après la tempête, le calme plat, le raz de marée de mon désir était retombé. Il avait dévasté ce qu'il avait pu sur son passage. Il s'était tu. La grande vague s'était retirée. Je me sentais apaisé, réconcilié avec moi-même, complètement dégrisé. Comment avais-je pu me mettre dans une frénésie pareille ? Quoique je ne fusse point mécontent au fond de moi-même, de ma violence qui me prouvait que j'étais encore capable de passion...

Je ne sais pas combien de temps je restai prostré. Soudain j'entendis des pas légers mais distincts. Je fus face à elle, elle n'eut pas l'air surprise. Elle me regarda avec une grande douceur, comme si rien ne s'était passé. Je posai mes mains ensanglantées sur ses épaules, en l'étreignant.

— Tu sais, j'ai fait une connerie, lui dis-je.

— Moi aussi, me répondit-elle, je me suis enfuie dans le jardin. Je suis tombé dans un trou, plein de cactus.

Elle me montra sa jambe, avec la longue estafilade que lui avait faite la plante — ma boiteuse à la cheville tordue, revenue dans mes bras.

Pendant longtemps nous nous tûmes, restant debout l'un contre l'autre, les bras ballants, ma tête effondrée sur l'une de ses épaules, noyée dans ses cheveux noirs odorants. Nous étions le grand frère et la petite sœur, muets et tendres.

— Rentre te coucher, me dit-elle, Julien arrive à l'aube. Il ne faut pas qu'il te voie...

J'obéis. Elle me raccompagna jusqu'à ma moto, dans la cour. Je la sentais pressée de me voir partir. Alors je me retournai, lui demandant en petit garçon tout penaud :

— Diane, tu m'aimes toujours ?

— Je t'aime parce que je ne puis faire autrement.

Je m'endormis presque aussitôt lourdement, sans rêves. Jamais je ne rêve. C'est le poids de mes nuits qui déverse dans mes livres des rêves dont je ne me souviens plus au matin. Plus je dors, plus ces rêves sont incommensurables, et plus je me jette sur la page blanche pour déverser le monde inconnu que j'ai dans la tête. Avais-je rêvé cette scène qui s'était déroulée comme en un rêve ? Je m'assurai le lendemain qu'elle avait réellement eu lieu.

— Regarde comme il est beau, mon bébé, me dit-elle en me présentant son compagnon un soir sur la terrasse du Bout du monde sous un parasol Coca-Cola, à côté d'une bouteille de Butagaz, avec des boîtes de conserve vides et devant une barrière de paille.

Je le trouvai ravissant, avec ses yeux bleu mica, qu'il s'était fait faire au crayon par Diane. Ses relations sentimentales la vouaient à une sorte d'inlassable dévouement envers une nursery de ravagés de la fontanelle, d'éphèbes inconsistants qu'elle maternait, faute d'être une véritable mère de famille. Son carnet d'adresses, une pouponnière. Mon bébé, disait-elle à l'un, mon bébé, à l'autre. Elle se masturbait littéralement de bienfaisance. C'était à la fois sa compensation et son alibi. Ma bonté, disait-elle. Somme toute, c'était un canon de bonté ! Elle restait imprégnée de l'ancien réflexe conditionné de *nos familles :* le secours aux faibles et aux blessés. Jadis elle aurait tricoté des layettes pour les prisonniers, ces bébés derrière barbelés. Sa structure mentale d'infirmière exaspérait l'homme que je suis. On élevait jadis toutes les filles dans le but apparent de devenir des professionnelles du dévouement, jouant Bach d'une main, pansant de l'autre les plaies. Diane avait, comme toutes ses grand-mères, les langes ensanglantés d'un million de grands bébés blessés de Verdun, ou de Diên Biên Phû dans la tête. Néanmoins je trouvai la présentation du petit fiancé délicieuse : ce bébé-là, je ne le jetterais pas avec l'eau du bain.

La veille, eussé-je demandé à Diane de choisir entre lui et moi, elle n'aurait pas hésité une seconde. Elle m'aurait préféré un million de fois au partenaire de sa misère — son bébé à qui elle avait sauvé la vie, se plaisait-elle à répéter. Mais moi, je le voyais bien dans ma cour, ce bébé moulé par ses langes, avec du talc sur ses grosses couilles comme on en a toujours à cet âge, et qui avait dû garder les siennes d'antan. J'étais jaloux de Diane de l'avoir pour amant, je le voulais. Il n'était pas à elle, il était à nous deux. Je l'affranchirais au marché des esclaves de mon imaginaire pour mieux me l'asservir dans la réalité : ce n'était pas l'Ibdn-Jésus ou le Paul-Jésus de Foucauld, mais mon petit Julien, mon Julien-Jésus à moi. Diane venait de laisser passer sa chance.

Troisième partie

De l'autre côté du vent

Sortis du pays de la soif et de la peur, c'étaient les hommes bleus — en qui coulait le sang bleu des sables, le plus pur sang aristocratique. C'était la cinquième race de l'humanité, après les Blancs, les Noirs, les Jaunes et les Rouges. Quand ils surgissaient au sommet des dunes, ils faisaient leur fameuse peur bleue. Leur légende d'invincibilité était telle qu'il leur suffisait d'apparaître pour avoir déjà vaincu...

Pauvres Touaregs, fiévreux, enrubannés de noir, maquillés, déguenillés et efféminés. Fins de races épuisées, voilées comme les femmes, leurs razzias de misère semaient pourtant la panique chez les harratins, les cultivateurs noirs, et les trafiquants arabes. Aussitôt, ils se mettaient à réciter leurs poèmes homériques, à la lisière des borjds, dans le vent de sable montant, tout le monde détalait.

C'était de très grands vents sur toutes les faces du monde.
De très grands vents, par le monde, qui n'avaient ni air ni gîte,
Qui n'avaient garde ni mesure et nous laissaient hommes de paille sur leur aire
Oui, de très grands vents sur toutes les faces des vivants.

C'était beau, ça ressemblait à la poésie d'un autre saint, un Saint-John Perse, et ça l'était peut-être. C'étaient des paroles rocheuses qui vibraient dans la chaleur. A moins que ce ne soit le début de *L'Enéide* : « Je chante les armes et les hommes. » Ainsi devrait commencer toute poésie. Leurs armes, ce n'étaient pas leurs lances, c'était la beauté de leurs poèmes, car ils reprenaient à leur compte l'appel de Lautréamont. La poésie doit être faite par tous. Et ils étaient tous poètes. Ecoutez-les :

Avec la torche dans le vent, avec la flamme dans le vent,
Et que tous hommes en nous si bien s'y mêlent et s'y consument qu'à telle torche grandissante s'allume en nous plus de clarté,
Et c'est un temps de haute fortune lorsque les grands aventuriers de l'âme sollicitent le pas sur la chaussée des hommes, interrogeant la terre entière sur son aire pour connaître le sens de ce très grand désordre, interrogeant le lit, les eaux du ciel et les relais du fleuve d'ombres sur la terre.

Les Arabes les fuyaient, la beauté fait toujours peur — tout en ricanant en douce, en les appelant Touaregs, c'est-à-dire hommes abandonnés de Dieu. Eux préféraient se désigner eux-mêmes sous le nom d'Imohagh, hommes libres, dans leur langue, le tamahaq.

— La beauté sauvera le monde, disaient-ils.

Elle les perdit, ces poètes dégingandés aux yeux brûlés, sortis de la nuit des temps. Lorsqu'ils disparaissaient, ils semblaient réintégrer les gravures rupestres des hautes falaises du Tassili. D'où venaient-ils ? Où allaient-ils ? Qui étaient-ils ? Des âmes d'antilopes blessées ? Des demi-dieux ? Des spectres ? En fait, ils travaillaient leur propre mystère sans le savoir, parce que la tradition orale effaçait à mesure ce qu'elle créait, tandis que leurs tribus, comme les dunes, grandissaient et mouraient à un rythme irrésistible et lent. Les anciens rappelaient qu'un puits était là où il n'y a plus que du sable et qu'ils auraient su d'où ils venaient si les supputations sur leur origine n'avaient ressemblé aux innombrables fausses pistes du désert, ce faisceau indélébile de sentiers qui ne mènent nulle part.

Ils débouchaient sur d'arides plateaux couverts d'hiéroglyphes, ces virgules de bren que laissaient sur les cailloux les hommes bleus déféquant aux abords de leurs campements provisoires.

A chaque fois qu'ils s'essuyaient le cul, ils traçaient un bout de lettre, une ponctuation, l'élément d'une phrase d'écriture mystérieuse de leur origine. Le soleil calcinait les excréments, les durcissait, pour les fixer à jamais sur les cailloux. Autant de signes indéchiffrables qui traitaient à perte de vue sur toute l'étendue du désert de l'histoire des peuples touaregs, de ses migrations, et de ses caravanes errantes — ces azalaï, caravanes de sel, d'un abankor (point d'eau) l'autre, depuis des milliers d'années.

Qui aurait pu traduire la saga immémoriale de cette langue fécale ? Quel savant inspiré aurait pu décrypter ces récits ethnologiques de chiasse desséchée ? Quelle pierre de Rosette qui ne soit de merde racolée ? Le désert, c'était un grand livre ouvert. La merde, c'était l'encre de Dieu.

Il y a trois choses qui durent mille ans, la crotte, l'acacia et les sentiers, confirmait un proverbe touareg.

Il était onze heures. Je travaillais depuis cinq heures du matin. Je n'avais pas relevé la tête pendant tout ce temps, tellement les Touaregs m'habitaient, moi le pauvre nomade de la traversée du désert de mon imaginaire. Plus la réalité de certains mythes est fragile, plus longtemps ils subsistent. Il se forme une conjuration de gens qui vous répètent par exemple :

— Les poèmes des hommes bleus font pleurer, faut faire gaffe.

Ou bien :

— Ils ont des vers déchirants, comme s'il se fût agi de poignards prêts à lacérer des chairs vivantes.

Bref, les Français n'avaient pas très envie non plus de se frotter aux poèmes touaregs. Les Touaregs seraient restés invincibles, s'ils n'avaient été obligés de les vaincre pour laver l'affront fait à l'un de leurs meilleurs agents, un certain Ben Messi, métis haï des guerriers voilés.

— Une sombre histoire de cul, racontait Lyautey pendant une veillée des chaumières consacrée à l'épopée coloniale.

— C'est toujours par là que ça pète, opinait une douairière patriote et compatissante.

En effet, un dénommé Baba Ag Tamaklast avait organisé une razzia punitive contre Ben Messi qui ne cessait de vendre des renseignements aux Français. Comme ce dernier était allé manger des cornes de gazelle à une journée de marche, les Touaregs tombèrent sur sa femme, la déshabillèrent. Ils fouettèrent son joli cul saharien sur la place publique, devant les harratins. Quand son mari rentra, il mit les Français au pied d'un mur de torchis.

— Vengez mon honneur de traître, exigea-t-il.

Oui, tout péta à ce moment-là. Obligés d'organiser une contre-razzia, les méharistes français se lancèrent en une course effrénée de mille sept cents kilomètres contre ce Baba, qui se jouait d'eux. Jusqu'au jour où l'un de ses compagnons — un certain Sidi Mohammed Ag Othmane, que l'histoire ne retiendra pas, sauf pour cet épisode — lui déclara, pour flatter sa vanité :

— Virgile, Dante et Agrippa d'Aubigné (Dieu sait pourquoi les Touaregs raffolaient d'Agrippa d'Aubigné) à côté de ta poésie, c'est de la petite bière.

— Tu crois que les Français en ont ? Je meurs de soif, lui répondit Baba, qui tirait la langue, harassé à force de chercher à distancer ses poursuivants — d'autant plus redoutables que c'étaient les compagnies indigènes inventées par Foucauld.

— Personne ne peut résister à la poésie. Un beau jour tu finiras par avoir le Nobel. Je ne sais pas pourquoi nous fuyons les Français, insista l'autre.

— C'est vrai ce que tu dis ? demanda Baba.

— Tu es le plus grand poète du monde, dit-il encore pour caresser sa vanité dans le sens du poil qu'il avait noir et dru.

Les trois officiers qui commandaient les méharistes, de l'autre côté de la lune, ne parlaient entre eux que *la barbe sur l'épaule* (expression employée par les conquistadores espagnols : guetter autour de soi).

— Je ne crains pas leurs vers de mirliton, disait le capitaine Cotones en tremblant de fièvre pour exorciser la légende des hommes bleus dont il savait qu'à chaque instant ils pouvaient surgir du moindre monticule de sable.

On n'entend jamais venir l'intelligence. Soudain les Touaregs sortirent de nulle part : il suffit de s'être promené dans le désert pour avoir fait l'expérience de ces surgissements ahurissants de nomades qui vous disent rituellement : « Ti veux un œuf... ? »

— Ti veux un poème ? cria soudain Baba, qui venait de pondre le sien.

C'était le signal de l'attaque.

Les Touaregs avaient déjà fondu sur les méharistes, grâce à la rapidité de leurs vers à huit pieds. Les Français n'avaient pas eu le temps de les mettre en joue. Les guerriers bleus leur jetaient à la figure des poèmes incroyablement profonds et déchirants, pleins de vers foudroyants — qui auraient dû faire tomber leurs ennemis raides morts.

Ils étaient si beaux qu'ils passaient largement au-dessus de la tête des méharistes qui ne comprenaient rien à la poésie, sans les toucher. Alors les méharistes eurent tout le loisir de sortir tranquillement leurs fusils, de tirer et d'envoyer à leur propre étonnement cent cinquante poètes voilés passer une saison en enfer. Les Touaregs étaient tout aussi stupéfaits, tellement ils croyaient la musique de leurs mots chargée d'une beauté mortelle — et elle l'était, mais contre eux, ces pauvres fous du verbe aux rythmes bouleversants et aux étranges canons de beauté, désormais inopérants.

— C'est Mozart qu'on assassine, disaient-ils en sentant la musique que tout homme a en soi s'éteindre, et en expirant.

Leur légende les avait tués.

« Faites l'amour, pas la guerre », disaient les femmes targuia — qui avaient inventé la pilule depuis des millénaires — à leurs guerriers. C'est en vain qu'elles cherchaient à les entraîner sous la tente, pour leurs partouzes rituelles. Désemparés, ils boudaient même les folles nuits du Hoggar. Incapables de séparer leur vie de la poésie, et la poésie de leur vie, ils erraient comme des âmes en peine sous la lune bleue.

— Pleurons nos poètes séparés de la vie à jamais, mais tirons la leçon de notre défaite, déclarait un jeune homme d'une beauté émouvante, prénommé Moussa.

— La vipère prend la couleur du pays qu'elle habite.

— Il ne faut pas faire confiance aux Français, la poésie ne les touche pas.

Pour les hommes bleus, qui croyaient vraiment que la poésie menait le monde, c'était une étrange force que de n'y rien comprendre. Alors que la course aux armements, aux fusées à ogives nucléaires et aux sous-marins atomiques du désert poussait les nations modernes en avant, les Touaregs en étaient encore à perfectionner leur métrique, à affûter de nouveaux alexandrins, ou à imaginer que les vers blancs pourraient venir à bout des hommes blancs. Des marchands turcs les avaient même bernés en leur vendant des haïkus japonais d'occasion et *soi-disant* imparables. Leurs tentes étaient autant d'arsenaux où l'on formait des hémistiches, des anagrammes, des dactyles, des iambes, des épodes, des strophes archaïques, des pentamètres et des anacrouses à la chaîne. Ainsi, comme tout peuple qui se déglingue, ils renonçaient à leur propre versification soumise à des règles très précises selon le nombre des pieds formés de syllabes longues, brèves ou moyennes. Leurs vers appartenaient aux formes dites seienin heinena il-aner-ialla aliouen. La forme seienin comporte généralement quatre pieds ; la forme heinena, deux hémistiches dont le premier de trois pieds et le second d'un seul ; la forme il-aner-ialla a quatre pieds, le premier contenant une syllabe brève et longue et des variantes à l'infini. Cet armement leur permit de gagner d'innombrables batailles. C'était à présent du passé, le moral n'y était plus. Puisque leur légende d'invincibilité s'était soudain effondrée, le simple réalisme obligeait maintenant les Touaregs à négocier avec les Français.

Quelque chose d'incompréhensible venait de se produire, qu'ils découvraient brutalement.

— Le monde moderne n'est plus sensible à la poésie.

— Le xxe siècle va être abominable.

— Les Français sont blindés de prosaïsme, déclara gravement Moussa, discutons avec eux. Roulons-les dans la farine à l'arabe ! En plus, défaite n'est pas déshonneur.

Une haute silhouette se dressa soudain sous la lune. C'était le grand chef, l'amenokal suprême du Hoggar, Attichi Ag Amelal, qui déclarait furieusement :

— Répète ce que tu viens de dire, espèce de petit con.

— Il faut négocier, la main que tu ne peux couper, baise-la, déclara imperturbablement Moussa, déjà réputé pour son audace et son courage.

C'est bien connu, pour faire avaler une trahison à un peuple, il faut toujours mettre un ancien héros à sa tête. Maréchal, nous voilà...

En fait il attendait depuis des années l'occasion d'affronter l'amenokal pour devenir amenokal lui-même. Ce serait un rude combat. Jadis balayeur à Barbès, Amelal avait été remarqué par le célèbre poing Surlei, manager de boxe, qui en avait fait un champion connu sous le surnom de Kid Sahara. Quand il tombait à bras raccourcis sur ses adversaires, ses coups étaient d'autant plus redoutables que sa faculté de rentrer ses avant-bras dans le thorax lui donnait un terrible supplément de vitesse au bout de l'allonge. Pas un menton qu'il n'ait cueilli ! Que dis-je, fracassé, comme du cailloutis du Tassili ! Il réussit cent un nokaoute d'affilée, jusqu'au soir où, en finale du championnat du monde des mi-lourds, au Madison Square Garden de New York, il ressentit au deuxième round l'appel du désert, c'était si assourdissant, qu'il mit ses deux poings sur les oreilles pour ne pas l'entendre. Son adversaire profita qu'il était sans garde pour le mettre nokaoute à son tour. En tombant, Kid Sahara vit trente-sept milliards d'étoiles et se réveilla de ce match comme d'un mauvais rêve et ça l'était peut-être, sous la voûte de la nuit étoilée, en plein dans lui-même — c'est-à-dire au Sahara qu'il n'aurait jamais dû quitter, et que sans doute il n'avait quitté qu'en un rêve d'anticipation du destin de son peuple.

— Quand j'y songe aujourd'hui, les étoiles trichèrent... Le vent charriait trop de rêves délavés, rectifia-t-il en se relevant, et en l'entendant, ses pairs le nommèrent aussitôt amenokal.

Parmi les invincibles, c'était sûrement le plus invincible. Pourtant il avait une faiblesse qu'un jour une Targuia adolescente raconta à Moussa.

— Beau jeune homme, si tu lèches la rosée de mon con, je t'apprendrai le secret du grand amenokal.

Maintenant qu'il savait, Moussa ne craignait plus le combat singulier avec lui. Au contraire, il avait tout fait pour le provoquer. Enfin, il étreignait avec délice la peau cornée, plissée, du vieil amenokal sous laquelle les côtes étaient aussi dures que des barres de fer. Les deux hommes luttaient, presque immobiles, devant un tambour de peau, symbole de la royauté touareg. Mais, de ses forces presque inentamées d'arracheur de mémoire, l'amenokal serrait Moussa au point de l'étouffer peu à peu. Les doigts du bel adolescent avaient beau appuyer sur cette vieille peau dégorgeant son trop-plein de sueur aigre, de pipi de chameau et de concombre tartiné du sel de la misère, l'autre renforçait son étreinte.

Comme la lune bleue elle-même s'effaçait, à cause de son épuisement, Moussa murmura, en croyant que c'était en mourant :

Accroché au-dessous des étoiles malades
O nuit en plein midi des éclipses totales
Triste comme les rois sur leur photographie.

C'était terrible de mourir si jeune, et sans jamais avoir été amenokal, mais soudain le romancier eut pitié de lui — ou plutôt ressentit l'impérieuse nécessité de rester fidèle à l'histoire vraie du père de Foucauld. Il n'y aurait jamais eu de nouvelles péripéties, si Moussa ne s'était souvenu providentiellement que la fillette targuia lui avait confié que le grand amenokal ne craignait qu'une chose : qu'on découvre qu'il était mort depuis des dizaines et des dizaines d'années. Ce n'était plus qu'une légende soufflée par les vents de sable hululant dans la nuit.

— Craignez-moi, votre amenokal ! Prosternez-vous bien bas, peuple touareg, pour ne pas voir que je ne suis plus là.

Sous les nuits étoilées, tel était le cri monotone du néant.

Alors Moussa comprit qu'en toutes circonstances de la vie, le courage — pas physique, il n'en manquait pas, mais c'était insuffisant —, le courage moral, celui qui permet de faire la différence, c'était de toujours redresser la tête pour regarder bien en face les croque-mitaines du pouvoir, ces épouvantails à moineaux, ces moulins à vent qu'un seul éclat de rire suffit à balayer. Il emplit avec peine son thorax d'un ultime souffle d'air chaud — son dernier soupir d'agonisant, croyait-il —, rejeta son cou en arrière, et rouvrit les yeux droit devant lui.

Les dunes vides à perte de vue ressemblaient à un poème qui s'achève. Les mots de sable étaient soudain redevenus du sable, engloutis, résorbés dans le paysage. Il n'y avait plus à avoir peur : ç'aurait été avoir peur de rien. Moussa tendit puissamment ses bras en avant, dans un effort désespéré, pour reprendre le dessus sur son adversaire. Il ne le rencontra plus. Il enserra même si fort le vide que ses mains se rejoignirent presque sur ses omoplates et qu'il comprit qu'il s'était étreint lui-même pendant tout ce temps, comme le jour lointain où son successeur viendrait à son tour lui livrer le combat rituel des spectres. Il aurait aussi à vaincre sa légende. Quellc serait-elle, maintenant qu'il s'était changé soudain, du jeune Amastase, beau à vomir, visage impassible couronné de lumières solaires désordonnées, hanches étroites, ventre plat, poitrine large sous la peau des muscles, souples serpents entrelacés, en Moussa Ag Amastase, grand amenokal des tribus touaregs ?

— Tu es une légende en train de se faire, lui dit une vieille femme, qui venait d'assister à sa métamorphose.

— Nous te saluons, roi du désert, vinrent lui faire allégeance les guerriers en s'agenouillant devant leur chef illuminé par le rire de la vérité.

— Si nous avions rompu, j'aurais toujours regretté de ne pas avoir été la première à lire ces pages, me dit Diane.

Les séances d'amour de la cabane avaient repris de plus belle. Amants retrouvés, nous jouions au jeu de la confession absolue. C'était la connaissance de l'autre par les gouffres amoureux, forcenée, violente, reculant sans cesse les limites du dicible, nos cœurs aussi parfaitement mis à nu que nos corps pantelants.

Il y avait toujours en elle des zones d'ombre qui me gênaient : nous nous prodiguions des caresses, nous parlions d'amour, mais nous parlions d'amour de peur de parler d'autre chose...

Avec une sorte de prudence de fauve, je n'avançais jamais de face, je me glissais, jc bondissais latéralement dans la forêt claire-obscure de son âme. Elle avait beau s'être entièrement donnée, il y avait encore quelque chose en elle qui m'échappait, je ne savais pas quoi — ou plutôt je devinais que c'était du côté de Julien-Jésus qu'il fallait chercher.

Nous nous racontions tout, conformément à notre pacte d'amour. Pourtant, elle ne m'avait pas tout dit, je lui en voulais : dès qu'il existe un secret entre deux êtres qui s'aiment, dès que l'enchantement est rompu, le bonheur est détruit. La colère, l'injustice, la distraction même se réparent ; mais la dissimulation jette dans la passion amoureuse un élément étranger qui la dénature et la flétrit à ses propres yeux. Sauf que je ne pouvais lui reprocher de me cacher quoi que ce soit, mais à un autre.

— Tu devrais raconter notre aventure à Julien, lui dis-je.

Elle détourna la tête, glissa presque hors de mes bras, eut un rictus d'angoisse.

— Non, il ne le supporterait pas, mon bébé, il est jaloux.

— Qu'est-ce que tu lui as dit de moi ? A nous voir tout le temps ensemble, il se doute forcément de quelque chose.

— J'ai trouvé un truc.

— Quoi ?

Elle éclata de rire méchamment.

— Il est tranquille, je lui ai dit que tu étais impuissant.

Avait-elle deviné mes arrière-pensées érotiques ? Elle savait tout. Elle opposait sa force d'amour totalitaire à mes perversions ; elle resterait les deux à la fois, mon seul petit garçon, et la femme de mes nuits — l'être bisexué, homme-femme d'avant la séparation des corps du banquet platonicien. Elle voulait tous les rôles, Diane fille, Diane garçon. Et maintenant, Diane mère... Moi, papa et bébé à la fois. Je tétais même son lait d'orgasmes. Elle se cambra pour faire darder un peu plus ses petits mamelons noirs, d'où s'écoulaient par moments quelques gouttes du liquide miraculeux, sucré, de son dérèglement hormonal. Cette lactance mystérieuse la ravissait, et l'inquiétait en même temps.

Elle dut sentir mon regard posé, dans la pénombre, sur ses seins gonflés, humides de sueur. Je le savais. Ces paroxysmes de sensualité s'accordaient à son sentiment très fort, toujours présent, de la fuite du temps. Elle ne supportait pas l'idée de vieillir, elle brûlait sa vie.

— Dans quelques années, ils seront tout rétrécis et flasques. C'est triste...

Il faisait vraiment trop chaud, nous allâmes prendre une douche tiède dans la salle de bains. Diane sortit dans le jardin pour se sécher. Peu après son retour une odeur insidieuse de fumée s'infiltra par le vasistas entrouvert.

L'odeur de mon angoisse, celle de ma bibliothèque brûlée, commença à emplir ma cabane. Mes yeux se mirent à piquer, j'éternuai. L'odeur devint peu à peu plus insistante — je veux dire plus réelle. Nous nous rhabillâmes à moitié, sortant en hâte : dehors, c'était la bibliothèque d'oliviers, de chênes-lièges, de roseaux et de broussailles du monde réel qui venait de s'enflammer en un de ces innombrables incendies qui ravageaient, cet été-là, la Corse. C'était parti de derrière la colline de Notre-Dame-de-la-Serra. Les flammes avaient dépassé la crête et, poussées par le vent de l'intérieur, le libeccio, dévalaient vers nous. Les canadairs avaient beau déverser leurs milliers de litres d'eau salée, happée dans leurs gosiers de Titan, à la surface des flots de la baie de Calvi, ils étaient débordés par le nombre de nouveaux foyers allumés par des mains criminelles d'inconnus que chacun prétendait connaître. C'était toujours l'autre dont il fallait taire le nom.

Les paysages éternels d'Ovide et des vers de *L'Enéide* de Virgile brûlaient en l'île de Beauté, préservée admirablement depuis la mort du grand Pan et des dieux grecs par l'archaïsme et la paresse mélancolique et suicidaire de sa population. Les parfums des maquis de l'Antiquité : la myrte, la lavande, la clématite, la salsepareille, le thym, les arums et l'épiaire poisseuse s'envolaient en fumée noire ; et pourquoi pas mes pages, ces pages qui, ici et maintenant, brûlent peut-être dans votre tête. Le haut de la colline n'était plus qu'un immense brasier allumé par l'autre, sous le ciel obscurci, jaunâtre. Quel autre ? Déjà l'avant-garde des escarbilles noires et des cendres voletait sur nous, nous recouvrant, et je rangeai précipitamment les pages de mon Foucauld dans ma valise après les avoir sauvées une première fois de ma chambre brûlée.

J'abandonnai le reste, mes vêtements et mes livres — dont le lexique franco-touareg du saint homme, que j'avais eu tellement de mal à me procurer. Qu'importe. Depuis quelques jours, mon effort s'était relâché. D'abord j'avais écrit *pour elle*, ensuite je n'avais plus écrit que *sur elle*. Mon amante prenait tout mon temps — et quand j'écris « mon Foucauld », je ferais mieux d'ajouter l'autre livre, le livre de ma Diane, tant elle me mangeait, suçait, aspirait la moelle de ma matière cervicale dont ne subsistaient plus, grossissant sans cesse au détriment de mon héros, que les notes à deux de notre carnet d'amour auquel nous ajoutions tous les jours de nouvelles pages, ces preuves codées entre nous, mais illisibles, qu'elle avait bien eu lieu. Quand je les relus avant de les lui rendre, je les trouvai plates, ennuyeuses, répétitives, bref, d'une pauvreté indigente : notre extase, nos élans admirables, tout ce qui rendait notre amour si unique, cette impression sans cesse partagée du jamais vécu auparavant s'en étaient volatilisés, comme si l'excès de la passion calcinait au même instant tout ce qu'il touchait. C'est le désert de l'amour.

De même en est-il de l'incandescence mystique, elle consume si complètement le langage qu'il en devient aussi dénudé qu'un tronc brûlé dont il ne resterait plus ni les feuilles ni l'écorce. On reconnaît un grand texte mystique à ce qu'il est aussi décevant qu'un discours amoureux : il a tout brûlé derrière lui. Rien de plus pauvre que les poèmes de saint Jean de la Croix. On ne peut les comprendre qu'en les lisant en Espagne, à haute voix, comme en priant soi-même, devant les paysages arides et grandioses de la Castille de cet enragé de Dieu. Le plus grand de tous, sarclé sur toutes ses faces, il marche droit devant lui sur la route. Terrible et sanglant, les yeux secs !

Nous, nous étions les enragés de l'amour. Comme tous les amants, nous n'aurions rien laissé derrière nous, rien de rien. Rien que la noirceur cendrée des choses mortes, si nous n'avions été l'un et l'autre faits de ce bois d'olivier dont le cœur continue à brûler longtemps après que l'incendie s'est éteint. Tels sont les mystiques, il faut s'approcher d'eux pour comprendre l'incandescence intérieure qui les dévore. Ainsi va la littérature, elle seule est en mesure de perpétuer l'amour longtemps après que les amants ont disparu : elle est le buisson ardent de ce feu qui a selon Foucauld « brûlé les épines et les buissons ».

Diane était à mes côtés sur la véranda, elle scrutait le ciel, ses épaules et les pointes marron de ses seins étaient déjà couvertes de cendres. Dans combien de temps le front des flammes arriverait-il sur nous — après cet immense court-circuit du *monde réel ?* J'admirai au passage qu'amante surprise par le danger, elle n'avait rien perdu de sa coquetterie qui lui venait de la connaissance parfaite de son image : elle n'était jamais si excitante, elle le savait, que le torse nu. Les hanches ceintes de son peignoir de bain déjà sali, malgré le feu, elle ne l'oubliait pas et profitait au contraire de la situation pour paraître encore plus dramatiquement belle.

Tous deux en suspens, minuscules personnages échappés de ce chapitre du livre de notre passion, c'est comme si nous étions debout sur le rebord d'un rayonnage de bibliothèque déjà encerclé par l'embrasement général. Depuis bientôt trois ans que je luttais contre le géant obscur et tentaculaire parti à ma poursuite, je croyais avoir enfin réussi à lui échapper, à trouver un peu de répit, de solitude créatrice ; et voici qu'il venait de me retrouver, pour me liquider... Je n'étais pas assez fou pour penser qu'on l'avait allumé exprès pour me nuire. Mais l'état de voyance hypersensible où me jetait mon livre, cette condition nécessaire et obligatoire de la création, et mon dérèglement amoureux s'additionnaient pour me précipiter dans la démence. Pour m'en préserver, il aurait fallu que j'aie le courage de dire à Diane :

— Je suis trop fragile, je ne puis t'aimer et écrire à la fois.

Que signifiait ce verbe aimer ? Me laisser distraire, retarder une fois de plus mon Foucauld, le *réendormir* au fond de mon ventre. Lentement, irrésistiblement, cette idée s'insinuait en moi que Diane était la dernière épreuve de distraction d'un roman initiatique.

Je n'eus pas la force de lui dire ce que je pensais et donc, envoûté par mon acharnement à vouloir mener deux passions antagonistes de front, j'en tremblais d'une tension permanente si extrême que j'en étais arrivé au point où ce monde n'était plus qu'une projection grandiose, démesurée de moi-même et de mes projets : une hallucination vraie, un roman qui se fabriquait sous mes yeux, qui me débordait, me devançait, et que je n'avais plus le temps d'écrire. Il ne manquait plus pour que les conditions de la folie soient réunies qu'un dragon à la langue de feu rampe sur l'autre flanc de la colline et vienne chercher le preux chevalier de roman courtois que j'étais devenu, dans sa cabane, sa cache d'amour, avec sa langue brûlante, crépitante, sa hideuse langue au ras du maquis...

La chaleur était suffocante. La fumée nous empêchait de voir à trois pas devant nous. L'angoisse m'étreignait. J'allais perdre sous peu l'objet de ma passion, je le savais, mais je ne savais pas encore comment : le secret d'un être coïncide avec le malheur qu'il espère. Quand il apparut que le front de l'incendie s'était stabilisé à moins d'une dizaine de mètres de nos habitations, Diane, qui avait vaqué en tout sens pour aider les pompiers, leur offrit Grand Marnier à boire puis redescendit dans sa maison, en contrebas du chemin, pour se changer. Peu après un nouveau foyer s'alluma tout près de sa hideuse villa. La langue du dragon se répandait partout, sur les collines, dans la vallée. Parfois elle pointait hors de la fumée, sur les lignes de crête. Même si on ne la voyait pas, on la devinait, râpant le sol de son avidité torride.

A la tombée du jour, la plupart des feux, que le vent n'attisait plus, s'étaient éteints. La hideuse maison de Diane n'avait pas été atteinte. La laideur est toujours épargnée, en l'un de ces sarcasmes du hasard dont le malin génie du réel savoure longuement la jouissance. J'avais passablement bu avec les pompiers, tout en n'arrêtant pas de me répéter que j'allais perdre Diane. Poussé par ma logique à la fois délirante et parfaitement raisonnable pour ma sauvegarde, je décidai donc de la perdre. Nous n'avions point d'autre avenir, inoubliable il est vrai, que celui qui se jouait sur les draps chiffonnés, inondés de sueur, de lait, de sang, de sperme, de merde, de bave, de cheveux et de peaux mortes, du lit de notre chambre d'amour, ou plutôt du matelas défoncé qui en tenait lieu.

En trois semaines, je m'étais laissé envahir par le désordre de Diane, son foutoir permanent, elle qui ne rangeait jamais rien. Sur la véranda, mes dossiers restaient grands ouverts, couverts d'aiguilles de pin déposées par le vent. Je laissais mes livres se gondoler avec la rosée, sans les rentrer, mes vêtements sales gisaient sur le linoléum, je ne changeais plus ceux que je portais depuis une semaine et les mouches bourdonnaient, innombrables, au plafond. Lentement, inexorablement, jamais rasé, crasseux, les cordelettes usées de mes semelles traînant derrière mes espadrilles, je m'étais laissé par compassion amoureuse clochardiser, déchoir, pour mieux ressembler à ma comtesse aux pieds nus — elle qui au moins sauvait la face en public, réservant son capharnaüm ignoble au secret de son intimité.

Le feu avait repris vers l'intérieur des terres, c'était la nuit sur le mont fauve. Qui était l'incendiaire ? Qui était l'autre dont personne n'osait jamais prononcer le nom devant moi ? Etait-ce parce que j'étais le seul à ne pas savoir ? Peu à peu un abominable soupçon m'envahit. Si c'était Diane, partout présente sur les lieux à chaque nouveau foyer ? Diane ? Diane, la fille de feu ! Je contemplais la baie de Calvi de la terrasse du restaurant où j'allais tous les soirs, le Chalut, cette chaloupe cimentée de mon sauvetage, en plein naufrage amoureux. Les incendies de la vallée s'étaient éteints. Seuls subsistaient, on les laissait brûler, plus spectaculaires que menaçants, ceux qui ravageaient la montagne du côté du Monte Cinto — cette gigantesque épine dorsale du maquis, ses dunes à feuilles en cœur, son odeur de miel, et çà et là, entre ses rochers inaccessibles, ses érables, ses bouleaux blancs et ses sorbiers à grappes rouges. Hautes et lointaines, les flammes en faisaient leur proie et donnaient sous le ciel étoilé l'opéra sauvage d'une danse du feu implacable dont la beauté poignante masquait la tristesse.

Ainsi en arrive-t-il parfois de la fin d'une passion — au début de la nuit, un 4 août, où ma volonté autodestructrice décréta l'abolition des privilèges de notre amour. La journée avait-elle été trop terrible ? En cette nuit je me libérais, pauvre fou, de ma camisole d'amour. Pour la première fois, je trouvai le verbe de mes grandes défonces contre les murs capitonnés du sens ; je me quatraoûtisais ! Depuis combien d'années n'avais-je pas cessé de me quatraoûtiser ? Déjà, j'établissais la liste de tous les grands quatraoûtiseurs de l'histoire, m'élevant, en ma délirante prétention, à leur niveau — Hölderlin, Nietzsche, Giordano Bruno, Lowry, Céline, Al-Hallâj, Dostoïevski et Foucauld bien sûr, bref tous les gens bien. Le gotha du Golgotha. Au-dessus de tous il y avait le Christ sur sa croix, qui avait renoncé à ses privilèges divins !

Je téléphonai à Diane moins d'une heure après.

— Je veux te voir.

— Julien rentre ce soir. Il ne comprendrait pas que je ne passe pas la soirée avec lui...

Aussitôt qu'elle eut raccroché, je la rappelai.

— Je veux te voir.

— Je t'en prie, n'insiste pas.

Sept fois de suite, je composai son numéro : de gentille au début, elle parut angoissée, avouant ne rien comprendre à mon insistance, puis, franchement exaspérée, elle raccrocha sans vouloir me parler. C'était du beau et bon travail de démolition — si efficace même que j'en redemandais en rappelant pour m'excuser et, après avoir bu deux vodkas, qui me firent changer de stratégie, pour m'excuser de m'être excusé — soi-disant parce qu'on ne s'excuse jamais de quoi que ce soit auprès d'une femme que l'on aime. Sauf que je lui lançai que je ne l'aimais plus et que donc j'étais inexcusable. Puis je la rappelai, une fois encore pour lui dire que je lui avais menti, qu'évidemment je l'aimais à la folie et tout de suite après, puisqu'elle m'avait paru froide, on l'aurait été à moins, qu'il ne fallait pas exagérer mon amour — cette comédie frénétique de romancier, ajoutais-je.

En deux heures, je venais de réussir cet exploit, inconcevable la veille seulement, de renverser le formidable échafaudage de charme, de force et d'indifférence séductrice, que j'avais bâti : soudain je dégringolais de l'amour divin qui est immuable, selon Tolstoï, à l'amour humain qui passe de l'amour à la haine. La haine, pas encore. Mais je cessais d'être un dieu, pour devenir un homme comme les autres, qu'elle aimait peut-être encore, mais dont elle découvrait soudain les faiblesses, avant de me peindre, bien plus tard, si exagérément faible, pour tout dire parfaitement ridicule, qu'elle me rendit plus furieux contre elle, encore plus que contre moi.

Ma vie est pleine de ces inexplicables conduites suicidaires, qu'elles aient été amoureuses, ou professionnelles, auxquelles personne ne me contraignait ! A chaque fois, c'était comme si je ne trouvais aucun autre moyen de me débarrasser d'un fardeau insupportable et de reprendre ma liberté perdue. En contemplant l'irréparable, je jouissais à la fois du désastre, et de l'avoir provoqué. Je suis trop habité par cette force terrible, supérieure à la conscience qu'on en a, pour ne pas savoir d'où elle vient. Elle est ce qui reste en vous de l'âme enfantine. Elle pousse à détruire les châteaux de sable, en Tunisie, qu'on a édifiés avec la méticulosité enchantée des choses qu'on destine apparemment à l'éternité. Ah, qu'il est bon de piétiner son œuvre ! Pardon, Diane, pour tout le mal que je t'ai fait...

Comme la nuit se prolongeait, je traînai d'un bistrot à l'autre, rappelant sans cesse la fille de feu. Désormais elle ne répondait plus, ayant dû débrancher son téléphone. J'étais probablement si saoul qu'à la fin je fus même incapable de faire redémarrer ma moto. Je l'abandonnai au bord d'une route. A l'aube, j'étais toujours dehors, je me retrouvai après avoir gravi à pied la colline, pèlerin égaré, sous la chapelle de Notre-Dame-de-la-Serra, contemplant les pans noircis de la vallée au-dessous, tandis que les dernières fumées des cendres encore chaudes cachant leurs braises s'élevaient au long des plages comme si le feu n'attendait que le premier souffle de vent pour repartir, comme mon amour éteint, canadairisé, mais tout aussi prêt à renaître dès la première brise...

Le grand chef venait de décrocher son téléphone arabe dernier modèle, un Timoulatin, sorte de louche hémisphérique en bois de tamaris. Comme la ligne grésillait, Moussa pestait :

— Il y a plein de sauterelles, je n'entends rien. Si c'est ça le progrès...

— Allô, allô, entendait-on au loin faiblement.

— Je voudrais parler à l'homme à la gandoura blanche avec un cœur dessus, demandait Moussa Ag Amastase, à qui la réputation du saint homme était parvenue, et qui était bien décidé de passer par lui pour négocier avec les Français.

Hélas, les Français ne savaient pas faire fonctionner le téléphone arabe. Ils croyaient que c'était le bruit du vent dans les palmiers. Dans sa connaissance approfondie du Sahara, Foucauld était seul à deviner que les Touaregs ne cessaient de chercher à le joindre.

— J'ai eu trois fois l'appel du désert aujourd'hui, dit-il à Laperrine, qui venait de se poser sur le toit de l'ermitage, de retour d'une *tournée d'apprivoisement,* comme on l'appelait en ce temps-là. (Les Touaregs, ces délicieux poètes armés, passaient pour des bêtes sauvages aux yeux des barbares à peau blanche. Ce nom lourd à porter, ce nom d'homme, ils se croyaient les seuls à y avoir droit sur la vaste terre humaine. De toutes les autres races, ils ne songeaient qu'à faire des animaux domestiques.)

— Bzzz, bzzz, dit le téléphone arabe, avec un bourdonnement d'essaim de mouches.

Moussa décrocha. C'était Foucauld qui rappelait.

— Je viens de discuter avec Laperrine. Il est d'accord pour vous rencontrer.

Ils fixèrent même la date à la semaine des quatre jeudis. Ça tombait vraiment bien, c'était cette semaine — en plus un jeudi saint, un jour béni d'entre les jours pour le saint homme. La providence faisait bien les choses. Il fallait aussi se donner un lieu de rendez-vous ; et l'on convint de se retrouver, de l'autre côté de la métaphore, sur un plateau rocailleux, où les Touaregs iraient spontanément, comme il sied à un peuple de poètes. La métaphore, c'était le terme qui désignait la frontière indécise de sable derrière laquelle régnaient les hommes bleus et d'où surgissaient les mirages, cette mémoire des lieux tels qu'ils étaient jadis. En ce temps-là, le désert avait ses oasis et sa mer intérieure. Il était fertile et riche, comme nous le racontent les grottes préhistoriques du Tassili.

Pour que la discussion fût plus agréable, ce fut donc au cœur d'un mirage confortablement aménagé, avec un puits, trois palmiers, et même un jardinet de roses des sables fraîchement écloses — bien qu'en réalité il n'y eût rien alentour, qu'un paysage de rocaille, à perte de vue — qu'eut lieu la rencontre. D'un côté s'étaient assis Moussa

Ag Amastase, avec ses compagnons, de l'autre Foucauld, Paul-Jésus, quelques officiers français, plus Laperrine qui venait d'atterrir après avoir longuement tournoyé, avant de repérer le lieu où la conversation avait commencé sans lui, devant deux théières et les trois petites tasses traditionnelles : le premier thé est amer comme la vie, dit le dicton, le second fort comme l'amour, le troisième suave comme la mort.

Les deux camps n'en finissaient pas de se saluer, avec des gestes sérieux.

— Qu'est-ce que c'est que tous ces salamalecs ? crut bon de dire l'officier qui était si bête que même ses camarades avaient fini par s'en apercevoir, et qui s'était glissé ici par hasard.

Personne ne se donna vraiment la peine de lui répondre, tandis que les négociateurs salamaquaient de plus belle, en n'arrêtant pas de boire des troisièmes thés suaves, parce qu'ils couraient tous des dangers mortels...

Soudain Moussa tira la langue, pour montrer sa bonne volonté.

— La parole touareg est sacrée. Sinon vous pouvez me l'arracher.

Qu'est-ce qui prouvait aux Français que cette langue n'était pas un serpent fourchu, prêt à mordre, sortant d'un trou noir ? Heureusement qu'on avait installé ici un mirage, car sur ce plateau où tout n'était que pierraille, les serpents étaient partout. Ces reptiles apparaissaient brusquement à la surface comme une floraison mortelle. La mince couche de terre rougie par le soleil perdait à certaines heures sa consistance tandis que les voyageurs étaient saisis d'une frayeur primitive en sentant leurs pieds s'enfoncer dans une poussière qui cachait peut-être quelque horrible grouillement. Cette région s'appelait aussi la terre du mensonge, mais l'on ne pouvait encore savoir si ça allait être le mensonge des hommes bleus, ou le mensonge des hommes blancs.

Tout autour, sur cent kilomètres carrés de cailloux noirs vomis par les volcans, s'amoncelait en forme de pains de sucre une floraison de tiges qui animaient par milliers de leurs oscillations ces monticules funéraires : les serpents. Ces immenses tas étaient des fêtes nuptiales. Ces amours invertébrés avaient quelque chose de démentiel : quelquefois les reptiles crevaient, ne parvenant plus à se dénouer.

Quels liens reptiliens pouvaient se nouer entre les Touaregs et les Français ? Quelle parole ne serait point proférée par une langue de vipère ? Une terrible suspicion régnait de part et d'autre tandis que Moussa n'arrêtait pas de verser des troisièmes thés suaves, de plus en plus suaves, à ses invités — ce qui était parfaitement insultant, vu que seuls les enfants ont droit à quatre troisièmes verres, qui ne contiennent plus guère de théine. Après, cela signifie aux assistants qu'on les a assez vus, et qu'ils peuvent déguerpir.

Comme la négociation s'enlisait dans la méfiance réciproque, Moussa dit :

— Quelle garantie aurai-je de votre paix ?

Alors Foucauld se leva, parce que Dieu lui avait soufflé :

« Frère Charles, n'aie pas peur. Je t'ai donné quelque chose de si dur et de si lourd à interpréter, j'ai mis tant de soins et de siècles à réussir ce morceau de basalte, ce caillou de silex pétrifié qu'est le cœur de ce prince des Touaregs, la crampe invincible en lui de l'ignorance, et la malédiction sur lui de l'islam par-dessus celle de Caïn et d'Edom, que tu n'as pas à craindre de le voir s'amollir sous ton haleine pécheresse... »

Pendant que les autres continuaient à discuter, le discours divin se poursuivait dans sa tête, qu'il s'insufflait lui-même : « Je ne suis pas regardant. C'est l'Afrique tout entière que je te donne comme paroisse. Dis un peu si je ne te gâte pas, monsieur le curé ? C'est pas si mal, non ? Je t'entends déjà me dire, comme Abraham : Bien petite ma portion, mais tout de même assez grande pour que je sois sauvé en elle. Veux-tu savoir ce que je veux ? Eh bien, je veux ce que tu veux. Tes prières, des amuse-gueules ! C'est ton sang, ce plat de résistance, ton jus de carne humaine, ô mon fils, que je réclame ».

Enfin Dieu conclut, après l'avoir poussé au martyre en vantant l'avenir : « Quelque chose de démesuré ! Le meilleur morceau de l'Afrique ! Le dessert de ton existence ! Tu as la meilleure part du gâteau, ce qu'on peut faire de mieux avec l'infini, le Sahara ! »

Désormais le saint homme savait ce qu'il lui restait à faire. Dressé au-dessus des Touaregs, il déclara :

— Prenez-moi en otage.

Après avoir démonté le mirage, les Touaregs étaient repartis vers la ligne d'horizon, de l'autre côté de la métaphore. Ils emmenaient avec eux Foucauld, que Paul-Jésus n'avait pas voulu abandonner, et la promesse des Français de suspendre les hostilités au-delà du sol ignoble, infesté de serpents, de la terre du mensonge. Quels nouveaux mensonges allaient s'ajouter aux mensonges ? Et combien de temps allait durer cette paix sauvée grâce aux si nombreux sacrifices d'un seul homme ? C'est ici que Foucauld fit probablement son premier miracle — à moins que ce n'en ait point été, lui dont la biographie n'en rapporte aucun. Si la création est un miracle du Verbe de Dieu, le roman n'est qu'un miracle du verbe de l'homme.

Ainsi, par le miracle des mots, à chaque fois que Foucauld passait à côté des monticules funéraires de ces reptiliennes tiges végétales qui se contorsionnaient hideusement, il leur ajoutait ce que le Verbe de Dieu avait oublié de faire. Des feuilles ! Des fleurs ! Les serpents se changèrent en plantes du Tagant, qui n'est pas comme son nom l'indique (Tagant signifie forêt) le désert, mais un paysage de rochers aux formes confuses, s'ouvrant sur des ravins où l'eau cachée se trahit par une végétation abondante ; l'adriss noir, l'amour au trône argenté, l'attil aux fleurs blanches, l'imijij, le tij, le tamat y constituent même parfois une brousse assez dense pour que le gibier s'y cache.

En avançant, ils faisaient se lever parfois des vols bruissants de pintades, mais le plus souvent elles piétaient devant eux, sans vouloir s'envoler ; un phacochère partait, la queue dressée, les gazelles étaient nombreuses et les mouflons à manchettes aussi. A bout portant, ils tuèrent une antilope moôr dont ils firent une provision de viande. Ils emportaient vers le désert retrouvé le souvenir romanesque d'un pays plus riche, plus habité, plus abondant qu'ils n'eussent jamais imaginé — et ils avaient raison, car ce n'était pas un miracle, mais l'ultime illusion de la terre du mensonge que d'essayer de se faire passer pour attrayante.

De même en était-il des mensonges de Diane, qui n'étaient que des vérités désertiques, des vérités fardées comme l'était le paysage où avançait lentement la caravane — fardées de mirages d'amour, tandis qu'assis à ma table, j'imaginais déjà la suite de mon livre. J'aurais voulu reprendre à mon compte les paroles de Foucauld : « Comme disait saint Paul, je me suis fait juif avec les juifs pour gagner les juifs. Je me suis fait étranger avec les étrangers pour gagner les étrangers, moi je me ferai touareg avec les Touaregs pour en sauver à tout prix quelques-uns. »

Les Touaregs étaient encore à trois mois de marche du campement de l'amenokal, du côté de Tamanrasset. Il m'aurait fallu le même délai, au même rythme de travail, pour arriver à la fin de mon Foucauld. Du moins, si je ne m'étais arrêté en route, tellement Diane était devenue mon souci de tous les jours.

Les femmes aimantes sont toujours exactes. Le lendemain de l'incendie, Diane arriva avec une heure de retard. Je continuais à me mentir ; et au lieu de prendre aussitôt mes distances, ce qui eût provisoirement sauvé notre passion, je l'idéologisais.

— Tu comprends, j'ai besoin d'exprimer l'amour moderne pour les jeunes du XXe siècle, m'exaltais-je.

Je ne voulais pas lui répéter que je l'aimais, et que je l'aimais de plus en plus, en mon amour étourdissant, dont le miracle ne survivait plus que dans la mémoire des premiers jours.

— Explique-moi, me demanda-t-elle.

— Tu m'as apporté quelque chose de bien plus inestimable que ton travail.

Je ne pouvais lui dire qu'elle m'avait aussi gêné, ralenti, en me forçant à lire avec elle au magnétophone les pages manuscrites qu'elle ne parvenait pas à déchiffrer, que la moindre perturbation de sa vie prenait dans la mienne des proportions invraisemblables, qui bien évidemment se répercutaient sur mon labeur.

— Je te serai toujours reconnaissant des idées qui me sont venues grâce à toi. Vois-tu, l'amour au XIXe siècle, c'est la solitude, la tuberculose, les grands vomissements de sang, la séparation sociale. Roméo et Juliette, la séparation charnelle, avec l'épée de Tristan et Yseult et tout le tralala. La bourgeoisie n'a inventé les grands sentiments malheureux que pour mieux faire croire, parce qu'elle le hait, que l'amour est impossible...

J'admirais la froideur de mon propre raisonnement. Il me rassurait : je guérissais de Diane en la chantant, je redevenais un artiste — c'est-à-dire un monstre glacé, réussissant d'autant mieux à exprimer les choses, et à les disséquer, qu'elles ne le font plus souffrir.

J'étais passé de l'exercice pratique à la théorie de l'amour : la pensée me remontait de la main à caresses à la tête, en vérité charnelle.

— J'ai approché l'amour, jamais je n'ai réussi à le définir comme avec toi, ajoutai-je. Au XXe siècle, les écrivains ont réussi par contrecoup à briser les tabous romantiques, et à lancer la révolution sexuelle — comme au Moyen Age les troubadours avaient inventé l'amour courtois. Henry Miller, D. H. Lawrence, avec son *Amant de Lady Chatterley,* ça a été un scandale extraordinaire...

— Caresse-moi, exigea Diane, qui commençait à s'ennuyer, ainsi que Ravagea la Mouquère.

— Oui, ma petite aristo, lui dis-je en lui enfonçant deux doigts dans le vagin, ma lady Chatte-laine...

— Continue.

— Le commerce a tout récupéré, il s'est emparé du sexe. Il y a mis sa hideuse vulgarité, il a abaissé l'amour, il a fait bien pire que de le prostituer. Il a transformé l'amour en quelque chose de mécaniste et de performant. Les jeunes gens ont eu soudain honte de parler d'amour, par peur de paraître ridicules, tout en étant de plus en plus nostalgiques des valeurs...

— Quelles valeurs ?

— La plus haute de toutes, ma chérie, c'est l'amour. Les valeurs, je n'arrête pas de m'en occuper, je suis une sorte d'agent de change en bourse — de changement du monde. J'agence l'infini. Rimbaud s'écriait : il faut réinventer l'amour. Oui, mais comment faire ? La révolution sexuelle étant acquise, irréversible, impossible de revenir au XIXe siècle. Ce qu'il faut aux gens désormais, c'est la troisième révolution, la révolution de l'amour...

— C'est quoi ? me demanda Diane, qui s'enroulait autour de mes hanches, cherchant ma queue de ses lèvres humides.

— C'est nous deux, lui répondis-je, incapable de la désirer, tout à mon analyse. Le XIXe, c'était les sentiments. Le XXe aurait dû être le siècle de la sensualité, comme le XVIIIe commençait à exalter la nature. Il a dégénéré, il s'est dégradé, aux mains des simoniaques, il est devenu celui de la sexualité. Le seul grand roman à écrire, celui qui exaltera la sensibilité moderne, qui réconciliera le XIXe et le XXe siècle, le sentiment et la sensualité, c'est le roman de notre amour...

En même temps, je pensais, imperturbable, au commencement de la perte d'influence des valeurs de *nos familles*, longtemps avant la révolution française. Le sacre ignoble de la bourgeoisie, sa longue marche vers le pouvoir — je les situais à la fin du XVIIe — avec la disparition progressive de la mystique religieuse et la cabale des dévots. Foucauld était un attardé prophétique, un homme d'un XVIIe enterré et du XXe siècle, un homme de la fin de l'aristocratie, de la fin de la poésie, de la fin de l'Occident, de la fin de la mystique, de la fin de tout — un de ces hommes du Bout du monde, où j'étais redescendu avec Diane pour y boire avec elle une énième vodka orange. C'était maintenant deux jours après les feux de Calvi. Notre amour battait de l'aile, j'étais contracté. Je n'avais plus le charme. Elle devinait que je me raccrochais à elle, ou plutôt à une illusion, à un personnage romanesque de femme qui, à mesure qu'il grandissait, rapetissait celui de notre amour...

— Au XVIIe, la nature était faite pour être vaincue, monologuais-je tristement. C'était le péché ou l'anormalité. A part l'union conjugale, cette conjuration sordide d'intérêts, seul comptait l'amour du créateur.

Diane eut un élan — et je crois que c'est la dernière fois que son esprit se calqua sur le mien, en un ultime retour de nos transparences perdues.

— Toi, tu es le créateur de Diane. En ce sens, tu me rapproches de Dieu. Mon Dieu, c'est toi.

Je touchai sa main : elle était glacée.

Je lui confiai, cet après-midi-là, mon manuscrit afin qu'elle y souligne les répétitions au crayon. Elle s'était assise au bord de la véranda, face à la mer. Rapidement, je m'aperçus qu'elle tournait les pages distraitement, incapable de se concentrer.

— Nous avons assez déconné, lui lançai-je, maintenant il faut mettre les bouchées doubles.

Plus rien n'était comme avant : elle avait perdu son regard d'amour qui lui remontait du bas-ventre à l'esprit critique. J'allais me résoudre à la jeter sur le lit et à la reprendre, que dis-je, à recharger entre ses cuisses ses accus de poésie, quand son Julien-Jésus arriva à l'improviste. Radieux, il venait de retrouver, de réparer son vélomoteur volé depuis une semaine. Il s'en était fallu d'un rien pour qu'il nous surprenne ; et je fus tout remué par tant de candeur souriante. Elle prit prétexte de son arrivée pour aller essayer sa machine. Je ne cherchai pas à la retenir en pensant au jeune homme que nous trahissions si vilainement. Le lendemain, nous fûmes aussi empêchés fortuitement de faire l'amour : elle monta en larmes, elle venait d'apprendre qu'un de ses copains s'était tué en auto. Elle était incapable de travailler. Le troisième jour, c'était le premier jour de ses règles, en avance d'une semaine, et elle avait trop mal au ventre. Après je ne sais plus ce qu'il y eut, mais ça devenait intenable. Nous devions partir tous deux passer un week-end à Bonifacio, où je me réjouissais de me retrouver seul avec elle, loin des figurants dérisoires de notre théâtre de plage, préoccupés uniquement de la rabaisser à une fonction de baiseuse, lui déniant ainsi le statut d'assistante et de muse littéraire qu'elle affichait dans notre couple pour exorciser sa clochardisation. Le matin du quatrième jour, elle fondit à nouveau en larmes :

— Evidemment on dormira tous les deux dans la même chambre, me dit-elle, mais, je t'en prie, nous demanderons deux chambres à tes amis, je veux que tu me présentes comme ta collaboratrice, et non comme ta maîtresse...

C'était bien, c'était logique — et c'était conforme à notre contrat de travail. Pourtant, c'était mal, c'était illogique et c'était contraire à notre amour. Déjà j'imaginais avec une exaspération anticipée comment elle allumerait les gens que je rencontrerais là-bas : frimeuse, en jouant de ce professionnalisme de fraîche date, pour se disculper aux yeux de tous de s'être servi de son cul pour devenir autre chose qu'un cul, elle qui commençait à comprendre qu'elle ne s'en sortirait jamais. Le cinquième jour nous continuions à ne plus faire l'amour. Au moment où, pour une raison ou une autre, on cesse de le faire, depuis toujours tout bascule. Le propre des guerres amoureuses : on ne commence vraiment à se déchirer qu'avec la séparation des corps des amants. Plus de trêves, traités de lit, où soudain l'on se pardonne tout! Les réconciliations entre les êtres paraissent d'autant plus incompréhensibles qu'on ne les formule jamais dans leur crudité. Leurs ruptures d'autant plus inexplicables que l'explication est toujours la même : on ne couche plus ensemble. Ce n'est pas la rupture qui empêche de faire l'amour; c'est de ne plus faire l'amour qui provoque la rupture, ce procès-verbal d'un état de fait. Là est l'énigme.

Pourquoi ne fait-on soudain plus l'amour ? Pourquoi ? Pourquoi ? N'a-t-on plus envie de l'autre ? Mais pourquoi ? Pourquoi ? Pourquoi ? Plus on tente d'expliquer ce mystère, plus il s'épaissit. La paix brûlante des amants, c'est à coups de lance-flammes de sperme qu'on la gagne. Vivent les incendiaires des champs de fleurs vaginales ! Dieu s'appelle phallus chez la femme. Ce que les romans d'amour les plus raffinés, ou même les plus explicitement pornographiques nous cachent, escamotent, glissant dessus, feignant de n'y attacher aucune importance, il est toujours possible de le déchiffrer entre les lignes, dans les méandres de la psychologie passionnelle : l'étrange pesanteur revenue des choses, et des êtres humains que la solitude de la passion avait explosés dans les lointains. On a beau jeter un voile pudique sur les relations charnelles, c'est toujours quand elles cessent que commence le malheur d'aimer. Tel est l'indicible : il faut le dire. Si dans la hiérarchie des valeurs, la queue n'occupe pas la première place, c'est à elle, et à elle seule que revient le rôle de rappeler que cette place appartient à l'amour. Ainsi ne baisai-je pas Diane, cet après-midi-là : je pris prétexte du retard accumulé dans notre travail, que dis-je, dans l'alibi de notre prétendue collaboration professionnelle, pour faire comme si j'avais oublié qu'elle n'était vraiment bonne, efficace, merveilleusement intuitive, que lorsqu'elle avait encore en elle le souvenir vivace du ramonage de son vagin.

Or Diane n'était bonne qu'en amour, et nous ne le faisions plus. Telle était l'obsédante lézarde entre nous, qui allait bientôt devenir un abîme quasi infranchissable. Dès qu'on commence à perdre la mémoire charnelle des gestes simples de l'amour, l'espace infime qui sépare deux peaux devient aussi immense que le désert, ou l'espace intersidéral — à des années-lumière de l'étoile morte de cet amour qui brille d'un éclat d'autant plus douloureux et insoutenable qu'il reste étincelant. Notre rupture était en marche : elle allait être d'autant plus difficile et longue que les premiers jours de notre amour avaient été radieux. C'est toujours le souvenir déchirant de ces jours qui, longtemps après la fin de l'amour, le fait briller artificiellement comme d'un ultime éclat crépusculaire.

Il dure à peine un instant, qu'on prend pour une éternité. Puis il tombe brutalement, comme la nuit au Sahara, notre amour sarahoui. Il fallait s'arrêter et agenouiller les chameaux à jeun. Les nuits presque tièdes du Tagant avaient cédé à mesure de l'affluence du sable ; et à chaque jour qui cheminait vers le sud, les nuits devenaient paradoxalement plus froides. Le Sahara, une contrée glacée sous un soleil brûlant...

Le sommeil était difficile, l'insomnie ordinaire. Depuis le matin aucune touffe d'herbe n'avait souillé la parfaite stérilité des dunes impeccables qui avaient succédé au paysage des premiers jours. Il était à présent pareil aux fragments d'un immense vase de terre brisé. Le guide bleu, l'amenokal Ag Amastase, interrogeait leur parenté mystérieuse de morceaux éclatés, et en tirait une notion claire, une ligne droite, celle qu'il fallait suivre pour atteindre la destination finale. Sur chaque fragment, la démiurgie d'un peintre considérable avait laissé tantôt des méduses, des squelettes d'animaux paléontologiques, tantôt des cygnes, des pintades, ou d'énormes empreintes digitales, sculptées par les bourrelets des cicatrices géologiques de plusieurs lieues. Excessivement gracieux souvent, simplifié, moderne, le désert faisait du grand art.

A l'aube de ce cinquante et unième jour, déjà plus rien

ne retenait le regard. Ni les ombres inversées, ni la délicatesse de la teinte mauve attardée aux faces croulantes de courtes croupes de sable lumineux ne réussissaient à vaincre l'impression d'accablante monotonie. Le ciel lui-même était uniformément dégradé de l'Orient poudré à l'Occident indigo.

Seule la couleur changeait : après le sable rouge, le sable blanc, l'aklé, puis les bandes de plaine où les graminées poussaient en abondance, grâce au pinceau, aux petites touches pointillistes de l'artiste universel. On pénétrait ensuite dans l'étendue stérile pleine de silex et de racines de jil, qui menait au chaos de dunes dépouillées de toute végétation, basses mais uniformes à l'extrême. Bravement, les Touaregs accompagnés de Foucauld et de Paul-Jésus abordèrent l'espace hypocrite. Leurs pas raccourcis attaquèrent le sol inconsistant avec une décision calme, opiniâtre, comme une promesse d'énergie humble, mais invincible.

Les voyageurs insensibles à la fatigue poussaient à grands cris le troupeau de chameaux étonnés qui hésitait à poursuivre dans ce décor irréel sa marche habituellement placide et indifférente. Parfois entre le tranchant abrupt des dunes de droite et le dôme qu'offraient à main gauche celles de l'ouest du côté opposé à leur face croulante, une chamelle trottait quelques pas puis, butant contre l'inconsistance d'une ondulation nouvelle, s'arrêtait net, et le troupeau entraîné par son mouvement venait se comprimer contre l'obstacle, étonné, irrité, les longs cous levés, les membres mêlés ; et soudain un animal, la patte prise à faux dans l'enchevêtrement des corps, grognait sauvagement et cherchait à mordre. D'autres fois les bêtes, avançant pas à pas, tiraient par efforts successifs, tour à tour leurs pattes enlisées dans le sable, pour les y enfoncer à nouveau avec une sorte de regret de ce travail inefficace et vain ; elles s'arrêtaient, hésitant à le poursuivre, et les chamelons que l'impatience de leur âge semblait armer d'une énergie furieuse, lorsqu'ils cessaient d'avancer, ne repartaient plus. La journée entière se passa en cet effort inutile, et l'inquiétude contagieuse des bêtes gagnait peu à peu les hommes.

Monter sur les dunes les plus hautes restait aussi une tentation constante de quelque exaltante vanité, et parfois l'un des hommes de l'amenokal y cédait ; mais la hauteur était dérisoire. De loin l'éminence semblait intéressante. Escaladée, elle n'était plus qu'une vague pareille au million de celles parmi lesquelles l'ascension l'avait rabaissée ; et on n'y voyait rien que les ondulations monotones du sable, où s'attardait déjà une pénombre fendillée par les virgules des pentes orientées vers le soleil couchant. A chaque nouvelle dune on pouvait imaginer encore que ce serait la dernière, avec l'obstination stupide de l'espérance qui surmonte les déceptions successives en ne tirant jamais leçon de rien, supplice nécessaire sans lequel on ne tiendrait pas le coup. L'espérance, c'est l'amphétamine des imbéciles.

Alors Attrape-nigaud encourageait Foucauld de la voix :

— Monte là-dessus, tu verras Montmartre.

Ce voyage de la vie peut durer une éternité. Comme dit l'Ecclésiaste : l'Eternel a mis l'éternité dans le cœur sans que l'homme puisse comprendre.

De même, si les dunes venaient à disparaître, à s'effacer littéralement sous le surgissement des rocailles d'un plateau, ce n'était pas pour autant la fin du désert mais sa nouvelle apparence trompeuse. Tout en écrivant ce paysage, je m'étais détaché, sans m'en apercevoir aussitôt, de la caravane des hommes bleus qui accompagnaient Foucauld et Paul-Jésus. J'avais suivi des traces de pas que je venais de découvrir et qui m'éloignaient dangereusement de mon livre. Quand je m'aperçus de mes errements, il était trop tard pour revenir en arrière. Un homme à pied, même aux confins du Hoggar dont nous approchions, c'était déjà l'aventure. Aventure sous sa forme austère, car les traces démontraient l'extrême fatigue de l'égaré ; il se traînait plus qu'il ne marchait ; des brins de graminées vertes mâchés, où la tige arrachée est blanchâtre et un peu humide, puis jetée avec déception, disaient sa soif extrême. Je m'étais hâté, de plus en plus las, épuisé même, à genoux. Je remarquai à ses fréquentes haltes que l'inconnu allait mourir. Désormais, il était perdu.

C'est à ce moment que je compris que je n'avais fait que suivre mes propres traces. C'est moi ou Foucauld, qui m'étais poursuivi moi-même. C'est moi ou Foucauld, qui avais tourné en rond. C'est moi ou Foucauld, qui allais mourir. L'errance en rond, la répétition perverse, fétide, de l'instant du décrochage de la grande caravane de la vie, c'est le risque mortel par excellence. A force de se demander ce qu'on aurait dû ne pas faire, la prévision du passé vous rejette encore plus à la périphérie désolée. La grandeur du désert, c'est de réussir à en sortir. Chaque homme meurt toujours seul, dans son Sahara intime : mais s'il en sort, s'il arrive de l'autre côté du vent, il est le plus grand.

La parole de l'amenokal étant sacrée, Foucauld ne pouvait se perdre — otage sous la protection d'un guide bleu que la mémoire, l'imagination concevant dans l'espace les combinaisons de la géométrie du sol, rendait pareil à une sorte de romancier qui, à force de déduction, scrute l'horizon pour y représenter la ligne bleue d'une falaise dont il peut citer le nom et décrire le tracé exact, bien qu'il ne l'ait jamais vu auparavant.

— Il n'y a rien devant, se plaignait Foucauld.

— La montagne viendra demain soir, lui répondit calmement l'amenokal.

Et elle arriva comme il l'avait annoncée, un peu avant le coucher du soleil du soixante-quinzième jour du voyage, écharpe à l'horizon, filiforme, à peine discernable. De même quand je descendis enfin au Hoggar pour vérifier mon imaginaire, je n'eus rien à changer aux pages que j'avais écrites. Ce monde ressemble horriblement à l'idée qu'on s'en fait.

L'amenokal, inquiet de l'éventualité de l'attaque d'une tribu dissidente, avait préféré couper au plus court, en prenant un vertigineux raccourci parmi des pitons rocheux. L'amenokal, les hommes bleus, Foucauld et Paul-Jésus attaquent en corniche la paroi rocheuse, il est temps d'en finir avec le désert, cette palette d'ocres, de mauves, de noirs, d'ors et de rouille, quand s'élèvent les vents de sable, un tumulte d'air oxydé... De là, ils serpentent dans les éboulis d'un étroit talus pierreux, pour déboucher dans la passe parmi de maigres euphorbes. Ils mettent encore une journée à monter. Puis ils commencent leur descente au hasard, dans les crevasses d'un vertigineux à-pic ; mais ils se trouvent bientôt arrêtés à quelque cinquante mètres au-dessous du sommet par l'aplomb de la paroi, lisse comme un mur. C'est un horrible cul-de-sac vertical. Ils ne peuvent plus remonter.

Contre les rochers, le soleil est terrible ; dans la plaine, l'air fait oublier jusqu'à midi le canon du fusil qui brûle les mains. Jusque-là l'ombre des blocs ou des cavernes les a défendus de la réverbération torride. Maintenant, serrés sur une étroite corniche exposée à l'ouest, aux pleins rayons du soleil d'été, les hommes connaissent la cruauté torturante de la soif au contact des pierres ardentes. Changer de position, se tourner, s'étendre, revient à chercher de nouvelles brûlures. Alors, pendant des heures, ils se tiennent debout sur un morceau de leurs vêtements dont ils se dépouillent pour isoler leurs pieds de la roche. Ce n'est pas une paroi, mais un gril. Quand, épuisés, ils s'assirent, ou ne résistèrent plus à se coucher, mille brûlures nouvelles s'ajoutèrent démesurément à la fournaise. Foucauld n'avait plus de salive. La bouche fermée, une matière gluante scellait ses lèvres et formait au-dehors un bourrelet dur. Pourtant il arrivait encore à déglutir.

De toutes les parties de son corps, ses paupières le brûlaient le plus intensément; il avait la sensation d'avoir des pièces de monnaie chauffées à blanc posées sur les yeux. A la fin, il n'y tint plus, il fit un geste inconsidéré, absurde, ce que jamais aucun homme n'avait dû faire avant lui, ni même songé à faire. Pour se soulager, éteindre le feu dans ses orbites, il s'arracha la paupière droite.

Quand il la contempla dans le creux de sa paume, au lieu d'un misérable tas de chair sanguinolente, il vit briller un napoléon en or bien rond — coté mille et un francs au dernier cours de la bourse d'Amsterdam.

— Miracle! s'écria Paul-Jésus.

Il ne se trompait pas. C'était un miracle du verbe, une légende dorée. Ainsi appelle-t-on une vie de saint. Puis Foucauld s'enleva la paupière gauche, d'un pincement sec des cils, accompagné d'une salutation de la plaine qui s'étendait à leurs pieds, avec ses regs gris-bleu marbrés d'oueds clairs d'où l'air chaud montait en vibrations. Le petit esclave noir émancipé l'imita. En un lent cérémonial déchirant, les Touaregs se mirent à saluer à leur tour le paysage. Les hommes bleus alignés sur la corniche avaient maintenant tous des yeux d'or dans la réverbération éblouissante de la lumière sur la roche — la vue est de toutes les richesses de l'homme, avec la liberté, qui est aussi une forme de la vue, l'une des plus inestimables...

Liberté, ô inépuisable richesse! De nouvelles peaux dorées leur repoussaient aussitôt. Les guerriers ouvrirent ensuite leurs longues mains brunes pour recueillir les pièces d'or juste avant le flamboiement du coucher du soleil. Jamais ils n'avaient de leurs yeux décortiqué, vu un pareil trésor, qui s'amoncelait au long de la paroi vertigineuse en mille paillettes. En réalité, les guerriers s'enrichissaient de la beauté fabuleuse — proprement indécente — du paysage qu'ils surplombaient, et que de minces traînées de vapeur étendues au-dessus de l'horizon, comme de longs cheveux de soie blanche, rendaient encore plus désirable. Ah, comme il serait délicieux de plonger! Déjà commençait la tentation de la chute.

D'autant qu'on y voyait dans les lointains jusqu'à la courbure du globe terrestre, pareille à la croupe d'une femme qu'une main caresserait, tandis que l'autre faisait tinter tous ces reflets dans un œil d'or. Que faire de ce trésor?

Ils n'eurent même pas le temps de le savoir. Le soleil venait de se coucher, et le trésor inouï de disparaître avec — ce moment de coïncidence entre la pauvreté absolue et la richesse suprême, en somme la perfection du rêve d'un multimilliardaire ruiné et sanctifié, Foucauld. Ce moment n'avait été que l'accomplissement fugace du projet extrême de tout homme, devenir le Crésus de l'indigence absolue! Le Rothschild de la misère! le Rockefeller dispendieux des cavernes d'Ali Baba rutilantes de la moins-value. Ce trésor avait-il vraiment existé? Ce qui est sûr, c'est que la vie est un trésor de tous les jours qui renaît avec elle, et s'engloutit sans elle. Mais c'est la mort seule qui donne son prix à la vie, qui sans elle serait fastidieuse — elle seule qui fixe son cours...

— Une femme n'est jamais allée dans mon lit, qu'elle ne l'ait d'abord voulu elle-même, dis-je à Diane.

J'étais désespéré de ne plus coucher avec elle. Je m'agenouillai et posai ma tête sur son ventre, tout en glissant subrepticement ma main droite derrière le fauteuil, pour prendre la chaîne. Je comptais bien l'attacher : les maillons ovales de laiton argenté, chauffés au soleil, ruisselaient entre mes doigts, me procurant une étrange sensation de douceur et de fluidité. C'est comme si j'avais plongé la main au fond d'un coffre à trésor, dont je venais d'arracher les premières richesses, un métal infiniment précieux, mais encore non identifié, fondu dans un alliage mystérieux dont le contact me procurait une sensation trouble d'horreur délicieuse, d'attente fiévreuse, de servitude séculaire et de jouissance interdite.

Quand je versai la chaîne entre ses cuisses, j'eus l'impression de me pencher au-dessus d'une petite crique secrète, au travers l'eau bleue transparente de l'étoffe délavée de son jean où les maillons de la chaîne se répandaient comme des poissons blancs avec toutes les luminescences de l'argent. Elle eut soudain un bref tressaillement des hanches, et j'eus le vertige. Quand je relevai la tête, elle avait le cou rejeté en arrière, la nuque posée sur le rebord de la fenêtre, sur tout ce paysage intime de figuiers de barbarie, de citronniers et de rangs serrés d'asphodèles au gris somptueux nuancé de rose. A quoi pensait Diane ? Perdue dans la contemplation de la voûte de feuillages clairsemée de taches d'or — des yeux de Touareg dans l'infini lumineux de l'après-midi —, elle souriait, de son sourire crispé, figé, incroyablement dur, un rictus de suppliciée...

Je n'avais plus qu'une envie, quitter Calvi avec elle. Tant que nous faisions l'amour, nous n'avions rien à craindre des autres ; du jour où nous cessâmes, le moindre cancan, le plus petit mot de travers, la plus imperceptible égratignure psychologique s'infectaient, prenaient des proportions invraisemblables. Nos leurres s'accumulaient, dont ce prétendu travail commun sur mon roman n'était pas le moindre. Rien n'était pire que cet état de demi-rupture, demi-liaison qui n'en finissait plus de traîner.

— Rompons, dit Diane.

— Bien, dis-je. Pendant une semaine. Après je t'emmène à l'Acekrem, l'ermitage du père de Foucauld au Hoggar.

Le visage de Diane se voila de larmes. Etait-ce de chagrin ? Ou de reconnaissance éperdue ? Le Petit Fa dièse tout près du sol lança une note d'impossible ambiguïté. Oui, nous irions ensemble jusqu'au véritable bout du monde...

Enfin les Touaregs se décidèrent : plongeant du haut de la falaise, ils tombèrent en plein milieu des dunes.

Ce fut le plus affaibli des hommes, le plus démoralisé, qui se précipita le premier. Il s'était traîné jusqu'à la pierre surplombant la dune et, soudainement, sans avoir parlé, sans réfléchir, il se jeta. Ses compagnons le virent tourner sur lui-même, s'abattre dans le sable, puis s'asseoir, plus étonné qu'étourdi. Alors, silencieusement, les guerriers l'imitèrent. L'amenokal d'abord, derrière son guerrier épuisé, parce qu'il était le chef. Mais le sable était d'une telle souplesse cotonneuse que seul l'avant-dernier chuteur se cassa le bras gauche sans pousser un cri. Foucauld fut le dernier à sauter, dans mon style d'enfant quand je m'élançais du toit de la villa de mes parents à La Marsa. Il atterrit, la soutane en parachute. Moi, à la moindre alerte, j'atterrissais derrière Zigomar, le baron de Jambes, le dernier des Mohicans, Don Quichotte et les autres, sur le tas de sable où Saint-Exupéry était, lui, tombé en panne d'imagination, et avait alors trouvé un Petit Prince pour continuer son livre.

A peine relevés, les Touaregs n'eurent plus qu'à franchir un dernier éboulis de rocailles pour tomber, d'étonnement, sur leur propre campement de nomades.

Le voyage allait s'achever onze jours plus tard. A l'aube du soixantième jour, les hommes bleus arrivèrent. Là-bas un petit troupeau de moutons à cinq pattes mâchait tranquillement de l'oseille aigre et sauvage que les dernières pluies avaient fait sortir d'entre les rocailles. Il y avait aussi des moutons à six, à sept, et même à huit pattes. Ça dépendait de la position du soleil dans le ciel, son inclinaison déterminait la quantité d'ombres de pattes que les Touaregs, en période de famine, mangeaient avec le reste de l'animal. La cuisson des ombres, c'était une cérémonie tragique et spectrale, qui se déroulait justement ce matin-là sur l'autre versant du monticule cachant à moitié l'ensemble des tentes basses des nomades, en peau de mouflon tannée aux feuilles d'acacia.

Assis en rond autour de leurs chameaux, les hommes bleus attendaient que le soleil s'élève un peu plus haut, afin que l'ombre des cuisses de leurs montures atteigne à la dimension idéale. O ombres larges et succulentes ! Quand elles étaient grasses à point, ils plantaient sauvagement leurs couteaux dans le sable — enfant, je tuais les chats dans les allées ensoleillées, je marchais furieusement sur l'ombre de ma mère.

— Un steak d'ombre, réclama l'amenokal en arrivant, car il avait faim, et surtout bien bleu !

Les hommes bleus détestaient les ombres trop cuites, ils n'aimaient que le bleu, qui avait fini par déteindre sur leur peau — d'un bleu indigo. En leurs festins d'ombres, ils ne se régalaient pas seulement de moutons phototropiques, mais de leurs propres chameaux. Ils raffolaient surtout des ombres de bosses, ils se léchaient les babines en épiçant le sable de graines de coloquintes, de petites boules rouges de jusquiame — avec lesquelles ils empoisonnèrent jadis les puits de la Mission Flatters, et qui rendirent fous les soldats français —, tout en tartinant un peu de beurre comme contrepoison. Ils y ajoutaient des feuilles de fanekfit (eruca aurea), des jeunes pousses de tahlé (typha éléphantina), et des tiges souterraines de diverses orobanches. C'étaient les condiments de la misère, et les Touaregs allaient même, quand la famine devenait intenable, jusqu'à ramasser de vieux os pour les piler, les réduire en farine et en faire des bouillies.

Une fois le sol bien assaisonné, les hommes bleus se penchaient goulûment, prosternés, car c'était l'heure de la prière du matin, l'aeser adegelsit. Après un méchoui d'ombres en guise d'entrée, ils s'apprêtaient à passer au plat de résistance, une énorme bosse de chameau, lorsqu'un murmure parcourut l'assistance, où se conjuguaient la fureur et le dépit.

— C'est dégueulasse, dit l'un des mangeurs en crachant, cette bosse a un goût de sable.

Quel était ce mystère ? Le simple réalisme occidental vous dirait qu'on n'avale pas les ombres et qu'on n'a que ce qu'on mérite... C'était mal connaître la mentalité touareg, et encore plus mal l'art de torturer le chameau. Ça commence dès le sevrage, où le nez des chamelons est incisé pour que la peau forme une boule douloureuse à l'approche de la mamelle, ça continue à l'âge adulte où il arrive couramment qu'avant une longue course on fasse ingurgiter à l'animal cent cinquante litres d'eau, on appelle ça « Adnyet iby'ay uksadet ed teyhedim âman » (faire le plein de super), ensuite on leur lie la gueule pour qu'ils ne puissent dégurgiter et, quand les voyageurs n'ont plus rien à boire, ils découpent le ventre ballonné à coups de poignard pour remplir leurs outres avant de le recoudre sommairement. Les bêtes préposées à devenir des citernes ambulantes resservent aussi souvent qu'elles en ont la force, c'est-à-dire rarement plus de deux ou trois fois... Les hommes se comportent incomparablement plus en chameaux avec les chameaux que les chameaux avec les hommes.

— Il y a un coup fourré là-dessous, grasseya un vieux qui avait bien avalé trois pâtés de sable en se jetant, la bouche ouverte, sur la bosse d'ombre.

Trois imclan (serfs noirs des Touaregs) s'approchèrent de la bête. L'un d'eux trancha en biais de son couteau de cuisine la bosse, il s'en écoula un filet de sable... Les voleurs de bosse avaient encore frappé ! C'étaient des vauriens, ou des iborellitens (hommes libres) qui s'emparaient sournoisement des chameaux quand les autres avaient le dos tourné. Ils les attachaient derrière un rocher, écorchaient la bosse, pour la vider de sa graisse, et y mettaient du sable à la place avant de refermer l'entraille avec du fil à coudre et une fine lanière de peau.

Le doyen du campement alluma sa pipe et s'adressa au père de Foucauld, cet hôte de marque, sans lâcher son brûle-gueule d'entre les dents, ce qui lui donna une prononciation hollandaise, ou plutôt targui-flamande.

— Vous chavez, mon père, les gens ne chont plus honnêtes, ches chalauds. Ils chous arrachent l'ombre de la bouche, ces voleurs de boches...

Foucauld se souvenait. Lui aussi avait bouffé du boche, quand il était enfant !

— On les chaura ! poursuivit le vieillard au nez de corbeau. Les chiens jaboient, la caravane pache...

Puis il cassa sa pipe et tomba raide mort. Au loin, derrière un mince filament de vapeur blanche, un feu en train de s'éteindre, on entendit un jappement plaintif.

— Cha fera une mouche de moins à nourrir ! commenta sagement un autre fumeur de pipe, qui tenait fermement la sienne entre ses doigts, pour ne pas connaître le même sort.

Pendant ce temps, deux mères de famille nombreuse étranglaient leur dernier nouveau-né. Au sol gisaient quelques vieux esclaves congédiés par leurs propriétaires parce qu'ils étaient devenus trop faibles pour travailler, de la race humble, tenace et triste des sacrifiés domestiques couchés en chien de fusil, ils attendaient la mort, sans que personne n'y prêtât attention, à part les chiens errants qui guettaient le moment de pouvoir les dévorer.

Ici la nature était un acte contre nature. La mort était omniprésente. Les serpents proliféraient.

Je n'avais jamais tant vu Diane que depuis que nous avions décidé de ne plus nous voir, de nous priver de l'autre pendant une semaine avant de partir ensemble à Paris.

Il est impossible de rompre en province. Tout vous rapproche, vous n'arrêtez pas de tomber l'un sur l'autre. A Calvi, la journée commençait dans les mêmes cafés — la première boulangerie ouverte, ou le piano bar ouvert vingt-quatre heures sur vingt-quatre. Elle se poursuivait dans les mêmes coulisses, les ruelles piétonnes, et s'achevait sur les mêmes théâtres de bord de mer, où pourtant j'essayais de ne pas aller aux mêmes heures que Diane. Elle faisait le même calcul, si bien que nous ne cessions de buter sur l'autre en une même volonté de contretemps, au Ricantu, au Blockhaus, au Bout du monde ou en haut chez Tao, sur les remparts de la citadelle.

Je me mis à draguer. Ah, les belles étrangères ! Je ne voulais pas seulement donner le change, en jouant l'indifférence envers celle que j'adorais encore si passionnément quelques jours plus tôt, je finissais par m'éloigner d'elle vraiment : à la rencontrer tout le temps, ma résolution fléchissait. Mon amour se banalisait. Je comptais avec inquiétude les jours ; les heures s'écoulaient ; je ralentissais de mes vœux la marche du temps ; je tremblais en voyant se rapprocher le moment d'exécuter ma promesse de l'emmener à Paris. La situation était désespérée, mais pas grave. Somme toute, j'avais mis un point final à mon aventure, me reposant, pour ainsi dire, de la fatigue de mon amour.

Elle n'oubliait pas. Quarante-huit heures avant la date arrêtée, Diane me téléphona pour me demander, comme si de rien n'était, le jour et l'heure de notre départ. Je cumulais deux lâchetés, celle de me taire, en ne lui avouant pas que j'avais changé d'avis, et celle de lui mentir, en lui annonçant que j'avais déjà pris les billets. Le lendemain, elle me rappela pour fixer quelques détails pratiques. J'étais coincé, doublement exaspéré par les jours qui venaient de s'écouler et le fait de m'être laissé forcer à tenir mon engagement.

Je la vis le soir chez Tao, flanquée de Julien.

— Baise bien, lui dis-je en souriant.

Le regard brillant de vodka sanguine, en pleine bonté de son vagin ruisselant, elle se pencha tout près de mon visage, comme si elle allait m'embrasser sur la bouchc, susurrant :

— Oui, mon chéri.

Nous étions passés du mensonge poétique à la vérité insoutenable. J'en riais durement en rentrant chez moi, décidé définitivement à monter seul dans l'avion pour Paris. En pénétrant dans la salle de bains, je remarquai une forme blanche suspendue dans la pénombrc : c'était la petite chemise de nuit de *nos familles* de Diane. Elle avait laissé derrière elle cette défroque fantomatique, ce suaire charmant de son corps, ce lambeau d'étoffe blanche pour me rappeler, avec une intensité poignante, l'amante qu'à peine quelques jours plus tôt je serrais encore passionnément dans mes bras. C'était si loin... Soudain, je ne sais ce qui me prit, je me penchai, baisai délicatement ce lambeau, ce bout de souvenir de mon étoile morte, et tout m'assaillit : l'odeur de ses cheveux mouillés après la douche, sa peau collée contre la mienne, ses petits seins que je pressais violemment à pleines mains pour en faire sortir le lait, comment je l'entraînais alors contre le rebord du lavabo, pour la prendre debout par-derrière, mes mains broyant ses hanches tandis que nous contemplions, dans la glace, nos deux visages crispés de jouissance. Maintenant il n'y en avait plus qu'un, le mien, mal rasé, les cheveux sales et poisseux. Un fou d'amour humain. Un Foucauld à la manque. Je fermai les yeux, les rouvris. Je venais de décider : nous partirions.

Depuis dix ans qu'il était arrivé au Hoggar, où il mourut à petit feu de 1906 à 1916, Foucauld allait bientôt voir s'éteindre sa dernière braise, le désert s'étant lentement refermé sur lui comme un tombeau. Mourir enfin...

Mourir au bout du monde, est-il un songe éveillé plus grandiose? Il convenait à l'âme de Foucauld cabrée sur l'essentiel et à son corps plein d'organes corrompus, détraqués par la fatigue et les plaies du climat saharien qui écrivaient, maux à maux, le livre de son délabrement. Les vents de sable avaient à jamais irrité sa gorge et lui donnaient des saignements de nez de plus en plus fréquents si bien que son Sacré Cœur cousu laissait suinter son propre sang sur sa gandoura, qui n'était plus qu'une tache rousse enduite d'une longue couche de crasse! Mirage d'une petite flaque sournoise, où parfois nageait une langue de vipère à une vitesse affreuse, dans la palmeraie, avec les chiens galeux qu'il enviait — parce qu'ils n'avaient de désir que trois ou quatre fois par an — rôdant autour de lui. Emotion de voir un peu de cendres entre les trois pierres plates où peut-être des femmes étaient venues! Mais surtout la teinte bleuâtre de l'eau dans une aiguade. Là, sans nul doute, des femmes avaient dû laver du linge teinté de leur sang menstruel.

Dans le grand cirque des montagnes targuies autour de Tamanrasset, Foucauld faisait à longueur de journée son numéro de clown de Dieu, avec sa taille serrée par un ceinturon militaire, ses sandales, et une coiffure de son invention : un képi dont il avait enlevé la visière, recouvert d'une étoffe blanche, tombant en arrière sur les épaules pour protéger la nuque. Le grand air lui donnait continuellement des orgelets, desséchait, fendillait ses lèvres, où germaient ensuite des boutons de fièvre — cette acedia saharienne qui montait à ses tempes, dans la fournaise solaire, face à l'autel démesuré de la nature, où il élevait sa patène brûlante vers les narines de Dieu.

Foucauld n'arrêtait pas de s'imprégner de la parole du Seigneur tout-puissant — l'amenokal des galaxies — qui lui avait soufflé : « Tu seras le Baptiste français. Et encore saint Jean-Baptiste, je ne lui avais donné qu'un carré de sable, grand comme ça, juste de quoi s'amuser avec tous ces couchetounus à l'ombre des pyramides — comme le petit Jean-Edern sur son tas en Tunisie. Hallier-luia ! Mais toi, Foucauld, tu peux regarder à droite et à gauche, en avant et en arrière. Je te l'ai déjà dit, quelque chose de démesuré devant toi. Face au Hoggar, tu pourras crier comme Christophe Colomb : « Terra ! Terra ! Terra ! »

Devant qui s'agenouillait en réalité Foucauld ? Devant cette cicatrice offerte par Dieu pour y habiter, cette plaie cautérisée ? Devant le Sahara, ou devant ses misérables représentants ? Devant les montagnes, ou devant l'azur ? Depuis tant d'années, il n'avait pas entamé le moindre saillant de l'énorme bloc de refus que les Touaregs opposaient à ce Dieu du catholicisme colonial. La prière de l'ermite en faisait le tour, sans que ce bloc de basalte n'en absorbât aucune parcelle.

Elle se perdait dans le souffle brûlant de l'air — pour aller mourir de l'autre côté du vent. Elle se perdait aussi sur la terre des hommes, cette chair de Dieu. Qu'elle était désirable ici, cette chair ocrée ! C'était la nouvelle tentation, à laquelle fut longtemps soumis son corps tremblant à la même discipline torturante que son âme, ce monstre d'inexactitude et d'incohérence — qui avec cela parvenait quand même à être grande.

A contempler sa queue, cette espèce de mandragore rabougrie qu'il voyait jaillir chaque matin de sa chasuble, il comprenait qu'au fil des années sa tentation s'était affaiblie.

Dans le folklore touareg, toutes les montagnes ont un sexe. On leur prête les mêmes sentiments, les mêmes désirs qu'aux humains : au-dessus du campement, le pic Ilaman, amoureux de la fine et élégante Tarelrelt, avait lutté en combat singulier contre l'impétueux Amga, lequel sectionna d'un coup de tacouba le bras de son rival qui resta manchot — allusion à l'aspect de manchot de l'Ilaman — mais reçut en échange un coup de lance en plein flanc, d'où sortit une source fraîche qui jamais ne tarira, pareille au sang d'un sacré cœur géologique, pour étancher la soif inextinguible des hommes. De celui qui : *Croit en moi ! Selon les Ecritures, de son ventre couleront des fleuves d'eau vive* (saint Jean, 7-66).

C'était presque la nuit au-dcssus des montagnes violettes. Toute la journée, on avait mangé des ombres innombrables qui, au lieu de disparaître, se multipliaient comme les pains des miracles de Jésus. A mesure que le jour déclinait, de longues rangées de pains d'ombre tombaient des crêtes rocheuses : *Moi je suis le pain descendu du ciel* (saint Jean, 6-33).

— Si tu veux t'envoyer en l'air, lui dit l'amenokal le soir de son arrivée en désignant les pics tout proches, je t'emmènerai.

— Ma religion me l'interdit, répondit Foucauld gêné.

Que les montagnes aient un sexe, qu'elles fassent l'amour, et qu'en allongeant les bras il puisse lui-même presque caresser les deux hautes falaises ovales s'achevant par des mamelons noirs, appelés les tétons d'Aïcha, le rendaient rouge de honte au coucher du soleil...

Heureusement, son émoi ne durait pas. Tout de suite après, c'était la nuit, avec son ciel étoilé. Les constellations lui descendaient jusqu'aux pieds. Dieu avait mis Foucauld sous cloche stellaire. Il sonne toujours minuit quelque part du côté de Sirius ! Le Tout-Puissant lui avait dit :

« Pauvre cloche, tu n'avais jamais vu un véritable ciel étoilé ! Prends ! je te le donne un siècle avant les cosmonautes. Tu seras le Gagarine du zodiaque...

— Ce n'est qu'un échange de bons procédés. Vous me donnez votre ciel étoilé, Seigneur ? Ça fait bien cent mille étoiles pour la star de la solitude que je suis devenu ! L'étoile, c'est moi ! Si je comprends bien, vous me soumettez à un marchandage mystique. Passez-moi le séné, t'auras la rhubarbe ! Je n'en demandais pas tant, mais j'accepte, en contrepartie l'aridité à perte de vue. »

Terre ! A une heure du matin, Foucauld se relevait pour chanter le *Veni creator.* C'était la *vox clamantis in deserto,* la voix clamant dans le désert. Dans la nuit glacée, il avait la sensation qu'une pluie invisible, ou plutôt une neige tombée des étoiles, lui rafraîchissait le visage. C'était un miracle *pour soi* — ce *rien par quoi il y a des choses,* de la philosophie existentielle. Un miracle que nul autre que lui ne connaîtrait, mais qui lui rendait des forces pour le lendemain.

Foucauld était mort au monde. Il ne vivait plus que pour la volonté de Dieu, qu'il inventait au fur et à mesure ; et pour faire le bien aux Touaregs. Il le faisait à sa manière, en homme de terrain. A défaut de pouvoir leur enseigner l'Evangile, il pansait les plaies, torchait les diarrhées, offrait du sel, du sucre et des billets de loterie nationale périmés. En même temps, il apprenait à devenir de plus en plus humble, chassant ses dernières tentations d'orgueil, comme se tresser autour de la tête une couronne de cram cram (les épines locales, de minuscules dards s'enfonçant douloureusement sous la peau) pour mieux revivre la passion du fils de Dieu.

En son désert intérieur, il n'habitait plus qu'en lui-même. Quant à ses paroles, à part quelques interpellations domestiques ou constatations (du genre : uhezey temé tegged-i ilaggen-in-emotam, en touareg ; j'ai mal au ventre, j'ai eu la diarrhée toute la journée), il n'en aurait plus d'autres que celles de l'imitation de Jésus-Christ : *Il y a un jour connu du Seigneur où la paix viendra ; et il n'y aura plus de jour ni de nuit* (Zacharie XIV, 7) comme sur cette terre, mais une lumière perpétuelle, une splendeur infinie, une paix inaltérable et un repos assuré.

Vous ne direz plus alors : *Qui me délivrera de ce corps de mort ?* (Rom. VII, 24). Vous ne vous écrierez plus : *Malheur à moi, parce que mon exil a été prolongé* (Ps. CXIX, 5), car *la mort sera détruite* (Is. XXV, 8) et le salut éternel ; plus d'angoisses, une joie ravissante, une société de gloire.

Une gloire nue, une gloire bleue resplendissait sur le visage de ces hommes, ces Touaregs que tout le monde méprisait et jugeait indignes de vivre. Partout où ils allaient, ils emmenaient sur eux un lambeau de cette gloire bouleversante. Prosternez-vous dans la poussière, car il vaut mieux être au-dessus de tous qu'au-dessus d'un seul. C'est pourquoi Foucauld, en quête de sa gloire blanche, s'installa en haut de l'Acekrem, à deux mille sept cent vingt-trois mètres d'altitude — plus son un mètre cinquante-six —, pour le grandir et se grandir. Il n'y vint que trois mois avant sa mort, le temps qu'il me faudrait encore pour achever mon livre, faire enfin en moi mourir mon Foucauld.

L'été, Foucauld grelottait de froid, et l'hiver, la chaleur l'accablait. Il avait beau fuir l'été en montant sur les hauteurs, dans son ermitage de l'Acekrem, et fuir l'hiver montagnard en redescendant dans le désert, près de Tamanrasset, la rigueur du climat saharien était comme lui-même, si extrémiste en tous les sens que ce mot rafraîchissant d'hiver paraissait dérisoire dans l'étuve permanente des sables, et celui d'été, parmi les cimes dénudées ultraviolettisées, marquait surtout l'effarante différence de température entre la nuit glacée coupante comme un couteau, et le jour de fournaise piquant comme la pointe de feu dardée du rayon de soleil nomade d'un forgeron touareg empalant ses brochettes incandescentes d'ombres. Foucauld était obligé d'attendre le crépuscule pour se remettre à écrire à sa table, face au paysage désolé.

Comme il n'avait aucun talent, au clair de la lune, mon ami Foucauld contemplait la nature, parfaitement pornographique, en rut d'infini, en plein Kâmasûtra géologique d'une obscénité sublime; et en état d'érection minérale permanente, comme il seyait à l'anthropomorphisme sexuel targui. La beauté inouïe du paysage était une invitation perpétuelle à bander aussi dur que le granit du Hoggar...

Et comme la nuit tombait vite, la nuit razziait le soleil, tandis qu'en bas, dans la vallée de l'Ahaggar, les femmes et les enfants sortaient de leurs tentes, frappaient sur des tambourins, des marmites de métal, pour effrayer la lune, et surtout pour qu'elle laisse partir le soleil en biais pour fabriquer des ombres de plus en plus allongées, vers lesquelles ils se ruaient, affamés, la langue pendante, et avant que les harratins avec leurs tondeuses à sable ne nettoient les restes.

Puis revenait le soleil, qui à son tour razziait la lune et se mêlait même parfois d'annexer l'astre domestique dans ses cuisines plusieurs nuits d'affilée, les nuits sans lune — sans Claire de Lune, oubliée, partie dans la nuit des temps...

Toute à ses amours, la lune s'en foutait, comme elle ne se souciait guère non plus du père de Foucauld qui passait ses journées de cette vue imprenable (et qui devait bien aller par un juste retour à son enfance, jusqu'à la ligne bleue des Vosges) à prier au-dessus de la terre vaste sur son aire roulant à pleins bords sa braise pâle sous les cendres — couleur de soufre, de miel, couleur de choses immortelles. Les paupières cousues d'aiguilles, l'attente sous les cils, le saint homme clignotait des yeux dans l'huile brûlante du ciel, tandis que des essaims de silence s'élevaient autour de la grande ruche immobile de lumière qui, peu à peu, pâlissait. Il aurait pu reprendre à son compte le conseil donné par Hesyclius de Jérusalem : « Emerveille-toi, alors tu comprendras. »

Au soir, Foucauld écrivait. Comme depuis un an, deux, cinq ans peut-être, la même lettre.

« Le temps n'existe pas, le désert non plus, il n'y a plus que Notre-Seigneur... »

Les moula-moula, petits oiseaux à tête et à queue blanches, venaient picorer la farine de mil et l'écorce de tabaragat au sol. Parfois, ils s'aventuraient à sautiller sur la table en picotant le bois en morse — parce que le téléphone arabe tombait toujours en panne après l'orage. Ici, la prochaine caravane n'arriverait pas de sitôt, pas avant trois cent soixante et un jours, d'autant que les deux dernières venaient de se succéder à un jour près.

« Les nomades se sont habitués à moi, écrivait-il. Ils viennent me demander des remèdes et les pauvres, de temps en temps, un peu de blé, de ce vilain blé aux grains mangés dans l'épi par les pucerons. »

Il poursuivait :

« Si ce grain ne meurt, c'est parce que le cerveau des Touaregs est encore plus longtemps comme ce terrain de pierres de l'Evangile où le bon grain semé ne peut germer, mais leur ignorance est si profonde qu'elle les rend incapables de discerner le vrai du faux... »

Etait-ce de la neige sur les cimes, ou les traces de craie immaculée de la longue caravane exténuée des mots blancs du sel et de la terre, sur le tableau noir du ciel? Etait-ce de la pluie dans la rocaille ou les pointes des lances des guerriers voilés? Etaient-ce les vents qui soufflaient ou des vols d'insectes par nuées qui s'en allaient se perdre au loin comme des morceaux de textes saints, comme des lambeaux de prophéties errantes? Ne devenait-il pas injuste envers les Touaregs pour n'avoir pas su les convertir? Leur vrai Dieu était son faux Dieu, et leur faux Dieu, son vrai : tu aimes ton Dieu, lui disait l'amenokal, alors j'aime le mien. Pourtant le Dieu du vieil homme blanc l'avait prévenu : plus il donnerait l'exemple de sa foi aux hommes bleus, plus la leur de tièdes musulmans à son arrivée au Hoggar s'aviverait, deviendrait incandescente comme le coucher du soleil. Juste avant la nuit soudaine, Paul-Jésus venait apporter une bougie qu'il allumait, éclairant la page blanche où l'ermite écrivait les années les unes après les autres à mesure qu'elles passaient : 1910, 1911, 1912, 1913, 1916. Il n'en avait plus pour longtemps.

— Tu as froid, tes mains tremblent.

L'eau de la burette était gelée, et une mince couche de glace recouvrait la terre.

— La foi est un feu brûlant, lui répondait Foucauld.

— Il fait très froid cet hiver, mon père.

Foucauld se levait péniblement, rhumatisant.

— Je souffre comme un vieux cheval poussif, se plaignait-il, allons nous coucher...

Quelques instants plus tard, Paul-Jésus se serrait pour dormir contre Foucauld dans un trou à forme humaine creusé dans le sable. Les deux hommes paraissaient tendrement enlacés. Etaient-ce des amants? Ou des fossiles humains pétrifiés après un cataclysme universel? A moins que seules les rigueurs de la température les eussent obligés à se serrer l'un contre l'autre.

— Il n'y a pas que la foi qui réchauffe, n'est-ce pas mon père ? murmurait Paul-Jésus avec un sourire ambigu.

Etait-ce pour se prêter aux caresses d'un pédé divin ? Je n'en sais rien, tant sa famille s'est acharnée à détruire toutes traces compromettantes. Il en est de l'homosexualité comme de la richesse suprême, elle est gratuite. Quand on s'est servi des femmes comme d'instruments de production (elles qui ont été, en quelque sorte, la monnaie vivante du genre humain), accéder à l'empire des sens le plus élevé, c'est aussi rejoindre le dénuement le plus absolu — l'amour de soi au travers l'enfant que l'on a été. Qu'importe ce qui se passait réellement. Au plus secret de ce couple uni par la tendresse poignante des solitudes, ce secret se referme comme deux mains qui s'étreignent...

Quand le paysage est sexué, comment ne pas aimer les fossiles délicieux de l'adolescence ? Ainsi soit-il.

Avec cette sécheresse, on ne faisait pas de vieux os. On avait beau déterrer les carcasses de bêtes, la poudre d'os pilée n'était que poudre aux yeux de famine. Quoi manger ? A part les serpents grillés au goût d'anguille, les hérissons cuits dans la glaise, les gerboises aux longs cils, les souris, les tarentules, les lézards et toute la faune des petits rongeurs, on avait l'estomac dans les talons. Et en marchant dessus, ça faisait horriblement souffrir !

Alors les Touaregs, ces paresseux de Dieu, s'allongeaient, languides, sous la tente pour manger le poil qu'ils avaient dans la main ; mais c'était d'épuisement. Avec leurs restes d'animisme et désespérément ignorants des mystères du christianisme, ils ne pouvaient se nourrir de la foi : *Celui qui s'abreuvera à ma bouche deviendra comme moi, et, moi aussi je deviendrai lui et les choses cachées se révéleront à lui* (Evangile selon Thomas, 108).

Chez Foucauld, ça n'allait pas bien fort non plus. Il grillait de se détruire. La famine, c'était son état d'âme à lui. Athlétiquement engagé dans l'ascèse, après des années de combats solitaires, il ne pouvait comprendre que ce qu'il obtenait de sa propre carcasse — toute en vieux os à piler le jour venu — tout autre ne pouvait l'obtenir autant que lui.

— Mon père, j'ai faim, se plaignait Paul-Jésus.

Foucauld, de sa table, ne se retournait même pas.

— Tiens-toi bien, ramasse ton estomac, le grondait-il. Serre-toi la ceinture.

— Je l'ai mangée...

— Agenouille-toi et prie.

— J'ai faim, je n'ai presque rien mangé depuis trois jours. A peine cinq sauterelles mayonnaise et un scorpion à l'armoricaine.

— Il faut donner aux pauvres. Il y en a qui sont encore plus pauvres que nous. Alors mange des dattes.

— Nous n'en avons plus depuis un mois, j'en ai assez ! Pourquoi m'as-tu racheté ? Pour me faire le catéchisme ? Tu n'oses même pas avec les Touaregs ! Quand j'étais esclave, on me traitait mieux.

Foucauld se retourna soudain et gifla Paul-Jésus. L'adolescent mit lentement la main sur sa joue, s'en alla à reculons, en regardant fixement l'ermite, l'air ahuri...

Alors, en ce lieu de pierre sur la très haute table de ce monde où le vent traînait le soc de son aile de fer, en ce haut pays sans nom, illuminé d'horreur et vide de tout sens, il y eut comme un grand tressaillement de souffrance et d'incompréhension. Paul reculait toujours. Il se retourna, commença à s'éloigner en marchant et se mit à courir.

D'abord Foucauld n'avait pas bougé. Il se ravisa, sortit de son ermitage et cria :

— Reviens, Paul, reviens !

Seul l'écho de sa voix, comme un roulement répercuté

par les gorges profondes de la montagne et les déchirures du sens, lui revenait.

— ... Reviens, le relayait-il à perte d'ouïe, jusqu'à ce que, dans le silence assourdissant, Foucauld, saisi par la nausée, ou par la faim, voulut vomir l'immense vide qu'il ressentait désormais en lui.

Et il eut envie de se suicider, par horreur sacrée de soi-même.

Pour avoir utilisé avec Diane toutes les techniques de la possession, même les plus basses — celle qui consiste à s'abaisser quand ce que, bien indignement, vous appelez le démon de la droiture s'empare de vous, cette horreur sacrée de soi-même, je ne cesse de la ressentir en songeant à la fin de ma liaison avec Diane.

L'avion quitta la Corse, il entra aussitôt dans la pluie et les nuages. Ça commençait mal, la grisaille succédant aux jours bleus — mes jours touaregs de l'île de Beauté. Elle paraissait crispée; et j'étais accablé par cette corvée d'amour. Nous avions à peine échangé une parole.

J'installai ma chatte sous le toit brûlant d'un petit hôtel, du côté de Denfert-Rochereau et l'emmenai dîner dans un boui-boui minable des Halles qui nous dégela, Dieu sait pourquoi. Ce fut l'ultime rémission de notre passion — le fameux mieux d'avant la mort. Nous nous mîmes à boire les paroles de l'autre tant et tant, à nous enivrer de mots, sans boire pour autant, que nous connûmes tous deux le lendemain cette curieuse sensation : la gueule de bois d'amour.

Nous rentrâmes à l'hôtel et à peine fûmes-nous au lit qu'elle décrocha le téléphone — appelant çà et là ses bébés, son carnet de bal de minets décatis, son syndicat de nourrissons camés, ses loulous, ses fifis — et trouva enfin, pour me prouver qu'elle restait libre ou qu'elle n'était que ma collaboratrice de travail, un certain Cricri, avec qui elle gloussa pendant deux heures, avec la fameuse corde vocale endommagée qui lui faisait la voix chaude et fêlée, des borborygmes de tendresse dont ne sortait aucune phrase intelligible, à part ce miaulement, bêlement prolongé : beh beh beh beh...

A vrai dire, c'était un spectacle assez extraordinaire que de la voir couchée le cul en l'air, dans une position analogue à celle de notre cabane d'amour. Elle devait surtout se contorsionner à la fois d'angoisse et d'envie de pisser retenue. Ah, sa danse urinaire du ventre qui la prenait quand vautrée sur les tables, les coudes en avant, elle allumait les gogos de sa drague ! Je la désirai avec une violence sexuelle rageuse là, en plein cul, au milieu de ses mondanités gloussantes téléphoniques. J'attendis tellement que le sommeil m'engloutit...

Comme d'habitude, je me réveillai longtemps avant l'aube. Je posai la main sur ce scalp de cheveux noirs qui traînait sur la tache blanche de l'oreiller. Il y avait un cou au-dessous, des épaules, des hanches : je renversai sur le dos ce corps inconnu, j'écartai ses cuisses pour pénétrer dans l'anémone humaine qu'elle avait sous son ventre de caoutchouc doux. Son sexe, tout ce qu'il lui restait, cette noyée à cent mille lieues sous la mer blanche des draps. Bref, je m'enfonçai en elle, en son humanité d'algues. Un léger spasme, c'était parti...

Dormait-elle ? Ce que je sais, c'est que sa vulve m'aspirait, me rejetait, me coulait, me suçait, d'une vibrante douceur, d'une musique adorable, celle de la reine du pays du foutre. Oui, j'étreignais à nouveau ma Diane, celle de l'éblouissement solaire du désert des

Agriates et de notre cabane d'amour. Oui, enfin je refaisais l'amour à l'amour.

Diane gardait les yeux clos. Dehors, l'aube filtrait derrière les rideaux de plastique beige. Je me levai sur la pointe des pieds, pour ne pas l'éveiller. J'entrouvris la fenêtre donnant sur la rue déserte ; quand je me retournai, Diane n'avait pas bougé, mais elle me regardait d'un air sombre. Je m'agenouillai au bord du lit, pour l'embrasser délicatement sur le front, débordant de reconnaissance pour le plaisir qu'elle m'avait rendu — après quinze jours d'une interminable séparation. Comment avais-je pu douter d'elle ? Comment avais-je osé faire souffrir une créature aussi adorable ?

— Ne me touche pas, me dit-elle d'une voix sifflante.

Je reculai, stupéfait ; et comme je tentais de lui caresser un sein, elle se retourna brusquement du côté du mur. Je fis une autre tentative pour la prendre dans mes bras. En vain. Comment son esprit pouvait-il refuser maintenant ce que son corps n'avait pas seulement accepté, mais réclamé, exigé, pour s'épanouir dans une assomption charnelle d'elle-même avec cet immense naturel admirable ? Comment sa conscience éveillée pouvait-elle rejeter à ce point le chant de son corps endormi ? Quelle faute avais-je commise ? Un peu plus tard, je notai cet épisode sur mon carnet et je lui lus.

— Tu voudrais en plus la reconnaissance du ventre, laissa-t-elle tomber.

Furieux, je quittai notre chambre — ou plutôt la sienne. Mes pas m'entraînèrent jusqu'aux bords de la Seine, la tête pleine de sinistres pressentiments.

Au bout d'une heure, je remontai. Comme d'habitude, elle traînait interminablement au lit. Sans lui adresser la parole, j'allai directement me raser dans le cabinet de toilette. Dans la glace, je constatai qu'elle m'observait.

— Tu ne m'as pas payé ma semaine, me lança-t-elle soudain.

C'était une de mes promesses faites à Calvi, je la rétribuerais pour assistance d'amour à mon roman.

— T'en fais pas, nous irons ensemble acheter trois robes, ce n'est pas pour toi, c'est mon plaisir à moi.

— Ce n'est pas la même chose, dit-elle, je veux mon salaire.

A peine trois semaines plus tôt, c'est elle qui, dans un grand élan d'enthousiasme, me déclarait :

— Si je pouvais, je payerais pour travailler avec toi. Si tu veux m'aider, je veux bien, mais j'irais, pour rien, avec toi au bout du monde.

Elle sirotait sa troisième vodka-orange sur la terrasse de ciment face à la mer. La fortune récente de cette mixture, après celle du whisky-coca pour les garçons, doit tout aux fausses vierges ou aux bovarettes qui n'aiment pas qu'on les surprenne à boire. Hypocrisie bourgeoise oblige. Ah, les douces ivresses de l'orange quand la fleur d'oranger est depuis longtemps déchirée !

Moi, j'étais surtout ivre de rage. Quand Diane arriva dans la salle de bains, ceinte de son éternel peignoir, je jetai deux billets de cinq cents francs dans le bidet.

— Tiens, voilà ton argent de poche, lui dis-je, mieux vaut être la prostituée d'Abélard que la femme d'Auguste.

Je partis. Je m'occupai tout de même de nos billets d'avion pour le Hoggar et de son passeport. La petite-nièce de Marie de Bondy, ma comtesse sans papiers dont je fantasmais sans cesse l'identité que la préfecture me confirma, je la tenais dans les textes officiels. Autant laisser courir. Je me disais aussi qu'elle ne m'échapperait plus sur les pentes de l'Acekrem, dans la contemplation des paysages grandioses chers au père de Foucauld.

Je dormis seul chez moi, cette nuit-là, la laissant s'offrir hors de ma présence la tournée nocturne de ses petits copains. Je lui téléphonai le lendemain matin. Le portier m'apprit qu'elle n'était pas encore rentrée. Je bondis dans un taxi, arrivai dans sa chambre dont déjà elle avait fait son nid. Gourbi rempli d'affaires jonchant la moquette, le lit, les chaises...

En montrant ouvertement qu'à Paris elle n'entendait pas plus être mon esclave qu'à Calvi où ça nous arrangeait de cacher notre liaison vis-à-vis de Julien-Jésus, pour protéger son mensonge à lui, celui des apparences, elle venait de commettre un acte de lèse-majesté — un crime d'affront à ma tyrannie. Ou bien j'acceptais, ou bien je rompais. Je griffonnai un billet de rupture, s'achevant par la phrase laissant le moins d'espérance : « Je t'aimerai toujours... »

Je me relus. Sans doute n'était-ce pas assez jusqu'au-boutiste ! Cette lettre était encore trop gentille — trop élégante, à la française. Il me fallait trouver quelque chose pour me rendre totalement odieux — un acte imprévisible, déconcertant, de l'inédit dans les relations amoureuses.

S'il arrive aux femmes de confesser leurs aventures à l'homme qu'elles aiment, on voit rarement l'amant s'adresser au mari. C'était une grande première, du presque jamais vu, un Himalaya de bassesse...

Je décrochai mon téléphone et appelai Julien-Jésus en Corse.

— Ça ne va pas entre Diane et moi, je te la renvoie, lui dis-je.

Il eut l'air ennuyé.

— Vous travailliez si bien ensemble, surtout au début. Elle rentrait si heureuse...

Je le coupai avec un grand rire.

— Forcément, mon vieux, tant que je la baisais, c'était formidable.

Il y eut un silence à l'autre bout de la ligne, un silence si interminable que je repris la parole.

— Je t'aime bien, Julien, et même bien plus que tu ne crois. Diane a dû te dire que je voulais coucher avec toi.

J'entendis une voix à peine perceptible à la fois suraiguë, douce et terriblement lointaine — une voix atteinte, qui venait de basculer...

— Je n'avais pas envie. Ça t'aurait permis de coucher avec elle.

L'amant de ma femme serait-il venu me faire la même confession que je l'aurais pris dans mes bras, plein de reconnaissance généreuse : « merci mon vieux », lui aurais-je dit, et le soir même, ma femme, ou plutôt n'importe quelle femme avec qui j'aurais vécu, aurait reçu une dégelée inoubliable, je ne vous dis que ça. Rien qu'à y penser, j'en ai des démangeaisons dans les paumes de mes mains ! Ah comme le joli cul de Diane aurait rougi de plaisir ! C'eût été la fessée du siècle. Quel jazz, avec moi comme batteur.

Suis-je en colère en écrivant ces lignes ? Quelle rage m'a repris longtemps après la mort de notre amour ? C'est comme si j'étais en train de téléphoner à nouveau à Julien. Et je connais la même envie de battre Diane. Je sais comment les choses se seraient terminées ; j'aurais fait l'amour avec elle et j'aurais revu sous moi, dans la pénombre, ce visage, la qualité étrange, presque matricielle du sourire, son immédiateté pareille à un gouffre. Il était si douloureusement rapide et éphémère, ce sourire, qu'il ressemblait à l'éclair d'un couteau. Ce visage était porté si haut, à la cime de son long cou blanc, vigoureux et semblable à celui du cygne, ou de la voyante — oui, la damnée, l'autre dans l'absolu, l'autre ange déchu, ma doublure, ma petite sœur, mon petit frère, mon amour de moi...

J'étais débordant d'une compassion violente, une compassion aveuglante de forcené. Je dis bien aveuglante, pour que ses grands yeux, ses yeux grands et douloureux, sa face pâle et tremblante d'avidité ne réveillent pas en moi ce sentiment ignoble, la pitié, c'est ainsi que Foucauld devait enculer ses petits Touaregs, ses éphèbes affamés pour ne pas se laisser contaminer par cette pitié. C'est le seul mobile, ai-je toujours pensé, qui m'ait fait revenir en arrière maintenant que je me souviens d'elle, alors que nous allons nous coucher, qu'elle se relève, mi-pleurant mi-riant, que le silence se fait en elle, un extrême silence — un silence de *bout du monde* — et qu'elle me regarde, qu'elle m'observe attentivement pendant que je bouge et me déplace nu, et qu'elle ne me demande jamais ce qui me torture, jamais, jamais, parce que c'est la seule chose dont elle ait peur, qu'elle tremble d'entendre : je ne t'aime plus.

Mais les mots, alors, ne pouvaient franchir mes lèvres, ils savent seulement maintenant tomber sur le papier comme des puissants coups de pieu parasol contre une vitre, une bouche d'ombre glauque derrière laquelle il n'y a plus rien, pas même le cœur tout palpitant de baleine blanche de ma boiteuse. Au nom de l'amour, je pouvais tout me permettre, le plus bas — comme d'avertir Julien-Jésus de son infortune. Ou le plus haut. Je le sais. Diane, je ne t'aime pas, parce que je t'aime trop.

Ce soir-là, j'étais avec Philippe Sollers, le plus ancien de mes amis, et mon inconnu le plus proche. Sollers me suivait de près. J'étais son personnage de roman, et je n'allais sûrement pas tarder à réapparaître dans ses pages à venir. Sollers toujours prêt à me manger tout cru se penchait avec gloutonnerie sur l'histoire de Diane. Il en connaissait chaque péripétie par les pages que je lui donnais à lire et mes récits de vive voix. En plus, il venait de faire la connaissance de Diane. Je la lui avais présentée la veille, nous avions bu un verre ensemble à la Closerie, et il avait envie de jouer son rôle de vieux séducteur poupin.

Il eut un petit sourire ailleurs et gourmand quand je lui narrai notre dernière querelle.

— C'est grave, lui dis-je, certain de mon effet. J'ai appelé Julien et l'ai mis au courant.

— Comment vous y êtes-vous pris ?

— Le plus bassement possible, rassurez-vous. Conséquence, il veut me tuer, ce qui nous enchante, vous et moi. Mais, surtout, il a fait une dangereuse tentative de suicide, et Diane est ravagée de culpabilité angoissée.

— Envers vous ou Julien ? dit Sollers, son petit sourire toujours ailleurs mais l'œil gris de plus en plus perçant.

— Mon Dieu, qui le sait ! Elle s'est cloîtrée dans sa chambre en pleine crise de détresse haineuse, et je ne peux plus l'approcher.

— Vous êtes dans un de vos grands moments et dans vos petits souliers, dit Sollers. Je l'appelle, je l'invite à prendre un verre et vous serez là avec moi.

Sa proposition m'arrangeait. Il l'avait bien vu : comme un enfant pris en faute, je n'avais pas du tout envie de rester seul avec Diane, pressentant que j'aurais à affronter l'orage de sa bonté.

Sollers remonta de la cabine tout penaud.

— Elle veut vous voir seul, elle est furieuse contre vous. Elle est superbe ! C'est une Espagnole à la voix brûlante. C'est Carmen.

Une demi-heure plus tard il la rappela, sans réussir à la fléchir.

— Elle vous attend. Si vous voulez, je vous emmène à son hôtel en voiture.

Une fois de plus, il m'envoyait au casse-pipe ; et, pour en être bien sûr, il m'y accompagnait. Conseilleur patenté en provocations, père Joseph de bien de mes coups qu'il me suggérait, se pourléchant d'avance les babines, il avait toujours l'air de sous-entendre : vous n'oserez pas. Et j'osais, fonçant tête baissée dans ce que ma mère me reprochait si tendrement au fond, sous tant de sécheresse feinte : l'épate-bourgeois.

Que risquais-je cette fois-ci dans l'ombre d'une soupente. Rien. De nouvelles larmes ? Une nouvelle rupture ? Tant qu'il nous restait encore assez de ruptures en perspective, c'est qu'il y avait peut-être encore un peu d'amour pour se nourrir.

J'entrai dans la chambre de Diane. Elle était assise au fond du lit, les jambes croisées, sa poupée qui ne la quittait jamais sur les genoux, les yeux noirs étincelants comme si sa haine pour moi en cet instant lui avait versé un collyre : la colère la rendait magnifique.

— Que se passe-t-il encore ? dis-je, mi-ennuyé mi-innocent.

Je voulus lui caresser les cheveux, non point d'amour, mais comme on flatte un bel objet pour le féliciter seulement d'exister, d'être ce qu'il est. Elle recula vers le bois du lit.

— Ne m'approche pas, dit-elle durement.

Comme j'avançais toujours, elle cassa soudain contre le marbre de la table de nuit un verre épais, encore à demi rempli de whisky, avec une technicité de zonarde, et me le planta au visage avec une précision, une violence, une volonté de mutiler implacables. Je fus si surpris, si pétrifié par tant de haine, et j'étais moi-même si prêt à m'offrir au châtiment, que je ne pus l'éviter : un éclat s'enfonça profondément dans mon menton. Je sentis ma chair s'ouvrir. Blessure d'une cruauté indolore indicible, elle ne m'était rien, mais elle était là pour toujours. Le sang jaillit. Un flot de sang théâtral, absurde et superbement vrai. J'en étais fier, j'en avais honte, j'avais envie de pleurer et de rire. De mourir et de te prendre dans mes bras, Diane. Le sang coulait. J'en avais plein la chemise, le pantalon. L'oreiller et le couvre-lit en étaient recouverts. Que venait-elle de sanctifier ? Un pacte de haine, d'amour en laissant sa signature sur ma chair ? L'histoire de notre amour, elle me la dédiait à l'encre rouge des corrections ensanglantées de la passion.

— Diane, tu es folle ! lui dis-je, en pleine ignorance de ma propre folie.

Je m'approchai d'elle, voulant la désarmer. Mon sang dégoulinait toujours sur la moquette et, assassin au clair de lune, j'en avais sur les mains comme si je venais de perpétrer moi-même un crime — mon crime passionnel contre nous deux. Elle m'échappa à deux reprises, je réussis à la coincer près de l'armoire et à lui tenir le poignet droit qui n'avait pas encore lâché le verre. C'était une bête traquée, à bout, aux pupilles rétrécies. Comme elle était immobilisée, elle me cracha soudain dessus, puis hurla dans la nuit tiède d'été, appelant au secours. C'était un interminable râle félin au-dessus des gouttières.

Nous continuâmes à nous regarder jusqu'à ce que j'entende le cliquetis d'un passe. J'ouvris. Le gardien de l'hôtel nous regardait, l'air suspicieux et ahuri. Je me tournai vers lui en rigolant.

— Ne vous inquiétez pas, dis-je, c'est une banale histoire d'amour...

Et comme Diane s'était arrêtée de crier, il recula lentement, en refermant la porte sur nous.

— Diane, tu *étais* folle, répétai-je au passé.

Ces seuls mots nous dénouèrent, ni elle ni moi ne nous y attendions. Nous étions à nouveau seuls dans cette chambre devant ce couvre-lit sanglant. Elle tenait toujours son verre, prête à frapper de nouveau mais le cœur n'y était plus. D'un coup désinvolte sur son poignet, je la désarmais puis lui assenai deux lourdes gifles. C'était fini. Elle s'effondra en larmes.

— Tu es un monstre, sanglotait-elle. Depuis toujours tu me fais mal en toute chose ignoblement. Avec Julien et à Julien. Avec les autres et aux autres.

Je m'agenouillai au pied du lit, posai ma tête sur ses cuisses, mon menton béant suintant mon sang sur son peignoir. J'étais accablé par ma bêtise, ma bassesse. Je sentais le corps de Diane chaud encore odorant. Mon Dieu, me dis-je avec effroi, tant qu'il y aura quelque chose à détruire, je le détruirai. Alors elle prit mon visage dans ses mains, le leva vers le sien et au milieu de ses larmes, elle dit, ses yeux noirs prosternés dans les miens :

— Tu es un monstre. Un de ces petits enfants si monstrueux qu'ils accèdent à l'innocence. Je crois en Dieu, mais il ne choisit pas selon nos mérites. Selon son bon plaisir ! Tu es un de ses caprices. Je suis une de ses oubliées.

Elle était émouvante et forte.

— En te suivant à Paris, c'est moi qui ai avoué implicitement à Julien que je t'aimais. Je n'avais pas besoin d'en dire plus. C'est moi qui me suis engagée à fond, passionnément, c'est moi qui avais tout à perdre. Toi, tu ne risquais rien — tu n'as rien vu, rien compris...

Je l'écoutais, mon visage ensanglanté sur les draps, agenouillé devant elle, atterré par ma conduite — encore qu'entraîné par la même force destructrice, s'il restait encore quelque chose à détruire, je le détruirais.

Une heure se passa, peut-être deux, une éternité de stupeur, je voyais la pleine lune par la fenêtre ouverte, nous ne bougions plus ni l'un ni l'autre. Elle avait toujours les genoux croisés. Je me souvenais d'elle, me disant à Calvi, dans notre cabane d'amour : « Je sais que je suis déconcertante, je vis dans l'amour — c'est ma seule lumière : je ne m'aime pas, je n'aime que les autres », et se changeant soudain en dame de Port-Royal, en pascalienne de l'île de Beauté, elle avait ajouté : « Il n'y a que le cœur ; le reste, ce sont les approximations de la raison. » Impératrice nomade de mes nuits, son visage s'était voilé à jamais de l'indigo du malheur d'aimer. C'est la dernière image que j'ai gardée d'elle en notre intimité. Ma basanée, les autres ne s'y étaient pas trompés ! Ils avaient deviné confusément qu'en certains êtres coule le sang mêlé d'une double nationalité, le sang bleu que vous confère la noblesse de vos origines morales, et le sang de la race des hommes bleus.

Alors elle parla une dernière fois dans la nuit silencieuse.

— Je t'aime, Jean-Edern. Trouve-moi quelque chose pour que je puisse te pardonner.

— Quoi ?

— Téléphone à Julien. Dis-lui que notre aventure n'est que ton rêve de romancier.

— C'est vrai, *ça l'était...*

— Ça l'est, dis-le-lui, insista-t-elle, en me tendant une dernière perche dont je crus, un instant qu'elle me permettrait de retrouver au prix de ce faux aveu, de l'autre côté de l'abîme qui désormais nous séparait, la bonté ruisselante de son entrecuisse et, plus encore, la qualité minérale proprement infracassable de sa passion.

Je tombai dans le piège.

— Si tu veux, répondis-je avec une immense lassitude, acceptant d'appeler Julien-Jésus en Corse.

Quand j'eus fait ce qu'elle m'avait demandé, je compris que je venais surtout de lui avouer les terribles limites de mon amour. Eussé-je tenu bon, elle aurait encore pu interpréter mon abjection comme une preuve d'amour fou ; et elle aurait pu me pardonner, non ma faute, mais au nom de l'amour qu'elle mettait au-dessus de tout. La mesure de l'amour, c'est d'aimer sans mesure.

Je faisais retomber moralement Diane de haut — de millions d'étages par la fenêtre, dans le temps, le temps sans fin, le temps sur ses bras minces, sur sa peau douce, et plus rien que des mensonges petits-bourgeois.

Diane repartit le lendemain en Corse. Le comte de Fées fut soudain très malheureux : jamais nous ne nous mariâmes et nous n'eûmes pas d'enfants — sauf les enfants de la douleur, aux vagissements lointains, exaspérants de tous les beh beh qui avaient percé notre solitude quelquefois enchantée, et le plus souvent bourdonnante des mouches à merde de la vie — et nous ne vécûmes pas heureux ensemble.

Quatrième partie

Le désert de l'amour

Quand le pain d'amour devient un pain d'améthyste — je veux dire un pain si dur, ovale et glacé, que le saint homme s'y cassa ses deux dernières dents en essayant de le croquer —, c'est que, d'une imitation de Jésus-Christ l'autre, Foucauld en était enfin arrivé à la tentation du désert qui est à la fois la scène capitale de la vie d'un imitateur professionnel, et de tout roman un tant soit peu profond.

Seul l'Evangile de saint Matthieu, celui de la prophétie messianique, la raconte. Je retranscris les Ecritures telles qu'édictées en araméen, parties d'une lointaine province, elles édifièrent leur empire.

> Jésus fut emmené au désert par l'Esprit, pour être tenté par le diable. Et, après avoir jeûné quarante jours et quarante nuits, finalement il eut faim. Et, s'avançant, le tentateur lui dit : « Si tu es Fils de Dieu, dis que ces pierres deviennent des pains. » Répondant, il dit : « Il est écrit : l'homme ne vit pas seulement de pain, mais de toute parole qui sort par la bouche de Dieu. »
>
> Alors le diable le prend avec lui dans la Ville sainte, et il le plaça sur le pinacle du Temple, et il lui

dit : « Si tu es Fils de Dieu, jette-toi en bas ; car il est écrit :

A ses anges il donnera des ordres pour toi,
et sur leurs mains ils te porteront,
De peur que tu ne heurtes du pied quelque pierre. »

Jésus lui déclara : « Il est encore écrit : Tu ne tenteras pas le Seigneur ton Dieu. »

De nouveau le diable le prend avec lui dans une montagne très élevée et lui montre tous les royaumes du monde et leur gloire, et il lui dit : « Tout cela, je te le donnerai, si tu tombes, prosterné, devant moi. » Alors Jésus lui dit : « Va-t'en, Satan, car il est écrit : C'est le Seigneur ton Dieu que tu adoreras, et à lui seul tu rendras un culte. »

(Saint Matthieu, 3-10.)

Foucauld avait à peine terminé de recopier ces pages, par un vent du diable au sommet de l'Acekrem, que ce dernier l'entendit, et arriva même en avance ; c'était le démon de midi moins le quart — celui qui m'avait habité avec Diane, cette pauvrette. Autant en emporte le vent, ma Scarlett O'Rabais...

— T'aurais pu venir plus tôt, souffla Foucauld qui se sentait plus vieux et plus fatigué que jamais.

Il avait attendu si passionnément ce jour depuis des années que, maintenant qu'il arrivait, il craignait de n'avoir plus assez de force pour résister. D'autant que Paul-Jésus n'était plus là pour le soutenir ; et que s'il est vrai que l'homme ne vit pas seulement de pain, son esclave émancipé n'avait pu, lui, s'en passer. Le souvenir de la fuite de l'adolescent était trop vivace dans l'esprit de Foucauld pour qu'il pût prononcer de sacré-cœur-joie, la parole des Evangiles qui dit qu'on vit aussi du Verbe de Dieu. « Tu parles », murmurait au loin Paul-Jésus...

Le diable qui avait deviné, avant même que je l'écrive, le désarroi du saint homme, retroussa ses lèvres, se léchant les babines comme s'il avait faim de lui.

— Un petit casse-croûte ? Ça te remonterait, non ? Tu ne pourrais pas changer les pierres en pains ? dit-il en désignant la rocaille de l'Acekrem. On discuterait en mangeant à la bonne franquette.

Après tout, ce n'est qu'une imitation de plus, se laissait insidieusement persuader Foucauld. Depuis le temps, il n'en était plus à une près. Cette fois-ci, il coincerait le malin par un détournement de la tentation dans le désert. Il ferait un remake de la multiplication des pains, après celle de la Sainte Cène, en souvenir du jour lointain et gracieux où il caressa pour la première fois la cheville d'antilope brune du petit Paul, cette évocation fit passer un long frisson délicieux dans son échine rhumatisante. Il avait bien joué au bon pasteur avec les Touaregs. Il avait marché sur les flots de tant et tant de mirages de lac de Tibériade, qu'il se rappela soudain avoir enterré il y a quelques mois un vieux quignon de pain, colis envoyé par Marie de Bondy — le pain dur en moi de Diane, sa petite-nièce, que la poésie, cette douleur de la mémoire, changeait en améthyste. Foucauld, après s'être agenouillé, gratta avidement de ses ongles rugueux, lunulés, des os cornus, l'endroit où il se souvenait avoir caché l'aliment précieux, s'écorcha les mains dans la terre revêche, et réussit enfin à en extraire une sorte de pain. Ce n'était qu'un minéral, beau mais immangeable, une pierre parmi les pierres que le diable regarda avec commisération, un pain autiste, un pain sourd aux prières.

— T'es vraiment barjot, laissa tomber le malin, malin à

demi, puisque, après tout, il venait de rater son coup : la pierre était restée pierre et la vie n'est qu'un perpétuel miracle à rebours.

Des miracles comme ça, Foucauld en fit de superbes. On ne les compte plus, c'étaient les miracles d'un homme entre les hommes, de vrais faux miracles ; c'est ce qui le rend si émouvant, si proche de nous, et ces miracles-là sont les seules armes de notre dur désir de durer. Ainsi la légende rapporte qu'on vit Foucauld successivement transformer des puits de pétrole en mares d'eau croupie, des ksars en falaises, des dragons en lézards (sa manie, le spinque de berberie, beige rosé, long comme un petit doigt), le sable en rien, le jour en nuit, le nuit-saint-georges en crépuscule, le lendemain en jour même, la douceur du miel en épingle à nourrice, l'imparfait en passé simple, la conjonction de subordination en agenouillement, les zouaves pontificaux en soldats de mon armoire, un vrai billet de cinq cents francs en faux, et une sonnerie en silence... La caractéristique essentielle de ce type de phénomènes miraculeusement ordinaires, c'est qu'ils nous condamnent à n'imiter que notre propre vie, à la vivre dans toute sa platitude, sa lenteur accablante, comme Foucauld vécut la sienne en son époque. Un miracle à rebours devient un mirage dès lors qu'on veut aller y voir d'un peu plus près ; et Foucauld pour une fois qu'il pouvait se faire son petit cinématographe, instruit par ses désillusions successives, évitait de trop s'approcher du diable de peur qu'il disparaisse — et que l'imitation se change en nuées tourbillonnantes de poussière de soleils...

Il s'éloigna jusqu'au bord de la falaise qui surplombait les vallées ocre et mauves, où le démon de midi à quatorze heures le suivit, brandissant sa dernière édition de l'Ancien Testament.

— Traduction formidable, n'est-ce pas ? murmurait le

diable en connaisseur, ajoutant aussitôt après : Jette-toi en bas.

C'était l'horreur sacrée de lui-même qui reprenait Foucauld, le vertige avide d'un suicide que Dieu lui interdisait. Le diable, cet escroc des gouffres, aimait à voir s'ouvrir béant l'insoluble affectif en chacun de nous. Et pour une âme aristocratique, n'était-ce pas une faute de goût rédhibitoire d'abandonner un monde qui s'est mis si volontiers au service de votre tristesse ? Un pas de plus, il tombait dans le vide, je tombais, je tombais, je n'arrivais jamais au jour que maman annonçait d'une voix confiante : ne vous inquiétez pas, un jour il volera de ses propres ailes. Foucauld volait désormais à sa manière, ses grandes ailes de géant spirituel largement déployées, il les rentra dans son thorax, juste au-dessous de son Sacré Cœur comme les Touaregs le lui avaient appris et ne succomba pas à la seconde tentation, il resta inébranlable, debout au bord de l'à-pic — comme le dernier touriste tyrolien venu, se donnant des frissons de beauté en haut de l'Acekrem.

— Tu n'existes pas, dit Foucauld au diable, tu es moi-même, et rien de plus...

— Peut-être, lui répondit ce dernier, exaspéré. Tu n'as aucun mérite, tu suis les Ecritures. C'était écrit, tu as copié ton devoir. Quel conformisme !

Il faisait une hideuse grimace de nuages, se cumulant et se nimbant d'une manière si tordue que Foucauld, malgré son angoisse, eut presque envie de le consoler. N'ayant pas cédé au vertige de la chute, il se croyait prêt à continuer à affronter le malin — qui l'était pourtant bien plus que lui. Ce dernier feignait d'être au comble de l'énervement, et perdait complètement son sang-froid par l'artère gauche.

— Ne pas céder à la tentation, c'est inhumain ! Un vrai scandale ! Un homme, ça tombe toujours ! A la moindre tentation, ça tombe dans n'importe quoi. L'homme, quelle merde !

Il avait l'air de plus en plus ému. Ses yeux se remplissaient de larmes. En sanglotant sur lui-même, il baissa sa culotte, et se mit en position de déféquer.

— Les hommes me font chier à mort.

Puis il prit le pain d'améthyste et s'essuya l'anus avec, ajoutant à l'écriture brennique des Touaregs un long point d'interrogation diaboliquement merdeux. Soulagé, il félicita même Foucauld d'avoir choisi de vivre dans le désert, pour ne pas être contaminé par la merde des Blancs, ces gens-foutre, et de lui avoir préféré la merde bleue des guerriers voilés, la merde sacrée...

— La merde, c'est la vie, ajouta-t-il. Regardez les hommes. Crottés, indécrottables ! Depuis le début du monde, ils tiennent à la terre par la merde, elle leur monte jusqu'au cou. Quel cloaque, ils baignent dedans ! Ils font même des cures. La thalassothérapie de la merde molle...

Selon lui, la merde, c'était la médiocrité. Pas le vrai mal, il raffolait de merde dure d'ange déchu, merde noire, charbon de bois dont il gavait ses chaudières pour en pousser inlassablement le feu. Il ne concevait le mal qu'absolu, grandiose, habité de toute l'exigence rigoureuse de l'inquiétude intellectuelle. Il était de la même race exacte que Foucauld. C'était un extrémiste du camp d'en face ; et il reprochait à Dieu d'avoir manqué d'ambition pour les hommes. D'avoir cédé à cette facilité de les avoir créés médiocres pour qu'ils lui restent soumis.

« Prosterne-toi devant moi, répète sans fin le diable à Jésus, et tout ce que tu veux je te le donnerai. » Il est vrai que l'humanité n'a qu'une seule angoisse : devant qui s'incliner ? C'est le secret du monde, écrit Dostoïevski, au point culminant d'intensité métaphysique de son œuvre, à la fin des *Frères Karamazov*. Toi aussi grand Fédor, notre maître à tous avant Dieu, tu tentes de répondre aux trois grandes questions du désert.

La dernière allait sous peu faire fléchir Foucauld.

Le monde ne craint qu'une chose, se tromper de servitude, ajoutes-tu, Fédor, en ta propre imitation que tu as imitée d'un obscur moujik illuminé qui lui-même en imitait un autre, en cette longue chaîne d'imitateurs initiatiques qui cercle le monde. Quand vient enfin mon tour d'imiter, je fais ce correctif : le drame, ça ne serait pas pour eux de s'agenouiller, mais de se tromper d'agenouillement, que ça ne soit pas devant une force invincible, là pour des siècles, et que les siècles ont lentement mis en place.

A partir du XVIIIe, une catastrophe mentale ! Une apocalypse molle de l'esprit ! Soudain les hommes voulurent ressembler aux hommes ; et non plus, comme jadis, s'élever au niveau d'un modèle inaccessible, d'une incarnation de l'homme supérieur, en une longue suite d'imitations souveraines. Le dandy Brummel l'avait bien compris, en son cri indéchiffré de protestation de la différence : un homme ne ressemble pas à un homme. Loi de la singerie, loi de la peur ! On a peur de se retrouver seul, on ne se retrouve pas du tout...

Toutes les théories, quelles qu'elles soient, des plus connes aux plus trompeusement vraies, n'ont jamais tendu depuis trois siècles qu'à une seule finalité : la servitude envers l'uniformisation. La sous-culture journalistique est son instrument de façonnage industriel des esprits. Se prosterner devant une entité uniforme de soi-même et toute-puissante — l'anti-Dieu humanoïde massifié de *la planète des singeurs.*

Six cents milliards de pages de charabia ont été écrites pour en arriver à cette barbarie consternante. C'est l'aboutissement d'une longue marche de l'avenir, que personne n'a vu arriver — pas plus que le diable, brandissant son pain d'améthyste merdeux, n'avait vu venir la tondeuse à sable qui lui faucha son pied gauche de néant...

Il marchait désormais sur l'autre pied, à cloche-pied droit, il ressemblait à Laperrine, et par conséquent, il était beaucoup plus dangereux. D'ailleurs les jeux étaient faits. Le passé de Foucauld garantissait sa victoire, il allait donc gagner parce qu'il ne pouvait tout simplement pas perdre. Il ne restait plus au diable qu'à expliquer au pauvre Foucauld, ce crétin du monde temporel, comment il s'y était pris, tout en tourbillonnant sur lui-même au point mort.

— Quoi ? répétait Foucauld, hébété, en reconnaissant son ancien camarade.

— Eh bien, Laperrine c'était moi, dit le diable. Enfin, *moi aussi*...

Il tournoya dans les airs, juste au-dessus du sol, se penchant pour lui donner la main.

— Viens, accroche-toi, j'ai une plus haute ambition pour toi, à la mesure de ta hauteur de vue spirituelle et encore plus haut que ces misérables deux mille sept cents mètres d'altitude.

Ils montaient dans les airs, ils auraient pu voir, ces cosmonautes spirituels, s'il y avait eu moins de brume, *tous les royaumes du monde*. Parfois, ils apercevaient dans les trouées entre les vapeurs blanches, quelques-unes des nations innombrables de gens-foutre qui peuplent la terre, des rochers de derniers des Mohicans, des pins parasols repliés, des mers démontées, des pics à glace, des jardins de bonzaï japonais ; et notamment, ils voyaient un livre de géographie de sixième vachement utile, pour contempler en rose les colonies françaises d'Afrique, couleur qui les codait jadis sur les cartes. C'était formidable, c'était la vie en rose. Foucauld était irrésistiblement entraîné vers le haut, ayant égaré le Petit Fa dièse tout près du sol qui lui eût permis de redescendre sur terre.

— Je te donnerai tout ça, lui dit le diable en lui montrant le monde, si tu te prosternes devant moi.

Mais il aurait fallu aussi qu'il lâche la main de Foucauld qui serait tombé de haut en pleine désillusion — la désillusion, cette nation universelle. Enfin le diable ne voulait pas le lâcher, tant qu'il ne lui aurait pas fait savoir qu'il avait déjà gagné — le verbe de sa défaite, c'était le verbe savoir comme un homme qui, ayant marché sur les flots sans savoir, se noie dès qu'il sait. Foucauld ne pouvait y céder qu'à condition de savoir, c'est-à-dire en un désespoir infini a posteriori. Parce qu'espérer, c'est démentir l'avenir; et qu'il ne pouvait même plus espérer désormais tenir tête à son camarade de la promotion des abîmes.

Là où ni la faim ni la provocation à appeler Dieu à son secours n'avaient pu venir à bout de lui, le point faible de *nos familles,* le patriotisme, avait eu raison de son inflexible volonté : depuis sa toute petite enfance, ses parents lui avaient fait absorber cette drogue dure, cocardisée, l'histoire. On pouvait avoir toutes les places qu'on voulait dans la vie, aucune ne valait *une place dans l'histoire...*

Dieu, l'histoire, c'était le gros lot! Ça permettait toutes les confusions! En ce temps-là, les Français avaient réussi à coloniser Dieu, et même dans son cul plein de merde bleu blanc rouge à lui faire un enfant prénommé *France, fille aînée de l'Eglise,* avec des cantiques exprès pour glorifier ce Dieu tricolore. C'était un Dieu général de cavalerie, né à Saumur, grand chancelier de la légion des anges d'honneur, qui avait décoré sur le Golgotha, dans une grande cérémonie avec les Romains, son fils Jésus grand-croix...

Même les étrangers marchaient : *Dieu est-il français ?* de Sieburg, avait été le livre de chevet de *nos familles.* Pas étonnant que Foucauld eût marché à fond dans la connerie de cette propagande clérico-patriotarde. C'est ce qui le perdit, incapable de faire la distinction intellectuelle entre les royaumes du monde et celui des cieux, celui de « l'Eglise », pour reprendre les termes de l'Evangile selon Matthieu, qui contient déjà en germe le refus d'une séparation entre les uns et l'autre. Saint Matthieu, le seul juif des quatre apôtres, l'évangéliste de la « prophétie messianique ».

Une simple équivoque de vocabulaire se changeant en prophétie ! Une indigence de langage, servant de clé de l'avenir ! Parce que « l'Eglise », ce terme emprunté à la langue religieuse des juifs, signifiait aussi la nation, « l'assemblée d'Israël », le double sens du mot pouvait tout aussi bien désigner la possession spirituelle que matérielle. Ils iraient même jusqu'à vendre la corde qui les pendra, s'écriait d'eux le juif Kafka. Les véritables raisons du malheur du peuple élu pendant deux mille ans et de sa gloire ne tiennent, peut-être, qu'à une insuffisance lexicologique.

— Pauvre nigaud ! Tu t'es déjà prosterné devant l'histoire de France, pas la peine de recommencer, ironisait impitoyablement ce diable de Laperrine, en tournoyant au gré des vents. En plus, il faudrait que je te lâche la main, et tu te fracasserais l'amour-propre en bas.

Il continua son discours, qu'il écrivait en même temps sur le ciel pâle de son pain d'améthyste merdeux, pour en faire les tables indécrottables de la moïse.

— Tu voulais entrer dans l'histoire ? Eh bien tu y es, tu es même en plein dedans. Ne te plains pas, tu auras ta *place dans l'histoire.* Je n'ai pas besoin de te donner quoi que ce soit, tu t'es déjà mis en posture de prendre, tu n'es tenté que par les royaumes de ce monde...

Tout en chiant pour encrer son pain, à cause des points de suspension qui ne marquaient plus rien, il poursuivit :

— Ton courrier, ton lexique, ta grammaire, tes légendes touareg, tes cartes, tout ce que tu n'as pas arrêté de m'expédier, à moi Laperrine, c'était du renseignement pour aider à l'extension du royaume français — de la République, je veux dire. Pourquoi envoie-t-on partout les missionnaires avec leur sale gueule de bénisseur ? Pour faire de l'espionnage, pardi ! Un otage des Touaregs, toi ? Un vieux cheval de Troie de labour ! Fais-moi rire, tu n'as jamais été que l'otage de ceux qui voulaient donner un Empire à la France, nous autres les colonisateurs...

Des lettres de merde noire s'inscrivaient à mesure dans l'air.

— Pour ta petite tête étroite, chichement organisée, la sainteté, c'est trop brillant, trop dur, trop lourd, trop vrai. Le saint, le vrai, c'est moi, l'ange déchu, le cumulard absolu de l'impopularité. Toi, on ne t'a pas construit pour ça.

— Alors, pour quoi ? eut tout juste la force d'articuler Foucauld, complètement désemparé.

— Tu n'es qu'un saint préfabriqué, celui de l'idéalisation de l'Empire français. Tu le sais bien, sauf que tu préfères te mentir à toi-même. Ce que les hommes sont lamentables ; quand ils ne sont pas dans la merde, ils se mentent.

Et à en croire son discours de grand moraliste, toutes les vies sont bâties sur le mensonge, amphétaminisées par le mensonge. L'un fait le baron de Jambes avec un titre nobiliaire qu'il n'a jamais eu, un autre fait le Zigomar II pour une fortune qu'il n'a pas, un troisième le Quéquette du Graal vanitouilleux pour un talent qui lui fait complètement défaut — mais qu'il finit par croire avoir, même si ce n'est pas lui qui a écrit le livre qui porte son nom. Un dernier laisse courir le murmure envieux qu'il est l'amant, que dis-je, le Bouche-trou d'une Grande Mademoiselle qu'il n'a possédée qu'en rêve — heureusement d'ailleurs, car sa mocheté princière en découragea plus d'un à la sauter. Tous rythmés à l'imposture ! Ça leur donne de la force, une raison de vivre ! Ça ajoute à leur existence ce petit must de poésie qui les distingue des autres — même si ce n'est que celle des soufflés au fromage. Il faut en profiter, avant que ça ne retombe...

Puis il conclut, en humant son améthyste :

— Le mensonge, c'est la merde idéalisée. Elle leur permet de respirer au niveau suprême de l'idéal. Foucauld, tu es comme eux, exhaussé, magnifié, par le mensonge de ta sainteté. Je préviendrai le pape que tu ne vaux pas la peine d'être canonisé, je suis très bien avec lui, j'ai mes entrées de service. Il me reçoit quand je veux, et je mange les mouillettes de pain bénit de ses œufs à la coque. Il y a un concordat secret entre nous. Il m'écoutera...

La preuve, c'est que j'ai toujours en ma possession les pièces du procès en béatification. Le Vatican, je le tiens sous chantage ! Ou l'on m'écoute, et je restitue ces documents inestimables ; ou l'on ne m'écoute pas, et je repars au Sahara pour m'essuyer avec mes virgules de merde idéalisée. L'idéal, je me méfie de ce mot. Il est toujours à craindre des gens manquant du moindre tact : les chaisières de province, les benêts, les dames patronesses, les patineurs à glace aux fruits de la passion, les unijambistes, les infirmes en tous genres, et les journalistes, ces infirmes de la pensée, qu'ils ne mettent avantageusement leur idéal en avant.

Bien avant Machiavel, on savait déjà que la Commedia dell'arte des princes, c'était de jouer à être bons, justes, fidèles et charitables, et qu'on ne pouvait être cité comme exemple dans les écoles, ou élu des urnes, si on n'arborait pas cet air de menteur navré, dégouttant de bons sentiments — le grand air politico-con de la merde idéalisée.

Une fois qu'il lui eut démontré qu'il travaillait pour la France, ce royaume de la terre, Laperrine n'eut plus qu'à redevenir le diable et à conclure son discours étourdissant — Foucauld était d'ailleurs tout dizzy d'avoir tourné en hélicoptère.

— Tu n'as même pas réussi à convertir ton petit esclave, Paul. Paul-Jésus, rien que ça ! C'est d'un grotesque ! A-t-on idée d'appeler quelqu'un Paul-Jésus ? Personne n'est indispensable, je vais t'arranger ça.

Sur un signe du diable, un adolescent mince et basané surgit d'entre les rochers, comme s'il ne s'attendait qu'à apparaître, Foucauld essuya la transpiration de son visage avec la manche crasseuse de sa gandoura. Ça laissait de longues traces grises sur sa peau ravinée.

— La solitude te ronge, lui dit le tentateur, comme les vers rongent le bois mort. Même les Touaregs t'évitent. Moi, je suis bon, je veux t'éviter à l'avenir les mauvaises rencontres de ton esseulement, comme la mienne. Je t'ai amené un jeune serviteur. Il s'appelle El Madani. Vois comme il est beau (il avait effectivement la beauté du diable). Il adore se faire enculer, il te sucera comme une abeille arrache le pollen des fleurs. Avec lui, tu seras tout miel.

De grands essaims de néant bourdonnaient dans le ciel mauve, faisant onduler les ruches de silence sous les toits torrides du monde.

— Laisse-moi, j'ai la fièvre, tu es cette fièvre, dit Foucauld. Va-t'en...

— Tu ferais mieux de boire un bon coup, tiens, ça va

te remettre d'aplomb, lui dit le diable en lui tendant une gourde d'eau tiède.

Dès qu'il porta le goulot à ses lèvres craquelées, noirâtres, il recracha le liquide nauséabond sur un bout de bois mort. A force d'avoir fait des faux miracles à rebours, il fallait bien qu'il en fît des vrais, la matière inanimée redevînt vivante : le bois se tordit, se dressa en sifflant, et la vipère cornue s'élança, plantant ses deux dents acérées dans la cheville de Foucauld.

— Il est piqué, dit ironiquement le diable en pointant son index sur sa tempe avant de disparaître.

N'ayant pas le droit de se suicider, Foucauld eût-il voulu mourir, il se serait fait le complice du diable qui l'aida effectivement : il lui délégua l'instrument de son destin. Alors El Madani se précipita sur le père qui se tordait de douleur, sortit son couteau, incisa la plaie, la mordit, puis se rendit indispensable : comme si toute sa vie il n'avait fait que sucer, de ses belles lèvres charnues et sensuelles, il suça, suça, suça...

Le venin de l'orgueil roulait dans ses veines enfiévrées. Le père de Foucauld, se répétait-il, ne peut mourir d'une piqûre de serpent — un accident du travail du désert, pas un martyre. Ce serait vraiment trop con ! Il avait mis tout en œuvre pour se construire une destinée exemplaire. Un grain de sable — de sales petites dents aiguës — enrayait la belle machine pieuse de sa sainteté en train de se faire. Il n'avait pas le droit de mourir. Quelle anicroche à l'idéalisation dont il allait être l'objet, au moment même où sa légende commençait à s'étendre !

Que serait le monde sans sa longue cohorte des martyrs du malentendu ? Que se serait-il passé si Socrate n'avait pas bu la ciguë ? Si Copernic, remettant en question la terre idéalisée du Moyen Age, la terre plate, ou Giordano Bruno n'avaient pas été condamnés au bûcher ? Ils n'auraient jamais eu la place exorbitante qu'ils occupent désormais sur la tribune d'honneur de la bonne conscience universelle, ce monument aux morts des grands assassinés. En revanche, que Foucauld meure avant d'avoir été châtié par Dieu pour avoir cédé à la troisième tentation du désert, celle de l'histoire de France, l'aurait empêché de figurer au grand hit-parade posthume des morts pour la France. Notre homme n'a été grand que parce qu'il a dépassé la France : il s'en est servi comme d'un tremplin pour rebondir vers l'infini.

Les nations (les royaumes de ce monde) des sombres provinces de l'esprit ! La Hollande de Rembrandt, l'Allemagne de Haendel, l'Irlande de Swift, ou la Russie de Dostoïevski, des enfermements nécessaires au dépassement de soi-même ! Quels déclics mystérieux poussent certains êtres au moment où tout va bien, à se construire un malheur, ou une douleur surhumaine pour s'élever au-dessus des autres ? Humblement mais avec acharnement, je me suis posé toutes ces questions, j'ai essayé d'y apporter ma réponse personnelle, celle d'un créateur. A l'heure où je découvrais que la réussite du début de ma carrière ne fut que la conséquence de mes compromis merdeux et de mes idéalisations mensongères.

Quel secret commun lie certains individus, qui s'envolent vers le dépassement, et passent aux yeux d'autrui au contraire, pour vivre une totale déchéance — la descente vers l'abjection d'un Foucauld ? Qu'est-ce qui poussa Dante, chéri de la cour idéalisée des Médicis, à écrire *La Divine Comédie,* cette eau-forte de la noblesse florentine ? Il avait tout eu ; tout, sauf ce dépassement de soi-même dont il était assoiffé. Qu'est-ce qui poussa Rembrandt, peintre mondain adulé par les drapiers hollandais, à faire passer ses acides clairs-obscurs sur la cire de leurs visages de parvenus repus de la société marchande idéalisée ? Pourquoi voulut-il substituer au mensonge des créatures imaginaires la vérité des êtres ? Qu'est-ce qui poussa le doyen Swift, douillettement installé dans sa charge ecclésiastique, à provoquer un scandale considérable en mettant dans ses voyages de Gulliver les yagoos, ces hommes enduits de merde, sinon la passion de dénoncer l'idéalisation de la société post-platonicienne anglo-saxonne d'alors — cette version anticipée de l'humanisme bêlant d'aujourd'hui.

Qu'est-ce qui poussa Dostoïevski, ce progressiste en accord avec la montée des classes socialisantes, à transformer les héros de l'avenir en marche en démons minables, ses Possédés ? Il paya très cher sa vision vraie du monde. Céline, même mésaventure ! Inventé par la gauche, célébré par elle, il n'eut de cesse de lui cracher dessus, et de se couper tous les ponts avec la société.

Ils avaient tous compris le secret du grand art, qui nous expose à toutes les persécutions, les censures, les rejets et les envols de pigeons écarlates tonnant autour de la pensée : comme en dessin, créer c'est détruire. Plus c'est détruit, plus c'est fort — et plus c'est vrai. Ainsi mon Foucauld sera détruit, ou ne sera pas. En jetant mon acide sur la légende coloniale de *nos familles*, c'est le véritable Foucauld qui surgira dans les ruines fumantes de l'Acekrem, sur la terre cuivrée du Hoggar...

Pas seulement lui ! L'avenir de la littérature, c'est détruire ! Nous avons besoin d'eaux-fortes de la réalité, à grands jets d'acide fumant sur les photographies glacifiées des grands de ce monde ! Etalez leur vie privée au grand jour, eux qui nous en vendent une fausse ! Racontez l'alcoolisme des princesses ! Les vices des vedettes aux idylles préfabriquées pour les nioues magazines ! Les turpitudes intimes des politiciens ! Les enfants abandonnés des présidents de la République ! Les chantages ignobles des professeurs de morale ! Les croassements malodorants des droits de l'homme grenouille ! Les partis dégouttant de bons sentiments ! Les fausses factures de l'aide au tiers monde ! Les restaurants des haut le cœur ! Montrez les gens tels qu'ils sont — et montřez-les même bien, s'ils sont bien. Appelez-les aussi par leur nom, contre tous les avocaillons ! L'envers du décor, il n'y a que ça de vrai ! Nous avons besoin de vérité. Une parole de vérité dit plus que le monde entier, selon un proverbe moujik. A l'heure de l'uniformisation, des dégoûtantes Sibéries en rose de l'Occident, du rictus givré des photos mensongères de familles unies, du tout le monde il est beau, il est gentil, à en vomir, le seul avenir de la littérature est de revenir à ses sources. Alors son pouvoir redeviendra universel ! Tite-Live, Tacite, dont Victor Hugo disait admirativement qu'il était dangereux pour la société, des fouille-merde de grand style ! En littérature, une seule abjection, la faute de grammaire ! *La Divine Comédie* de Dante, un monument de ragots sur l'aristocratie florentine ! *Les Mémoires* de Saint-Simon, un chef-d'œuvre de la plume d'oie trempée dans les pots de chambre de la cour de Versailles ! Plus la société est uniformisée, plus elle est fragile, plus tout le monde dit la même chose, plus le courage de parler différemment devient redoutablement efficace. Il suffit d'un rien pour détruire une image, parce qu'elle repose sur un consensus, une goutte infime d'acide versée par un solitaire ! Je n'ai que faire des protestations de vertu outragée ! L'idéalisation n'admet que l'allégorie, ou les romans à clés — à condition, bien sûr, qu'elles n'ouvrent aucune porte. Tout grand livre est impubliable.

Il faut avoir un formidable courage pour oser, en

bravant l'impopularité. Il n'y a pas le choix : ou bien la littérature se meurt, écrasée par les siècles de la communication, ou bien elle réinvente sa courroie de transmission avec la réalité, se remet à dire la vérité ; et alors, elle est de nouveau en mesure d'ébranler les régimes et les oligarchies, qui se tiennent la barbichette au-dessus de leur ventre mou de connivence, où il fait si bon planter la fourchette. A l'heure où chacun annonce la disparition de la littérature, jamais auparavant elle n'avait eu cette puissance potentielle. Je la lui promets, je trace la voie de la véritable modernité. Parce que le grand style de la vérité est l'arme absolue, et qu'il n'est point d'arme plus terrible au monde que le langage, on s'acharne à le reléguer dans les lointains des cultures archaïques. Or il n'a jamais été plus actuel — je veux dire nécessaire. Pas seulement de sa propre nécessité, il est nécessaire à la liberté humaine...

Qui seront les écrivains de demain ? Plus que jamais ils seront hors des sociétés littéraires réduites à quelques branloteurs sentimentaux, ou fantasmeurs exsangues. Nous sommes loin du grandiose défi balzacien à l'état civil du XIXe siècle. Aujourd'hui, il n'y a plus que quelques écrivains sécurousoucialisés... et abonnés au gaz — les tenants de la grande culture se sont à tel point avachis, débondés, l'édition est si pourrie, ou nulle, qu'il n'y a plus rien à attendre de ce côté-là.

De même que les plus grands tueurs ne fréquentent pas le milieu, les écrivains que j'annonce seront des êtres hybrides, nouveaux docteurs Jekyll et mister Hyde, ce seront des dissimulateurs héroïques ! Des enterrés vivants implacables ! Des monstres au regard froid ! S'étant introduits au cœur des délibérations les plus secrètes de la réalité, pareils à Machiavel, secrétaire des Médicis, ou à Saint-Simon, courtisan du sérail, ils seront ministres, hommes de confiance des grands, valets de chambre, ou même juges chargés de poursuivre leurs propres prête-noms. Plus lourdement ils condamneront les œuvres qu'ils auront écrites eux-mêmes dans l'ombre, plus leur jouissance sera intense...

Quant à ma littérature, je ne savais pas si elle était bonne, mais je savais que c'était ma littérature, elle était ma petite musique à moi, elle était née de moi, autant dans sa substance, que dans ses attaques en rase-mottes contre l'idéalisation — qui guettait le moment où je me fracasserais contre quelque château en Espagne bâti sur le sable des plages corses. Je restais un petit immortel, je me croyais intouchable, doué d'une sorte d'invincibilité enfantine ; et il m'en a fallu de l'énergie, croyez-moi, pour ressusciter tandis que s'écroulait l'univers de mes facilités et de mes compromis. J'ai découvert la souffrance de l'exil du dedans (la stupeur lente d'abord, et puis le vide progressif autour de soi, je ne comprenais pas ce qui m'arrivait, ses délices aussi). Il arrive un âge où l'on ne vous pardonne plus rien, on vous a compris. La meilleure manière de nous éloigner des autres est de les inviter à jouer de notre déchéance, après nous sommes sûrs de les mépriser. Ah, il faut voir comme les hommes vous en veulent quand vous tombez de votre piédestal ! Ils vous honnissent, ils vous vomissent, ils vous crachent dessus comme si vous les aviez trahis... Vous êtes condamné à mort, car on n'abolira jamais la peine de mort pour les délits de la pensée.

Qu'une colère sourde de fauve blessé par le siècle, doublée d'une bonne dose d'inconscience et d'enfantillages prolongés que je prenais pour de l'audace, m'ait amené à croire que j'emboîtais le pas des faux génies de l'esprit — comme Foucauld cherchait à emboîter celui de saint Augustin ou saint Jean de la Croix — ne signifie pas que je n'en sois pas un. En plus le métier de géant n'est pas enviable. Le comportement aristocratique veut qu'on s'accroche à un rêve de grandeur quand on ne sait plus où on va dans la nuit transfigurée du dépassement créateur — où Foucauld sur son grabat lutte pour mourir un peu plus tard, un peu plus loin...

Je sais qu'on va hurler ! Toute cette habile dialectique n'était au fond destinée qu'à me hisser au rang de Rembrandt, Dostoïevski, Hugo, Mishima, Céline et j'en passe ! Depuis le temps qu'on dénonce ma mégalomanie, ce n'est pas de l'eau au moulin de mes détracteurs : c'est le fleuve du pus débordant de ma vanité blessée ! Mais que serais-je sans elle ! Vanitas vanitatum ! Qu'y puis-je, si j'imite Foucauld ? Ma vanité est celle d'une montagne du Hoggar, elle s'élève pour rien, elle se dresse dans le vide — comme celle de la sainteté qui ne démontre pas plus l'existence de Dieu que l'écrivain ne peut avoir la certitude de son génie. Il va vers lui, c'est tout. C'est une vanité de la misère. Son devoir, c'est de poursuivre, de ne jamais s'arrêter en chemin. Fais ton devoir, m'ordonne maman. Fais ton Foucauld.

Oui, Foucauld. Autant dire que tu te serais donné la mort, si tu ne t'étais accroché à la vie comme à un devoir tout en désirant ardemment mourir. Tu es un de ces immenses du suicide, un de ces grands désespérés auxquels est interdite la joie sombre d'être leur propre bourreau et qui trichent toujours un peu en s'exposant trop à la ronde de tous les devoirs, et de tous les dangers.

Contre cette morsure de vipère qu'il avait fabriquée, il s'inoculait le devoir comme un contrepoison. Pourtant, ça n'allait pas fort ! D'abord son amour-propre souffrait le martyre à l'idée d'une fin aussi piteuse. Ensuite, ce serait un vrai miracle s'il en réchappait, avec sa jambe enflée, noire, d'où coulait un pus blanchâtre, que El Madani buvait comme du petit lait de chamelle.

Recroquevillé sur son lit de bois, le petit crucifix de son chapelet entre ses cuisses brûlantes, les gros grains perdus dans les poils de son sexe, la poitrine oppressée, le souffle rauque et sifflant comme s'il avait gardé sa vipère vivante à l'intérieur du thorax, il était depuis trois jours entre la vie et la mort. Pauvre martyr !

Les heures passaient par quarante degrés à l'ombre, et sous son aisselle droite quand il se mettait le thermomètre, simplement distraites par les séances de traite de pus. El Madani posait un plat creux en cuivre (manassa) au chevet de l'agonisant puis suçait et recrachait, suçait et recrachait, suçait et recrachait dans le récipient le liquide lactescent et pourri. Parfois, le père se débattait faiblement, protestait :

— Je ne suis pas une vache à pus.

— Ça va te soulager, l'exortait El Madani en tripatouillant sa cheville. Du bon pus roumi, c'est bon, bon, pour les petits Touaregs affamés.

La rumeur s'était répandue dans la vallée de la perte du pus du bon père, les caravaniers se remirent à escalader la vallée pour en recueillir pour leurs petites familles. Quant au téléphone arabe, il grésillait sans cesse de commandes de ce pus qui ressemblait si fort au lait — comme l'effusion vaniteuse et le génie, la folie de Dieu et la sainteté, le lait d'orgasmes de ma Diane, ma petite Marie de Bondy à moi et le liquide de ma mémoire cancérisée se ressemblent...

Lentement, doucement, la sécrétion de la grâce — ou la suppuration de la mort — coulait sur la terre battue de l'ermitage, attirant toutes sortes d'insectes venant s'y abreuver, des scorpions, des mouches, des tarentules, des fourmis, ravis de mêler l'élixir puant du saint homme à leur nourriture favorite, les déjections des dromadaires et des scarabées sacrés (ainsi nommés par les anciens Égyptiens parce qu'ils font des petites boules de crottin qu'ils roulent en les poussant des pattes arrière — comportement symbolisant le dieu poussant la terre). Puis le liquide, pareil à une mince rigole de lave blanche, se déversait vers le désert où les enfants sortaient de sous leurs tentes dans les campements, pour se mettre à quatre pattes, et le lécher avidement.

Le miracle du pus ! Tel est le cauchemar qui se reproduit dans ma tête. Moi aussi, je l'ai sucé, je me suis introduit dans la moelle épinière de Foucauld, j'ai bouffé sa matière grise. A l'apogée de notre souffrance désormais commune, un rat paraît s'être infiltré dans mon cerveau pour y ronger mes rêves. Seul maître à bord d'une tête de mort, je suis monté à l'abordage de l'infini, en descendant les fleuves impassibles de pus où jadis Rimbaud ramait en périssoire...

Foucauld se tordait sur ses planches pour vivre. La gangrène prenait à sa jambe, gagnait peu à peu son genou. Parfois il s'asseyait sur le rebord de son grabat, et tentait de se relever. Question d'habitude, une force irrépressible et divine — que d'aucuns qualifieraient de faiblesse de la fièvre — l'agenouillait aussitôt par terre, où il poussait un nouveau hurlement de douleur. El Madani, alerté, arrivait, transportait le malade et le recouchait.

A trois jours de marche de Tamanrasset, et à trois mois de caravane du plus proche hôpital, ses chances de guérir étaient infinitésimales. D'autant que Dieu avait très mal supporté d'être naturalisé français. Vexé que Foucauld eût succombé à la tentation, Il boudait son protégé :

« Démerde-toi tout seul », lui avait-Il dit, menaçant de déménager de son esprit où c'était un sacré charivari, je vous le dis, que ce ménage à trois, entre Dieu, Foucauld et moi...

Plus rien ne pouvait sauver Foucauld, sauf un miracle de la poésie à la mode touareg, comme seul le désert peut en produire. Il eut soudain lieu entre ces deux hommes du désert que furent Foucauld, l'ermite du Hoggar, et Rimbaud, l'aventurier du Harar, le Rimbaud d'Abyssinie rencontré jadis dans un bistrot de Saint-Augustin. Ce fut un miracle rétrospectif — et à effet rétroactif...

Si le poète d'*Une saison en enfer* vit des anges apparaître à son chevet, et finit par retrouver, lui l'ancien blasphémateur, la foi chrétienne, c'est à cause de Foucauld à qui il avait dit jadis entre deux absinthes, en ricanant :

— Croire en Dieu, ça te fera une belle jambe !

— Tu crois ? lui répondit l'autre, qui se tâtait encore la jambe en se grattant les poils à cause d'un pou de Verlaine qui avait sauté d'un pantalon l'autre, et se demandait, juste avant la conversion à Saint-Augustin, s'il allait revenir lui aussi, ou non, dans le giron de « la sainte merde l'Eglise », comme Rimbaud blasphémait.

Quand Rimbaud constata que sa jambe mal soignée noircissait de gangrène, il eut soudain cette illumination en se souvenant de sa brève rencontre avec le père :

— Ça y est, je crois ! Je suis en train d'attraper la belle jambe de Foucauld, superbement violette, et purulente.

O miracle de la transmission des métaphores ! S'il est vrai que Jésus-Christ mourut pour le salut de l'humanité, des milliards d'hommes, depuis la nuit des temps, sont morts pour que d'autres hommes en des milliards de miracles inconnus et inconnaissables soient sauvés. Et ce sans jamais savoir ni quels hommes ils sauvaient, ni quelle cause ils servaient. Il aura fallu que les Evangiles expriment cette énigmatique latence, pour qu'on comprenne cette phrase encore indéchiffrée aujourd'hui : mourir pour sauver les hommes. Car, sauver les hommes, c'est les sauver tous, par intercession, oui Massignon, et pas seulement les hommes touchés par la révélation chrétienne. Pourquoi ceux-là n'auraient-ils pas droit au jugement dernier ? Echange sublime de miracles ! Miracle de l'échange aux fins fonds des ténèbres cervicales de l'imitation ! Ainsi Rimbaud, cette tête brûlée en sa générosité folle mais à l'âme sauvée à la dernière minute par Foucauld, ne mourut-il que pour prolonger provisoirement la vie de celui dont la gangrène guérissait à mesure qu'elle gagnait celle d'Arthur, sa jambe droite, sa hideuse jambe d'ombre puante...

Y a pas de miracle, je vous le dis. Après une telle fièvre, le saint homme, terriblement affaibli, reprenait très lentement ses forces. Il dormit dix heures d'affilée. Et peut-être quand il observa, les yeux entrouverts, la pâleur de l'aube blanchir à la craie le mur de sa cellule, dormait-il encore. Comme on dit, il eut un sommeil réparateur. Enfin presque. Tout n'était pas réparable dans ce vieux tacot, cette pijot catholique, qu'était à présent le père de Foucauld. Il le savait : bientôt il serait bon pour la casse. S'il en avait réchappé de justesse cette fois-ci, ce serait pour la prochaine...

Il se lança dans le bilan de sa vie. Qu'en avait-il fait ? A peu près rien, se dit-il. Il s'était torturé en vain, pour des résultats aussi maigres qu'il était maigre lui-même — la peau et les os —, toute chair et garniture rongées à l'acide du désert. Il en était là de ses mauvaises pensées, de son incessant travaillage du chapeau, pestant une fois de plus contre lui-même, et se secouant le cocotier mystique à grands renforts de quintes de toux et d'imprécations intimes contre les limites de son intelligence qui l'avaient rendu incapable d'affronter dialectiquement le malin, quand il fut distrait par un minuscule objet, un objet vivant qui paraissait se lustrer les ailes pareilles à des capots de voiture.

— Que je suis bête, mon Dieu ! dit-il, soudain calmé.

C'était une coccinelle égarée, enlevée par les vents de sable au jardin d'un palais de Marrakech où ce pédé divin de Lyautey caressait la nuque gracieuse d'un petit Berbère. Les vents venaient de la poser sur le rebord du lit de Foucauld, où elle se bichonnait tranquillement.

— Oh, la jolie bête à bon Dieu ! Au fond ce n'est pas grave d'être bête. Elle et moi, nous nous ressemblons, nous sommes deux bêtes à bon Dieu ! Moi une bête de somme, elle une bête ailée...

Il approcha délicatement son doigt de la coccinelle qui grimpa sur son ongle crasseux. Il ramena sa main pour la voir de plus près.

— Sauvée par les vents de sable, comme Moïse sauvé des eaux ! Coccinelle, ajouta-t-il soudain en plein ravissement, je n'ai pas réussi à convertir les Touaregs, mais je connais les raisons de ton long voyage. Tu es venue m'aider, tu es ma petite missionnaire...

Il bénit de la main gauche l'insecte qui grattouillait la lunule de l'ongle de sa main droite. Il n'était pas vraiment guéri, et j'étais toujours entièrement libre de disposer de ses rêves.

Il radotait un peu :

— Bonjour, coccinelle de la fraternité de Jésus !

Mais que n'aurait-il pas fait pour briser sa solitude, lui qui venait d'écrire sur son cahier : « Je suis complètement seul, comme la dernière olive au bout d'une branche », avant de relever son visage au blanc des yeux jauni et raviné de rides, encore vieilli de quelques années face à l'Essuf — le vide touareg, le néant cosmique tout autour. Cependant il aurait pu aussi reprendre les mots d'Al-Hallâj, le mystique sunnite crucifié comme Jésus : « Pour moi qui suis délaissé, c'est encore une société pour moi que ton délaissement. »

Alors Dieu lui revint parce qu'on invente n'importe quoi pour avoir de la compagnie, lui soufflant en pleine nuque : « Tant que tu n'auras pas tout enlevé, comment savoir s'il te reste quelque chose, si tu restes... »

Il restait l'olive secouée par les vents, mais qui ne tombait toujours pas, et la coccinelle qui soudain alla se poser sur l'olive.

Foucauld était redescendu de l'Acekrem à Tamanrasset, au campement indécis des Touaregs et il ne pensait plus qu'à occuper ses abandonnés de Dieu qu'il n'avait pas réussi à sédentariser, malgré les jardins démontables de roses des sables qu'il avait plantées aux abords des tentes. Avec la sécheresse, les pétales fanés se changeaient peu à peu en figures énigmatiques de l'érosion, en ce corail ocre de la mer fantomatique du Sahara.

Que faire pour tenir le troupeau des hommes ? Panem et circenses : du pain et du cirque. Depuis que le départ de Paul-Jésus lui avait appris que l'homme ne vit pas que de pain, il voulait aussi divertir les Touaregs dans le cirque des montagnes, et il se détourna passagèrement de son numéro de clown de Dieu, de ce devoir sacré. Les gens ayant plus besoin d'erreurs qui consolent que de vérités qui éclairent, il fit un nouveau miracle : peindre des yeux sur les paupières closes des Touaregs aveugles, dont « les plus pauvres se cachaient dans la lumière ».

— Ne te trompe pas, lui disait l'amenokal, qui savait Foucauld plein de bonnes intentions mais fantasque, ne leur mets pas des oreilles à la place, ils ne sont pas encore muets.

Foucauld s'insurgea devant l'incroyant :

— Si tu ne me crois pas quand je te dis qu'ils verront, je veux bien être écrasé par un camion.

Aussitôt on entendit au loin un bruit qui se rapprochait, et que Foucauld n'entendit pas venir. Un camion arriva, qui écrasa soudain le saint homme. Forcément, le pilote ne pouvait le voir...

— Tu ne vas pas croire non plus qu'un camion vient de m'écraser, dit Foucauld en relevant son ombre aplatie vers laquelle rôdaient déjà les chiens faméliques.

L'amenokal ne le croyait toujours pas. Heureusement le lecteur me croit. En notre monde coupé de l'enfance, je parle du lecteur qui a gardé la sienne en lui...

Foucauld, encore tout hébété, groggy, du sable plein les yeux, s'essuya le visage, croyant qu'il allait devenir aveugle à son tour, et qu'il lui faudrait se peindre aussi des oreilles. Puis il se rendormit, car c'était le diable accompagné de son copilote, qui venait de lui en jeter une pleine poignée, le marchand de sable qui endort les petits enfants. Ainsi Foucauld, encore bien malade, retombait-il à nouveau en enfance — comme je n'ai cessé d'y retomber depuis des années. On croit que j'écris. On ne me dérange pas. On marche sur la pointe des pieds dans le couloir pour ne pas faire de bruit, je n'ouvre plus mon courrier, je ne réponds même plus au téléphone arabe — parce que j'ai beaucoup d'amis qui viennent de loin, qui n'en finissent pas de vouloir m'apporter de précieux renseignements sur le père de Foucauld. Je les écouterais volontiers, mais je vais trop mal. Ils s'apercevraient tout de suite que je ne leur prête qu'une oreille distraite, une oreille morte du fond d'une bibliothèque brûlée.

Pourtant la parole de Dieu revient toujours à son émetteur (Écclésiaste, 1-7). Il faut être sourd à toute autre chose pour l'entendre : elle ne revient pas vide, elle revient enrichie de ses effets. Selon l'esprit qu'Il a mis dans leur cœur, ce sont les hommes choisis par Lui qu'Il a chargés de proférer cette parole. *Tu seras ma bouche,* dit-Il à Jérémie. Quand celui-ci s'adresse à la terre entière et qu'il dit : Ecoute, il ne s'agit pas d'une figure de rhétorique. La terre écoute vraiment la parole qui lui est adressée, et celle-ci ne revient pas vaine, vide à son émetteur, qui est l'Esprit saint.

Terra, terra. D'aussi loin qu'il me souvienne, Foucauld était fou d'amour pour la terre des hommes que la vision du Hoggar rendait plus désirable encore. Quand j'imagine ce bout de monde, comme la quintessence de la beauté terrestre, bien sûr on m'encourage. J'entends parfois derrière la porte : Chut, il écrit ! Et comme dans les Evangiles, je crois qu'on me dit : Tu enfanteras dans la douleur. Que sont ces vieilles notions chrétiennes racornies ? La douleur n'ajoute rien à rien. Ne sommes-nous pas dans la civilisation du bonheur, du commerce ? De la communication ? Tout ne va-t-il pas au mieux dans le meilleur des mondes ? Les valeurs pour lesquelles je me suis battu, les valeurs foucaldiennes, le défi, le courage, l'amitié, chacun les ressent aujourd'hui comme autant de provocations : C'est ta faute, me disait ma mère, tu as tout fait pour en arriver là...

Où ? Si au moins je savais où je suis — à part ces quelques certitudes, le grand salon dont le tissu noirci de cendres me sert de désert... Car je n'écris pas, je joue.

Avec mes petits graviers recueillis dans le jardin de la place des Vosges, je fais des miracles. Personne ne les voit. Ça m'est égal. C'est presque tant mieux que ces petits cailloux restent des petits cailloux pour la femme de ménage. Elle tomberait à la renverse, si elle voyait que ce sont des montagnes ruisselantes de rougeurs, des crépuscules, des tentes, des chameaux — des licornes des sables, des scarabées sacrés fouille-merde, ou des bandes de orlalouas qui cavalent en haut des falaises.

Là où j'en suis, je joue comme jadis sur mon tas de sable de Tunisie. Ça m'occupe à plein temps. Car si j'écrivais, la douleur se réveillerait. Je me fouaillerais du scalpel à mots dans la plaie à vif de ma pensée. Ça recommencerait à saigner... Ça me ferait des stigmates. Moi aussi, je me mettrais à avoir un Sacré Cœur ensanglanté sur le thorax — le symbole de la grande boucherie doloriste du XIXe siècle. Je prends tout tellement au sérieux. A ma mort, je serai le plus aimé du cimetière. Ah, c'est dur d'être devenu le père de Foucauld !

Alors je joue. J'aime mieux ne pas savoir ce qui risque de m'arriver. Bêtement je me dis : on me protège, on croit que j'écris mon chef-d'œuvre. Bref, je fais l'autruche. N'importe quel imbécile peut mettre sa tête dans le sable, mais qui sait ce que l'autruche y voit ?

Les années avaient passé, Foucauld n'avait rien voulu voir, ni entendre : il faisait aussi l'autruche. On était en plein dans la guerre de 14-18 qu'il n'avait pas vue venir non plus...

C'était la Première Guerre mondiale, déclenchée par une actrice yougoslave, l'immortelle Sarah Jevo. Par ambition déçue, elle avait assassiné son amant l'archiduc

François-Ferdinand, parce qu'il refusait de faire d'elle la future impératrice d'Autriche-Hongrie. Depuis le temps que l'Empire vacillait, s'étourdissant aux valses du beau Danube bleu — qui est brunâtre, comme chacun sait — ou s'anesthésiait la mauvaise conscience pour ne rien voir, ne rien entendre du vacarme terrifiant de l'avenir, aux leçons de la bouche pourrie, cancérisée, du célèbre docteur Freud, en sniffant le feutre des nouveaux barons et les miasmes littéraires de sa décadence cocaïnée, ça devait arriver : c'est même ce qu'on appelle la conséquence de la politique de l'Autruche.

Tout ça, à cause de cette salope de Sarah Jevo ! Ses amants anglais, français, russes et allemands s'entretuèrent pour prendre la succession de l'archiduc — et l'Empire de son oncle François-Joseph, par-dessus le marché. La Yougoslavie, regardez la carte, étant le clitoris de la France, fallait exciser cette faiseuse d'emmerdes — ou la fusiller comme Mata Hari.

On aurait mieux fait d'écouter l'autre, Sarah, la Zoustra, l'immortelle maîtresse de Nietzsche, qui eut beau prophétiser :

— La guerre, c'est le naufrage de l'Europe. Allons ! Ouvrez les oreilles ! Je vais vous parler de la mort des peuples...

Personne ne voulut l'entendre. En plus, si on écoutait les prophètes, ils ne seraient plus prophètes, mais journalistes politiques. Alors Sarah Zoustra se fâcha dans la solitude, où personne ne l'entendait et où elle rejoignait Foucauld et la longue cohorte des solitaires, et, prenant le contre-pied de ses propres avertissements, elle s'écria :

— Non ! Non ! Trois fois non ! Il faut qu'il en périsse toujours plus et toujours des meilleurs de notre espèce — car il faut que notre destinée soit de plus en plus mauvaise et de plus en plus dure. Car c'est ainsi seulement que l'homme grandit vers la hauteur, là où la foudre le frappe et le blesse : assez haut pour la foudre (*Zarathoustra* 4,6).

Aussitôt une tempête primordiale de l'esprit se leva dans le ciel fauve, qui fit un bruit si assourdissant dans les oreilles de Foucauld qu'il s'éveilla enfin : c'était un coup de tonnerre pour lui, que la France pût faire à nouveau la guerre et même risquer de la perdre comme la dernière fois. Que se passait-il vraiment en Europe, dont lui parvenaient les rumeurs déformées, et terriblement lointaines du front ? Il ne fallait pas se fier non plus aux exagérations habituelles du téléphone arabe qui prétendait qu'il y avait déjà neuf morts du côté français. Parmi eux mon oncle Jean, le frère de mon père, abattu au-dessus de Reims, dans son chasseur de l'escadrille de Guynemer, le Psichari de *Mon voyage,* Alain-Fournier du *Grand Meaulnes,* et Charles Péguy — qui n'aurait donc pas le temps d'écrire la biographie de Foucauld qu'il aurait sûrement entreprise s'il avait survécu, empêchant ainsi René Bazin de tirer le tapis rouge du mythe Foucauld à l'Empire français. Il l'aurait placé beaucoup plus haut, là où Sarah Zoustra vaticinait :

— Voici mon aube matinale, ma journée commence, lève-toi donc, lève-toi, ô grand midi !

Quand Foucauld entendit ces mots, il se leva en sursaut. Comment avait-il pu dormir si longtemps, pendant qu'en France des jeunes gens se faisaient massacrer pour l'État français, l'État le plus froid des monstres froids, dont les Touaregs sarahzoustriens, ce peuple sans État, ne cessaient de répéter : Partout où il y a encore du peuple, il ne comprend pas l'État, et il le déteste comme le mauvais œil et une dérogation aux coutumes et aux lois (*Zarathoustra* I, De la nouvelle idole).

— Il faut bien que *genèse* se passe, déclaraient les enjoliveurs de merde, pour justifier cette guerre.

On ne comptait plus les illustres inconnus tombés au champ d'honneur, cette funèbre prairie aristocratique...

En songeant à cette *genèse* fauchée dans la fleur de l'âge, Foucauld se disait qu'il avait raté, une fois de plus, sa chance de mourir. Il aurait fait belle figure à côté des poilus, avec sa barbe de six mois, véritable jardin suspendu de cram cram, de toiles d'araignée et de boulettes pourries de viande d'antilope qu'il distribuait aux pauvres qui en raffolaient.

Hélas pour lui, ce n'était pas écrit : le roman de sa vie le condamnait à achever la sienne au Sahara, aux confins fiévreux des montagnes de l'inconcevable, toujours plus au sud où vivaient les tabous et les boucs émissaires. On ne parlait jamais des tabous, mais c'étaient des animaux si omniprésents sur terre que c'était un devoir sacré pour les Touaregs, s'ils voulaient rester un peuple de poètes, de les chasser.

— Fais ton devoir, me répète maman, bardée de tellement de tabous de *nos familles* que bien des causes de notre mésentente s'expliquent soudain.

Mon devoir, je ne demandais pas mieux que de le faire. Mais à part mon Foucauld, cette tendre politesse filiale d'outre-tombe, maman et moi n'avions pas, mais pas du tout, la même conception du devoir. L'infortune du siècle m'a condamné à inventer les miens...

Le devoir pour elle, maman, ma vieille sirène au nez légèrement bosselé (que je n'embrassais presque jamais, seulement quand mon père me commandait : Embrasse ta mère), c'était de nager comme un poisson dans l'eau entre tous les tabous de la société. Elle les respectait tous, au point qu'à évoquer une fois de plus sa mémoire, elle devient la mère de tous mes interdits. Sous le parapluie orange de sa photo dans son cadre, sur le marbre de ma cheminée, soudain affreusement rajeunie par le feu de ma bibliothèque qui lèche déjà les cheveux blancs de ma maman à moi, les noircissant, les rougissant, les bouclant sauvagement, c'est l'ultime vision que j'ai d'elle. Ses yeux qui avaient lu Gide, Saint-Exupéry, et mes premiers livres, ses yeux qui avaient vu les plages de La Marsa, la blancheur de Carthage, la Joconde au Louvre, l'orgue de Saint-Germain-en-Laye, les cigognes de l'Alsace ashkenaze, le bleu saharien des éclaircies du ciel breton et ses bouquets de glaïeuls, de dahlias et de marguerites — Marguerite-Marie, son nom à elle —, ses yeux ne lui sont plus maintenant d'aucune utilité. Elle n'a plus de pensée, maman — du moins ce qui lui en tenait lieu, cet ondoiement d'une sévérité gracieuse entre les tabous —, les yeux grands ouverts, elle est aveugle et muette. En elle, ce sont tous les tabous qui me regardent. Tabous de l'éducation de *nos familles*...

Chasser les tabous n'est pas facile. On croit les abattre. Ils ne sont jamais morts que d'un œil et, même crevés, ils renaissent sous une autre forme de tabous d'argent, de tabous de race, de tabous de nourriture et de tabous d'Hec Cetera parce qu'il y a tant de choses dont on ne parle jamais qui se blottissent sous les choses — de violentes prohibitions inavouables, car les avouer reviendrait à les violer, et à devenir soi-même l'un de ces tabous. Ce sont les dragons de notre modernité, des chameaux à huit bosses d'une vulgarité inouïe, des cram cram agrandis, des puces monstrueuses qui naissent dans le fech fech, cette poussière inconsistante de sable détruit, de la merde idéalisée qui les a engendrés, et dont ils se nourrissent. Remonter jusqu'aux origines des tabous reviendrait à comprendre nos terreurs essentielles, ce qui justement nous terrorise le plus — pas l'objet de notre terreur, mais, allant à sa rencontre, nous connaître nous-mêmes. Tu ne mangeras pas de vers de terre, un tartare de lombrics, ces dévoreurs de nos cadavres ! Ni de limaces, ni d'êtres humains, quoiqu'un bébé de lait au cerfeuil, miam miam ! Tu ne coucheras pas avec ta mère, ton père, ta fille, ni avec ta grand-mère, même quand elle te met la main à la braguette. Catéchisme tabouique, c'est un livre blanc où s'effacent à mesure les interdictions — qu'il est même interdit de formuler, puisque c'est déjà les violer que d'en parler. Tu ne feras pas grincer ton assiette avec l'argenterie du dimanche, tu n'essuieras pas tes crottes de nez sur la robe de la mariée. Tu ne chanteras pas *Les Filles de Camaret* à l'enterrement de ta petite sœur, si tu passes quand même une nuit avec ton père dans un hôtel couché ne lui tranche pas la gorge avec ta lame de rasoir, crache-lui plutôt dessus. Et presque ici, au cœur conscient de mon livre, tu ne lui demanderas jamais si au moins il a tiré une bonne bourre en engrossant ta mère de toi, enfant de la non-jouissance...

Ces dragons tabous ont le dos crénelé des feux psychiques qui restent en permanence au rouge : interdit de traverser. Ce sont les bloqueurs patentés de la libre circulation de l'esprit, au service des puissants de la terre, ou des classes privilégiées. Ce sont les animaux épouvantables de la régression psychique de nos sociétés, chargés notamment de déshabituer l'homme de penser. Or justement le travail de l'intelligence, c'est d'être en mesure d'expliquer le plus grand nombre de choses possible. Quand bien même les choses, sacrées ou impures, sont protégées par la terreur qu'inspire leur transgression, et qu'à les exorciser, on les vide parfois de leur fonction bénéfique de protection sociale, ou de respect de la vie humaine. N'importe, il faut le faire...

Il n'est point de famille qui n'ait ses tabous et, dans la mienne, c'était de ne *jamais dire* entre mon père et moi que nous avions trahi l'aristocratie en nous enjuivant, d'une génération l'autre. Mais les tabous ne sont-ils pas aussi inséparables de la vie que ma mère des siens ; en un sens, on pourrait même ajouter qu'ils faisaient partie de *son charme.* Il n'est point non plus de communauté humaine qui n'ait les siens, tabous aux mille visages invisibles, qui se contentaient de rôder autour des campements touaregs sans parvenir à y pénétrer vraiment, tellement le bleu aristocratique des hommes bleus les repoussait aux confins de l'horizon — le bleu d'une liberté qui n'avait rien à voir avec ce que les hommes appellent liberté, et qui n'est que l'ignorance des tabous qui nous asservissent.

Il fallait un sacré cœur gros comme ça pour les affronter. Et pour ne pas risquer de prendre froid aux yeux, fixer en permanence le soleil incandescent. On reconnaissait à coup sûr un tabou, à ce que soudain le grandiose paysage du Hoggar s'enlaidissait, devenait gris, noir, marronnasse, quand on arrivait devant. Le tabou cache toujours la beauté. Ainsi, enfant, il arrivait que l'appartement de mes parents s'emplisse d'une laideur inopinée, qui me plongeait dans un irrépressible malaise au fil d'une conversation soudain suspendue : c'étaient les tabous qui passaient. Il y en avait de toutes sortes, des vieux tabous-lares à pantoufles (des génies du foyer ramenés du vieux monde latin), des tabous d'argent, et surtout des tabous gros comme une maison de mots à ne jamais dire — ou de questions à ne jamais poser. De même cohabitaient-ils parfaitement avec maman qui les astiquait, afin qu'ils brillent en permanence comme la luisance obscure de *nos familles,* la certitude lémurienne de ses interdits dans la sombre cuisine des âmes mortes de la généalogie des spectres. Pas la peine de prendre ses jambes à son cou pour fuir les tabous, ils auraient vite fait de vous rejoindre, de vous encercler et de vous taper sur les doigts...

N'espérez pas vous faire cuire un civet de tabous, sans vaincre d'abord votre inhibition. C'est un terrible combat entre soi et soi, où il faut une bonne dose de courage simple — et parfois, d'innocence — pour aller jusqu'au ras du tabou au museau invisible de nuages grisâtres et maculés de linge sale...

Il n'était pas utile qu'un homme bleu soit armé pour le vaincre (quelle arme, bon Dieu ? Un arc-en-ciel, lançant les flèches sophistes du cruel Zénon d'Elée sorti de la Grèce antique ? Il ne pleuvait pas assez pour s'en procurer. Ou lancer des Binches-Hallier, pommes de terre des sables qui poussent sur les dunes vendéennes, et auxquelles j'eus l'honneur, après les avoir recommandées au ministère de l'Agriculture algérien de donner mon nom — mon apport inestimable aux droits concrets de l'homme, à la diminution de la famine endémique aux confluents du Mali, du Niger, et du Sud-Tassili ? En rire ? Puisque c'est ainsi, selon Vladimir Nabokov, le romancier russe, qu'on extermine les tyrans. Nous brûlons. L'arme, c'est l'arme par excellence de Dieu, le Verbe...).

Il suffisait de se planter devant le tabou, bien droit, les deux pieds légèrement écartés, en accent circonflexe, pour ne pas tomber à la renverse. On retenait son souffle, on bandait ses muscles, on vidait son cerveau. On avait le cœur battant à tout rompre. Pour le tuer il fallait lui parler, on proférait la phrase terrible : « Un chat est un chat. »

Ou bien il ne vous répondait pas et vous tapait sur les doigts à vous les briser, tout en vous brûlant à jamais dans votre carrière — car le propre du tabou, c'est de calciner toute pensée. Ou bien il faisait de vous un bouc émissaire, sur qui la population crottait, et qu'on finissait par coller aux parois des cavernes en gravures rupestres du Tassili, vu qu'il valait tout de même mieux lui ménager quelque gloire posthume.

Ou bien, il commettait l'erreur de vous répondre : « C'est vrai, un chat est un chat. »

Il redevenait le chat qu'il n'aurait jamais dû cesser d'être, sans l'incommensurable bêtise humaine paniquée qui magnifie tous les pouvoirs. Baudruche dégonflée, ce n'était plus qu'un chat de tente touareg ! Ou une vieille chatte juive, comme ma mère ! Bien des civilisations, bien des rois sont tombés à ces mots : le roi est nu, ce qui revient à dire qu'un chat est un chat, et qu'à force de penser à ma chatte alanguie, cancérisée, ma maman sans palfium, avec ses tisanes tristes et ses seringues sur la table de nuit, je comprends soudain que c'est elle que je chassais — maman, le plus grand, le plus douloureux de tous mes tabous, mais un tabou renversé, à qui il aurait suffi que je parle avec un peu de confiance, d'abandon enfantin, pour que, m'apercevant enfin de toute la tendresse qu'elle me vouait, je fonde littéralement devant elle. Car sa présence irradiait sur tous les êtres qui l'approchaient, malgré ce côté reine de cœur d'Alice au pays des merveilles qui m'exaspérait. S'il est vrai que les tabous sont à la racine de nos prescriptions morales et de nos lois, ils s'en sont détachés pour peser de tout le poids de leur inertie psychique. Désormais ils constituent le terrorisme muet de nos jours. « Ça ne se fait pas », disait maman, reine d'Alice qui ne comprenait pas plus que moi pourquoi elle n'avait pas le droit d'ouvrir une porte. Pourquoi ça ne se fait pas ? Parce que ça ne se fait pas... Maman n'expliquait pas, elle n'aurait pas pu expliquer.

Quand bien même sommes-nous encore nombreux à être plus évolués et cultivés que les tabous inhérents à nos cultures, aujourd'hui ils n'ont jamais été plus nombreux — revenus en force des ténèbres de l'obscurantisme. Ils n'ont plus rien à voir, ni avec la grandeur tragique des tabous de l'aube de l'humanité à l'heure où il fallait lutter contre la nature hostile et les éléments déchaînés, ni avec le charme désuet, souvent parfaitement délicieux, des doux interdits maternels de *nos familles*.

Nous nous sommes crus aussi forts que nos machines. Elles nous ont tourné la tête, nous nous sommes mis à les adorer, comme les peuplades millénaristes primitives : rien ne distingue le fonctionnement psychique de nos contemporains à genoux devant la technique du culte du cargo des Mélanésiens arriérés du XIXe. Qu'est-ce que l'homme moderne ? Un infirme du langage ! Un policier abruti à la solde des tabous ! Un Faust bavant d'admiration devant ses prothèses ! Nous avons cru nos esprits tellement dépravés par l'habitude, que les mots défendus qui scandalisaient jadis ne font plus rien. Aveuglés par notre morgue technologique, nous sommes en pleine régression psychique, infantilisés, mais amputés du merveilleux enfantin... Ressuscitons notre enfance en nous, en toute méconnaissance des dangers encourus. Toute grande pensée est une épreuve, celle d'un petit saint Michel, archange de sept ans terrassant le dragon de papier invisible qu'est le tabou. De même l'amenokal avait d'abord dû vaincre, pour se faire reconnaître amenokal lui-même par les siens, n'importe quel amenokal-tabou imaginaire, le Kid-Sahara de nos hantises et de nos peurs...

Pendant ce temps, les enculeurs de mouches (la secte des commentateurs politiques touaregs, des glossateurs, des infirmes linguistiques de la pensée lente) s'enfonçaient méthodiquement des mouches à kant-arides dans la fente de leurs glands circoncis, observant avec circonspection le sable, en y traçant des signes cabalistiques et en se grattant les orteils.

Ils se tâtaient pour savoir quel camp il était plus opportun de soutenir pendant la guerre de 14-18, vu qu'à la périphérie du monde ils ne pouvaient pas rester entièrement étrangers au conflit qui commençait déjà à leur envoyer d'autres orlalouas, des pillards sénoussites descendus de Libye, à la solde des puissances de l'Axe, l'Allemagne et la Turquie.

Avec toutes les défaites, les replis en territoire national, le mythe de la puissance militaire française s'effilochant à bout de cartes d'état-major devenait de moins en moins tabou... Les signes de plus en plus nombreux de cette détérioriation accélérée de l'image mythique de la France incitaient les enculeurs de mouches à une révision déchirante de dix ans — ce qui lui donnait soixante-sept. Plus cinq, pour les privations de nourriture. Plus cinq, pour les insomnies. Soit soixante-dix-sept ans plus une seconde. Celle où il rouvrit les yeux, et où il revit Paul-Jésus surgir en haut de la crête où il avait disparu jadis, il y a si longtemps, hier peut-être...

Il s'était passé tant de choses entre-temps dans sa tête qu'il n'en crut pas ses yeux englués du pus de l'humaine tendresse et de joie.

— Seigneur, murmura-t-il, faites que ce ne soit pas un mirage.

Quand Paul-Jésus fut devant lui, en chair et en os, il le palpa pour savoir s'il était bien réel.

— Toi, c'est toi. Où es-tu parti si longtemps ?

— Je suis allé manger un chien chaud à Tamanrasset, au fast-food.

— Ça va faire un siècle.

— Pas tout à fait, lui répondit l'adolescent. Nous sommes en 1986, année où nous écrit le romancier, à peine soixante-huit ans...

— Ah, comme le temps passe vite, soupira le saint homme, en étreignant son protégé retrouvé. Cette fois, tu ne me quitteras plus. Promets-le-moi.

El Madani contemplait la scène d'un air sombre. Son regard lançait des étincelles. Les lèvres tordues, il attendit que Foucauld rentre dans l'ermitage pour déverser son aversion sur Paul-Jésus.

— Tu n'avais pas le droit de revenir. Qui va à la chasse perd sa place, lui lança-t-il.

Le jeune Noir, sûr de lui, le toisa sans répondre.

— J'le suce mieux que toi, poursuivit El Madani, qui se cabrait en même temps, bombant le torse, prenant une pose de travesti. A Pigalle, on m'appelait la reine des pompiers.

— Moi, le père m'appelait Paul-Jésus. Il me lavait les pieds et je suis son fils...

— Fous le camp.

— Non.

— Si tu ne fous pas le camp chercher d'autres chiens chauds à Tamanrasset, ça va être ta fête.

— Ma fête, c'est dans trois mois. Pauv' mec, t'es à côté de la plaque !

— Répète un peu ce que tu viens de dire. Pauvre Mecque ! Tu insultes l'islam.

— Oui, pauv' mec !

Les deux adolescents s'empoignèrent, roulant dans la poussière. L'un et l'autre prirent alternativement le dessus. Paul-Jésus faillit bien être assommé, jusqu'à ce qu'il réussisse à renverser la situation en sa faveur, étranglant El Madani, qui tirait une langue noirâtre et roulait les yeux exorbités, suppliant silencieusement son adversaire de relâcher son étreinte — ce à quoi ce dernier finit par consentir, plein de mépris, laissant seulement tomber :

— Bara fissa ! Va au diable...

Il ne croyait pas si bien dire. El Madani se releva, s'épousseta, et s'éloigna lentement en boitillant, bien décidé à aller se plaindre auprès du diable en personne du sale boulot qu'il l'obligeait à faire. Il lança un dernier regard en arrière chargé de haine, et terriblement sournois, avant de disparaître. En descendant vers la plaine, il avisa au bord d'un ravin une autruche perdue — native d'Autruche-Hongrie — qui mettait sa tête dans un tas de sable parce qu'elle avait le vertige, et qu'en plus c'était une autruche voyante, qui prédisait l'avenir. Il sortit son couteau et lui trancha le cou.

— Comme ça, le père ne verra rien venir ! commenta-t-il mystérieusement.

Au point où nous en sommes du récit, on voit seulement venir la mort — la mort ardemment désirée, le martyre. Quand viendrait-elle ? Comme ma sœur Anne, Foucauld ne voyait rien venir sur les crêtes rocheuses. Ni la mort ni personne — ni peut-être même Paul-Jésus qu'il attendit pendant soixante-huit ans, tandis que Tamanrasset devenait lentement par tranches une ville de progrès et de délabrements successifs, comme si le passé éternel, se vengeant d'une modernisation trop rapide, n'arrêtait pas de reprendre le dessus. Les quelques Touaregs qu'on avait réussi à sédentariser dans les hachélèmes sans étages avaient arraché les dallages du sol pour coucher à même le sable, comme jadis sous leur tente ; et le matériel de plastique vendu dans le nouveau prisunic, les arrosoirs à roses des sables, les seaux à bren, ces encriers du désert, les tamis à cachou, et la pelle du dix-huit juin, s'intégraient à tel point au bric-à-brac des campements que c'était ce monde ancien qui bouffait partout le nouveau monde, et non l'inverse.

Désormais s'élevaient les garages à pijots, avec leurs clés de sol pour les empêcher de s'envoler, les cafés à nourriture rapide — parce qu'il n'y avait pratiquement rien à manger, à part les conserves —, les postes d'essence, les bâtiments administratifs de la wilaya et le nouveau palace délabré avec ses robinets sans eau, ses toilettes bouchées puant le lézard mort, où on ne changeait jamais les nappes maculées des tables du restaurant, bas reliefs de sauces et de graillons écrasés. Au bar où la bière coulait à flots, se vautraient les fonctionnaires en pompes Bata, les journaleux de comices agricoles, les renards du désert, les marchands nigériens en boubous, quelques Hec Cetera en cravate noire, de passage, les routiers blonds, ventrus, mal rasés, à cuisses grenues de poulet aux hormones, rescapés des kilomètres de tôle ondulée de la Transsaharienne, et moi-même, le chapeau mouillé. Tout avait changé, mais rien n'avait changé.

Les Touaregs prolétarisés, sortis des bidonvilles aux toitures de zinc chauffées à blanc, ou des campements alentour, avaient résisté aussi tranquillement à l'avenir. Ils étaient devenus milliardaires, enrichis par la contrebande, bref ils étaient restés eux-mêmes, bandits, dandies de grand chemin. Même les plus pauvres ne mendiaient pas, les femmes promenaient majestueusement leurs endormis dans le ventre, et les fillettes d'une beauté émouvante sortaient des tentes, empoignant leurs seins pointus, étonnées de cette lourdeur nouvelle.

A la différence des villes d'Occident, ici chacun avait le sourire. Ce n'était pas un signe d'hospitalité, mais d'infranchissable distance entre eux et nous. Au bord de la Guelta à sec, le tam-tam de Tamanrasset tamtamait. Même les hommes bleus balayeurs se servaient de leurs balais comme de pinceaux pour repeindre en bleu indigo la grande rue asphaltée qui filait dans le bleu au loin, se confondant avec le ciel. Et comme depuis les temps immémoriaux, les gosses sahariens, flanqués de Nuit-Saint-Georges et de Nabab, se couchaient sous les nids des mouettes des sables, complètement enfouis, une paille d'alpha dans la bouche pour respirer, des feuilles de figuier sur les yeux, attendant que l'oiseau vienne se poser pour serrer les doigts et le capturer. Au crépuscule, des milliers de mains se refermaient comme des mâchoires de silence, des mains solitaires, des petites mains brunes, délicieuses, des fleurs carnivores...

Allez donc faire un tour à l'Acekrem ! Si vous avez de la chance, vous verrez peut-être dans le crépuscule rougeoyant — chargé des étincelles de haine d'El Madani — errer le père de Foucauld. Il attend toujours Paul-Jésus et il fait de grands gestes dans le vide, en l'appelant en vain son protégé, son petit frère ambigu... Si vous croyez en Dieu et dans l'éternité du saint homme, son serviteur, si vous vous laissez surtout imprégner par la beauté du paysage, alors vous verrez surgir deux silhouettes. Celles d'adolescents luttant sans merci, roulant dans la poussière incendiée du ciel depuis des années, deux nuages à forme humaine qui s'étreignent en un drame de la jalousie sans cesse répété...

Sur cette montagne au bout du monde, j'ai vu ce combat. Du moins, j'ai cru le voir... J'avais la foi, il est vrai. Une foi de charbonnier qui soudain prend feu au coucher du soleil, en ce haut brasier pierreux de miracles et de solitude déchirante...

L'intensité du mois passé avec Diane m'avait fait perdre un an, en perturbant complètement mon programme de travail. Au fond de moi-même, je n'étais pas mécontent : un livre doit laisser se déposer le tanin de la mémoire. Laisser le temps vieillir !

A mon retour en Corse, je mis les rieurs de mon côté.

— Diane, dis-je, c'est comme le petit vin du pays, ça ne supporte pas le transport.

Plus les autres s'amusaient de ma formule, et ricanaient de l'infortune de Diane qui n'avait pas tenu plus de trois jours à Paris avec moi, plus je sentais s'enfoncer dans mon cœur, provoquant une douleur insupportable, la pointe de quelque longue épingle à chapeau — celle avec laquelle Proust, dans les derniers temps de sa vie, transperçait un rat pour se procurer une ultime jouissance. En me moquant de Diane, c'est à moi que je faisais le plus mal. Ainsi nos deux êtres malheureux qui seuls pouvaient se rendre justice, se comprendre et se consoler, étaient devenus deux ennemis irréconciliables. D'un côté mon ironie assassine, de l'autre sa haine nue...

Revenu dans la maison du haut de la colline de Notre-Dame-de-la-Serra, tous les matins je passais en moto devant la villa à la grille absurde et aux volets clos ; j'allais pêcher à l'aube, derrière les rochers de la Revellata. C'était l'été indien — ou plutôt la cinquième saison, sous un ciel toujours bleu, en pleine pétrification du provisoire, où tous les matins on se dit : Encore un jour de gagné.

Jour après jour, je gagnais du temps sur la splendeur multiple et douce du paysage, avec ses teintes dorées, virant de plus en plus au roux. On trouvait aussi du vert émeraude, du rouge, et des collines entières noircies par l'incendie s'écoulaient dans le bleu mauve de la Méditerranée, tandis que le long du chemin de Notre-Dame-de-la-Serra on montait les mourants aux costumes pendouillants de peaux de crapauds ratatinées. En haut ils soupiraient tous, contemplant la beauté implacable de la baie : « Dire que je vais quitter ça... »

Ça, c'était la vie, le tat tvan asi des Upanishads : *Tu es ça*. Ça, c'était l'agonie de l'été, en rémission prolongée de fin de saison. Les théâtres du bord de mer fermaient leurs rideaux les uns après les autres. Les comédies du paraître étaient finies, les acteurs disparaissaient, le chœur antique se dispersait, les souffleurs rentraient dans les coulisses des ruelles de la ville où réapparaissaient les permanents de l'hiver, leurs mythomanies désormais au chômage. Ils n'avaient plus qu'à se réfugier au fond des arrière-salles des cafés pour jouer au poker — au poker menteur, leur jeu miroir. Calvi, antre des âmes mortes, rendait sa scène à ses paresseux mélancoliques, à ses relégués de tous les tribunaux, à son bataillon de la Légion, fou d'ennui braillard le soir dans les venelles, et à ses anciens déserteurs nostalgiques, mercenaires du mal revenus après quelques horreurs cachées s'acheter du bien au soleil. En bref, nous étions entre nous, nous étions tous des réprouvés, tous logés à la même enseigne, tous punis, impardonnables et n'ayant rien à redouter. Qui a dit : Nul n'a plus l'air innocent qu'un coupable qui ne risque rien ?

Telle était la raison de ma connivence avec les autres. Je mis du temps à comprendre ce qui la fondait secrètement : nous étions tous en train de nous dérober à notre peine, réfugiés dans le hamac Calvi bagne divin de tous les tricheurs, les voyous, les camés, les pédés et les retraités de la folie. Quelles qu'eussent été nos fautes, si différentes les unes des autres — les miennes n'étant que des crimes de l'esprit, les pires. L'assassin de papier que je suis avait retrouvé ses complices, même si chacun de nous avait quelque chose à se reprocher, nous ne nous le disions jamais...

Ça, c'était Calvi, avec machos méditerranéens aux avant-bras écartés qui faisaient bien voir leur toison aux aisselles, et ne croisaient jamais les jambes à cause du poids de leurs couilles grosses comme *ça,* n'est-ce pas ? Des paupiettes d'Arménie à la californienne. *Ça,* c'étaient aussi mes nuits blanches, mes javas aux étapes urgentes des chemins de croix du plaisir qui finissaient lentement devant la première boulangerie entrouverte, parmi les fracassés de l'aube. Le jour venait, aux étals de la nuit morte, les vulves des transsexuels séchaient avec le scalp du sexe de la barmaid inondée de mousseux. Les képis blancs gisaient sur les tables d'un café du port, se peinturluraient du soleil rouge qui montait derrière la pointe de l'Ile-Rousse. Le tenancier encore en tutu rose sur le quai, mais soucieux d'échapper au regard de ses enfants qui allaient se lever, montait se coucher avec son giton marocain, désolé de ne pouvoir avaler un dernier brandy. Alors une cohorte d'invertis criards de seconde zone montait faire la queue au bar des P.M.U., rêvant d'un tiercé gigantesque, et sereinement au loin sur la mer les barques revenaient, lentes et silencieuses, chargées de leurs poissons d'or gris rutilant.

Tous les jours il y avait une fermeture, une disparition sur la plage que j'arpentais tout seul, en extrême bordure des vagues, avec mes manuscrits. Il y avait de moins en moins de pas sur le sable au petit matin, seule la trace des miens que les flots effaçaient à mesure. Les yachts dans la baie levaient l'ancre les uns après les autres. Les dossiers des fauteuils se rabattaient contre les tables des terrasses, et les planches à voile s'alignaient sur des portants de bois, pareilles à d'énormes os de seiche récurés.

Les derniers survivants de l'été se raccrochaient les uns aux autres, pareils à des noceurs qui ne savent plus rentrer chez eux. Sous les eaux impassibles, agrippées aux rochers, les colonies d'oursins avec leurs gonades rouges, ces colliers de clitoris, dansant sous leur test, se trémoussaient sur leurs cils ambulatoires : que la fête continue, ils donnaient des sarabandes immobiles.

Je partais enfin dormir. Je tournais le dos à la mer, à ces murènes hellènes aux corps damasquinés, tapies dans les amphores des flottes génoises englouties, secouées de tics, ouvrant férocement leurs bouches aux dents aiguës.

L'aube venait qu'apportaient amoureusement des démons translucides, avec sa pâleur, son glissement bleuâtre puis d'un bleu d'adieux, étouffé, étalé par la brume. J'allais dormir et les cormorans péroraient comme des orateurs de Hyde Park sur les bouées jaunes qui prolongeaient la jetée, et les pêcheurs partant vers la réserve interdite de la Revellata donnaient l'aubade au jour levant de leur voix rude et grave tandis que le transaal de l'armée après un vol lent et lourd en arc de cercle lâchait les corolles des parachutes comme un chapelet de petites fleurs dans le ciel...

Je me réveillais à midi, pour me remettre au travail jusqu'au coucher du soleil. Les derniers rayons se concentraient comme tous les soirs, sur Lumio, la lumière en Corse, le village de l'autre côté de la baie de Calvi, sur fond de tableau de la presqu'île montagneuse. C'était l'exacte réplique de la *Delft* de Vermeer avec son « petit pan de mur jaune », les derniers mots de Bergotte avant qu'il ne soit frappé d'apoplexie, tel que Proust l'a décrit d'une manière déchirante. Tous les soirs, c'était le même velouté, le même vernis perdu des maîtres sur les paysages. On mourait à chaque fois d'overdose de beau devant ce petit rectangle jaune.

Et puis le jour tombait. Les crabes rythmaient de leurs pinces l'orchestre de la nuit, réduisant la mer à son langage de clapotis, à son mâchouillement obscur entre les ventres des bateaux amarrés sous la lune — la pleine lune, l'étrange lune de la cinquième saison, la lune bleue tartinée entre des pains d'épice.

Calvi, flagrant délire de mon imaginaire ! J'y fourrais tout ce qui me passait par la tête. Un peu de libeccio, le vent de la montagne, des chèvres belles et butées, du ciste aux fleurs rose-mauve, l'oreille de lièvre duvetée de la sauge, des figuiers de Barbarie, une vieille citadelle génoise, Diane, des marguerites effeuillées *passionnément*, des champs de grains de beauté, des trains de henné, des collyres à faire pleurer Margot, la prunelle de mes yeux, un trou dans l'eau, et moi et moi et moi, des vierges éreintées de Salamanque, des carrosses à Cendrillon ramassant des vagins secs de transsexuelles pétées, et au prochain été revenu des touristes allemands pas blonds, un obèse du Mississippi assis sur un pot de chambre, les trois grâces en congés payés, un orphelinat de bossus butors descendant d'un car, des chauffeurs de taxis de la Marne rongeant leur frein, un noble italien jouant avec un mousse de la baie des Trépassés, un père blanc et la mère Méditerranée en voile de mariée de méduse discutant assis sur des tabourets de bar, et quelques renégats que la mort connaît bien, mais dont elle n'a plus envie — écume du ragoût...

Et moi, et moi, et moi, aux prismes patinés de mes tristesses, des croûtes terrestres, des paramètres fatigués, la profondeur des Jocrisse, des berceuses de vaincus, des folles du poncif, des fers à repasser les leçons, des patients auditeurs de l'incompris qui cause, un pied beau c'est grave, et moi et moi, et vous et moi, une fenêtre entrouverte et elle, des sexes en forme de rébus, un souffle au cœur, une angoisse mielleuse, des saute-moutons crépusculaires, des peigneurs de comète, mon génie ruisselant soudain de larmes, ma sœur non née, une pomme d'amour mangée aux vers luisants.

Et ma pomme, ma pauvre pomme paumée, avec ses trois doubles vodkas, à chaque fois la dernière. Le Dieu des pochards pour rentrer le soir et mon Dieu tout court, à la gueule de qui je crache. Voici qui est fait : j'essuie le miroir où je me reconnais, le visage envieilli d'insomnies. Alors je ferme les yeux, pris d'un douloureux vertige, me répétant : la seule excuse de Dieu, c'est de ne pas exister.

Au jour du jugement dernier, puisse son ultime paradoxe être de me racheter pour la ferveur passionnée de mes fautes.

Lucidement, calmement, croyant au nom d'un calcul de la science sans religion aveugle, je m'agenouille devant ce Dieu en mon Foucauld en toutes choses et d'autres. Mon Dieu que je n'ai jamais rencontré ! L'aurais-je vu que j'aurais été ébranlé dans ma foi ! J'aurais pris des tranquillisants pour ralentir mes battements de cœur aux tambours de coton des aubes rouges sur les tamaris mouillés de rosée saline du *Calvi c'est ça.*

Ainsi je redécouvrais un pays natal, je retrouvais le temps perdu, je mangeais à l'auberge des brebis égarées en haut de la colline de Notre-Dame-de-la-Serra.

Je travaillais, je travaillais d'arrache-cœur. Je marchais à la combustion autophagique, amaigri, douloureusement affûté.

Nous étions fin octobre, dans le ciel immobile de la cinquième saison. C'était comme si le temps s'était arrêté...

Au pays des hommes bleus, insidieusement, par subtils dégradés de lumière, le temps était aussi suspendu. Si bien que Foucauld, malgré l'intense désir qu'il en avait, ne pouvait toujours pas mourir. Pour lui ce n'était pas la cinquième, mais la saison de trop.

Les Touaregs non plus n'avaient rien vu venir, quand on commença à voler leurs ombres. C'étaient les razzias des Sénoussites à la solde des Allemands, perpétrées de nuit sur les ombres de chameaux délimitées à la craie pendant le jour par les espions infiltrés dans le campement de l'amenokal — ou par les retourne-burnous qui flairaient le vent avec des petits carrés d'étoffe sur des baguettes que les harratins orientaient sans relâche pour rafraîchir l'intérieur des tentes.

Les nuits tombaient encore, mais de plus en plus lentement, comme si la rotation de la terre s'ankylosait. Parfois on entendait un affreux gémissement animal dans les ténèbres. C'était un chameau agonisant à qui l'on venait d'arracher son ombre, et dont un chacal guettait la charogne.

Il ne pleuvait plus depuis un certain temps, cent ans environ. La famine empirait. Les maigres pâturages de graminées naines redevenaient des terres mortes. De mois en mois, la famine devenait plus terrible et les voleurs d'ombres redoublaient d'audace. Ils opéraient de nuit. Dès l'aube, ils mettaient les voiles...

Quand le soleil montait à l'horizon, on constatait les dégâts de la nuit : tel chameau n'avait plus que l'ombre de ses deux pattes arrière, tel autre avait perdu l'ombre de sa bosse.

Comment arrêter ces razzias ? Comment remplacer les ombres manquantes ? Les femmes tricotaient désespérément des chandails d'ombre mais elles n'avaient plus assez de laine. Il n'y avait jamais eu autant d'ombres portées disparues : ombres de troncs d'arbres calcinés, de rochers, et parfois même de tentes. Si bien qu'on crevait de chaud à l'intérieur, et qu'on était obligé d'enterrer à la sauvette les bébés cuits pour ne pas affoler les trois tribus regroupées dans le campement.

Certes, les recolleurs d'ombres essayaient de maquiller la lente dégradation de la situation. Ils posaient le voile noir dont ils se cachaient le visage, le taguelmoust, sur le sable et s'asseyaient à côté pour donner l'illusion qu'eux, au moins, avaient toujours leur ombre. Quant au père de Foucauld, qui n'arrêtait jamais son imitation de Jésus-

Christ, il croyait faire des miracles de dévouement. S'adressant à eux puisqu'il croyait qu'à force de rester plantés là au soleil, pour faire de l'esbroufe c'étaient des paralytiques d'Evangiles, il s'écriait :

— Lève-toi et marche (saint Jean, XI-3).

Ce n'était pas seulement physiquement intenable, mais moralement insupportable : un homme, même bleu, qui a perdu son ombre est de moins en moins bleu. En un sens, c'était la société à l'américaine dénoncée par Laperrine, où plus rien n'est caché : une tragédie de la transparence. Qu'est-ce qui peut vous arriver de pire que d'être incolore, de n'avoir plus de recoins secrets, de cachettes, de folies invisibles et de mystères masqués ? Pour les Touaregs, ce peuple de poètes, il ne pouvait rien arriver de plus épouvantable.

Hagards, souffrant d'abominables maux de tête, décharnés et tristes, ils erraient comme des âmes en peine, se mâchouillant les ongles pour calmer leur faim, et se mangeant la barbe qui ne repoussait jamais aussi vite qu'ils l'avalaient. Ils avaient beau organiser des contre-razzias : jamais ils n'arrivaient à capturer les voleurs d'ombres qui s'évanouissaient au soleil. La vie sociale s'en ressentait : ne régnait plus que la course au paraître, avec sa publicité qui fabriquait des images sans épaisseur, des pellicules de merde gélatinisée. C'était un cauchemar climatisé à soixante à l'ombre, parce que l'Américain est cuit.

L'existence devenait morne. Le conformisme et la vulgarité régnaient sans partage. Les mamelles de femmes aux gros désirs apparaissaient au bord des tentes, leurs peignoirs d'importation californienne ouverts sur un grand manque de vertu. C'était le nouveau monde que je haïssais, le corps tremblant de rage, frissonnant de honte spirituelle devant tant d'indigence soudaine. Peu à peu il se mettait en place : la perte du relief, cette invention des plus grands artistes qui s'appelle la perspective. C'était un monde plat. Sans perspective, donc sans avenir, la civilisation de l'image. Avec ses journalistes, pareils aux poulets d'usines qui absorbent leurs propres déjections, comme ils n'en finissent plus de réingurgiter leurs propres clichés. Tout se jouait au présent, dans la vaporisation de la poudre d'os limés des vieillards, la drogue de cet Eden du pauvre, pour conjurer la famine.

Les choses changeraient-elles un jour ? Comme ce jour resterait le même jour, c'était peu probable. Pour les Touaregs, c'était d'autant moins drôle que, sans ombres, les amants ne pouvaient même plus en profiter pour filer quand arrivaient les maris qui maintenant triomphaient. Si bien qu'il n'y avait plus d'enfants naturels, nés des anges de l'amour libre et reconnus ensuite par les maris — comme Jésus l'avait été par saint Joseph.

Peuple d'enfants naturels, peuple naturel en somme, les Touaregs n'avaient à présent rien d'autre à faire qu'à sniffer les vieux os. Même l'amenokal, avec sa fièvre de l'avenir, sa beauté en marche et son courage de l'esprit, n'avait plus d'arguments à opposer à la sagesse marinée dans l'huile des enculeurs de mouches. Il considérait que tous les complots de la raison n'étaient que des ronrons, et qu'il n'y avait plus, pour sortir son peuple de sa léthargie, que le discours apocalyptique des sodomites. Et les mouches enculées déclaraient aussi :

— C'est la fin de l'histoire...

O désert de France ! O aride Europe ! Quand je renonçai à la politique — puisque mon pays n'était plus marié à l'histoire, je crus comme Foucauld que la foi catholique en Dieu pourrait rendre à l'humanité le sens du temps. C'est-à-dire qu'il se remettrait en perspective. Il était bien trop tard ! Depuis des mois, des années peut-être, il était toujours midi au Hoggar. Il n'y avait plus de temps, plus de commencement, plus de fin de temps par conséquent, même plus de mort possible. Même la terre s'était arrêtée de tourner. Demain, demain ? Demain était-il un autre jour ? L'avenir se résumait à ce petit mot tout simple, bêtement quotidien : un après-midi. En somme, un matin à regretter, un matin des magiciens, de l'aube des civilisations, qui ferait repartir le temps par la nostalgie du passé, de ces jours bénis de méchouis d'ombres grillées à l'oignon. Les jours majestueux des grandes caravanes heureuses qui voguaient sur la houle océanique des dunes. Les jours clairs où les enfants jouaient, où les femmes chantaient de leur voix rauque les grands airs du répertoire de leur bel canto pornographique. Chacun attendait, pétrifié, que le temps se passe. Que faire ?

Heureusement Foucauld veillait, mon hagard du Hoggar dévasté par son delirium tremens de la folie de Dieu soumise à l'insolation perpétuelle.

— Trouvons midi à quatorze heures, laissa-t-il soudain tomber.

Il venait de découvrir que les dunes de sable faisaient encore des ombres de deux heures, courtes mais bonnes. C'était une petite idée toute simple, une trouvaille de tas de sable d'enfant que l'un de mes immortels avait dû insuffler à Foucauld, Atchoum probablement, qui n'arrêtait pas de vouloir souffler le simoun dans les parages, et sur ma plage de La Marsa, en Tunisie. C'était simple comme Bonjour qui venait d'arriver. Il était accompagné de Bouche-trou et du Petit Fa dièse tout près du sol pour mettre en musique le projet de Foucauld : lancer des courses de dunes.

D'abord, ça ramènerait un peu d'ombre. Ensuite, ça pourrait distraire les Touaregs. Au turf ! Enfin, il avait des arrière-pensées de derrière les dunes, qui ressemblaient à d'énormes bosses de chameaux et pouvaient donc, si elles partaient en caravane, mener loin.

— Black is black, noir c'est noir, lança Bonjour en cravachant la première dune.

Atchoum éternua une légère brise de démarrage qui déplaça une légère ombre noire dans son sillage.

Une deuxième, puis une troisième dune s'ébranlèrent vers le nord, coiffées d'immenses mors, des chèches de cinquante mètres filés par des femmes targuies. Les tabous qui les voyaient passer en restaient bouche bée.

Il y avait les grandes, les petites dunes. Les dunes qui explosaient en se cognant, en faisant des étincelles de sable. Les dunes qui montaient les côtes, en se grimpant elles-mêmes et en avalant d'autres dunes en redescendant, parce qu'elles avaient faim. Il y avait des dunes plus rapides que les autres. Certaines étaient des dunes de labour, qui croyaient avoir encore le temps et faisaient germer en leur sein des Binches-Hallier. Elles restaient loin derrière les dunes de course — reconnaissables à leurs numéros en virgules de bren spéciales, et à la marque de leurs sponsors.

Elles avançaient toutes selon les lois d'El Greco, sur les effets du vent (qui chutait d'une manière exponentielle trente mètres après l'obstacle) et les forces de Coriolis. O merveilleuses dunes ! Comme pour Héraclite pour qui on ne se baigne jamais deux fois dans le même fleuve, les dunes ne coulaient jamais au même endroit.

Tout le désert se mit donc en marche vers le nord, dans un grand moutonnement d'ombres noires. C'était un spectacle extraordinaire que de les voir approcher, grandir, caracoler fièrement : le passé glorieux des Touaregs revenait à grands pas. Ils se souvenaient. Enfin, le temps se remettait en marche, une longue marche mélancolique venue du tréfonds des âges. Les ombres resurgissaient de partout. Des ombres don quichottesques, longues comme une nuit sans pain ! Des ombres baguettes ! Des boulangeries entières d'ombres ! Des ombres échappées d'où on les avait emmenées, clopinantes ou bossues comme le dos d'un chameau retrouvé. D'abord lentement, tâtonnantes, puis merveilleuses, douces et rafraîchissantes, elles se reconstituaient. Que se passait-il ? Les voleurs d'ombres entraînés par leur voracité n'avaient commis qu'une erreur, ils avaient eu les yeux plus gros que l'ombre de leur ventre, et pour être sûrs de n'en jamais manquer, en les entassant dans un enclos, ils avaient fait ce qu'il ne faut jamais faire : ils les avaient mélangées ! Le faux goulag à ombres, qui pourrait indéfiniment les contenir toutes, à mesure qu'ils les y déposaient devenait *trop* grand. Et ils ne savaient plus où les démettre, débordés par leurs propres surplus — comme l'Occident l'est par sa propre richesse qu'il ne distribue pas.

— Bonsoir, leur dit Bonjour.

Car cet enclos avait un autre nom : la nuit.

Elle tombait à présent. Le soleil ne rougeoyait toujours pas. C'était un disque noir de jais et demain serait un autre jour, où le désert avancerait encore.

Un vaste songe historique hantait secrètement Foucauld : revenir en France à la tête de sa légion de dunes, pour la délivrer des Allemands. Par-delà la mort, son projet continue à lui survivre. Si un demi-siècle plus tard le désert remonte encore, mordant tous les ans un peu plus de terres cultivées, c'est la faute du saint homme. Regardez, le désert revient toujours...

Bientôt il fera noir. Contemplez encore un peu avec moi cet obscur soleil éblouissant suspendu au-dessus du Hoggar avant de le voir disparaître et avec lui le père de Foucauld. C'est l'astre sombre du pressentiment, le soleil de deuil qui annonce sa mort prochaine.

Diane, ma petite Touareg ! Tu ne pouvais être conquise. L'aristocratie, c'est la solitude. Elle ne rend jamais les armes. Tu revins à Calvi toi aussi, mais l'autre Diane qu'il m'arriva de croiser n'était pas la même Diane. Et même, bizarrement, plus jamais je ne la revis entière. A chaque fois une partie de son corps, ou un objet lui ayant appartenu, obscurcissait tout le reste : ses cheveux noirs à moto. Son cul sur du sable, un lambeau déchiré de soie violette et une main ensanglantée sur un rail de la micheline du bout du monde, celle de sa poupée tachée du pourpre d'une étoile de mer.

Jamais je n'aurais su ce qui s'était passé à son retour à Calvi au sein de la famille de Julien, sans l'un de mes amis, spécialiste du XVIIe et de madame de Sévigné, fracassé de l'aube et superbe salope proustienne qui me raconta tout. Il occupait une situation privilégiée d'observateur, il était l'oncle de Julien-Jésus ! Et dans son rôle d'espion de tragédie, c'était le plus cruel témoin bavard qui puisse s'imaginer.

Diane était à la fois l'auteur du scénario, le directeur de la mise en scène et l'actrice principale, la fiancée en deuil, engoncée frileusement dans trois chandails noirs superposés malgré la chaleur accablante. Tragique mais digne, elle essuyait parfois une larme seule. Elle tenait enfin son rôle, le seul qui convînt à son âme frustrée, le *beau* rôle.

— Et alors ? demandai-je.

— Il fallait que Diane se raccroche à quelque chose, à un foyer, à une illusion familiale, et par conséquent qu'elle récupère son Julien. Elle forçait son jeu, tu sais, c'était extraordinaire à voir, ajoutait mon ami de son accent chantant de pédé raffiné. C'est elle qui défendait la famille, elle était le parangon de la vertu, la statue de la loi...

M'étais-je comporté avec elle comme un ignoble salaud ? Partout elle essayait de faire accréditer cette thèse ; et peut-être avait-elle raison, puisque j'avais fait naître en elle un espoir que je n'avais pas su tenir.

— En plus, elle se répand en déclarant qu'elle écrit ton livre...

Elle ne savait pas à quel point c'était vrai, pauvre petite folle, égarée d'oisiveté, de vie solitaire, de tendresse rebutée.

Quel besoin eut-elle de jouer devant sa famille d'emprunt à la femme outragée ? Sa comédie ne dura que le temps de la pièce intitulée *Le Retour au bercail :* quand elle eut réussi à réinvestir la villa parentale qu'elle avait quittée pour me suivre, elle l'abandonna tout aussi subitement qu'elle avait mis une volonté forcenée à la reconquérir. Elle replia son décor, remballa tout, sauf les tombereaux d'ordures qu'elle laissa derrière elle, douze poubelles de strass, de crèmes et de verroteries innommables avant de quitter à jamais la Corse. La pièce était finie ? Ne l'avait-elle jouée que pour moi ? Pour donner le change ? Pour que son oncle par alliance très passagère me la raconte — et que je l'écrive, son ultime collaboration à mon Foucauld ? Comment savoir, puisque je ne la revis plus jamais seule ?

Elle était partie depuis un mois quand je retournai à moto, au crépuscule, sur la piste du désert des Agriates. L'amour me manquait moins que de réussir à l'exprimer mieux que jamais personne ne l'avait fait — n'est-ce pas ce rêve inconscient de chacun ? — tandis que je roulais, allégé, légèrement grisé d'air, volant littéralement au-dessus des trous. Je reconnus le virage où nous avions versé, trois mois plus tôt. Je m'arrêtai, contemplant le somptueux paysage aride et ravagé par l'érosion. Entre les joncs, les marécages desséchés et les petites flaques d'eau saumâtre, je fus soudain distrait par une tache violette. Etait-ce une fleur ? Je descendis, m'approchai, c'était un pan de soie violette, un lambeau de l'écharpe déchirée de Diane, tout ce qui me restait d'elle — son voile de femme bleue. En relevant la tête, je vis passer dans le ciel une escouade de foltivento, ces sombres oiseaux, frères incertains des chauves-souris qui passent et repassent au crépuscule. J'hésitai et emportai le bout de tissu que je mis dans ma poche.

Les yeux fermés, c'est-à-dire grands ouverts sur le dedans où se reflétaient ces paysages comme sur une plaque sensible, par les jours clairs, toujours aussi clairs, j'aimais monter pendant une heure, jusqu'au moment où, par-delà la crête de l'autre côté, je pouvais voir, bien dessinés, les lointains sommets des hautes montagnes parsemés d'ombres bleutées et argentées de neige éternelle. A un endroit du sentier que rendait humide le fin ruissellement d'une pauvre petite source, je trouvai, par une de ces belles journées, un essaim de centaines de petits papillons bleus qui se désaltéraient, s'écartaient à peine à mon passage et faisaient vibrer à mes oreilles, quand je les dérangeai, un léger bruissement d'ailes, ténu comme de la soie.

Depuis que Diane était partie, elle me quittait d'autant moins que j'écrivais sur elle. Ces ailes bleu mica des papillons, je reconnus soudain ce qu'elles évoquaient pour moi : la couleur des yeux de Julien-Jésus.

Je restais cependant seul devant le grand théâtre marin et les obsèques solaires de mon amour défunt. J'avais recraché Diane comme un noyau de lumière. Et peut-être aurais-je pleuré longuement si, au loin, soudain rameutés par ma peine, je n'avais vu, dressées sur les flots comme des clameurs, les innombrables voiles noires de ma flotte d'immortels qui quittaient en déroute l'île conquise qu'ils venaient de perdre. Le bilan était lourd.

Quatre balles de gangsters avaient atteint le Petit Prince dont deux en plein cœur. Ils avaient attaché à un arbre le dernier des Mohicans dont la tête s'était mise à pendre, le menton touchant la poitrine sanglante. Don Quichotte au galop s'était fracassé au bas de la falaise de Bonifacio et Rase-mottes s'était encastré à jamais dans un château en Espagne. Les gendarmes avaient repris Galeria, Bastia et Corte, flanquant une déculottée à Cent Culottes. Marron d'Inde s'était reçu lui-même en pleine gueule. Mes immortels s'étaient trouvés soudain inexplicablement vidés de leurs forces. Pourtant le Petit Prince, loin d'être mort, s'était concentré pour contracter les muscles de son estomac selon une méthode secrète. Comme les voyous corses étaient arrivés devant lui, il avait relevé brusquement la tête, fait entendre un rire terrible et, sans effort, d'un air détaché même, il avait vomi une à une les quatre balles qu'il avait reçues, et appelé à l'aide les Touaregs du désert. Mais ça faisait un long chemin pour venir de la frontière saharienne ; le temps que Foucauld arrive, le Petit Prince était dans le coma. Il réussit malgré tout à entrouvrir ses mâchoires serrées, pour y verser un peu de jus de framboise. Les yeux bleus du Petit Prince s'ouvrirent enfin, clignant dans la lumière dorée.

Foucauld voulut lui donner encore un peu de sérum, pour qu'il se remette définitivement. Mais le saint homme n'avait décidément pas plus de chance avec mes immortels qu'avec les Touaregs : le Petit Prince refusa d'en boire et, au lieu d'humecter ses lèvres du breuvage de résurrection, il prononça faiblement le nom de ma bien-aimée, Diane...

Pour lui, c'était le chagrin final. Il poussa un soupir à rendre l'âme et écrasa la fiole de framboise dans sa main. Le peu de sang qui lui restait coula en mince filet le long de son poignet.

C'était fini. La Corse était perdue, sur l'escalier aux marches de terre cuite jaune, face à la baie de Calvi. Je voyais les milliers de voiles noires de la flotte vaincue des immortels un instant en vue disparaître derrière le cap. Nabab, mon beau Nabab de mes jours défunts, éclata en sanglots sur la dunette ; Zigomar n'eut plus envie de le faire ; et Sitting-Clown, le pitre des cactus, décida de renoncer à épater la galerie et de prendre des cours de tragédie. Il devint impossible aussi de dire bonjour bonjour, à monsieur Bonjour, puisqu'il venait de décider de s'appeler désormais Bonsoir. D'un grand coup de chapeau violet il saluait le monde qui s'évanouissait en disant : Bonsoir, ceux d'ici-bas...

Moi, mes genoux tremblaient. Je détournai mon regard de la mer, baissai la tête, rentrai dans ma vieille cabane d'amour en claquant des dents et restai au lit pendant quarante-huit heures.

La première semaine avant la mort de maman, j'avais contracté une angine qui me servait de bonne excuse pour ne pas lui rendre visite. La fois d'avant, nous avions feuilleté ensemble l'album de photographies de sa jeunesse sur la petite tablette qui arrivait au ras de son ventre gonflé.

— Maman, faut que je te dise quelque chose, lui disais-je, gosse en Tunisie.

— Quoi donc ?

Je tournais les pages : sur l'une il y avait papa à cheval, et la plage, avec maman de profil, et moi sur ses épaules, brandissant une petite pelle, comme un Don Quichotte éperonnant sa longue Rossinante maternelle.

— Je veux que la terre soit libre, je veux que tous les enfants du monde mangent le ventre de la terre.

— Comment feras-tu ?

— Je sortirai la terre de sa prison, je la ramènerai à la maison, puis je la mettrai dans ton ventre...

Désormais, c'est la maladie qui lui bouffait les entrailles, ce globe cancérisé entre ses hanches. Elle n'en avait plus pour longtemps. Moi non plus. Mon devoir se termine.

Maman va être contente. C'est l'essentiel. J'ai vu se dessiner un mince sourire sur son visage blanc de mourante. Hier, elle écoutait les bandes magnétophone de ma conférence sur le père de Foucauld auprès des vieux amis de mon père. C'était il y a si longtemps...

En l'énigme inlassable du rejet de ma mère, qu'il m'aura fallu tout un livre pour m'expliquer, en fouaillant dans les non-dit, dans la pourriture des tabous, je revois toujours cette grande femme aux cheveux blancs, effroyablement amaigrie, les maxillaires bleuis, la peau déjà moirée, violacée, gaine translucide, sorte de toile d'araignée aussi, flottant autour des os seuls visibles. Elle était couchée sous une couverture écossaise presque semblable au plaid, sur son lit, ma maman juive. Si ce n'est que, dans les derniers temps, on ne soignait plus la fauteuse de mes jours, on la calmait, on l'avait fait embarquer sur le lent fleuve de la mort.

J'allais moi aussi, dix ans plus tôt, tous les jours subir des séances de cobaltothérapie. Mon cancer à moi, je l'avais attrapé par ma faute, en laissant dégénérer sans la soigner une petite infection contractée lors d'un voyage en Amazonie. Je la couvais, je la nourrissais parce que j'avais au fond si peur de la maladie que je crus qu'il suffisait de la nier pour la vaincre. Pourtant c'est en plongeant au fond d'un abîme de transparence, en reconnaissant d'une manière visionnaire ce qu'elle signifiait, que je parvins seulement à reprendre le dessus, et à guérir. De même, mes Hec Cetera avaient-ils inventé le canon à nier : d'un coup de rayon, ils anéantissaient instantanément mille ennemis.

Drôle de guerre, dont mon corps devint le champ de bataille exclusif ! Dans la clinique de Neuilly, où je me rendais, me déshabillais et m'étendais sur la planche encore tiède du corps qui avait précédé le mien, j'attendais, vaincu, que l'œil noir de l'appareil surplombe les rectangles de chair de mon thorax, de mon ventre, ou de mon dos, délimités par de petits points violets incrustés dans la peau à l'aide de poinçons d'encre de Chine. Je supportais difficilement la promiscuité des malades, cette tiédeur du corps précédent me donnait froid dans le dos. Je me cambrais instinctivement pour avoir avec elle le moins de contact possible. Quand je ressortais de la séance, je contemplais avec une horreur simple les visages des patients — que dis-je, des condamnés —, attendant leur tour d'entrer dans cette chambre forte du lent désespoir médical. Les uns n'étaient pas marqués, mais je me souviendrai toujours du regard de bête traquée qu'avait une belle jeune femme, de trente ans environ, avant de pénétrer dans la pièce aux mosaïques blanches, éclairée d'une lumière verte tamisée. Elle avançait comme si elle cherchait en même temps à reculer, fascinée, happée malgré elle par un aimant invisible. Dans ses yeux vert émeraude, c'est ma propre mort que je déchiffrais — en la commune injustice qui nous frappait de ce mal dans la fleur de l'âge. D'autres étaient infiniment plus atteints : les cancéreux de la gorge, ou de l'œsophage, avec des tuyaux de caoutchouc pendant du nez, pareils à des personnages de Jheronimus Bosch. Les plus faibles gisaient sur des civières alignées le long du mur jaunasse du couloir. Morne bétail désespéré, calme, sans plaintes, sans larmes, abonné à la mort lente, se contentant tous les jours de resquiller tristement un jour de plus sur l'inévitable...

Je n'ai cessé de repenser à ce corridor de la mort, avec la même épouvante devant ce troupeau humain de condamnés, ruminant déjà leur part de néant, moi, à mon tour, faisant la queue, comme pour la chambre à gaz. Je n'avais pas peur de la mort, mais d'eux aux lèvres bleues, aux bouches fripées, de tous ces juifs voués à l'extermination prochaine, et parmi eux, ma mama juive, dans le lent mouvement d'une foule qui avancerait sans violence, d'elle-même, en une sorte de glissement à mi-chemin entre le sommeil et le réel.

Plus ces gens avançaient, plus ils se perdaient déjà dans le passé — celui de la mémoire insondable de la race élue. Jamais ils ne revenaient, ils se rhabillaient directement dans une autre salle, et sortaient dans la vie par une petite porte latérale, spectres gazés à jamais. Tous les matins, il m'était plus difficile, insupportable, d'aller à Neuilly. Je n'en pouvais plus. L'automne s'achevait, je me préparais discrètement à l'hiver final de ma vie en écoutant avec une mortelle distraction les autres me dire : vous avez un bel avenir devant vous. J'étais en ce temps-là au faîte des compromis avec une société qu'au fond je méprisais. La réussite mondaine me souriait, mais à y voir de plus près c'était le rictus de l'homme à la faux déguisé en jardinier et balayant les feuilles mortes du bois de Boulogne. Ce matin-là, comme j'arrivai devant le lac, une soudaine éclaircie ensoleilla le paysage. Ou plutôt, devant les barques accastillées au bord des passerelles, il y eut comme un ruissellement infini de lumière dorée se reflétant sur l'eau, sur l'herbe, sur les feuilles en d'innombrables trouées célestes. J'arrêtai ma voiture, incapable de m'arracher à cette vision éphémère et soudain fixée, que peuplaient seulement quelques cygnes blancs laissant de lents sillons d'eau imperceptiblement ourlés entre les nénuphars. Les monceaux de feuilles mortes paraissaient extraits d'une mine de richesse inépuisable. Soudain je compris ce qu'était cette richesse, impalpable, immatérielle, à la fois fugace et éternelle, figée et changeante. Dans toute sa splendeur, je contemplais l'or du temps s'égouttant sur les troncs, se multipliant sur le parterre en pépites innombrables, ce réservoir inépuisable de beauté. Jamais je ne compris si bien cette phrase mystérieuse de Dostoïevski : la beauté sauvera le monde.

Elle me sauva d'abord, sans que je le sache moi-même. J'ai compris depuis : c'est pour ne pas perdre tant de beauté que je me suis accroché sauvagement à la vie et que de nouvelles forces me sont revenues. C'est sous l'ordre de cette beauté, comme la pluie recommençait à tomber, après cette vision fugitive et déjà enfouie, celle de l'embellie passagère des derniers jours d'automne que je fis demi-tour, sans aller à la clinique. Je n'y retournai plus jamais. Je vivrais, ou je mourrais, je ne me laisserais pas glisser dans la mort. On ne tombe jamais d'un coup ; on perd prise, on ne trouve plus rien à quoi se raccrocher, puis on glisse. Dès le lendemain je me remis à écrire, mais avec une inspiration renforcée, avec une allégresse incroyable, appassionata.

Je me réveillais, savourant à nouveau la vie avec

l'intensité de ceux qui, ayant failli tout perdre, découvrent soudain le prix inestimable de ce qu'ils possédaient innocemment. Dans l'effervescence joyeuse de mes petits matins, je célébrais le verbe vivre avec la passion, le frémissement de mon enthousiasme revenu. Comme toujours, incorrigé par mes échecs, j'étais prêt à repartir de rien...

La vision du bois de Boulogne me sauva. Mais que signifiait-elle ?

L'énigme de mon rejet de ma véritable mère — mais aussi d'une condition sociale, d'une exclusion potentielle, d'une persécution plus forte que ne le serait ma reconnaissance éventuelle, moi juif d'entre les juifs, juif emmerdeur d'humanité — me resta longtemps indéchiffrable jusqu'au jour où, en rangeant de vieux dossiers, le petit cliché de la première femme de mon père, nourrissant l'oiseau blanc, glissa sur le plancher. Je le ramassai, en le contemplant à nouveau. Après l'avoir oublié, il me revint brusquement en mémoire, avec la netteté des déchirures essentielles du souvenir, la surréalité de nos fantasmes. Où la photo avait-elle été prise ? Quel était ce lac ? Soudain je trouvai la réponse à l'énigme la plus troublante de ma vie : la cabane de bois au second plan, derrière la jeune femme, c'était celle qui se trouve au bord du lac du bois de Boulogne, s'ouvrant sur le ponton où viennent accoster les barques, au printemps revenu. Quand le paysage éblouissant m'avait happé, une morte invisible, un fantôme, m'avait tendu la main, par-delà la mort, pour me donner le courage de vivre : c'est elle qui m'avait sauvé, en me donnant la force de lutter, en m'insufflant du tréfonds des limbes le courage qui me manquait, en ce lieu inspiré — ce que Louis Massignon, autre pédé divin, appelle peut-être la géographie des intercessions —, ce lieu d'entre les lieux, l'un des points privilégiés sur la surface terrestre, figurant des constellations topographiques d'avertissements prophétiques. Ici et là, des saints, ou saintes en compassion mariale, se mettent mystérieusement en communication de pitié...

Pour Massignon, il y avait Ephèse, Hébron — à cause d'Abraham —, Le Caire, cette immense cité des morts, Benarès — à cause de Gandhi —, Isé, au Japon, Vieux-Marché, en Bretagne, et Tamanrasset — à cause de Foucauld. J'ai connu de semblables déplacements de valeurs spirituelles : ces villes où souffle l'esprit, ces lieux où des voix vous appellent. Au lac du bois de Boulogne, à l'appel de notre mère de beauté, *revêtant nos os d'une autre peau, d'une autre chair, d'un nouveau corps amoureux...*

Sans ce spectre gracieux, je ne serais plus de ce monde. Ou plutôt, si c'était elle, et je suis sûr que c'était elle, cette fois, elle devint ma mère pour de bon ; elle me fit renaître, en la filiation invisible des songes.

Les années ont passé. A nouveau, elle s'est engloutie au fond du même lac des cygnes, et des signes de ces mères dialectiquement inséparables. Enfin c'était ma véritable mère qui reprenait le dessus : on ne se branle pas sur la loi, on la baise en s'agenouillant devant elle. En son agonie, elle m'avait enfanté une seconde fois : son cancer n'avait pas seulement accouché de mon amour tardif, de mon regret, de mes larmes inexplicables, mais aussi de la force indomptée de faire mon devoir — l'obéissance cette valeur de l'idiotie aristocratique.

De ces deux mortes, je dus à l'une de naître spirituellement, à l'autre de renaître — renaissance dans l'épreuve nécessaire de la maturité. Tu m'as donné deux fois la vie — comme deux fois la mère de Foucauld refit son petit Charles, comme tout n'est au monde qu'imitation ou répétition.

Il fallait bien qu'il y eût cette femme pour le manuscrit de ma mère morte, la mère de toutes les prostituées, araignée insatiable qui me voulait dans sa tombe logarithmique avec sa grande vulve d'os blanchâtre entre les jambes, et qui ne fut point ma mère, et qui le fut pourtant, et qui me dirait comme toutes les autres femmes : tu n'es qu'un enfant.

Mater dolorosa, combien de nuits ne me suis-je pas réveillé en sueur en pensant à toi ? Une fois, ce fut horrible, j'avais le sexe érigé en ton ventre cancéreux, jouissant de ta mort même qui m'enfantait. Je me relevais, hurlant de honte. Puis je me rendormais, épuisé, retrouvant au réveil cette inexprimable douceur qui vous envahit à l'évocation de nos chers disparus, à mesure que leur mort s'éloigne, accident intemporel.

Si le grain de mon enfance ressuscitée ne meurt — ce grain de la saga foucaldienne —, c'est toujours en gosse, maman, que je te retrouve.

Je n'en finirais plus de raconter mes cauchemars métaphysiques dont je te harcelais, et que tu notais, ce qui prouve que tu t'intéressais tout de même un tout petit peu à moi, même si tu me le cachais bien.

Quand je serais vieux et quand je serais dans les nuages, lui annonçai-je, je vais devenir rikiki, rikiki, rikiki...

Je vais devenir un petit grain.

Je vais tomber et quelqu'un va m'écraser sur la plage de La Marsa, tellement je serai petit.

Tu vas ramasser. Tu vas porter le petit grain chez le docteur et tu vas lui dire : je sais plus si c'est mon fils.

Mais si ce docteur est mort ? Et toutes les maîtresses dans les écoles ? Tous morts ? Et ma mère morte, aussi à l'heure où s'achève *Le Manuscrit de ma mère morte,* ces mots d'esprit de la douleur revêtent soudain un sens sacré. Car, là-bas, en Terre Sainte, les recopiages des esséniens de Jean-Baptiste, ces frères du désert, m'indiquaient déjà la voie sans que je le sache : celle de l'intransigeance de la loi judaïque, de son austère rigueur, la tienne, ma mère loi.

Pourtant je n'ai pas fait ce que chacun attendait, une thèse de grand style ou une digression sophistiquée — ou quelque nouvelle *Vie de Rancé* dont Foucauld eût été le modèle : j'ai sorti ce livre de mon ventre comme l'enfant d'une torturante renaissance de l'imaginaire. Quand je crus voir entrer dans la chambre de ma mère un petit garçon qui ressemblait à celui que je fus jadis, avec sa mèche châtain, ses grands yeux verts et son nez en trompette, ce Petit Prince qui est resté en chacun de nous, trop souvent bafoué, sali, humilié, étouffé, pauvre Petit Prince perpétuellement trahi par l'âge adulte, je l'ai su. Tous les hommes sont les bourreaux de Petits Princes. Des Petits Princes comme ça, il y en a des milliards — tous des orphelins de l'imaginaire. Lui, il s'appelait Jean-Edern. Il avait une affreuse blessure à la place du cœur. Il me prit doucement la main en me disant :

— Où est-on ?

— Au Sahara.

C'était un tas de sable à l'intérieur du borjd de Foucauld, à Tamanrasset, où ce dernier avait accepté d'entreposer des armes que le diable, déguisé en officier français, lui avait demandé de garder : il finissait toujours par céder à une patrie qu'il mettait aussi haut que sa foi. Du même coup, sa faiblesse lui faisait perdre la protection touareg du grand amenokal que lui valait sa puissance morale d'otage désarmé, se mettant ainsi à la merci de ses assassins. Mais n'avait-il pas de vœu plus cher, lui qui n'arrêtait pas d'implorer en vain :

— *Penser tous les jours que tu dois mourir martyr, dépouillé de tout, étendu à terre, nu, méconnaissable, couvert de sang et de blessures, violemment et douloureusement tué, et désirer que ce soit aujourd'hui.*

Enfin, c'était aujourd'hui. On venait de frapper à la porte.

— Fais gaffe, Foucauld, on va te tuer, crièrent mes immortels.

Le saint homme ne les écouta pas, car c'était bien fini le jeu des immortels : jouer, ce n'est plus de mon âge. Pleure, Petit Prince déchu, tu as grandi, tu as vieilli. Tu n'es que le pauvre survivant de ton imaginaire enfantin. Quand je contemple mes premiers cheveux blancs dans la glace, je m'étonne d'avoir pu préserver si longtemps l'indécence intérieure, la folie et l'esprit de fuite qui ont guidé ma vie, ma vie d'enfant retardé.

— Qui c'est ? demanda Foucauld.

— Le courrier, répondit une voix familière, celle d'El Madani, le serviteur gracieux du diable dont le père pensa soudain, éperdu de tendresse, de gratitude simple, qu'il lui avait pardonné de lui avoir préféré Paul-Jésus et qu'il montrait, par ce geste, qu'il tenait à se réconcilier avec lui, en lui amenant les lettres d'Europe.

Ces lettres étaient son dernier lien avec la France, où il n'était pas revenu depuis quinze ans ; et de vouloir les lire, en toute confiance, le piège dans lequel il tomba en ouvrant la porte de son borjd à Judas-El Madani.

Aussitôt des mains saisirent Foucauld, l'arrachèrent dehors, lui attachèrent les mains dans le dos contre le mur d'enceinte rouge. Arrivant enfin à Tamanrasset, sur les lieux du meurtre, je crus voir les ombres des quarante Sénoussites dissidents se profiler sur le mur tandis que les phrases du saint homme me poursuivirent, en leur mélopée d'outre-tombe : quand le grain de blé qui tombe en terre ne meurt pas, il reste seul, s'il meurt, il porte beaucoup de fruits ; je ne suis pas mort, aussi je suis seul. Priez afin que, mourant, je porte les fruits...

Quels fruits sa mort a-t-elle fait éclore depuis ? Un demi-siècle plus tard, la vie de Charles de Foucauld, tout ce qu'il a accompli, laisse l'impression amère de fruits inachevés, qui n'auraient jamais pu mûrir vraiment. Pas plus qu'il n'a été un auteur spirituel — n'ayant pas, sur le plan de la pensée, la plénitude éclatante et universelle de saint Jean de la Croix, son maître —, il n'est arrivé, dans le domaine des réalisations, à commencer la moindre fondation, alors que sainte Thérèse d'Avila, cette pragmatique illuminée, était parvenue à en terminer des quinzaines — et admirables. Il reste pourtant de lui ce chant d'amour fiévreux, d'un homme de la terre posant bien à plat sur le sol du Hoggar et sur l'épaule douce de l'enfant qu'il aimait, la même vieille main calleuse, forte et fine, peuple par la paume, aristocrate par les doigts, une main inlassable, rhumatisante de géographe des sens.

Ce saint, ce presque-saint, est le mien : il est tout hérésie, car il est tout amour. Il n'arrêtait pas d'écrire : il faut vouloir aimer, et vouloir aimer, c'est aimer. C'est se perdre, s'abîmer, s'ensevelir en ce qu'on aime et regarder tout le reste comme néant...

Pendant que les Sénoussites vidaient le borjd de ses fusils, de ses cartouches, Foucauld, agenouillé, les chevilles attachées, priait. Paul-Jésus était à ses côtés. Les orlalouas mettaient sa petite chapelle, sa chambre à sac. Leur chef exigea du saint homme qu'il abjure sa foi, pour prêter serment sur le Coran — la chetila. Comme Foucauld refusait, l'autre lui dit diaboliquement — c'était le diable déguisé en Touareg (et même si ce n'était pas le diable, cela revenait au même), mince tourbillon de néant ricaneur enturbanné d'un vaste chèche noir :

— Garde ton Dieu, tu ne mérites pas de finir en martyr.

Oui, le diable avait conçu le mépris, l'insigne et précise cruauté d'épargner son prisonnier !

Puis il donna l'ordre à ses compagnons d'abandonner les lieux, parce qu'il croyait voir au loin apparaître des méharistes. Pour Foucauld, malédiction, ce n'était toujours pas la mort, le dernier acte, l'ensevelissement silencieux du grain qui tombe en terre. Se défaire de la vie, grandeur inutile ! Il était épargné et, vieux fruit sec de l'inutile, olive desséchée sur sa tige, il regardait avec désespoir les orlalouas s'enfuir, quand El Madani se retourna et constata qu'il n'y avait pas de méharistes — seulement un mirage de la peur sénoussite d'être surpris par les Français. Alors il bondit tout près de Foucauld, il eut ce mince sourire effilé comme un couteau, pareil à celui qu'il avait eu avant de dire : « Tu veux que je te suce. »

Seul Paul-Jésus avait l'air affolé, roulant des yeux exorbités pendant que, sortant sa lame de sa gandoura, El Madani se pencha sur Foucauld qui le regardait avec des yeux pleins de reconnaissance — merci d'être venu me délivrer, lui dit-il.

De sa main faite pour les caresses, et qui allait trancher ses liens, il plongea son poignard dans le Sacré Cœur cousu du père victime de la pitié du diable. L'arme traversa sa poitrine et le délivra de la vie. Enfin il reçut la mort, ce *baiser de Dieu,* en prononçant ses dernières paroles : « Celui qui aime entre dans la dépendance de celui qui est aimé. »

— Baghi nmut, dit-il imperceptiblement (je vais, ou je veux mourir, en arabe).

Et le saint homme s'écroula au sol, en vomissant le sang.

Un capitaine français, premier arrivé sur les lieux le lendemain, contempla horrifié le corps de Foucauld, les bras en croix, les yeux grands ouverts, et la bouche pleine de sable. Ses livres, ses papiers déchirés jonchaient le sol, pêle-mêle avec une croix en bois, des enluminures atroces, des dessins, des lueurs d'orage, des entrailles importées, des terminaisons latines, des oreillers creusés par des cris sourds, des haleines apeurées, des nœuds d'hystérie, les derniers mots de ses traductions des poèmes touaregs — qu'il venait d'achever la veille au soir — et des larmes d'enfance.

Arrivant à Tamanrasset, j'essayai de me figurer ce qu'avait pu être cette découverte : je marchais dans le sable sur les traces de ce capitaine — Regnault, tel était son nom, si je m'en réfère aux archives foucaldiennes. Ainsi Regnault et moi avancions tous deux, étourdis, assommés de stupeur, quand nos pieds droits butèrent soudain sur un pauvre ostensoir presque entièrement recouvert. Nous nous agenouillâmes. En le dégageant, je découvris qu'il y avait une dernière hostie dedans, une blanche hostie de farine sans levain, je la soulevai dans le ciel ; et elle se plaça juste dans le cercle du soleil, l'obscurcissant comme en une soudaine éclipse.

Alors je communiai.

Je n'ai rien à ajouter, presque rien. Sinon que la tombe de Foucauld, un bloc de granit, se trouve mille kilomètres plus haut, à El Golea, où commence le Sahara. On peut lire encore aujourd'hui cette phrase : « En attendant le jugement de l'Eglise, le vicomte Charles de Foucauld assassiné par les Sénoussites... »

Pourquoi vicomte ? Et pas père ? Ou frère universel,

comme il se nommait lui-même ! Qu'il fût ici ramené à l'essentiel, c'est-à-dire à l'aristocratie de son sang bleu — et de son âme —, m'émut et m'étonna comme si on lui avait tout retiré, sauf de rester lui-même. Mais aussi pourquoi était-il si nécessaire d'attendre le jugement de l'Eglise ? Faudra-t-il attendre, pour cette canonisation, le moment du jugement universel, celui de la prophétie d'Isaïe où « les hôtes de la poussière, les morts revivront, leurs cadavres se relèveront, se réveilleront et crieront de joie » ?

Et puis, pourquoi avait-on barré ces mots : « assassiné par les Sénoussites » ? Etait-ce le fait des Algériens ? Des Pères blancs ? Ou des petits frères de la fraternité de Jésus fondée sur les principes du directoire de Foucauld — et qu'on appelle à Tamanrasset les frères bleus ? J'allai rendre visite à l'un d'eux. L'air gêné, il me reçut en me déclarant qu'il ne devait en rien sa vocation missionnaire à Foucauld : et il parut soudain très fier de me raconter comment des jeunes Algériens étaient venus écrire chez lui des tracts insultant la mémoire du saint homme, cet espion à la solde des Français. Je dissimulai mon écœurement : fallait-il que Foucauld, trahi par les Judas de l'amour, soit aussi renié par ceux qui se réclamaient de son héritage spirituel par peur d'être mal vus des autorités locales ? Car si son corps enfoui après la mort ne l'avait été qu'en vue de vivaces germinations dans le désert de la vie, les graines n'étaient pas mortes, elles avaient bien poussé, mais une fois le verger de l'avenir en fleurs, on en avait aussi dépossédé Foucauld, exclu de tout, même de son petit coin d'infini potager.

Tout le monde n'a pas la chance de tomber si bas, en une pareille abjection, que ce bouc émissaire auréolé de néant, somptueusement exclu d'une société qui, même après sa mort, trouverait encore le moyen de bafouer sa mémoire. C'était bien, c'était la preuve que son cadavre bougeait encore, qu'il restait vivant en nous, c'est-à-dire *déshonoré*. Tel est le statut que vous confère la grandeur véritable. Puissé-je connaître le même destin; qu'on crache sur ma tombe; et quand on n'aura plus assez de salive pour dire tout le mal qu'il fallait penser de moi, qu'on m'oublie.

J'appartiens à la race de ceux qui ne sont rien et dont toute la passion, pour rester des hommes libres, se sera employée à n'être rien jusqu'à la fin. Alors je dormirai tranquille, apaisé, revenu de toutes mes fièvres, mes vanités insupportables, et de mes défis gratuits, ainsi qu'en la nuit de l'achèvement de mon livre, à Calvi, je m'endormis sur mon lit avec trois enfants et parmi les myriades de débris des fourmis ailées en l'hymen de la fin du printemps écloses dans la chaleur, et presque aussitôt mortes dans les draps, et le dallage rouge, éphémère splendeur d'amour, sacrifiée à la bouleversante beauté du monde ici-bas...

Petit Prince dépouillé de tout, fourmi à qui l'on a tout arraché, même les ailes de l'immortalité vers quoi toute ma vie a tendu, comme un arc, vers cet absolu dérisoire, il me restera la joie de m'être acquitté de mon ultime tâche filiale. Le temps verra mon retour au fourneau et à ma part de paradis : nourrir ceux qui ont faim de justice et vêtir ceux qui ont froid dans la grande indigence spirituelle moderne.

Cette fois-ci, je suis arrivé au bout du monde. Je ferme mon cahier. Maman, j'ai fini mon devoir. J'ai retrouvé ma place, celle de l'écrivain, certes. Mais aussi la plus importante, que j'ai si longtemps désertée, celle d'un fils, maman. Je me reconnais au moins cet amer génie — puisque seule la postérité donnera à mon œuvre sa note définitive, son petit Fa dièse tout près du sol. Quand bien même ai-je dû la payer de quelques années d'obscurité, il n'y avait qu'une place à prendre, la mienne.

Décembre 84-mai 86,
Rome-Tamanrasset-Calvi.

Foucauld dans son siècle

1858. 15 septembre. Naissance (Strasbourg).
17 septembre. Baptême.
Apparitions de Lourdes. Fondation d'une Académie thomiste.

1864. Orphelin (de père et de mère).
Béatification de Marguerite-Marie Alacoque. *Quanta Cura et Syllabus.*
NEWMAN, *Apologie.*

1870. Exode (Paris-Suisse). Installation à Nancy.

1871. Études au lycée de Nancy.
Émeutes à Paris. La Commune.
Traité de Francfort.

1873. Naissance de Thérèse Martin. Consécration de la France au Sacré-Cœur (Paray-le-Monial).
Comte de Chambord ; drapeau blanc.
Mac-Mahon président de la République.
Francis Garnier occupe Hanoi.
RIMBAUD, *Une saison en enfer.*

1874. 11 avril. Mariage de Marie Moitessier.
Août. Baccalauréat.
Fin 1874. Perte de la foi.

1876. Juin. Admission à Saint-Cyr.
Octobre. Entrée à Saint-Cyr. (Vie désœuvrée.)

1878. 3 février. Mort du colonel de Morlet, son grand-père et tuteur.
15 septembre. Majorité : il entre en possession de son héritage.
Octobre. Entrée à l'École de Cavalerie de Saumur. (Vie de désordres.)

1880. Décembre. Départ pour l'Algérie.

1881. Mars. Mise en non-activité (indiscipline et inconduite).
Mai. Insurrection de Bou Amana. Demande de réintégration dans l'armée. Campagne dans le Sud-Oranais.

1882. Janvier. Démission de l'armée pour se consacrer à l'exploration du Maroc.
Mars à mai. Préparation, à Alger, de l'exploration.
Juin. Conseil judiciaire.

1883. 25 juin. 23 mai-1884. « Reconnaissance au Maroc ».
Intervention française à Madagascar.
NIETZSCHE, *Ainsi parlait Zarathoustra.*

1885. Avril. Médaille d'or de la Société française de géographie.
Convention de Berlin sur l'esclavage.
Protectorat français sur Madagascar.
Mort de Victor Hugo.
RIMBAUD, *Les Illuminations.*
MARX, *Le Capital* (Livre II).

1886. Février. Installation dans un appartement, 50, rue de Miromesnil, près de l'église Saint-Augustin.
Septembre-octobre. Voyage dans le Sud-Tunisien et brusque retour à Paris.
Longues heures dans des églises à répéter : « Mon Dieu, si vous existez, faites que je vous connaisse. » Projet de suivre des cours de religion.
29 ou 30 octobre. Confession (abbé Huvelin) et commu-

nion en l'église Saint-Augustin. « Aussitôt que je crus qu'il y avait un Dieu, je compris que je ne pouvais faire autrement que de ne vivre que pour lui. »

25 décembre. Conversion de Paul Claudel.

DRUMONT, *La France juive.*

1887. Août. Au Tuquet, chez Mme Moitessier.

1888. Février. Parution de *Reconnaissance au Maroc.*

Août. Au château de La Barre avec Mme de Bondy.

NIETZSCHE, *L'Antéchrist.* Guillaume II empereur.

1889. Janvier. Levée du Conseil judiciaire.

14 février. Retour à Paris.

Août-septembre. Au château de La Barre, avec Mme de Bondy.

Octobre. Retraite à Notre-Dame-des-Neiges.

1890-1892. Noviciat.

1890. Juin. Départ pour la Trappe d'Akbès (Syrie).

Octobre. Demande de démission de membre de la Société de géographie.

1891. Juillet. Demande de démission d'officier de réserve.

1892. 2 février. Vœux simples et tonsure.

Mort de Renan.

1893. Février. Début des cours de théologie.

1894. Jeanne d'Arc proclamée vénérable.

Fondation de *L'Œuvre de Saint-Pierre-Claver.*

Gandhi et la fondation du Congrès des Indiens du Natal.

Procès de Dreyfus.

Prise de Tombouctou.

MARX, *Le Capital* (Livre III).

1895. Massacre des Arméniens par les Turcs.

PERRIN : travaux sur l'électron.

HERZL, *L'État juif.*

DURKHEIM, *Les Règles de la méthode sociologique.*

HUYSMANS, *En route.*

1896. Mort de Verlaine.

Juin. Fin de la rédaction du premier projet de Congrégation religieuse : les *Ermites du Sacré-Cœur.*

Août. Permission donnée par l'abbé Huvelin de quitter la Trappe.

30 octobre. Arrivée à Rome (jour anniversaire de la conversion — dix ans).

Novembre-décembre. Cours à l'Université grégorienne.

1897. 24 février. Arrivée à Jaffa.

10 mars. Domestique des Clarisses de Nazareth.

Incendie du Bazar de la Charité.

H. BECQUEREL : identification de la radioactivité.

L. BLOY, *La Femme pauvre.*

30 septembre. Mort de Sœur Thérèse de l'Enfant-Jésus de la Sainte-Face.

1898. 8 juillet. Départ à Jérusalem.

Premier voyage à Jérusalem (pour les Clarisses) au monastère des Clarisses de Jérusalem (abbesse : Mère Élisabeth du Calvaire).

Septembre. Deuxième voyage à Jérusalem.

Septembre-octobre. Voyage d'Akbès. Échec. Pendant le voyage, début de la composition d'une nouvelle Règle des *Ermites du Sacré-Cœur.*

4 octobre. Retour (d'Akbès) à Jérusalem.

28 octobre. Abandon de la Règle de saint Benoît pour celle de saint Augustin.

Fachoda.

Affaire Dreyfus (ZOLA, *J'accuse*).

P. et M. CURIE : découverte du radium.

Guerre hispano-américaine.

1900. Avril. Affaire du mont des Béatitudes (où Foucauld pense s'établir comme prêtre-ermite).

Mi-juin. Départ à Jérusalem.

4 juillet. Retour à Nazareth.

Août. Départ pour Jérusalem.

16 août. Marseille puis Paris (abbé Huvelin).

Août-septembre. Rome (via Viviers).
29 septembre. Arrivée à Notre-Dame-des-Neiges.

1901. 6 septembre. Départ de Notre-Dame-des-Neiges.
28 octobre. Arrivée à Beni Abbès. Établissement d'une « fraternité » à l'écart et pourtant proche de Beni Abbès (village-carrefour de caravanes).
30 octobre. Première messe à Beni Abbès (jour anniversaire de sa conversion — quinze ans).

1902. Avril. Construction de la clôture.
Accueil des pauvres, des malades. Hospitalité. Lutte contre l'esclavage. « Petit Frère universel . »

1903. 1er-6 juin. Visite de Mgr Guérin. Longues conversations et divers projets.
Juin. Regards vers les pays du Sud et dessein de visiter les Touaregs.
Juillet. Autorisation de l'abbé Huvelin d'aller chez les Touaregs.
Août. Combat de Taghit. Départ. Auprès des blessés.
2 octobre. Retour à Beni Abbès.

1904. 6 janvier. Départ pour une longue tournée vers le Sud (jusqu'au 24 janvier 1905). En tournée : visite des pauvres et des malades. « Se montrer frères. »

1905. 24 janvier. Retour à Beni Abbès.
3 mai. Départ pour le Hoggar.
13 août. Arrivée à Tamanrasset. Installation. Composition de dictionnaires touareg-français et français-touareg.
« Ce point du pays (...) est le cœur de la plus forte tribu nomade. »
Séparation de l'Église et de l'État.
Décret *Sacra tridentina synodus* (sur la communion fréquente).
Ed. le Roy, *Qu'est-ce qu'un dogme ?*
Première crise marocaine.
Révolution en Russie et réaction.
Einstein, *Mémoire sur les lois de la relativité.*

1906. 3 novembre. Retour à Beni Abbès.
29 novembre. Arrivée à Maison-Carrée.
10 décembre. Départ, à deux, pour Beni Abbès.
27 décembre. Départ pour le Hoggar.

1907. 6 mars. Frère Michel, malade, retourne à El Goléa.
Formation de la Triple Entente.
GANDHI, la Satyâgraha (la « lutte par la force de l'âme »).
6 juillet 1907-25 décembre 1908. Deuxième séjour à Tamanrasset.

1908. Février-mars. Très grave maladie.
25 décembre. Départ de Tamanrasset.
Les cendres de Zola au Panthéon.
25 décembre 1908-28 mars 1909. Premier voyage en France.

1909. 27 mars-24 avril. Passage à Abbès.
Massacre de 30 000 Arméniens à Adana.
LÉNINE, *Matérialisme et empiriocriticisme.*
BLOY, *Le Sang du pauvre.*
Albert Ier de Belgique.
Béatification de Jeanne d'Arc.
11 juin. Arrivée à Tamanrasset.
11 juin 1909-2 janvier 1911. Troisième séjour à Tamanrasset.

1910. 10 juillet. Mort de l'abbé Huvelin.
PÉGUY, *Le Mystère de la Charité de Jeanne d'Arc.*

1911. 2 janvier-3 mai. Deuxième voyage en France.
Travaux de lexique.
14 mars. Rencontre, à Lyon, de l'abbé Crozier.
3 mai 1911-27 avril 1913. Quatrième séjour à Tamanrasset.
13 mai. Lettre au Père Antonin (dernière élaboration d'une Règle).
17 juin. Mort de Suzanne Perret.
7 juillet. Première messe à l'ermitage de l'Acekrem

(2 700 m). (« Au centre du massif de l'Ahaggar », « Dans le cœur même du pays ». Visites de nomades.)

7 juillet-13 décembre. Séjour à l'Acekrem. (« La maison de l'Acekrem [...] est extrêmement bien placée pour l'évangélisation de l'Ahaggar, on s'y trouve en contact avec la partie la plus importante de la population de l'Ahaggar », *Testament,* 13 décembre 1911.)

15 décembre. Retour à Tamanrasset. « J'ai trouvé Tamanrasset et les populations voisines dans un état de misère effrayant. » Continuation du lexique.

Guerre italo-turque. « Elle laisse les Touaregs complètement froids : ils ignorent l'existence des Italiens et ne se soucient nullement des Turcs. »

1913. 8 janvier. Fin du lexique.

27 avril-27 septembre. Troisième voyage en France (avec Ouksem).

HUSSERL, *La Philosophie phénoménologique.*

BARRÈS, *La Colline inspirée.*

22 novembre. Retour à Tamanrasset.

22 novembre 1913-1er décembre 1916. Ultime séjour à Tamanrasset.

1914. Janvier. Projet de revenir en France pour établir l'*Union.*

Travaux de dictionnaire.

Assassinat de Jaurès.

Première Guerre mondiale.

Achèvement du canal de Panama.

Mort de Péguy.

PROUST, *A la recherche du temps perdu.*

Septembre. La Marne « Course à la mer ». Front de l'Yser à l'Alsace.

15 septembre. « Je ne quitterai pas Tamanrasset : ma place est ici, à maintenir le calme dans les esprits. »

Décembre. Gravement malade (scorbut).

1915. Janvier. Révoltes dans le Sud tripolitain.

Juin. Fin du dictionnaire (onze ans de travail).

7 septembre. « Demain, dix ans que je dis la messe à Tamanrasset et pas un seul converti. »

1916. Janvier. Combats dans l'Adrar. Attaques sénoussistes.

Février à juillet. Verdun. Batailles sur la Somme.

Septembre-octobre. Construction d'un borjd. « Je remercie le bon Dieu d'avoir transformé mon ermitage en un lieu de refuge défendable. »

30 octobre, (trente ans depuis sa « conversion »). « Je suis heureux du vœu fait à Notre-Dame de Lourdes par l'épiscopat français ainsi que du développement qu'ont pris les consécrations au Sacré-Cœur. »

28 novembre. Fin de la copie des poésies touarègues.

1er décembre. (1er vendredi du mois.) Mort. « Notre anéantissement est le moyen le plus puissant que nous ayons de nous unir à Jésus et de faire du bien aux âmes. »

Lors de mon voyage à l'Acekrem en février 1986, où je restai trois mois, le lendemain de mon arrivée j'attendis la tombée du jour pour m'enfermer tout seul dans le borjd dont j'avais emprunté la clé. J'y restai jusqu'à l'aube, comme jadis Louis Massignon, le pédé divin, une nuit d'octobre 1950. Le premier texte de *Parole donnée,* le recueil de ses essais allant directement à l'essentiel, évoque cette nuit :

> « J'ai eu ma nuit d'adoration avec Foucauld, dans son borjd ; nuit noire, plus noire que notre première nuit d'adoration ensemble, au Sacré-Cœur en 1909 ; encore plus pauvre et calcinée. Mais, dit le proverbe arabe " Dieu sait voir ramper la fourmi noire, sur la pierre noire, dans la nuit noire : dabîb al-nimlat al-sawdâ, 'alâ'alsakhrat al-sammâ, fî 'llaylat al-zulmâ ".
>
> « Tous deux nous avions pénétré chez eux protégés par l'amân, l'hospitalité sacrée, tous deux nous en avions abusé, nous en étions servis, déguisés, dans notre rage laïque de comprendre, de conquérir, de posséder. Mais notre déguisement même les avait donnés à nous inexpri-

mablement, par ce Droit d'Asile qu'aucun homme d'honneur, surtout un hors-la-loi, ne peut trahir ; car c'est son dernier point vierge, son honneur d'homme.

« Je pense quelquefois : Foucauld a tellement respecté l'Hôte et son Droit d'Asile, sacré pour un Prêtre, que, s'il a accepté à la fin un dépôt d'armes dans son borjd, lui qui s'était engagé par vœu à ne jamais avoir dans sa cellule aucune arme, c'est *qu'il donnait ainsi à ses ennemis* " *dispense plénière de verser son sang* ", *en immolation légale.*

Foucauld commuait pour eux d'avance la qualification de leur acte meurtrier, " soyez combattants de guerre sainte, et moi, je mourrai martyr ". Il entrait ainsi déjà dans leur cœur, comme un vin enivrant. Jésus, déjà brisé sur la croix, est encore plus détruit dans l'offrande de son dernier repas fraternel, dans cette pauvre relique fragile, frêle merveille, objet adorable qui n'est même pas une icône ni une idole, puisqu'elle se livre, toute détruite, et mourante, pour nous ressusciter, nous ses ennemis, ses meurtriers, ses hôtes, dans le pauvre Paradis de son Cœur.

« " Pose-toi comme un sceau sur mon cœur, pose-toi comme un sceau sur mon bras cloué, *car L'Amour est fort comme la mort,* et le Feu de sa jalousie est plus dur que l'Enfer. " »

TABLE

La composition de ce livre
a été effectuée par Bussière à Saint-Amand,
l'impression et le brochage ont été effectués
sur presse CAMERON
dans les ateliers de la S.E.P.C. à Saint-Amand-Montrond (Cher)
pour les éditions Albin Michel

AM

Achevé d'imprimer en juillet 1986.
N° d'édition 9371. N° d'impression 1673-1102.
Dépôt légal : septembre 1986.

Imprimé en France